從古人生活學文化常識

中國語言與文化中500個最有趣的為什麼

謝寒梅 著

前言

在不少讀者心目中，諸子百家，之乎者也，精深高妙，晦澀難懂，這就是人們對國學的詮釋。一直以來，在卷帙浩繁的國學世界中，只看得見專家、學者們孤獨的身影，尋常百姓對這個神祕的藝術殿堂卻可望而不可即。

基於此，本書精編五百個最經典、最有趣的國學問題，文史兼備，內容翔實，力求摒棄枯燥乏味的傳統詞條說教形式，以有趣、獨特的問答方式，集知識性、實用性、趣味性於一體，是對五千年最精彩的中華文化的真實再現和全新闡釋。

閱讀本書，有益於培養高雅、精緻的生活情趣。你會看到，中國古代的琴棋書畫、金石篆刻、唐詩宋詞，何其燦爛，何其精緻！你會看到，古人在宴飲時要酬唱應答，觀景時則吟詩作賦，生活何其詩意！而反觀今天的我們，吃的是速食，玩的是手機，生活相比於古人又是何其鄙陋！我們的頭腦應該被優質的文化占據，而不是被商業社會的資訊塞滿。

本書講的是國學常識，而不是艱澀的國學理論。這裡所說的「常識」，有兩個重點：一是基礎知識、基本概念；二是讀書時經常遇到的、在日常生活中經常使用的、大家知其然但未必知其所以然的問題。

本書共分八章，包括典章制度、法律教育、飲食起居、民風民俗、文字趣談、文化藝術、醫藥科技、天文曆法。以問題入手，以有趣為主旨，向讀者展示國學常識。

翻開此書，便走進了博大精深的國學文化長廊，一個故事，一段歷史；一種文化，一份傳承……讓您在較短的時間內領悟國學的精髓，感受國學的神祕和智慧，讓自己的心靈得到傳統文化的滋養。

前言 003

第1章——典章制度 017

1——「天下」的範圍有多大？ 018
2——「中國」到底是指哪裡？ 018
3——「四夷」是指四個民族嗎？ 019
4——古代的「九州」是指哪裡？ 020
5——「社稷」的原意是什麼，為什麼會成為國家的代稱？ 020
6——「皇帝」這一名稱是怎麼來的？ 021
7——歷代皇帝為何到泰山封禪？ 022
8——為什麼把皇帝稱為「陛下」？ 022
9——聖旨前為何要有「奉天承運皇帝詔曰」八個字？ 023
10——「尚方寶劍」是一把什麼劍？ 024
11——皇袍一定是黃色的嗎？ 024
12——皇帝的龍袍上繡有幾條龍？ 025
13——為什麼皇帝的墳墓叫「陵」？ 026
14——「改元」和「改朝換代」是一樣的嗎？ 026
15——年號是秦始皇創立的嗎？ 027
16——何謂三宮六院七十二嬪妃？ 028
17——秦始皇為何穿黑色皇袍？ 029
18——皇帝必須每天上朝嗎？ 030
19——為什麼中國歷代都有「文帝」、「武帝」？ 030
20——歷史上最早「垂簾聽政」的人是誰？ 031
21——中國歷史上第一個女外交官是誰？ 032
22——武則天如何成為「一代女皇」？ 033
23——一代天驕成吉思汗征服了哪些地方？ 034
24——古代的官府為何又稱「衙門」？ 034
25——什麼是三省六部制？ 035
26——「三公」分別指哪三公？ 037
27——「九卿」是指哪些機構和官職？ 038
28——古代的學士是官位還是學位？ 039
29——考勤起源於何時？ 040
30——古代也有招聘制度嗎？ 040
31——「司馬」原本是姓氏嗎？ 041
32——古代官員是不是也「朝九晚五」呢？ 042
33——古代官員要到幾歲才能告老還鄉？ 043
34——古代官員也有休假嗎？ 044
35——古代退休官員的待遇如何？ 045
36——「知府」與「知州」，誰的官職比較大？ 046
37——「宰相」和「丞相」是一樣的嗎？ 046
38——「宦官」和「太監」是一樣的嗎？ 048
39——被張飛暴打的「督郵」是什麼官呢？ 049
40——人稱魯智深為「魯提轄」，提轄是什麼官呢？ 050

41——人稱宋江為「宋押司」，押司是什麼身分？ 051
42——錦衣衛、東廠、西廠，有什麼區別？ 051
43——究竟何人才能乘坐「八抬大轎」？ 052
44——紹興師爺為何這麼出名？ 053
45——翰林是何種官銜，翰林院是做什麼的？ 054
46——清代的「貝勒」是官職嗎？ 056
47——人們常聽說的「大理寺」是什麼機構？ 056
48——清朝時出入皇宮的通行證是什麼樣的？ 057
49——為什麼在清朝摘掉頂戴花翎，就意味著丟官？ 058
50——「南書房」是讀書的地方嗎？ 059
51——軍機處是清朝中後期的中樞權力機關嗎？ 059
52——「總督」與「巡撫」，哪個官職較大？ 060
53——「總理衙門」就是清朝的外交部嗎？ 061
54——古代也有「紀檢監察」組嗎？ 061
55——為什麼官員都怕「欽差大臣」？ 062
56——古代官員的「俸祿」是多少？ 063
57——古代將軍有多大的權力？ 064
58——八旗制度是社會組織，還是軍事組織？ 065
59——清朝兵服上的「兵」是什麼意思？ 066
60——頂戴的花翎有等級之分嗎？ 066
61——清代文官和武官的朝服有什麼區別？ 067
62——古代為什麼規定不能越級告狀？ 067
63——宋代的提刑官是什麼官？ 068
64——捕快負責什麼工作？ 069
65——古代的公堂為何要懸掛「明鏡高懸」的匾呢？ 070
66——古代的「八百里加急」有多快呢？ 070
67——「大戰三百回合」是戰了多久？ 071
68——「八十萬禁軍教頭」究竟是多大的官？ 072
69——古代軍隊為什麼把人頭稱為「首級」？ 074
70——古代軍隊為何「擊鼓而進」、「鳴金收兵」？ 074
71——在古代，投降時為何要舉白旗？ 075
72——為什麼把從軍稱為「入伍」呢？ 076
73——古代人也要服兵役嗎？ 077
74——「大索貌閱」是古代的人口普查嗎？ 078

第2章——法律教育 079

1——中國古代有沒有合同呢？ 080
2——古代的「受賄」與現代的「受賄」是一樣的嗎？ 080
3——古人如何打擊造假行為？ 081
4——「發號施令」的「令」是指什麼？ 082
5——「刑不上大夫」是指什麼？ 083
6——「三尺法」是什麼？ 083
7——三司會審包括哪三司？ 084

8——什麼叫「班房」？ 085
9——曹操割髮代首是不是詐術？ 086
10——「刑」、「罰」分別是什麼意思呢？ 086
11——「監獄」的「獄」字，原意是什麼？ 087
12——徒刑始於何時？ 088
13——什麼是遷刑？ 089
14——古人告狀為何要擊鼓鳴冤？ 089
15——古代審案時會用「驚堂木」嗎？ 090
16——梟首示眾是什麼樣的刑罰？ 091
17——古代死刑為何選在午時三刻執行？ 092
18——「株連九族」到底是哪九族？ 092
19——明代方孝孺為何被誅十族？ 093
20——古代真的存在「王子犯法與庶民同罪」嗎？ 093
21——在古代，犯罪可不可以花錢免刑呢？ 094
22——古代為什麼要給犯人剃光頭呢？ 095
23——「丹書鐵券」和「免死金牌」是一樣的嗎？ 096
24——中國的監獄產生於何時？是誰發明的？ 097
25——古人是如何簽字畫押的？ 097
26——古代的笞刑為何只打屁股不打背？ 098
27——宋代的「刺配」是什麼刑罰？ 100
28——「秋決制度」是怎麼一回事？ 102
29——「連坐」是什麼樣的刑罰？ 102
30——中國最早的養老院在何時出現？ 103
31——古代也有律師嗎？ 104
32——古代也有環境保護法嗎？ 104
33——中國古代也有婚姻法典嗎？ 105
34——古代司法也嚴禁非法刑訊嗎？ 105
35——「科舉制」是什麼樣的制度？ 106
36——什麼是「恩科」？ 107
37——古代考試也有學分制嗎？ 107
38——彌封考卷在古代就有了嗎？ 108
39——「狀元」一詞是怎麼來的？ 109
40——「鴻儒」是指什麼？ 110
41——「瓊林宴」是指什麼？ 110
42——「鹿鳴宴」是指什麼？ 111
43——「曲江宴」是指什麼？ 112
44——古代的童子試是指什麼？ 113
45——中國古代有沒有胎教？ 114
46——在古代，什麼樣的人被稱為「進士」？ 115
47——「門生故吏」中的「門生」是指什麼？ 115
48——「連中三元」是什麼意思？ 116
49——為何取得科舉第一名被稱為「獨占鰲頭」？ 117
50——什麼叫「五行狀元」？ 118
51——中國歷史上第一個和最後一個狀元，分別是誰？ 118

52——現存唯一的狀元試卷是誰的？ 120
53——中國歷史上有沒有女狀元？ 120
54——中國古代的白髮考生有多少人？ 121
55——「同年」是什麼意思？ 122
56——為何稱有文化、有地位的人家為「書香門第」？ 123
57——「學富五車」是指看的書能裝滿五車嗎？ 124
58——「杏壇」是指一壇杏，還是講學的地方？ 124
59——中國歷史上最早的學校有哪些？ 125
60——「師範」一詞有何來歷？ 126
61——「桃李滿天下」的由來是什麼？ 126
62——太學是古代的最高學府嗎？ 127
63——京師大學堂是歷史上第一所國立綜合性大學嗎？ 128
64——「孝廉」與「舉孝廉」是怎麼回事？ 129
65——「榜眼」從何時開始用來稱進士第二名？ 130
66——「舉人」的稱呼是怎麼來的？ 130
67——算學是學習珠算的學校嗎？ 131
68——宗學是古代的貴族學校嗎？ 131
69——中國古代也有留學生嗎？ 132
70——古代的「書籤」和「牙籤」是一樣的東西嗎？ 133
71——中國古代「四大書院」在哪裡？ 133
72——私塾是如何發展壯大的？ 134

第3章——飲食起居 137

1——古代的「衣」和「裳」的意思一樣嗎？ 138
2——古代的禮服是什麼樣子的？ 138
3——古代的斗篷和風衣有什麼用途？ 139
4——背子是一種什麼樣的衣服？ 140
5——鳳冠霞帔是什麼樣的服飾？ 141
6——步搖是什麼樣的首飾？ 142
7——何謂「玉搔頭」？ 143
8——古人的「袍」是什麼樣的？ 144
9——古人的褻衣是什麼樣子的？ 145
10——兜肚是什麼樣的衣服？ 146
11——馬甲、馬褂與馬有什麼關係？ 146
12——古代如何紮腰帶？ 147
13——古人如何稱呼鞋？ 148
14——古代的「足衣」是指什麼？ 149
15——中國傳統的裙子是誰發明的？ 150
16——皮靴是誰發明的？ 151
17——古代的「口香糖」是什麼樣的？ 152
18——「五穀不分」中的「五穀」指什麼？ 152
19——「五味俱全」中的「五味」是指什麼？ 153
20——為什麼把小零食稱為「點心」？ 153

21——何謂「餛飩」？ 154
22——《水滸傳》中武大郎賣的「炊餅」是什麼樣的？ 155
23——麵條是怎麼發明的？ 155
24——餃子是用來治爛耳朵的？ 156
25——紹興香糕與呂洞賓有什麼關係？ 157
26——珍珠粥、鳳眼鮭，是明朝正德皇帝取名的？ 158
27——四喜丸子的本意與慈禧有關？ 159
28——冰糖葫蘆最早是用來治病的？ 160
29——魚頭燉豆腐來自何處？ 160
30——佛跳牆是連佛也動心的菜嗎？ 161
31——以古代四大美女命名的菜有哪些？ 162
32——中國五大名宴的來源為何？ 163
33——過橋米線是怎麼來的？ 164
34——「老婆餅」的名稱是怎麼來的？ 164
35——龍鳳喜餅與劉備有關？ 165
36——無錫排骨是濟公和尚發明的？ 166
37——徽州名餚臭鱖魚是怎麼來的？ 167
38——紅嘴綠鸚哥是以鸚鵡為材料的菜？ 168
39——曹操雞不是曹操首創的？ 169
40——燕窩是燕子的口水嗎？ 170
41——饅頭是諸葛亮發明的嗎？ 171
42——臘味合蒸是乞丐發明的嗎？ 172
43——燒賣是在什麼時候出現的？ 173
44——古代的「羹」和現代的「羹」，是指同一種東西嗎？ 173
45——豆腐是誰發明的？ 174
46——中國最早發明速食麵的人是誰？ 174
47——最早提倡四菜一湯的是誰？ 175
48——歷史上第一個吃涮羊肉的人是誰呢？ 176
49——「房」和「屋」有何不同？ 176
50——何謂「門當戶對」？ 177
51——「登堂入室」中的「堂」和「室」有何不同？ 178
52——為什麼常用「家徒四壁」來形容非常貧困？ 178
53——古代大門上的「鋪首」是做什麼用的？ 179
54——古代的屏風有哪些樣式？ 180
55——「床」和「榻」有何不同？ 181
56——「桌」和「案」有何不同？ 182
57——「筵席」就是指酒席嗎？ 183
58——「胡床」是床嗎？ 183
59——「太師椅」與太師有關係嗎？ 184
60——古代的「几」就是現代的茶几嗎？ 185
61——為什麼常用「陽關大道」來比喻前途光明的道路？ 186
62——古代的車輪是什麼樣的？ 186
63——秦始皇統一全國後，為什麼要實行「車同軌」？ 187
64——古代對於抬轎子的人數有什麼規定？ 187

65——輼輬車是什麼車？188
66——古代的館驛是做什麼用的？189

第4章——民風民俗 191

1——過年時為什麼要放鞭炮、貼對聯？192
2——過年時為什麼要貼窗花？193
3——過年時為什麼會給小孩壓歲錢？194
4——吃年夜飯時，為什麼要關上大門？194
5——秦瓊和敬德是怎麼成為門神的？195
6——為什麼本命年要紮紅腰帶？196
7——為何「福」字要倒貼？197
8——正月初五為什麼又被稱為「破五」？198
9——初五迎財神、接財神的習俗，出自何處？198
10——二月二日為什麼被稱為「龍抬頭」？199
11——臘月二十三（四）日為什麼被稱為小年？200
12——為什麼要掃塵？201
13——結婚時為什麼要拜天地？202
14——祝壽送壽桃的習俗是從孫臏開始的嗎？203
15——生日吃壽麵的習俗源於西漢嗎？204
16——元宵節時為什麼要放燈？204
17——古人插柳、戴柳的風俗從何而來？205
18——端午節是怎麼來的？205
19——端午節有哪些習俗？207
20——佩香囊真的能袪病強身嗎？209
21——六月初六是什麼樣的節日？210
22——重陽節是怎麼來的？210
23——古人為什麼在重陽節吃重陽糕？211
24——古代在立春這一天有什麼樣的習俗？212
25——踏青風俗古已有之嗎？213
26——中秋節的習俗有哪些？213
27——臘八節為何要吃臘八粥？215
28——夏至為什麼要吃麵？216
29——古代冬至有哪些習俗？216
30——吃豌豆糯米飯和量體重的習俗，與阿斗有關嗎？217
31——踩藥渣是怎麼回事？218
32——「五福臨門」是指哪五福？220
33——古代婦女為什麼要點額黃？220
34——三寸金蓮真的要小到三寸嗎？221
35——清朝人為什麼以穿黃馬褂為榮？222
36——「周公解夢」的周公，就是「夢周公」的周公嗎？223
37——關公什麼時候成了財神？224
38——黃道吉日是怎麼選定的？227
39——古代女子「分釵」意謂著什麼？227

40——「破鏡重圓」出自哪裡？228
41——古代為什麼送石榴給新人？229
42——同心鎖為什麼會成為愛情的信物？229
43——古代送梳子有什麼特殊的含義？230
44——「黃花閨女」的稱呼是怎麼來的？231
45——古人為什麼把貧賤時娶的妻子叫「糟糠之妻」？231
46——古人為何把原配夫妻稱為「結髮夫妻」？232
47——為什麼古人稱新婚臥室為「洞房」？233
48——為什麼古代新娘出嫁時要在頭上蓋一塊紅布？234
49——古代「十里紅妝」的嫁妝有多豐厚？235
50——「乘花轎」的習俗是怎麼來的？236
51——古代為什麼把生男孩稱為「弄璋之喜」？237
52——古代排行的稱謂是怎樣的？237
53——古人是如何取號的？238
54——古代的滿月禮是什麼樣的？239
55——什麼是笄禮？240
56——什麼是冠禮？241
57——民間傳說中哭倒長城的孟姜女是姓「孟」嗎？243

第5章——文字趣談 245

1——古代的「千金」原本是指男兒？246
2——「鴛鴦」原本是指兄弟？247
3——「衣冠禽獸」最初是讚美人的話嗎？248
4——「丫頭」一詞最早出自何處？250
5——「感冒」一詞起源於何處？251
6——誰是最早的「東道主」？252
7——為何打了敗仗叫「敗北」呢？253
8——皇帝的女兒為什麼被稱為「公主」？253
9——皇帝的女婿為什麼被稱為「駙馬」？255
10——女婿為什麼又被稱為「東床快婿」？256
11——古代的「寺」不是指廟嗎？257
12——「老婆」和「老公」的稱呼是怎麼來的？258
13——「無商不奸」是指奸商嗎？259
14——為什麼把妻子的父親稱為「泰山」？260
15——錢為什麼被稱為「孔方兄」？261
16——為什麼在第一次見面時出難題叫「下馬威」？262
17——廚師為什麼被稱為「大師傅」？262
18——「禍起蕭牆」的「蕭牆」是什麼牆？263
19——「瓜田」和「李下」分別指什麼？264
20——人們常說的「指桑罵槐」，跟桑樹、槐樹有關係嗎？265
21——為什麼用「東窗事發」來形容事情敗露？265
22——求情時為什麼講「高抬貴手」？266
23——口是心非的人為什麼被稱為「兩面派」？267

24——為什麼人們稱創始人為「鼻祖」？ 268
25——女子為什麼又稱「巾幗」？ 268
26——「跪拜在石榴裙下」出自何處？ 269
27——為什麼說「洛陽紙貴」？ 270
28——古人為什麼把詐人錢財叫「敲竹槓」？ 271
29——「露馬腳」的「腳」是指馬的腳？ 272
30——「信口雌黃」中的「雌黃」是什麼？ 273
31——什麼是「金龜婿」？ 273
32——「足下」來自何處？ 274
33——「傻瓜」的「瓜」是什麼瓜？ 275
34——「公子」的「公」來自何處？ 276
35——悍婦為什麼被稱為「河東獅吼」？ 277
36——「哪壺不開提哪壺」出自哪裡？ 278
37——俗語「半路殺出個程咬金」是什麼意思？ 278
38——何謂「東山再起」？ 279
39——「以茶代酒」出自哪裡？ 280
40——「不管三七二十一」的說法來自何處？ 281
41——什麼是「大水沖了龍王廟」？ 283
42——「鹿死誰手」的典故出自哪裡？ 284
43——誰是史上「吃醋」的第一人？ 285
44——「不入虎穴，焉得虎子」出自哪裡？ 286
45——什麼是「名落孫山」？ 286
46——為什麼說「不是冤家不聚頭」？ 287
47——「死無葬身之地」與徐霞客有關？ 288
48——「看人下菜碟」始於誰？ 289
49——「三十年河東，四十年河西」說的是誰？ 290
50——為什麼說「三句話不離本行」？ 291
51——「縣官不如現管」是什麼意思？ 292
52——改邪歸正為何有「浪子回頭金不換」的說法？ 293
53——進步大為何有「士別三日，當刮目相看」的說法？ 295
54——「二百五」的稱呼是怎麼來的？ 296
55——為什麼把阿諛奉承說是「拍馬屁」和「溜鬚」？ 297
56——世界上最快的人是曹操？ 298
57——「一字千金」是指一個字值千金嗎？ 298
58——是誰最先說出「識時務者為俊傑」的？ 299
59——「一錘定音」和什麼樂器有關？ 300
60——「樹倒猢猻散」這句俗語是怎麼來的？ 301
61——孔子為什麼會說「殺雞焉用牛刀」？ 301
62——「開卷有益」和哪位皇帝有關？ 302
63——「千軍易得，一將難求」為何與墨水有關？ 303

第6章——文化藝術 305

1——正史是專門記述帝王的歷史嗎？306
2——起居注是記錄帝王言行的實錄嗎？306
3——《戰國策》是研究戰國歷史的重要資料嗎？307
4——流沙河是一條河嗎？308
5——孟浩然的詩作為何被稱為「盛唐之音」第一聲？310
6——李商隱為什麼被視為朦朧詩鼻祖？311
7——〈胡笳十八拍〉究竟是誰所作的？312
8——諸葛亮到底有沒有寫過〈後出師表〉？314
9——〈蘭亭序〉是王羲之寫的嗎？315
10——《推背圖》有哪些深不可測的玄機？318
11——〈滿江紅〉的作者是否為岳飛？320
12——誰是《金瓶梅》的真正作者？321
13——《西廂記》的作者究竟是誰？324
14——《永樂大典》的正本到底在何處？326
15——高鶚到底有沒有續寫《紅樓夢》？329
16——《紅樓夢》的名字有何來歷？331
17——《洗冤集錄》是部講什麼的書？331
18——「唐伯虎點秋香」是真的嗎？333
19——古代的「情人」和現代的意思是一樣的嗎？333
20——為什麼說「書畫同源」？334
21——宋體字是誰發明的？335
22——中國最早出現的報紙是什麼？336
23——散曲是音樂的一種嗎？337
24——「高山流水遇知音」中的「知音」是誰？337
25——「靡靡之音」究竟是什麼樣的音樂？339
26——編鐘是什麼樣的樂器？341
27——中國最早的絃樂器是什麼？343
28——「山歌」是一種什麼歌？344
29——《霓裳羽衣曲》的作曲者是唐明皇嗎？345
30——古代的「寫真」是指什麼？346
31——為何繪畫又叫「丹青」？346
32——「揚州八怪」指哪「八怪」？348
33——「濃墨宰相」和「淡墨探花」分別指誰？350
34——「連環畫」是怎麼來的？351
35——戲曲藝人為何又稱「梨園弟子」？352
36——「票友」的稱呼是怎麼來的？353
37——做雜活為何叫「跑龍套」？354
38——「壓軸戲」是最後一場戲嗎？355
39——川劇變臉是怎麼回事？356
40——錦標與獎盃起源於中國嗎？357
41——清代也有花式冰上運動嗎？357
42——圍棋源於何時？358

43——百家姓「趙錢孫李」是如何排序的？ 359
44——獨腳戲是一隻腳的人表演的嗎？ 360
45——中國武術起源於何時？ 361
46——「太極拳」和張三丰有關嗎？ 362
47——「南拳北腿」中的「南拳」出自何處？ 363
48——少林寺與少林拳有什麼關係？ 364
49——七巧板是起源於中國嗎？ 364
50——升官圖是圖畫還是遊戲？ 365
51——「貴由赤」是古代的馬拉松嗎？ 366
52——盪秋千也是起源於古代嗎？ 366

第7章——醫藥科技 367

1——「懸壺濟世」就是古代的公費醫療嗎？ 368
2——中醫學為什麼又被稱為「岐黃之術」？ 368
3——中醫說的「精氣神」是什麼意思？ 369
4——真有「懸絲診脈」這回事嗎？ 370
5——「大夫」、「郎中」的稱呼是怎麼來的？ 371
6——「杏林」為何成為醫藥界的代名詞？ 372
7——《黃帝內經》與黃帝有關係嗎？ 372
8——中醫是如何從五官中看出病情的？ 373
9——中國古代有沒有女醫生？ 374
10——誰被稱為「外科鼻祖」？ 376
11——到藥店買藥為何稱「抓藥」？ 377
12——中藥店為何多稱「堂」？ 378
13——「定心丸」是一種什麼藥？ 380
14——蒙汗藥是怎麼製成的？ 380
15——麻沸散是世界上最早的麻醉劑？ 381
16——雲南白藥是怎麼來的？ 382
17——諸葛行軍散是誰發明的？ 382
18——六味地黃丸是誰研製的？ 383
19——大柴胡湯與小柴胡湯是料理嗎？ 384
20——五禽戲中的「五禽」是指哪五種鳥獸？ 385
21——秦王試劍草是秦始皇發現的嗎？ 385
22——金寄奴是誰發現的？ 386
23——節食療法是誰先提出來的？ 387
24——「藥王」究竟是誰？ 387
25——骨碎補真能把碎骨補起來嗎？ 388
26——藥鋪櫃檯為何要放石獅子？ 389
27——中醫看舌頭就能判斷病況嗎？ 390
28——中醫所說的「邪不勝正」是什麼意思？ 390
29——「藥鍋」為何又稱「急銷」？ 391
30——脈象是怎麼回事？ 392
31——中醫為什麼認為人的臉上印著五臟六腑？ 392

32——太醫就是御醫嗎？ 393
33——藥膳有什麼作用？ 394
34——中藥裡的藥引子究竟有什麼作用？ 394
35——「桃養人，杏傷人，李子樹下埋死人」有科學依據嗎？ 395
36——推拿和按摩有區別嗎？ 396
37——針灸是怎麼回事？ 396
38——拔罐療法起源於何時？ 397
39——刮痧療法起源於何時？ 398
40——中醫的「免疫」思想從何而來？ 399
41——「藥方」和「方劑」有何區別？ 400
42——吐納練息技法如何養生？ 401
43——為何白娘子喝了雄黃酒之後就會現原形？ 401
44——人體中到底有多少種藥物呢？ 402
45——中藥為何稱「本草」？ 404
46——中藥「六陳」是指藥放越久越好嗎？ 404
47——武俠小說裡「氣沉丹田」的「丹田」在哪裡？ 405
48——行氣是氣功的一種嗎？ 406
49——勾股定理為何又稱「商高定理」？ 406
50——古代最精確的圓周率是怎麼發現的？ 407
51——指南針為何指北卻叫「指南針」？ 408
52——古代有沒有消防隊？ 409
53——古人如何證明自己的身分？ 410
54——古人究竟如何刷牙？ 411
55——走馬燈起源於何時？ 412
56——中國理髮業的祖師爺是誰？ 413
57——中國製筆業的祖師爺是誰？ 414
58——古人是用什麼做清潔劑的？ 415
59——沈括是中國提出石油概念的第一人？ 416
60——「王老吉」涼茶最初的創意者是林則徐？ 416
61——中國古代有賀年卡嗎？ 417
62——伏羲氏是中國最早的發明家？ 418
63——為什麼說墨子對數學有貢獻？ 419
64——誰是現代槍炮的「祖先」？ 420
65——八字橋是中國最早的立體交叉橋？ 421
66——為什麼票號是清代最重要的信用機構？ 422

第8章——天文曆法 425

1——「文曲星轉世」中的「文曲星」是指什麼？ 426
2——歷史上哪些年號取自《易經》？ 426
3——二十四節氣是怎麼來的？ 427
4——二十四節氣在農曆中處於什麼地位？ 428
5——《十二氣曆》是何人於何時所作？ 428
6——何謂帝王年號紀年法？ 429

7——什麼是十二生肖紀年法？ 430
8——「北斗」的名稱是怎麼來的？ 431
9——「四象」和「二十八宿」是指什麼？ 432
10——「五星」是指什麼？ 432
11——陰曆是怎麼來的？ 433
12——為何會有閏月？ 434
13——黃曆就是皇曆嗎？ 434
14——曆法中的「三正」是指什麼？ 435
15——干支紀年法是怎麼回事？ 436
16——常說的「虛歲」和「實歲」有何不同？ 436
17——為什麼冬至開始「數九」，而不是「數十」呢？ 437
18——為什麼有「冬三九，夏三伏」之說？ 438
19——萬年曆是誰提出來的？ 438
20——人的生辰八字是怎麼計算出來的？ 439
21——陽曆、陰曆和陰陽曆有什麼區別？ 440
22——每年春節的西曆日期變化有規律嗎？ 441
23——古代的元旦和春節是一樣的嗎？ 442
24——最早的曆書是《夏小正》嗎？ 442
25——《大衍曆》是誰所作的？ 443
26——《大明曆》是指明朝的法律嗎？ 444
27——《授時曆》是誰所作的？ 445
28——朔、望、晦是指什麼？ 446
29——何謂上弦月，何謂下弦月？ 446
30——農曆一月為什麼又被稱為「正月」？ 448
31——農曆十二月為什麼又被稱為「臘月」？ 448
32——「十二時辰」所指的具體時刻是什麼？ 448
33——中國為什麼把一週叫「一星期」？ 449
34——「小時」是如何來的？ 450
35——古代的計時法主要有幾種？ 450
36——更和點各是指什麼？ 451
37——人們為什麼把十五分鐘稱為「一刻鐘」？ 452
38——世界上最早的天文觀測儀器是什麼？ 452
39——古代的天文觀測源於何時？ 453
40——中國第一座「天文館」出現在何時？ 454
41——關於哈雷彗星的最早記載有哪些？ 455
42——古代對日食的記載有哪些？ 455
43——最早關於太陽黑子的紀錄是在哪一年？ 456
44——中國關於地震的最早記載是在哪一年？ 457
45——地動儀是如何發明的？ 458
46——一日為何從半夜開始？ 458
47——古老的太極八卦圖是怎麼來的？ 459
48——十二生肖是怎麼來的？ 460
49——十二生肖中為何沒有「貓」？ 462
50——故宮被稱為「紫禁城」，與「紫色」有關嗎？ 462

第1章

典章制度

1「天下」的範圍有多大？

「天下」是古人對於世界的一種籠統說法，不同時期所指代的地理範圍也不同。「天下」一詞最早出現於先秦古籍中，如《詩經．小雅．北山》中有「普天之下，莫非王土；率土之濱，莫非王臣」。這時的天下並不大，主要指夏商周三代王權所統治的範圍，包括黃河中下游地區、長江流域的湖北，以及江浙地區等。到了秦代，隨著郡縣制的設立，「天下」的概念逐漸擴大，南邊和東邊皆到了大海邊，北邊和西邊則依舊沒有具體邊界。不過，先秦的一些哲學家認為，「天下」比人們想像的要大得多，如陰陽家代表人物鄒衍就認為，儒家所說的「天下」，實際上只占真正天下的八十一分之一。不過，這種觀點在當時被認為是無稽之談。

到了明清時期，中國人通常以包括中國以及周邊的日本、朝鮮等附屬國在內的區域為「天下」。不過，更多時候，天下已經沒有了地理意義，而成為一種政治上的概念。比如，明末清初時，顧炎武所說的「天下興亡，匹夫有責」，其中的天下指的僅是中國。他知道「天下」並沒有這麼小，只是將其當作一種政治概念來論述罷了。

2「中國」到底是指哪裡？

「中國」一詞有三千年的使用歷史，最早出現於周朝。當時因為華夏民族已擁有了相對先進的農耕文明，並且建立起一套完善的禮儀制度，而周圍的四夷仍舊裹著樹葉獸皮，靠打獵為生，於是華夏民族決定把自己與四夷分開，以顯示自己的優越。在這樣的心理背景下，人們將華夏民族所居住的區域稱為「中國」，意即「中央之國」。

這時的「中國」並非指一個國家，而是一種地理與文化概念，其意與中州、中夏、中原、中華差不多。由於國家有時統一，有時分裂，「中國」一詞的含義，在不同時代也有所不同，大致統一時期略指全國，分裂時多指中原。「中國」在古典文獻中，有時還被視為諸如京城、中原地區、天子直接統治地區、國內等意。

中國正式做為國家名稱是在一九一二年。當時，合漢、滿、蒙、回、藏五個大族為一家，定名為「中華」，全稱為「中華民國」，簡稱「中國」，這個稱謂才正式成為有近代國家概念的政治名詞。一九四九年十月一日新中國成立時，定名為「中華人民共和國」，也簡稱「中國」。

3「四夷」是指四個民族嗎？

四夷，是古代華夏族對中國周邊發展比較落後的各族之泛稱。據《呂氏春秋通詮．審分覽．知度》記載，四夷一般指代東夷、西戎、北狄、南蠻四個部族。東夷，即東方少數民族的統稱。在夏商周時期，指生活於今山東淮河地區，活動在今泰山周圍的眾多部落、方國。在秦代以後，多指居住於朝鮮半島、日本列島及琉球群島等地的外族或中國東北的少數民族。

西戎，是華夏族對西方少數民族的統稱。戰國以前主要指氐羌系各部落，秦漢以後，狹義指氐羌諸部，廣義則包括中國西部各民族。

北狄，即華夏人對北方少數民族的統稱。戰國以後，北狄族群華夏化，一部分南下融入胡人之中，成為匈奴的重要來源之一。

南蠻，即南方少數民族的統稱。南蠻的組成複雜，大致可分為百越、百濮與巴蜀三大族系。百越族系分布於長江以南的廣大地區，百濮族系分布於今湖南、貴州一帶，巴蜀族系分布於今四川、重慶一帶。現今南方的少數民族，大多由南蠻民族演變而來。

4 古代的「九州」是指哪裡？

「九州」一詞最早見於《尚書．禹貢》，是戰國時魏國人士託大禹之名而著的文章。該文說，大禹在治水時，把天下分為九州，分別為冀州、兗州、青州、徐州、揚州、荊州、豫州、梁州、雍州。如今，九州有各自對應的地域：冀州起自黃河壺口，涉及今山西、河北、河南部分地區；兗州起自黃河下游、濟水，涉及河北、河南、山東部分地區；青州起自渤海、泰山，涉及河北、山東半島地區；徐州起自黃海、泰山、淮河，涉及山東、江蘇、安徽部分地區；揚州，起自淮河、黃海，涉及江蘇、安徽、江西及其以南的地方；荊州起自荊山、衡山，涉及湖北、湖南等地；豫州起自中原、黃河下游，涉及河南、山東等地；梁州起自華山、黑水，涉及陝西、四川、甘肅、青海等地；雍州起自黑水、西河，涉及陝西、內蒙古、寧夏、甘肅、新疆等地。

以上九州的劃分，將古代中國全部國境囊括在內。所以，九州又一直被當成全國、天下的代名詞。除九州外，後世又有「十二州」之說。十二州比九州多出來的地域，主要為今河北最北部，內蒙古、遼寧和黑龍江的一部分。

5「社稷」的原意是什麼，為什麼會成為國家的代稱？

社稷，原指古代的土穀之神。

社，即土地之神，按方位命名為東方青土、南方紅土、西方白土、北方黑土、中央黃土。祭祀時，把這五種顏色的土覆於壇面，稱「五色土」，實際象徵國土。後來，人們又把祭土地的地方、日子和禮，都叫「社」。

稷，即周民族的始祖后稷，在西周始被尊為五穀之長，是農業之神。

古代君主為了祈求國事太平、五穀豐登，每年都要到郊外祭祀土地和五穀神，二者並祭合稱「社稷」。根據《周禮·考工記》，社稷壇設於王宮右側，與設在王宮左側的宗廟相對，前者代表土地，後者代表血緣。所以，社稷逐漸又演變為國家的象徵，如《禮記·曲禮下》中記載：「國君死社稷。」就是國君與國家共存亡的意思。

6「皇帝」這一名稱是怎麼來的？

皇帝，是皇、帝的合稱。「皇者，大也，言其煌煌盛美。帝者，德象天地，言其能行天道，舉措審諦。」所以，古代人們考量上古代賢君的功績，將能夠配得上皇、帝之稱的八人，合稱為「三皇五帝」。「三皇」，即天皇、地皇和人皇，是傳說中的三個古代帝王；「五帝」，即黃帝、顓頊、帝嚳、唐堯、虞舜，是古代著名的賢能君主。不過，這時的皇、帝還是兩個稱號，不會同時用於一人身上。首次將二者合併做為一個稱號的，是統一六國的秦始皇。

秦始皇稱帝後，自認「德兼三皇，功過五帝」，於是將「皇」、「帝」這兩個人間最高的稱呼，結合起來做為自己的稱號。皇為上、帝為下，上天下地是萬物之主，皇帝便成了意指天地的無上君主。自此，「皇帝」成了封建王朝最高統治者的專稱，享有最高的權力和榮譽。

7 歷代皇帝為何到泰山封禪？

泰山封禪是一種規模盛大的祭祀典禮，其隆重程度超過了歷朝歷代帝王登基的儀式。歷代帝王為何如此重視封禪呢？當然是統治的需要。第一，封禪是告訴上天已經改朝換代，新的帝王是接受天命，代天統治群民。第二，封禪可以粉飾太平。第三，封禪可以「誇示夷狄」。再者封禪能成「仙」。儘管帝王都想封禪，但不是每一位帝王都可以封禪。因為封禪還需要具備一定的條件。帝王要上泰山封禪，一定要有政績。因為封禪大典是明示盛世的象徵，所以被歷代著名的政治家注目。秦始皇在統一六國之後，上泰山封禪；漢武帝要結束有漢以來七十年的邊患，才上泰山封禪；唐高宗有「永徽之治」、唐玄宗有「開元之治」，因此上泰山封禪。

封禪儀式如此受重視，那為何封禪都選在泰山進行呢？據說，這是因為泰山是東嶽，東方主生，是萬物之始，陰陽交替的地方；也有說因為泰山上有金篋玉策，能知人壽命長短。泰山封禪起源於遠古時代的泰山崇拜。《史記·封禪書》中的所謂七十二帝王封禪泰山的記載，便是早期泰山山川崇拜活動的紀錄。《尚書·舜典》記載：「歲二月，東巡狩，至於岱宗，柴望秩於山川。」所謂「柴」，就是燔柴祭天，「積薪於焰上，而取玉及牲置柴上燒之」。所謂「望」，就是望祭山川。這種祭祀天地的形式，可以說是後來封禪的雛形。祭祀泰山的活動史不絕書，在封禪盛行的秦漢至唐宋時代，帝王也頻頻前來祭祀。宋代以後，封禪大典不再舉行，祭祀泰山更成了帝王在泰山與天地進行對話的唯一手段，備受重視。

8 為什麼把皇帝稱為「陛下」？

「陛下」是封建時代臣民對皇帝的稱謂，如司馬遷《史記．秦始皇本紀》中就有記載：「今陛下興義兵，誅殘賊，平定天下。」不過，陛下原本不是皇帝的稱謂，這個詞原是指宮殿的臺階，而且專指皇帝座前的臺階。原來，皇帝臨朝時，「陛」的兩側要有侍衛執兵器站列，以防不測和顯示威風。大臣們參見皇帝時，不敢直接對皇帝說話，而要先對站在「陛下」的侍衛說話，再由侍衛轉達，以示皇權的崇高。後來，人們就用「陛下」做為對皇帝的直接稱呼，表示自己雖然是在對皇帝說話，但在禮儀上不敢忘記自己本來無此資格。

9 聖旨前為何要有「奉天承運皇帝詔曰」八個字？

古代皇帝的詔書前，通常會有一段特殊的文字，用來昭示其合法性。例如，漢代皇帝的詔書前，多有「應天順時，受茲明命」八個字，強調皇帝的權力是天命所歸，他人不得竊奪。至唐代，詔令分為冊書、制書等七種形式，天命所歸的用詞，往往見於皇帝的即位詔令中，如德宗即位冊文有「昊天有命，皇王受之」。宋代的詔令繼承唐代，但又有所變化，以「朕紹膺駿命」或「朕膺昊天之眷命」開頭的，占有相當比例。

我們如今所見的「奉天承運皇帝詔曰」主要運用於明代。明太祖為加強中央集權不遺餘力，自然少不了受命於天、君臨天下的氣勢，所以其詔書開頭就是「奉天承運」、「承天受命」等字樣。清承明制，詔書也多以「奉天承運皇帝詔曰」開頭，中間詔示內容，最後一般以「布告天下咸使聞知」結尾。直至一九一二年宣統皇帝發布退位詔書，「奉天承運皇帝詔曰」式詔書才告終結。

10「尚方寶劍」是一把什麼劍？

尚方劍是指中國古代皇帝收藏在「尚方」的劍。尚方也作「上方」，這是掌管製造供應御用器物的官署，於秦朝始設。尚方寶劍，是一種最高權力的象徵，皇帝若把尚方寶劍賜予大臣，大臣便有了特許權力。例如《前漢書》所載，朱雲上書皇帝就曾說：「臣原賜尚方斬馬劍，斷佞臣一人以厲其餘。」可見，持有尚方寶劍者是皇帝最信任的人，有先斬後奏的特權。明末，遼東督師袁崇煥即是用御賜尚方寶劍，將東江總兵毛文龍斬首。而毛文龍本人也有尚方寶劍，可惜沒能派上用場。當然，這樣的先斬後奏也必須依法行事，尤其不能觸怒君主。袁崇煥對毛文龍先斬後奏，就引起了明思宗的不滿，該事件亦成為袁崇煥日後被處決的原因之一。

除了尚方劍，皇帝還可賜予臣子符節、丹書鐵券、黃馬褂等。以上幾種都是榮譽的象徵，符節和尚方劍一樣，多做為一種授權形式，持符節者有先斬後奏的生殺之權。而丹書鐵券和黃馬褂，主要是一種獎賞性憑證，有的甚至可以抵免死刑。

11 皇袍一定是黃色的嗎？

皇袍，即古代皇帝的服飾。在唐朝以前，皇袍的顏色沒有定制，如西周、東周時期，據《禮記・月令》記載，天子「著青衣」。至春秋時期，由於諸侯國紛爭，國君袍服顏色全憑君主個人喜好選擇，如齊桓公就喜好「服紫」，齊國百姓在他的影響下，也好穿紫衣。

戰國到秦漢魏晉之際，盛行「五行」之說，秦始皇按水、火、木、金、土與黑、白、青、赤、黃五色相配的「五德」說，穿黑色袍服，連班旗等也以黑色為貴。晉代實行金德制度，以赤色為貴，故晉代皇帝著紅袍。後來，「五德」說受到挑戰，皇帝不再以「五德」做為皇袍顏色的選擇準則。當時人們認為黃色為中央正色，所以從隋唐起皇帝開始著黃袍，唐高祖更下令百官與百姓禁穿黃色衣服。此後，黃色就成了歷代帝王皇袍的專用色，對黃色的壟斷一直持續至清朝。當然，蒙古族所建立的元朝不在其列。

12 皇帝的龍袍上繡有幾條龍？

龍袍，即繡有龍形圖紋的袍服，為皇帝專用的朝服，又稱「龍袞」。

龍袍以明黃色為主，圓領，右大襟，馬蹄袖，有扣絆。龍袍上的各種龍章圖案，歷代有所變化，一般通身繡有九條龍，前後身各三條，左右肩各一條，襟裡藏一條，這樣前後望去都是五條龍，寓意九五至尊。龍袍上除了龍紋，還有十二章紋樣，其中日、月、星辰、山、龍、華蟲、黼、黻等八章在衣上；其餘四種，藻、火、宗彝、米粉在裳上，並配用五色祥雲、蝙蝠等，寓意至善至美的帝德。

龍袍的下擺，斜向排列著許多彎曲的線條，名謂「水腳」。水腳之上，有許多波浪翻滾的水浪，其上又立有山石寶物，俗稱「海水江涯」，除了表示綿延不斷的吉祥含意之外，還有「一統山河」和「萬世升平」的寓意。

13 為什麼皇帝的墳墓叫「陵」？

「陵」原為大土山之意，《說文》：「陵，大阜也。」《詩經．小雅．天保》中有「如岡如陵」。如《左傳．僖公薕十二年》：「殽有二陵焉。」就是說殽有兩座大山。由於帝王們的墳墓都利用大土山構築而成，所以稱為「陵」。又稱帝王墓為「山陵」。

上古的時候，君主的墳墓都只稱「墓」，不稱「陵」。周代君王的墓也稱「墓」。直到春秋時期，許多君主的墳墓仍不稱「陵」。如春秋五霸之一的秦穆公，死後葬於今陝西鳳翔縣城東南角，自古至今，皆稱「秦穆公墓」，未見稱陵。

中國帝王的墳墓開始稱為「陵」，約從戰國中期以後首先出現於趙、楚、秦等國。《史記．趙世家》載，趙肅侯十五年經營壽陵。《秦始皇本紀》載：秦惠文王葬公陵，悼武王葬永陵，孝文王葬壽陵。當時封建王權不斷增強，為表現最高統治者至高無上的地位，其墳墓不僅占地廣闊，封土之高如同山陵，因此帝王的墳墓就稱為「陵」。

漢朝之後，幾乎每個皇帝陵都有稱號，如漢武帝陵稱「茂陵」，唐太宗李世民的陵墓稱「昭陵」等。依規定，皇帝的墓可建九丈高，但一般皇帝陵總是超過這個高度。至於老百姓的墳墓，不但要稱為「墳」，還受限在三尺以下，否則就是違法，要接受處罰的。其他大臣們的墓也有規格限制，不能隨便超越。

14 「改元」和「改朝換代」是一樣的嗎？

改元，即古代皇帝即位時或在位期間改換年號。年號，是皇帝用於紀年的專有名號，這是漢武帝的一大發明。通常，新皇帝即位後要改變紀年的年號，稱為「改元」。新皇帝若使用其他皇帝的年號，會被認為是藩屬、臣服的象徵。同一皇帝在位期間也可改元，如漢武帝改了十一次年號，唐高宗用過十四個年號，而武則天在位二十一年，改元多達十八次。從明代開始，規定一帝一元，人們才能用年號來稱呼皇帝，如明成祖的年號是「永樂」，明成祖就是永樂皇帝。

據《辭源》統計，中國古代皇帝的年號共有七百零四個，最後一個年號為清末的「宣統」。清滅亡後，中華民國採用西曆紀年，至此長達兩千餘年的年號紀年方法，才告結束。

改朝換代與改元不同，改朝換代是朝代更迭，舊的朝代為新的朝代所代替，如隋至唐、明至清。改朝換代一定要改元，但改元卻未必意味著改朝換代。

15 年號是秦始皇創立的嗎？

年號是中國古代封建皇帝用以紀年的名號。年號發端於中國，為漢武帝首創。年號被認為是帝王正統的代表，稱為「奉正朔」。一個政權使用另一個政權的年號，被認為是藩屬、臣服的象徵之一。這種現象主要發生在中國分裂的時期。五代十國時，閩國、楚國使用後梁、後唐年號，吳越國使用唐、後梁、後唐、後晉、後漢、後周和北宋的年號。也因此，許多地方割據勢力、少數民族政權，以及人民起義，也常常自立年號紀年。

中國年號的使用情況非常複雜。同一時期並存的政權往往各有年號。還有政權一年之中數次改元，幾個年號重疊使用。也有政權自己不建年號，而沿用前朝或其他政權的年號。例如，後晉的「天福」年號用至九年，改為「開運」

元年。三年後，後漢劉知遠稱帝，不自建年號，也不沿用「開運」年號，而是追承「天福」十二年。還有許多年號在不同時期重複使用。例如，「建元」就有五個時期在使用。還有因為避諱或者其他原因，一個年號有不同寫法，例如唐殤帝的「唐隆」年號，又寫為唐元、唐安、唐興。

新的國君繼位時，一般需要重新使用新年號，但前一代皇帝逝世的那一年不可改元，在第二年時才可以改元。一個皇帝在位時，也可以進行多次改元。明朝以前的皇帝多數都改元兩次以上，一個皇帝的年號也有多個。例如，漢武帝有十一個年號，武則天在位二十一年有十八個年號。也有皇帝在即位時，使用前一代皇帝的年號，例如五代時期後梁的「乾化」年號、後晉的「天福」年號、後周的「顯德」年號。明清兩朝基本上都是一個皇帝一個年號，因此也常常用年號來稱呼皇帝，例如「康熙帝」。只有一個例外是，明英宗有兩個年號：正統、天順。

年號的字數一般為兩字。有少數三字、四字，乃至六字者。比如王莽的「始建國」，武則天的「萬歲通天」，西夏景宗的「天授禮法延祚」。

中國歷史上的年號，據統計數目在數百個以上。梁啟超的統計是三百一十六個，上海人民出版社出版的《中國歷史紀年表》的統計是五百多個。

16 何謂三宮六院七十二嬪妃？

對於皇帝的后妃，古有三宮六院七十二嬪妃的說法。其實，這只是一種泛泛之談，皇帝后妃的編制歷朝歷代相近，但在名目和數量上大不相同。

所謂三宮，是指后妃居住的中宮和東、西兩宮，這是明清以後的體制。其實，三宮最早是指諸侯夫人的居所，天子后妃居所應稱「六宮」。《禮記》記載：「王后六宮，諸侯夫人三宮也。」可見，六宮才是皇后居住之所，所以人們又用六宮代指皇后。

所謂六院，亦作六苑，是後宮嬪妃們所居的宮苑，後泛指后妃。明朝之後，「三宮六院」才被用來泛稱皇帝的妃子。

所謂七十二嬪妃，是一種指代皇帝後宮人數眾多的虛詞。實際上，皇帝後宮侍妾的數目遠比七十二妃多。例如《禮記・昏義》中寫周代后妃制曰：「古者天子後立六宮，三夫人，九嬪，二十七世婦，八十一御妻。」可見早在諸侯時期，國君就已經妻妾甚眾了。至秦漢時代，更有了後宮佳麗三千的說法，規模要比三宮六院七十二嬪妃大得多。

17 秦始皇為何穿黑色皇袍？

中國古代的帝王都是黃袍加身，以黃色為尊，但是在西安影城秦皇宮殿的秦始皇蠟像上，穿的卻是黑色皇袍。為什麼秦始皇穿黑衣呢？

原來，戰國秦漢之際盛行五德終始說，這個學說認為人類社會歷史是按照五行（金、木、水、火、土）相生的規律發展的。五行又稱「五德」。五德分配到歷史上各個朝代，就是黃帝土德，夏朝木德，商朝金德，周朝火德，秦朝水德。實行某一德制度，曆法、官名、服色、度量衡都要相應改變，包括衣服的顏色，是按照「五行」與「五色」相配的規律，而穿著不同顏色的衣服。木、火、土、金、水五行，與青、赤、黃、白、黑相配。秦王朝實行水德制度，所以衣服、旌旗都是以黑色為貴，秦始皇也穿黑色皇袍。

魏晉以後，雖然帝王仍以五德終始做為改朝換代的理論根據，但他們在曆法、服色與度量衡上，都不再恪守舊規，而是以黃色為尊，所以帝王都一律黃袍加身了。

18 皇帝必須每天上朝嗎？

中國古代皇帝有兩種朝會。一種是大會文武百官、王國諸侯和外國使臣的朝會，稱為「大朝」，大朝是一種隆重的典禮，往往在特定的節日舉行，如元旦、冬至、皇帝生日。大朝只是一種儀式，一般不會在這種場合處理和商定國政。另一種「常朝」，即皇帝每天或間隔數天，於早晨會見主要文武官員，處理一些日常政務，如宣布政令、決定重大軍政行動等。這種朝會，並不是皇帝進行日常統治活動的全部，因為並非所有國家政務都要在常朝上決定。所以，有些倦政的皇帝常常不上早朝，如唐玄宗天寶年間以後貪於酒色，怠於朝政，白居易的〈長恨歌〉中有句云：「從此君王不早朝。」

古代皇帝所處理的政務大致有兩類。一類是日常政務，不一定均須在朝會中處理。中國古代的政治體制，是專制主義的中央集權統治，皇帝是最高的決策者與行政首腦，其下分文武百官，分工管理各方面的政務。皇帝只需定期進行檢查就可以了。一類是非日常性的政務，如外族入侵、內部叛亂和嚴重的天災，或出現有關官員依據定制無法解決的問題，需要皇帝拿出處理辦法，或是對制度進行某些更改。在這種情況下，皇帝往往要和主要官員商議決策，通過朝會處理，但也有不上朝會處理的。所以說，古代皇帝的朝會只是他進行封建統治活動的一種形式，而絕不是全部。

19 為什麼中國歷代都有「文帝」、「武帝」？

周朝有文王、武王，漢朝有文帝、武帝，三國時有魏武帝、魏文帝。為什麼歷代都有「文帝」、「武帝」呢？

這「文」和「武」都是帝王的謚號。謚號是皇帝死後，新繼位的皇帝請大臣們根據死者生前的品德和行為，按照謚法規定給予的一種稱號。謚號本來是有褒善貶惡的意思，按照謚法規定，謚號可分為表揚、批評和同情三大類。

屬於表揚的，如「經緯天地曰文」，意思是善於治理天下的可謚為「文」。像漢文帝劉恆、隋文帝楊堅、唐太宗李世民，都是以善於治理天下著稱的，所以都被謚為「文」，稱「文帝」。再如，「威強睿德曰武」，意思是說，聲威強盛而又明智的，可謚為「武」。像周武王姬發、漢武帝劉徹、魏武帝曹操、晉武帝司馬炎，都是以聲威強盛著稱，所以他們的謚號都是「武」，稱「武帝」。

謚號並不能真正說明人的才德，它有很大的虛偽性。到了宋代以後，每個君主的謚號就只有褒揚而無貶惡了。

20 歷史上最早「垂簾聽政」的人是誰？

在封建社會，當繼位的新君年齡還小時，往往需要皇后或者皇太后臨朝聽政，幫助處理國家大事，這就是女主臨朝稱制。歷史上最早「臨朝稱制」的女主，是戰國時期的宣太后羋八子，她為日後有野心把持朝政的后妃們，開了一個成功的範例。

秦惠文王在位時，羋八子是來自楚國的姬妾，姓羋，八子是她的封號。八子在當時的秦國後宮中，處於中下階的位置。所以，秦惠文王死後，在皇后和新君秦武王的合謀下，羋八子和兒子嬴稷就被送往燕國做人質。

三年後，秦武王意外死亡。羋八子在燕國的支持下，果斷地聯絡到了自己的異父弟魏冉擁立嬴稷回國，經歷了三年的「季君之亂」，終於使嬴稷登上了王位的寶座，成為秦昭王。她也因此成為「宣太后」，並在秦國臨朝稱制四十一年。在她統治期間，秦國的國力日益強盛，為她的玄孫嬴政統一六國積累了實力。

大一統王朝中，首位臨朝稱制的皇太后，是西漢高祖劉邦的皇后呂雉。她在兒子漢惠帝劉盈死後，正式臨朝代行天子之權，是當時西漢真正的掌權者。她執政的七、八年，史書中直接以「高后某年」記事，《史記》、《漢書》等正史也為她專門立了帝王資格的「本紀」。呂后的執政生涯也算成功，雖然扶植諸呂，對待朝臣心狠手辣，但政治局面基本穩定，社會經濟得到恢復，為其後的「文景之治」打下了基礎。

21 中國歷史上第一個女外交官是誰？

中國歷史上，有不少以公主或宗室女下嫁番邦國王和親的事例，唐太宗時期，文成公主遠嫁吐蕃，便是和親情況的典範。在她的影響下，漢藏兩族的友誼有了很大的發展，所以把文成公主譽為史上第一個女外交家也不為過。

吐蕃就是現在的西藏，唐代以前和中土沒有來往。

唐太宗貞觀十二年，松贊干布向唐廷求婚。唐太宗派文成公主前往吐蕃和親。文成公主則憑著自己的知識和見地，細心體察吐蕃的民情，然後提出各種合情合理的建議，協助松贊干布治理這個地域廣闊、民風剽悍古樸的國家。

貞觀二十三年，唐太宗李世民駕崩，太子嗣位為唐高宗。大唐王朝與吐蕃的關係，在文成公主聯絡的基礎上，已到了水乳交融的頂峰。在松贊干布與文成公主努力推行改革，及大論（吐蕃的宰相職）祿東贊的妥善謀劃下，吐蕃在軍事、政治、經濟、文化等各方面，都取得了突飛猛進的發展，因而能稱霸西域，成為大唐王朝西方的有力屏障。

22 武則天如何成為「一代女皇」？

中國歷史上，皇太后掌權的並不少見，但真正改朝換代的女皇帝，卻只有唐朝的武則天。

武則天（六二四～七〇五），并州文水人。由於姿色出眾，十四歲那年，武則天被召入宮，當了太宗李世民的才人，賜號「武媚」，人稱「武媚娘」。

太宗死時，她才二十六歲，按照當時的制度，她和太宗的其他嬪妃一起被遣入長安感召寺為尼，後來偶遇即位不久的高宗李治，得以再入宮中，被封「昭儀」。不久，她設計使高宗廢黜了皇后，自己封號「宸妃」。西元六五五年，武則天被冊封為皇后，並參與朝政，與高宗一起被時人稱為「二聖」。

六九〇年，她自號「聖母神皇」，開始革唐朝命而改國號為「周」，定都洛陽，並號洛陽為「神都」，直至七〇五年於神都上陽宮病逝。武則天在位十五年，史稱「武周」，是中國歷史上唯一的女皇。

武則天稱帝後，大開科舉，破格用人；獎勵農桑，發展經濟；知人善任，容人納諫。尤其是擅長發現、搜羅人才，這使得在她當政的年代裡，始終有一批能臣幹將維護左右，穩定了武周政權。

在抗擊外來入侵，保護邊境安寧，改善相鄰各國的關係方面，武則天也做了很多努力。因此，在她掌政的近半個世紀裡，社會穩定，經濟發展，為後來的「開元盛世」打下了堅實的基礎。

雖然政績顯著，但是殺害親子，大封武氏諸王，重用酷吏，嚴刑峻法，冤獄叢生，也讓她遭到了歷史的譴斥。中宗神龍元年（七〇五年），宰相張柬之趁武則天年老病危，擁立中宗復位，尊武則天為「則天大聖皇帝」。同年冬，武則天死，終年八十二歲，遺詔「去帝號，稱則天大聖皇后」。

23 一代天驕成吉思汗征服了哪些地方？

成吉思汗（一一六二～一二二七），孛兒只斤氏，名鐵木真。蒙古族傑出的軍事家、政治家。

鐵木真自幼失父，與母親生活在樹林裡，幫助母親打獵、採集，練就了他剛強的性格。他曾說過：「拚殺衝鋒的時候，要像雄鷹一樣勇猛；高興的時候，要像三歲牛犢一般歡快；在明亮的白晝，要深沉細心；在黑暗的夜裡，要有堅強的忍耐力。」

一二〇六年，鐵木真統一蒙古高原各部落，被推舉為成吉思汗。

隨著國勢日盛，鐵木真開始對外發動大規模戰爭。先是與西夏頻繁爭戰，屢創夏軍主力。隨後南下攻金，金被迫遣使求和。

其後，鐵木真又率大軍約二十萬分路西征。數年間，征服地域西達黑海海濱，東括幾乎整個東亞，建立了世界歷史上著名的橫跨歐亞兩洲的龐大帝國。晚年，他不遠萬里邀請全真道士丘處機，為其講述神仙長壽術，深受啟發。自悔先前殺業太重，開始實施仁政，勸勉百姓行孝道。

忽必烈建立元朝後，追封成吉思汗為元太祖。

24 古代的官府為何又稱「衙門」？

「衙門」，即舊時的官府，是由「牙門」轉化而來。牙門，古代軍事用語，為軍旅營門的別稱。古代戰事頻繁，打天下守江山全憑武力，因此帝王們十分器重軍事將領。軍事長官們以此為榮，便將猛獸的爪、牙置於辦公處，後又在軍營門外，以木頭刻畫成大型獸牙做裝飾，營中也有旗杆端飾有獸牙、邊緣剪裁成齒形的牙旗。於是，營門也因此形象而被稱為「牙門」。

由於舊時官府氣派堂皇，所以百姓又以「牙門」做為官府的別稱。例如，《武瓦聞見記》中記載：「近俗尚武，是以通呼公府為『公牙』，府門為『牙門』，字稱訛變轉而為『衙』也。」唐朝以後，「衙門」一詞廣為流行，到了北宋以後，人們就幾乎只知道「衙門」而不知有「牙門」了。

25 什麼是三省六部制？

三省六部制是中國古代封建社會一套組織嚴密的中央官制。它於西漢以後長期發展形成，如尚書省形成於東漢，中書省和門下省則形成於三國時期，目的在於分割和限制尚書省的權力。在發展過程中，組織形式和權力各有演變，至隋朝才正式確立。隋朝在中央設立三師、三公、五省，其中三師、三公只是榮譽虛銜，而五省之中只有尚書、門下、內史三省，才是真正的中樞權力機構。

唐朝建立後，進一步完善三省六部制，且三省建立不久就向二省、一省轉變。這種變化加強了皇權對相權的控制，也大大提高了行政效率。此後，三省六部制就成為唐至宋的中央最高政府機構，一直到清末，六部制基本沿襲未改，為各朝各代統治者加強中央集權提供了有力保障。

三省的職能是什麼？

三省指中書、門下、尚書三省。其中，中書省主要負責草擬皇帝詔令；門下省負責審查詔令內容，如認為不當可封，還可加以駁正，稱「封駁」，並根據情況退回給中書省；尚書省則為最高行政機構，負責將通過審查的法令頒布施行。

隋唐中書省的長官為中書令，副長官為中書侍郎，主要職官有中書舍人。門下省的長官為侍中，副長官為黃門侍郎，後改稱「門下侍郎」，主要職官為給事郎。由於中書、門下二省都設在宮內，又有諫諍之責，所以又設左右諫議大夫、左右補闕、左右拾遺，分屬二省，以匡正皇帝的過失。尚書省長官為尚書令，因唐太宗為秦王時曾經出任尚書令，所以後來不實際任命尚書令，而由副長官左、右僕射代行職權。僕射之下有左右丞、左右司郎中、員外郎負責都省職事，總領六部。

總之，這三省分工為「中書取旨，門下封駁，尚書奉而行之」，三者互相牽制，彼此制約，共同向皇帝負責。

六部的職能是什麼？

六部，是尚書省下屬的吏部、戶部、禮部、兵部、刑部、工部等六個部門。長官都稱為「尚書」，總管本部政務。每部各轄四司，共為二十四司。

吏部掌管全國官吏的任免、考核、升降、調動等事務。戶部為掌管財政、國庫、戶籍的機關，下屬各司除掌核本省錢糧外，還兼管其他衙門的部分庶務，職責多有交叉。禮部，則專門負責貢舉、祭祀、典禮，同時管理全國學校事務、科舉考試，及藩屬和外交事務。兵部，掌管選用武官及兵籍、軍械、軍令等，但歷代沿襲職權也不盡相同，如宋、遼、金、元的兵部不轄兵政，而明代的兵部權力最重。刑部負責司法、審計事務，具體審判則另有大理寺負責，若遇到重大案件，則需集合刑部、御史臺、大理寺會審，即所謂的「三司會審」。工部，負責工程建設，掌管各項工程、工匠、屯田、水利等。

26 「三公」分別指哪三公？

古人做官，將位列三公視為最高的目標。那麼這三公是指哪三公呢？

周代時已有「三公」一詞。西漢今文經學家據《尚書》、《禮記》等書認為，三公指司馬、司徒、司空。古文經學家則據《周禮》認為太傅、太師、太保為三公。

秦代不設三公。西漢最初繼承秦制，輔佐皇帝治國者主要是丞相和御史大夫，最高軍事長官是太尉，但不常置。

從漢武帝時起，因為受到經學影響，丞相、御史大夫和太尉也被稱為「三公」。其時，漢武帝為了加強中央集權，對丞相的權力有所削弱。

漢昭帝時，大司馬之職權力較大，逐漸淩駕於丞相之上。漢成帝時，御史大夫被改為大司空，又把大司馬、大司空的祿位提高到與丞相相等，確立起了大司馬、大司空和丞相鼎足而立的三公制。

西漢末年雖是三公鼎立，但仍以大司馬的權力最大，如董賢、王莽均居此職而專擅朝政。新莽時，亦沿襲了西漢三公制。

東漢初仍設三公，改大司馬為太尉，改大司徒、大司空為司徒、司空。三公各自開府置官屬。如三公各置秩為千石之長史一人，又各置掾屬數十人。以太尉為例，下有分管諸事的西曹、東曹、戶曹、奏曹、辭曹、賊曹、金曹、倉曹等。三公府當時簡稱為「三府」。三公中，仍以太尉居首位。

漢光武帝時，三公的實權開始削弱，逐漸歸尚書臺，但是三公的名位還在。和帝、安帝開始，外戚、宦官更迭專權。外戚竇憲、梁冀等，都拜為大將軍，大將軍開府置官屬，位在三公之上，三公有名無實了。

東漢末年，漢朝的統治逐漸衰微，董卓自任太師、相國，匾三公之上。二〇八年，曹操罷去三公，而又設置丞相、御史大夫，曹操自任丞相。兩漢時，實行了兩百年之久的三公制，至此遂告終止。後來，曹魏建國，又重新恢復了三公制。

在魏晉南北朝時期，三公依然位居極品，且開府置僚佐，但實權則進一步向尚書機構轉移。至隋代，三公完全變成虛銜或優崇之位。宋代以後，往往亦稱太師、太傅、太保為三公，但其虛銜性質不變，並漸次演化成加官、贈官。明、清沿襲不變。

27 「九卿」是指哪些機構和官職？

「九卿」是中國古代中央政府機構和官員的合稱。「卿」為官名。周曾以少師、少傅、少保、冢宰、司徒、宗伯、司馬、司寇、司空為九卿，前三卿專輔天子，後六卿分管政務，按其次序，相當於後來的吏、戶、禮、兵、刑、工六部尚書。

戰國時期，一般以中央政務機關之首長為卿。秦以奉常（主管禮儀祭祀）、郎中令（主管宮外警衛）、衛尉（主管宮內警衛）、太僕（主管車馬）、廷尉（主管刑獄）、典客（主管內外客使）、宗正（主管皇族譜籍）、治粟內史（主管鹽鐵錢穀）、少府（主管皇帝財產），這些機關首長為九卿。

漢承秦制，只是將奉常改為太常，郎中令改為光祿勳，典客改為大鴻臚，治粟內史改為大司農。秦漢九卿，隸屬宰相，在其指揮下負責執行政務，且參與朝議，職權較重。

魏晉南北朝大體沿漢制，梁時曾增設機關，置十二卿，雖然增太府、大匠、太舟三卿，但仍以舊九卿為骨幹。

隋、唐、宋諸代，仍有九卿之稱，其官署改為寺、監，增減裁併，變化頗多，因六部執行政務，九卿僅為中央辦事機構的長官，且要受六部指導。

明代九卿有大小之分，一般以六部尚書和都察院都御史（主管監察）、通政司使（主管奏章）、大理寺卿為大九卿；以太常、光祿、太僕、鴻臚、苑馬（主管御馬）、尚寶（主管印璽）六機關首長，和詹事府詹事、翰林院學士、國子監祭酒為小九卿。

清代則不把六部列入大九卿，除都察院、大理寺、通政司之外，其餘實際指某官並無明文規定。而小九卿則一般為宗人、太常、太僕、光祿、鴻臚五機關首長、詹事府詹事、國子監祭酒、左右春坊庶子、順天府尹。

28 古代的學士是官位還是學位？

古代的學士，並非現在意義上的學士，它是官位而非學位。古代的學士稱號，最早出現在周代，《史記．儒林傳序》云：「天下之學士靡然鄉風矣。」學士，本來是指那些讀書的貴族子弟，後來逐漸演變成官名，和有學問的人及文人學者的泛稱。魏晉時期，是掌管典禮、編撰諸事的官職。魏晉以後，「學士」才正式成了以文學、技藝供奉朝廷的官吏稱呼。唐代，學士地位有很大的提高，甚至可以參與朝政。其中翰林學士之首，是皇帝的親信顧問和祕書官，又稱「內相」。到了宋代，授予「翰林學士」者，就有當宰相的希望。

清代大學士的地位為正一品，為文職官吏之首。明清時，承旨、侍讀、侍講、編修、庶吉士等，雖亦為翰林學士，但與唐宋時期翰林學士的地位和職掌都不相同。如《〈指南錄〉後序》的「以資政殿學士行」，這是文天祥辭掉丞相後，被授予的官職；《譚嗣同傳》的「君以學士徐公致靖薦」，徐致靖當時任翰林院侍讀學士，這是專給帝王講學的官職。白居易、歐陽修、蘇軾、司馬光、沈括、宋濂等，都曾是翰林學士。

29 考勤起源於何時？

中國的考勤制度起源很早，但當時的考勤，主要是對國家官吏而言。至於考勤表的使用，根據文獻記載，應不晚於清代。清初，國家官吏實行坐班制，每日辦公皆在衙署。至乾隆中，此制漸弛。清人昭槤《嘯亭雜錄》卷十記載，軍機大臣和珅擅權時，曾經自立私寓，「不與諸大臣同堂辦事，而命諸司員傳語其間」。後來，有許多官員也待在家中辦公，不坐班。清人震鈞在《天咫偶聞》卷七中寫道：「自乾隆以後，重臣兼職者多，遂不恆入署。而閱折判牘，移於私宅。」為此，清政府在國家機構中設置「畫到簿」專司考勤。畫到簿為官吏考勤的重要憑據之一，與紅本一起存入內閣大庫，以備查驗。但由於它反映不出遲到、早退等情況，所以沒有多大的約束力。

咸豐年間，成立總理衙門，為了防止畫到溜號的弊端，提高辦事效率，就規定對其官吏「核其勤惰」分別予以「請獎」或者「參劾」，這便是歷史上考勤與獎懲相結合的開始。

30 古代也有招聘制度嗎？

在中國古代，封建王朝不僅透過科舉選拔官吏，也常透過招聘的方式，向社會廣招賢才。招聘人才，在中國由來已久。《孟子》中寫商湯派人五次往返，「以幣聘」伊尹。明代朱健《古今治平略》上講，湯聘伊尹，商高宗武丁招聘傳說，任以國政，「此徵聘之始也」。

中國人才招聘的黃金時代是兩漢。漢高祖曾下詔招聘人才。漢代招聘制度有幾個特點：一是按州縣定名額，與地方官的舉薦連在一起，成為一項較為經常性的制度；二是專門招聘精通某科學問、技藝的人；三是特為辦一件事情而招聘，事畢而罷。

漢代以後，三國曹操、唐朝李淵、李世民，利用招聘辦法選拔了不少人才。特別是明朝朱元璋，早在金陵時就錄用過夏煜、孫炎、楊憲等十幾個儒士。後來曾分派學士詹同等分行天下招聘人才。明初，招聘成為官吏的重要來源，有一次招聘一千九百多人，最多一次招聘到三千七百多人。直到明憲宗成化（一四六五至一四八七年）以前，招聘一直是重要的選拔人才的途徑。

在中國歷史上，有些朝代透過招聘辦法，發現和選拔了大批人才，有些朝代還是由於招聘到大批人才而興盛起來的。事實證明，實行招聘有利於及時發現和合理使用人才，有利於人才暢流，才盡其用。

31 「司馬」原本是姓氏嗎？

「司馬」一姓大家都很熟悉，歷史上也有司馬相如、司馬遷、司馬光等著名的文學家、史學家。其實，「司馬」是古代的官名，後來以官為姓，成為姓氏之一。

司馬作為官職，在西周時開始設置，與司徒、司空並稱「三有司」，亦稱「三有事」。司馬為朝廷重臣，掌管軍政與軍賦，常常統兵出征，所率軍隊為六個師或八個師不等，相當於大將軍。

春秋時，各諸侯國官制中都有司馬一職，有的諸侯國還設有大司馬。此外，還有左司馬、右司馬做為司馬的屬官。不僅在官制中有司馬一職，在軍隊中也設有此類官稱，如晉軍中有司馬，是低於軍尉的官職。戰國時，軍將或軍師常常被稱為「司馬」。在軍隊的將帥之下，還設有很多司馬之職，分別承擔不同的任務。此外，地方的縣、都，也有司馬的官，如秦有縣司馬。

司馬的官職到了漢代曾一度被取消，漢武帝時，改太尉為大司馬，後世用為兵部尚書的別稱，侍郎稱為「少司馬」。漢代大將軍統管五部，每部各設軍司馬一人。魏晉至宋代，司馬為軍府之官，總理軍府事務，參與軍事計畫。隋、唐兩代，州、郡、府中，各設有司馬一人，位在別駕、長史之下。白居易〈琵琶行〉中就有「座中泣下誰最多？江州司馬青衫濕」。而到了明、清兩代，司馬則成為府同知的別稱了。

32 古代官員是不是也「朝九晚五」呢？

中國古代官吏的工作時間很緊張，也要受到嚴格規章制度的限制。那麼，官員的上下班時間是幾點呢？實際上與現代相似，也是晨聚昏散，不過確切時辰則與中國古代農耕社會中大多數人的生活習慣相配合。《詩經．齊風．雞鳴》中，妻子催丈夫起床：「雞既鳴矣，朝既盈矣；東方明矣，朝既昌矣。」因為古人雞鳴即起準備上班的傳統，這個時段稱為「卯時」（早晨五至七點）。清朝時期，中央各機關供職官員一般需要參加朝會，這也是由君主親自主持的最高國務會議。除了一、二品年事已高的大員，可以特賞騎馬或坐椅轎，其餘官員一律步行入宮；親王和部堂長官上朝的時候，會有專人打燈引至景運、隆宗二門；軍機大臣則有角燈導入內右門。清朝《欽定六部處分則例》載有中央官員統一的下班時間，規定是春分後於申正（約下午四點）散值（下班），秋分後於申初（約下午三點）散值。

從秦漢到明清，中國古代官員每天上下班的時間基本如此，各級地方機關也與中央相似。古代官吏要按時上下班，不得違反，否則會受到懲罰。《唐律疏議．職制五》有一條法令說，官員上班而不到的，缺勤一天處笞二十小板，每再滿三天加一等，滿二十五天處杖打一百大板，如果滿三十五天判處徒刑一年。假如是軍事重鎮或邊境地區供職的軍官，還要罪加一等。

雖然上班時間是早晨五點，可是因為大臣不住在皇城裡面，所以一般兩點就要起床，在朝堂外等候上朝。還有些重要的輔弼大臣，因為有重要軍政大事須與皇帝商量，也可能要很晚才能下班回家。

33 古代官員要到幾歲才能告老還鄉？

「告老還鄉」是我們生活中常說的一句話。我們看到在電視劇《宰相劉羅鍋》中，清朝宰相劉墉年齡大了，請求「告老還鄉」，獲得批准後，便騎毛驢直奔山東老家。「告老還鄉」的意思，就是古代官員以年老多病為由，向皇帝請求辭去官職，回到家鄉，這也是古代官員提前退休的一種制度。

退休制度是中國古代官僚制度的重要組成部分，該制度雖然建於春秋戰國時期，但「退休」一詞始見於唐宋文籍。唐代散文家韓愈〈復志賦〉序中說道：「退休於居，作〈復志賦〉。」《宋史．韓贄傳》中也有「退休十五年，謝絕人事，讀書賦詩以自娛」的詞句。

古代官吏退休需要滿足一定的年齡條件，《禮記．曲禮》中載：「大夫七十而致事（退休）。」唐、宋、元等朝為七十歲退休的規定，明清兩朝則規定「文武官年六十以上者，皆聽致仕（退休）」。不過，官員也可以提前退休，如唐朝就有「老病不堪厘務者，與致仕」的規定，意思是說，如果身染疾病或者受傷，即使未到退休年齡也可以提前退休。可見中國古代官吏「告老」、「告病」辭去官職，或者提前退休，是被允許的。只要官吏提出申請，提前退休也是比較容易的，皇帝一般都會准許。甚至明朝弘治四年，皇帝就曾專門下詔：「自願告退官員，不分年歲，俱令致仕。」

總體而言，中國古代早期官員的退休年齡是七十歲，後期官員的退休年齡是六十歲。

34 古代官員也有休假嗎？

中國的休假制度很早就有了。漢朝時，政府機關便規定工作人員每五天休息一天，稱「五日休」。唐朝時改為「旬休」，即每十天休息一天。古代的休假採取輪休制度，因為在休假日裡，政府機關的辦公活動還是要照常進行的，如漢代的霍光在休假時，就往往由上官桀代他辦公。

古代除定期的休假日外，也有節假日，如唐代於中秋節放假三天，寒食清明節放假四天；明代於冬至日放假三天，元宵節放假十天。此外，還定有「急假」，官吏用以處置緊急家事，一年以六十日為限。

對官吏的假日，歷代均有嚴格的規定，唐朝規定二品以上的官員，在假滿時，要向衙門報到，不然就會扣掉一個月的俸祿，更有甚者，還會因此被免職。

古人在休假日時，雖然可以自由活動，但通常是用來洗頭、洗澡為主，所以，古代的休假日又稱「休沐」（洗頭）或「休浴」（洗澡），因為古代男子蓄髮梳髻，頭髮長，洗一次很費力，所以，都放到休假日來進行了。

到清朝初年時，隨著西方傳教士進入中國，「禮拜天」一詞開始在中國出現，辛亥革命以後，開始實行星期日休息制。

35 古代退休官員的待遇如何？

對於退休官員老有所養、老有所尊的問題，歷朝歷代都比較重視。政治待遇上，據《禮記》記載：卿大夫致仕稱「國老」，一般官吏致仕稱「庶老」，從稱謂上就可以看出對老臣的尊重。

到了唐朝，對致仕官員要舉行歡送儀式。三品以上官員致仕後，仍恩准在朝廷行走，參與國家大事。明朝的致仕官員在禮儀上依然受到尊重，在參加宴會、祭祀等活動中，仍享有原有職級的禮遇。

經濟待遇上，退休後會優厚對待。漢代規定，年俸祿在兩千石以上的官員退休後，可領取原俸祿的三分之一做為養老金。

魏、晉時期的退休官吏，則乾脆委任一個「顧問」之類的閒職，供養起來。唐朝是五品官以上致仕者給半俸，功臣元勳經皇帝特批，退休後可保留全薪。

兩宋時期，朝廷對退休官員的安置和優待，可以說達到了高峰。尤其是宋神宗以後，允許帶職退休。官員致仕時，皆晉升一級。致仕後，仍可加銜晉級，參與朝政。

明朝初期則規定，三品以上官員按現職退休，四品以下，任職滿三年且無大過者，可升一級致仕。明中葉時，改為業績突出者可升兩級致仕。

退休金方面，明初曾規定致仕官食原俸，但很快就予以取消。後來又規定退休官員一般情況下不發放退休金，但家貧不能自存者，「有司月給米二石，修（終）其身」。

清朝基本上也是按照明朝的退休制度執行。

36「知府」與「知州」，誰的官職比較大？

知府源於唐朝，當時稱「知府事」或「權知府事」。但知府事不是正式的官名。到了宋代，「知府」才正式成為一個官職，主要掌管一個州府的軍政事務，實質權力因不同的州府而稍有差異。

知府是由「知」和「府」兩個詞組成。在魏晉時期，州刺史兼任將軍之職。州刺史是文職，將軍是武職。州有州的衙門和幕僚，將軍另外有將軍的衙門和幕僚。將軍的衙門，就稱為「府」。唐朝時，中央政府在首都、陪都及皇帝登基前任職的州設置府。府的長官，稱為「府尹」。宋朝時，在府、州、軍、監設立地方長官，府的地方長官簡稱「知府」。明、清兩朝，省、縣之間的一級行政單位被稱為「府」。除了首都、陪都所在地的府長官仍然稱「府尹」外，一般的府長官，都稱為「知府」。

宋太祖為了削弱節度使的權力，派遣京朝官（文臣）接替刺史管理州務。州軍事的「州」代表民政，「軍」代表軍政。「知州」也就是管理民政和軍政大權。元朝沿用宋朝制度，州的長官正式稱為「知州」。明以知州為一州之長，轄縣；清有直隸州、散州之別，前者直隸於省，可以轄縣，後者隸屬於府、道，不轄縣，長官均稱「知州」。

從官秩上看，在清朝，知府屬於從四品，知州是從五品。知府比知州大。從範圍上看，一般情況下，府的區域會比州的區域大，因此，知府的官職要比知州大。但在某些地區，知府和知州是一樣大的，知府就是知州。

37「宰相」和「丞相」是一樣的嗎？

「宰相」是中國古代最高行政長官的通稱。「宰」是主宰的意思，「相」是輔助的意思。歷代只有遼以宰相為正式官名，其他朝代的官名都不一樣。例如，「丞相」就是宰相在其他朝代的一個官名。

「宰」的意思是主宰，商朝時為管理家務和奴隸之官；周朝時有執掌國政的太宰，也有掌貴族家務的冢宰，掌管一邑的邑宰。宰相職稱，始見於《韓非子．顯學》，曰：「明主之吏，宰相必起於州部，猛將必發於卒伍。」宰相是國君之下輔助國君處理政務的最高官職。夏商是巫史，西周春秋是公卿，戰國以後是宰相。也就是說，宰相是通稱。宰相的正式官名隨著朝代的更替，先後出現過：相國、丞相、大司徒、侍中、中書令、尚書令、同平章事、內閣大學士、軍機大臣等多達幾十種官名。如秦漢之丞相、相國、三公，唐宋之中書、門下、尚書三省長官及同平章事，明清之大學士等。清末，梁啟超在《譚嗣同傳》中說：「……實宰相之職也。」《史記》曰：「宰相者，上佐天子理陰陽，順四時，下遂萬物之宜，外填撫四夷諸侯，內親附百姓，使卿大夫各得任其職也。」

宰相最早起源於春秋時期，管仲就是歷史上的第一位宰相。秦朝時，宰相的正式官名為「丞相」。有時分設左、右，以右為上，稱為右丞相、左丞相。由此可知，宰相和丞相是不一樣的。丞相是宰相在秦朝時的官名。

漢承秦制，設御史大夫為副職。漢成帝時，設置三公，分別稱大司馬、大司空、丞相，這三公就是名義上的宰相。三國時期，魏稱「相國」，蜀稱「丞相」，吳最初也是稱「丞相」，後來設立左、右丞相。三國時期的宰相，不光名稱上有區別，權力上也有所不同。魏國的相國鍾繇、華歆執政，不掌軍權；軍權由大司馬執掌。司馬昭擔任相國時封晉公，始執掌軍權。蜀國僅諸葛亮擔任過丞相，執掌軍政大權，吳國的丞相一開始也不掌軍權，陸遜任丞相時才執掌軍政大權。

晉朝設立尚書省、門下省，執行多相制。南北朝時，宰相的官名很混亂。隋朝時，走三省制，三省長官內史省的內史令、門下省的納言、尚書省的尚書令都是宰相。唐朝時宰相更多，只要是參議政事、參知政事、同知政事、同平章事等加銜的官員都是宰相。五代沿襲唐時制度。各國也有自己的特色。宋朝以同平章事為宰相正式官名，以參知政事為副。南宋初，左、右僕射加同平章事，為正宰相，不再兼任三省侍郎，二省侍郎改為參知政事。

遼時，正式設立宰相為官名。當時設立北、南兩個官制，北面又分北、南兩樞密院，北院掌軍事，南院掌內政，北、南樞密院分別下設北、南宰相府和宰相。南面官多仿唐制，是國家用來養士的機構，並無實權。

金朝以尚書令、左右丞相、平章政事、左右丞為宰相。明朝初亦設中書省，左、右丞相。後設立內閣大學士。大學士成為實際上的宰相，稱「輔臣」，居首者為首輔。清朝沿明制設內閣大學士，雍正時設軍機處，內閣成為閑曹[1]，軍機大臣成為實際上的宰相。明、清都習慣上稱授大學士為拜相，但無正式宰相名分。

透過閱讀歷史資料，我們知道，丞相只是某個朝代的一個官職，有些具有宰相的權力，但並不是所有的丞相都能實行宰相的權力。宰相是中國古代最高行政長官的通稱。宰相和丞相是不一樣的。

編注：1 閑曹：閒散的官職。

38 「宦官」和「太監」是一樣的嗎？

宦官、太監是中國封建社會宮廷制度的特殊產物。在人們印象裡，太監和宦官好像是一樣的。其實，宦官並不等同於太監，甚至兩者之間有著嚴格的區別。

「宦」原是星座之名，宦官是在皇宮裡為皇帝及其至親服務的官員之總稱。東漢以前，充當宦官的並不都是閹割之人。到東漢時期，宦官才全部由閹人擔任。《後漢書．宦者列傳序》記載：「宦官悉用閹人，不復雜調他士。」

「太監」一詞最早出現在遼代。據《遼史．百官志》記載，「監」是遼代一個政權機構的名字，有「太監」一官，但在具體稱呼上，僅稱「監」，如太府監。元代的太府和各監，也有「太監」一官，如儀文監、典牧監、典室監、太府監等，均設太監。此時的太監和宦官還是完全不同的兩個稱謂，是指兩種完全不同的人，沒有任何關係。

明太祖朱元璋稱帝後，為鞏固其政權，在全國範圍內設置二十四衙門，由十二監、四司、八局組成。其中，十二監的提領者被稱為「掌印太監」。這些「太監」均由宦官來擔任。官階高的稱為「太監」，官階小的稱為「少監」或「中監」。可以說「太監」是宦官們的領導，享有品級和俸祿。因此，明朝時，「太監」必須由閹人宦官來擔任，但閹人卻不一定是「太監」。值得注意的是，「太監」和「宦官」也是在此時才變為專門為皇室服務的群體。時至清朝，侍奉皇帝和皇族的閹人宦官，都被予以「太監」之稱。因此，「太監」這一稱謂逐漸取代了「閹人宦官」。

39 被張飛暴打的「督郵」是什麼官呢？

在著名歷史小說《三國演義》中，曾經登場過一位督郵大人（大概算是歷史上最有名的督郵了），前往劉備擔任縣尉的安喜縣巡察。不過此公貪圖賄賂，因為劉備不打算向他行賄，於是懷恨在心，想要陷害劉備，剛好被張飛發現，於是此公便被性如烈火的張飛狠狠抽了一頓，也算為劉備出了一口惡氣。

那麼，督郵是負責什麼工作的官呢？

督郵這個官職開始設置於西漢中期，是各郡的重要屬吏。見於記載的有督郵曹掾、督郵掾、都郵等，通稱「督郵」。督郵的職責，除督送郵書外，又代表太守巡行屬縣，督察長吏和郵驛，宣達教令，兼司捕亡等。一郡分為數部的，每部各有督郵一人。

40 人稱魯智深為「魯提轄」，提轄是什麼官呢？

在《水滸傳》的〈魯提轄拳打鎮關西〉中，我們知道經略府的提轄官魯智深。那麼，提轄是什麼樣的官職呢？

提轄首先是一種指揮官，為「提轄兵甲盜賊公事」的簡稱。宋代一路或一州所置的武官，主要掌管本區軍隊訓練，督捕盜賊等事務；二是事務官，宋朝時，在左藏庫（儲藏皇家金銀錢帛）、文思院（掌管製造宮廷所用的金銀器物等奢侈品）、雜買務雜賣場（掌採辦宮廷、官府雜物）、榷貨務都茶場（掌管茶、鹽、香、礬等物品的專賣）四處，均設立了提轄官。此外，還設立了督催檢查綱運的提轄官。北宋末年，為了應付日益突出的財政危機，官府就在各地尋找礦產，開採鑄錢，在各地設置了五路坑冶提轄措置專司，如提轄措置京東路坑冶司、河東路提轄措置坑冶錢監司、提轄措置河北路坑冶鑄錢司等。

但是，提轄官並非宋朝才有，如遼朝就設置有四類提轄官：一是為了護衛斡魯朵[1]和皇帝陵寢和后妃宮帳，設立宮衛提轄官，如有戰事，他們要奉命出征；二是在路一級行政單位也設置了提轄官，高於州刺史，主要掌管番漢相涉及抓捕盜賊的事情；三是在貴族的領地頭下州[2]也設置了提轄官，主要掌管頭下州的錢帛賦稅；四就是職位不高，擁有多項任務的一般提轄官，這類提轄官的數量很多。

編注：1 斡魯朵：宮室建築、皇家居所。
2 頭下州：遼朝特有的行政區劃單位。

41 人稱宋江為「宋押司」，押司是什麼身分？

我們讀《水滸傳》時，發現宋江被稱為「宋押司」，而且人們十分敬重他。那麼，押司是做什麼的呢？

原來，押司就是衙門裡的書吏，也就是書寫文書的人員。他們雖然被正式的士大夫階層看不起，但畢竟屬於官吏階層。而且衙門中的書吏比官還多，他們代表官府與百姓打交道，也享有免役的特權。在穿戴上，他們可以穿長衫（雖然只能是黑色），和秀才一樣可以結一條長長的儒條衣帶，腳蹬靴子；而普通百姓只能穿短衫，蹬高幫鞋。

更重要的是，書吏掌握著一定的權力，可以滿足人們的權勢欲望。而且，歷代法律都允許書吏在供職一定年限後，經考核沒有過錯，就可以得到做官的出身。

書吏的收入也是很可觀的。雖然衙門的俸祿很少，但是按照規矩，他們每處理一件稍微涉及錢財的案子，或是要他們出面的政府事務，都可以從中得到好處，算是手續費。因此，在《水滸傳》裡，宋江雖然是書吏，卻可以逢人給錢，逢難救濟，得到「及時雨」的美稱。

42 錦衣衛、東廠、西廠，有什麼區別？

東廠、西廠，為明代特有的直接聽命於皇帝，執掌「詔獄」的特務機構。和錦衣衛不同，東廠、西廠的首領均為太監，即內臣；錦衣衛官校則是從民間選拔的良民，首領指揮使多由皇帝的親信武將擔任，為外臣。

東廠的首領稱為「東廠掌印太監」，也稱「廠公」或「督主」，是宦官中僅次於司禮監掌印太監的第二號人物。東廠的偵緝範圍非常廣，官民、錦衣衛等都在其偵查之列，獲得的情報可直接向皇帝報告。而錦衣衛為外官，與皇帝之間的關係不如東廠太監親近，奏請需用奏疏。所以東廠勢力要大於錦衣衛。在宦官權傾朝野的年代，錦衣衛指揮使見了東廠廠主，甚至要下跪叩頭。東廠只對皇帝負責，可隨意監督緝拿臣民，從而開明朝宦官干政之端。

相比之下，西廠在明朝歷史上只存在了十年。西廠在成立之初勢力甚大，甚至超過了老前輩東廠。但短短五個月後，西廠便被撤銷。此後，西廠又復開、撤銷幾次，直到大太監劉瑾倒臺，明武宗才下令撤銷西廠。從此，西廠就在歷史上永遠地消失了。

43 究竟何人才能乘坐「八抬大轎」？

轎子是中國古代的一種特殊交通工具，同時也是身分的象徵。它的起源很早，據說大禹治水時，「予乘四載，隨山刊木」。「四載」不是指四年，而是指轎子。先秦到兩晉時期，帝王主要是乘車外出。只有少數人才乘轎子出行，因此轎子主要是供一小部分貴族使用。到了隋朝，《隋書．禮儀制》載：「今輦制像軺車而不施輪，用人荷之。」這種沒有輪子，用人「荷」的「車」就是轎子。在古代，乘坐轎子有嚴格的規定，並不是所有人都可以乘坐。那麼，究竟何人才能乘坐「八抬大轎」呢？

轎子按形制一般分為兩種。一種是涼轎，即沒有帷子頂篷的轎子；一種是暖轎，有帷子頂篷的轎子。不同的官品，在轎子的形制類型、帷子的用料顏色等方面，都有嚴格的區分。如明清時代的官轎一般用藍呢或綠呢做轎帷。

《明孝宗實錄》記載：「成國公朱儀，魏國公徐埔，武靖伯趙承慶……乘八人轎。」後被皇帝通報批評並下旨

「不得再犯」。英宗年間，四品官員李傑因為乘八人大轎，結果被錦衣衛合法拘捕。也就是說，這些人在明朝乘坐八抬大轎是不夠資格的。《明史》載：「弘治七年令，文武官例應乘轎者，以四人舁之。其五府管事，內外鎮守，守備及公、伯、都督等，不問老少，皆不得乘轎，違例乘轎及擅用八人者奏聞。」隆慶二年（一五六八年），應城伯孫文棟違例乘轎被告發，立刻被罰停俸祿。

在清朝，人們乘坐轎子有明文規定。《清史稿》記載：「漢官三品以上、京堂輿頂用銀，蓋幃用皂。在京輿夫四人，出京八人。四品以下文職，輿夫二人，輿頂用錫。直省督、撫，輿夫八人。司道以下，教職以上，輿夫四人。雜職乘馬。……庶民車，黑油，齊頭，平頂，皂幔。轎同車制。其用雲頭者禁之。」官員按例乘轎，百姓即使有錢也不能乘轎。在當今時代，對乘車也有類似的要求，只是對官不對民。

在古代森嚴的等級制度下，人和人是不平等的，這也就造成了乘坐「八抬大轎」需要一定的身分、社會地位。

44 紹興師爺為何這麼出名？

紹興師爺之說產生於清朝，是指清代衙門中有很多紹興籍的幕友和書吏，主管文案，執掌折奏、刑名、錢穀、書啟、掛號、征比等，上繫國計、下關民生的大事。他們之間往往是親朋、師生或同鄉、同職等關係，形成了盤根錯節的關係網。這使得他們縱橫上下，互通聲氣，不僅控制地方很多公共事務，而且還把持部分督撫、州、縣衙的職權。在京師的許多衙門中，書吏之職幾乎被紹興人壟斷。如晚清紹興籍大名士李慈銘云：「吏皆四方遊民無籍者充之，而吾越人更多。」此「越人」即紹興府人。故清代官場有諺語云：「無紹不成衙。」因此，當時各地紳士、商人，紛紛向紹興師爺靠攏，以維護自身利益。各級行政官吏等也拉攏他們。

紹興師爺的勃興始於明代中晚期。明萬曆年間，紹興府山陰人朱賡任內閣首輔，執掌政務，招了許多紹興籍的書吏。後來，這些書吏大多擔任了各級幕僚，並逐漸形成了關係網。另外，紹興自古以來文風熾盛，文人輩出，且當地「人多地少」，民風「不戀鄉土」，習於漂泊遷徙，富有開拓冒險性，安土重遷的觀念比較淡薄。因此，大批紹興人不得不外出謀生，其中有文化素養的文人，外出後就擔任各級衙門文吏。因為紹興人精細謹嚴、善於謀劃的思維和性格特點，與文吏的職業特點相契合，故紹興多幕僚文吏。到了清代，紹興籍師爺遍布全國各地大小衙門。

清代有比較重要的三部幕僚學專著，汪龍莊的《佐治藥言》、龔萼的《雪鴻軒尺牘》、許思湄的《秋水軒尺牘》。此三人都是紹興人。龔萼在《雪鴻軒尺牘》中云：「吾鄉之業於斯者不啻萬家。」這就是說，當時紹興師爺有近萬人。這些師爺廣泛分布於全國各地大小衙門中，形成了一個龐大的紹興「師爺幫」，互通聲氣，互為黨援。

到了清末，政府被迫改革官制和興辦新學，案件改由法院審理，同時，歸國留學生和各地法政學堂的畢業生，也被分派到各級衙門。紹興師爺在刑名和錢穀上的兩大優勢漸次衰微。於是，新興的司法和行政方式，代替了舊有的由各級長官和師爺主持辦理的方式，新興的司法和行政人才逐漸取代了幕府師爺。最終，興盛了三百多年的紹興師爺群體解體消失，與封建王朝一道壽終正寢。

45 翰林是何種官銜，翰林院是做什麼的？

「翰林」是中國古代的一個官職名稱。翰林院的由來可以追溯到唐朝初期，起初是藝能人士的供職機構。唐玄宗時，翰林院演變成專門起草機密詔制的重要機構。在翰林院中供職的人，稱為「翰林學士」。

翰林的意思是「文翰之林」，就相當於文苑。漢朝文學家揚雄的〈長楊賦〉中，首先出現了這個詞。唐朝初期才用於官名。唐玄宗時，他選用一批善於辭令的朝臣進入翰林院，專門起草詔書。起草詔書本來是中書舍人的專職。但是，有時起草密詔時卻不能保密。唐玄宗一度選用一批信得過的朝臣在翰林院供職，專門起草詔書。這些人就稱為「待詔」。開元二十六年（七三八年），又另建翰林學士院，專供擬詔者居住，供職者稱「翰林學士」，本身無秩品。初置時並無員額，後來依照中書舍人之例，置翰林學士六人，擇其中資歷深者一人為承旨。安史之亂時，翰林學士更加重要，不但起草詔書，而且還在政治上獻計獻策。

唐玄宗之後，翰林院分為兩種，一種是翰林院，裡面供職的是翰林供奉，並無什麼實權；一種是翰林學士院，裡面供職的是翰林學士，主要負責起草詔書。後來，翰林學士院演變成了專門起草機密詔制的重要機構，有「天子私人」之稱。唐憲宗後，翰林學士院與中書舍人院有明確分工。翰林學士所起草的是任免將相大臣、宣布大赦、號令征伐等有關軍國大事的詔制，稱為「內制」；中書舍人所起草的則是一般臣僚的任免及例行的文告，稱為「外制」。

宋朝時，翰林院制度延續下來，稱為「翰林學士院」或「翰林院」。翰林學士就相當於皇帝的顧問。一些宰相就是從翰林學士中選拔的。在宋神宗元豐改制後，翰林學士承旨和翰林學士成為正式官員，正三品，並且不任其他官職，專司草擬內制之職。在宋朝還有一個翰林院，專掌藝學供奉之事，和學士院的翰林院不同。元朝設翰林兼國史院及蒙古翰林院，掌制誥文字、纂修國史及譯寫文字。明朝時，翰林學士院正式定名為「翰林院」，掌制誥、史冊、文翰之事，考議制度，詳正文書，備皇帝顧問，主官為翰林學士，下有侍讀學士、侍講學士、修撰、編修、檢討等官，另有做為翰林官預備資格的庶吉士。明朝時，翰林院雖是五品衙門，卻是清貴之地。翰林若是能入職文淵閣參與機密，則位極人臣。

清朝沿襲明朝的翰林院制度，置掌院學士兩人，滿、漢各一人，官秩從二品。「掌院學士」和唐宋時期的「翰林學士承旨」有所不同，清代的只是名義上的長官。

翰林院的設置和科舉制度相結合，是文人嚮往的供職之所。隨著封建制度垮臺，翰林院和翰林在歷史上消失了。

46 清代的「貝勒」是官職嗎？

「貝勒」為貴族稱號，相當於王或諸侯，地位次於親王、郡王，是清代貴族的世襲封爵。

起初，貝勒是一個擁有實權的官職，地位僅次於「皇帝」。清太祖努爾哈赤就曾被稱為「淑勒貝勒」，意為「聰睿的貝勒」。努爾哈赤建立後金政權以後，他的次子代善、侄子阿敏、五子莽古爾泰、八子皇太極，被封為大貝勒、二貝勒、三貝勒、四貝勒，號稱「四大貝勒」。順治六年（一六四九年）規定，親王一子封親王，餘子封郡王。郡王一子封郡王，餘子封貝勒。貝勒之子封貝子，貝子之子封鎮國公，鎮國公之子封輔國公，輔國公之子授三等鎮國將軍。其後又有所修改。但是到了崇德元年（一六三六年），定宗室世爵為九等，第三等為多羅貝勒，簡稱「貝勒」。乾隆十三年（一七四八年），又定宗室封爵為十四等，第五等為多羅貝勒，也以此爵位封蒙古人。

清朝前期，貝勒領兵出征，享有政治、經濟特權。隨著滿漢的大融合，統治者不斷學習漢文化，學習漢官制。到最後，貝勒只是一個虛名爵位，沒有什麼實際權力。也就是說，在清代初期，貝勒擁有實權，官秩相當於從一品。後來，貝勒的實際品級還要看個人的能力。在清朝，封王爵有兩種封法，一種是軍功封，一種是恩封。軍功封的王爵世襲罔替，永不降封。而恩封的爵位通常是每一代降一等。比如，皇太極第五子碩塞便因皇子身分而封郡王，後又以軍功封為晉親王。這些因「天潢近支」而封世爵的皇子王孫，稱為「恩封諸王」。

綜上所述，清代的貝勒是世襲的爵位，也有因功而封的貝勒。到後期，是有名無權的爵位。

47 人們常聽說的「大理寺」是什麼機構？

「大理寺」是一種古代官署的名稱，和寺廟沒有任何關係，也和雲南大理沒有任何關係。「寺」除了寺廟之意外，還有官署的意思。秦朝時，官員任職的地方通稱為「寺」，當時主要由廷尉掌管刑獄，審核各地的疑刑重案。南北朝時，正式確定了大理寺的官署名稱。大理寺的由來有著特定的意義：理，掌刑的意思，大理寺即是管理刑獄的官署。身為司法機關的大理寺，主管複審大案，平反黎民百姓以及官吏的冤獄。負責司法的大理寺地位至關重要，反映著整個國家的法律執行狀況。它的官是大理寺卿，官居三品，已經是朝廷裡的大官了。大理寺卿手下還有不少屬員，歷代也出了不少處事公正的法官。

大理寺的職責雖然說是平冤雪屈，但實際上還是要受當權者的操縱，並不能真正做到公正無私。如宋代抗金英雄岳飛，就是在大理寺被無辜地誤判「莫須有」罪名的。

48 清朝時出入皇宮的通行證是什麼樣的？

在清朝後期，任何人出入皇宮禁地都需要出入證，這主要是因為嘉慶十八年紫禁城發生了一起平民百姓混入皇宮行刺皇帝的事件。當時，天理教林清在北京南黃村組織武裝，後潛入城內，在入教太監的導引下攻進皇宮。與清兵大戰於紫禁城隆宗門外，但終因寡不敵眾而失敗。這次林清率軍攻進皇宮的行動，使清廷大為震驚。事後，嘉慶皇帝哀嘆說：「從來未有事，竟出大清朝。」自此開始整頓門禁制度，實行「合符制」和「腰牌制」。合符制是指紫禁城的城門每日黎明開啟，晚上關閉。無論白天晚上，均有御林軍輪值嚴密防守。紫禁城閉鎖後，任何人禁止出入。

但有時因緊急軍務要出入城門，就得持一種特別的出入證——合符。它是什麼樣子的呢？合符呈橢圓形，銅質。一剖為二，構成陰陽兩扇，合符的內側分別鑄有陰文和陽文「聖旨」二字。使用時，陰文「合符」藏於守門官員處，陽文「合符」藏於大內。夜間若有人奉旨出宮，需持陽文合符，守門官員根據合符編號，取出陰文合符核對，兩者相合，方可放行。「腰牌」一般供差役人等使用，腰牌上寫有姓名、年齡、所屬衙門、相貌特徵等個人資訊。可以說，合符制和腰牌制，是施行於清代皇宮的門衛稽查制度，對於維護皇宮的安全具有重要的作用。

49 為什麼在清朝摘掉頂戴花翎，就意味著丟官？

我們在電視劇清宮片中，經常能看到有官員犯了法，皇帝一聲斷喝：「摘去頂戴花翎。」摘去頂戴花翎，就意味著被罷官了。那麼，頂戴花翎是什麼東西呢？所謂頂戴，是指清朝官帽上的頂子、頂珠，用各種寶石做成。寶石的質地和顏色不同，表示官員品級的不同，在頂珠下有細管，質地為白玉或翡翠，用來安插翎枝。清翎枝分藍翎和花翎兩種，藍翎為鶡羽所做，花翎為孔雀羽所做。貝子戴三眼花翎；鎮國公等戴雙眼花翎；其餘滿員五品以上諸官戴單眼花翎；親王、郡王等不戴花翎。很顯然，三眼花翎等級最高。

「眼」是指孔雀翎上的眼狀圓形，一個圓圈就算作一眼。由此可知，頂戴花翎是清朝居高位的王公貴族特有的冠飾。皇帝賜給臣下花翎也是非常謹慎的，乾隆時期至清末，被賜三眼花翎的大臣只有傅恆、福康安、和坤、長齡、槽恩、李鴻章、徐桐七人，這在當時是千古難逢的恩寵。不過，如果官員違反大清律例，一般降職或革職留任的官員，仍可按其本任品級穿朝服，而被罰拔去花翎則是非同一般的嚴重處罰。太平天國運動爆發後，清廷財政捉襟見肘。許多嚮往戴花翎的人表示願出重金以換取花翎，清政府破例准許，並標價捐花翎者七千兩白銀；藍翎者四千兩白銀，這就使頂戴花翎的象徵意義降低很多。

50 「南書房」是讀書的地方嗎？

南書房，位於北京故宮乾清宮西南，本為康熙帝讀書的地方，俗稱「南齋」。

康熙在位期間，常召侍講學士張英、內閣學士高士奇入值，做皇帝顧問，論經史，談詩文。皇帝即興作詩、發表議論，也由他們記錄。後來，這些官員又常代皇帝撰擬詔令、諭旨，參與機務，逐漸成為一個由皇帝嚴密控制的核心機要機構。這是康熙皇帝削弱議政王大臣會議權力，同時將外朝內閣的某些職能移歸內廷，實施高度集權的重要步驟。由於康熙皇帝大力扶持，南書房「權勢日崇」，逐步形成新的權力中心。

雍正帝即位後，籌建軍機處，軍機大事均歸軍機處辦理，南書房官員不再參與機務，其地位有所下降。不過，有清一代士人，視之為清要之地，入值者位雖不顯而備受敬重，能入則以為榮。

清光緒二十四年（一八九八年），南書房被撤銷。

51 軍機處是清朝中後期的中樞權力機關嗎？

清朝時，軍機處是皇帝處理軍國大事的機密之地，是清朝中後期的中樞權力機關。其設立年月，說法不一。有起於雍正七年（一七二九年）、八年、十年諸說。

軍機處之職掌主要是：掌書諭旨，參贊軍國機務，參議重要政務及刑獄；用兵時則考其山川道里、兵馬錢糧之數，以備顧問；文武官員的簡放、換防、引見、記名、賜與，以及擬定對外藩朝覲者的頒賜等。

軍機處無正式衙署，其辦公處所設於內廷隆宗門內，稱為「值房」，無專職官員，全部工作由軍機大臣主持，設軍機章京辦理一切事務。

軍機大臣，正式稱謂是「軍機處大臣上行走」，俗稱「大軍機」。分設滿、漢員，由滿漢大學士、各部尚書、侍郎、總督等官員奉特旨充當，均為兼差。其僚屬成為軍機章京，俗稱「小軍機」。

軍機大臣少則三、四人，多則六、七人，被稱為「樞臣」。清末漢人只有左宗棠、張之洞、袁世凱等，短時間擔任過軍機大臣。

宣統三年（一九一一年），內閣成立，軍機處被撤銷。

52「總督」與「巡撫」，哪個官職較大？

總督，中國清朝地方軍政大員，他們統轄一省或數省行政、經濟及軍事，又尊稱為「督憲」、「制臺」等，官階為正二品。清代共有九大總督，分別為直隸總督、兩江總督、四川總督、閩浙總督、雲貴總督、湖廣總督、兩廣總督、東三省總督和陝甘總督。總督在名義上不是地方官，有中央差遣的「派出」性質，朝廷借此可協調各省、各鎮關係，統一事權，防止各省、各鎮互不相屬，互相推諉。

巡撫，明清時地方軍政大員，又稱「撫臺」，負責巡視各地的軍政、民政，其官職等級相當於現今的省長或省委書記。

總督與巡撫合稱「督撫」，但總督權力較巡撫大，可監管數省，級別也較巡撫高，多數地區巡撫位於總督之下，但也有總督兼巡撫的情況存在。

53 「總理衙門」就是清朝的外交部嗎？

總理衙門，全稱「總理各國事務衙門」，為清朝專門負責辦理洋務及外交事務的中央機構。

總理衙門的成立，與內憂外患的歷史境況有直接關係。咸豐十年（一八六〇年），清政府與英、法等國簽訂《北京條約》，此後對外交涉事務增多。次年，咸豐皇帝下旨在京師設立總理各國事務衙門，接管以往禮部和理藩院所執掌的對外事務。總理衙門由王公大臣或軍機大臣兼領，並仿軍機處體例，設大臣、章京兩級職官。總理衙門最初主持外交與通商事務，後來又管理辦工廠、修鐵路、開礦山、辦學校、派留學生等，權力越來越大，凡是外交以及與外國有關的財政、軍事、教育、礦務、交通等，都歸總理衙門管轄，為清政府重要的決策機構。

總理衙門存在了四十年。光緒二十七年（一九〇一年），據清政府與列強簽訂的《辛丑合約》第十二款規定，總理衙門正式更名為「外務部」。

54 古代也有「紀檢監察」組嗎？

御史臺，為古代最高的監察機構。

御史臺的前身為御史府，始設於秦代，長官為御史大夫，其下設御史中丞、侍御史、監察史等各級監察官員。此後，歷代均承秦制，由御史府監察違法、舉劾違失、受理中央諸公卿奏事，還負責典法度、掌律令、督察部刺史等。

三國魏晉南北朝時期，監察制度較為低落，進入隋唐後，隨著皇權的再次強化，其發展到了一個鼎盛時期。隋唐在中央設御史臺，為最高監察機構，至唐高宗時改名為「憲臺」。唐代在御史臺下又設立三院，分別為臺院、殿院和察院。其中，臺院負責監察中央各級官員，察院與臺院相輔，主要負責巡按和監察地方各級行政官員。這三院分立，相互牽制，相互配合，形成一個完善嚴密的中央監察機制。

宋元明清時期的監察制度，基本上沿襲前代，只是在結構名稱上稍有變化，例如，明太祖時廢除御史臺，在中央新設都察院。到了清代，也基本沿襲這一監察制度。

55 為什麼官員都怕「欽差大臣」？

欽差大臣，簡稱「欽差」，是明清時期的一種臨時官職。「欽」意為皇帝，「欽差」即皇帝差遣之意。所以，欽差大臣就是由皇帝專門派出辦理某事的官員，因為代表了皇帝本人，其所獲得的情報也直接向皇帝報告，所以地位了得，地方官員對欽差大臣十分忌憚，生怕落了把柄在其手上。

欽差大臣多由皇帝信得過的高官擔任，能得此職事本身也是一種榮譽。一般事畢覆命後，該官職便取消。明清時期，皇帝派遣欽差十分頻繁，如當年林則徐到廣州禁菸，即是以欽差身分前往。總體而言，明清兩代，欽差大臣的流行，與此兩代均不設宰相，皇帝權力空前強大有關。

56 古代官員的「俸祿」是多少？

俸祿，即古代皇朝政府按規定給予各級官吏的報酬，主要形式有土地、實物、錢幣等。各個朝代的俸祿制度略有不同。

商周時期，官吏由貴族充任，擁有封邑、祿田，所以以封地收入為俸祿，朝廷不再另外發放。春秋時期仍沿用，但在末期開始出現實物俸祿，至戰國則逐漸形成以糧食為俸祿的制度。秦統一中原後，廢封地，確立以糧食為俸祿的俸祿制。此後，漢朝、魏晉南北朝都承此制。

至唐代前期，俸祿分土地、實物和貨幣三種。至開元年間，則轉變為以貨幣形式按月發放，如一品月俸料八千，食料一千八，雜用費一千二，防合二萬，合計每月錢三萬一千。至宋代，又增加了許多令人眼花繚亂的名目，如茶湯錢、給卷（差旅費）、廚料、薪炭等，也折合成錢幣支付。

明代的俸祿較低，初期以給米為主，偶爾給些錢鈔，百官俸祿不足養自身。清代前期，官員的俸祿也不高，分俸銀與祿米兩種。由於俸祿過低，雍正時期始發養廉銀，至乾隆時又有補充調整，實際成為一種附加的俸祿，數額大大高於正俸。京官的養廉銀由朝廷劃撥，但數目比地方官少很多，大多數人仍以正俸為主。所以，雍正特下令允許京官支雙俸，稱「恩俸」。

俸祿制度要求官吏在享受俸祿的同時，履行一定的職責，若官吏違反朝廷有關法令，或有瀆職行為，其俸祿便要相應扣除。

57 古代將軍有多大的權力？

早期軍隊中沒有將軍這一職務，由司馬來掌管軍事。那時候，國家軍隊的數量並不多，天子只有六軍（每軍兩千五百人），諸侯最多不超過三軍。各軍的統帥叫「卿」，卿以下叫「大夫」，大夫以下叫「士」。

春秋時代，諸侯為了建立霸業，總是費盡心思來擴充兵力。大國諸侯，如齊、晉、楚等，常常擁有三軍以上的兵力。但在編制上，諸侯只能有三軍，只能設三卿。於是，有些諸侯就把擴充軍的統帥稱為「將軍」，即率領一軍的意思。行軍打仗時，軍隊得由一人統一指揮，方能發生效力。因此，便在將軍中選拔出大將軍或上將軍來全盤指揮。

到漢朝時期，軍隊數量更多，單設一位大將軍管不過來，於是又出現了不同級別的驃騎將軍、車騎將軍、衛將軍等職位。

晉朝的將軍名目眾多，有驃騎、車騎、衛將軍，還有伏波、撫軍、都護、鎮軍、中軍、四征、四鎮等大將軍，開府（所謂開府，是指官員可以成立府署，自選僚屬）者位從公，不開府者秩二品。三品將軍秩二千石。而晉諸州刺史多以將軍開府，都督軍事。

南北朝時，將軍名號更多，權位不一。而唐代以後，上將軍、大將軍、將軍，或為環衛官，或為武散官。到了宋、元、明三朝，多以將軍為武散官；殿廷武士也稱「將軍」。明清兩代，有戰事出征時，才置大將軍和將軍，戰爭結束則免去。清朝，將軍成為宗室的爵號之一，而駐防各地的軍事長官也稱「將軍」。

58 八旗制度是社會組織，還是軍事組織？

八旗制度是清朝的一種社會組織形式。努爾哈赤統一建州諸部後，伴隨統一戰爭的進行，歸服的人口日眾，先前那種只憑血緣關係的軍事與生產組織，已不能適應統一戰爭的需要。於是在這種特殊的政治歷史環境下，八旗制度便應運產生。

明萬曆二十九年（一六〇一年），努爾哈赤在「牛彔制」[1]的基礎上，參考「猛安謀克制」[2]，初建黃、白、紅、藍四旗。萬曆四十三年（一六一五年），為了進一步適應滿族社會的發展，又增加鑲黃、鑲白、鑲紅、鑲藍四旗，總共為八旗。每旗下轄五甲喇[3]，每甲喇轄五牛錄。凡滿族成員分隸各牛錄，平時生產，戰時從征。清太宗時，又建立蒙古八旗，再建立漢軍八旗，從而使八旗制度更加完善。

八旗由皇帝、諸王、貝勒控制，旗制終清未改。八旗初建時，兼有行政管理、軍事征伐和組織生產三項功能模式，與當時的社會經濟基礎是相符合的。把分散的女真各部組織在旗下，進行生產戰鬥，確保了統一戰爭的勝利，推動了女真社會經濟的發展。

入關後，滿族統治階級繼續利用八旗制度加強對人民的控制，其生產的意義日趨縮小，八旗成為一種軍事組織。八旗兵額共二十二萬，一半駐守在北京附近，其餘分駐奉天（瀋陽）、吉林、成都等各要地。八旗的行政機構，在某些地區仍和各級衙署州縣並存。一九一一年清王朝被推翻，八旗制隨之土崩瓦解。

編注：1 牛彔制：牛彔為滿語音譯，意為「大箭」，牛彔制為女真人在打獵時以十人為一組的制度。
2 猛安謀克制：猛安謀克為滿語音譯，猛安謀克戶指軍戶，具有行政、生產與軍事合一的特點。
3 甲喇：為滿語音譯，意為「參領」。

59 清朝兵服上的「兵」是什麼意思？

「兵」是清代國家的常備武裝力量，包括八旗軍和綠營兵，是大清的正規軍，直接隸屬於皇帝。八旗軍，主要為滿族兵。皇太極繼位後，為擴大兵源，在滿八旗的基礎上，又創建了蒙古八旗和漢軍八旗，其編制與滿八旗相同。滿、蒙、漢八旗共二十四旗，構成了清代八旗制度的整體。八旗軍早期戰鬥力很強，入關後日漸衰退，至晚清極需用兵之際，已完全變成一支不堪任戰的糜爛之師。

綠營兵，是為彌補滿軍的不足，而建立的漢人組成的漢兵。這種軍隊以綠旗為標誌，以營為建制單位，故稱「綠營兵」，也叫「綠旗兵」，簡稱「營兵」。

八旗軍和綠營兵雖然同樣肩負著保家衛國的使命，但兩者的主次有別，朝廷對其倚重不同。按定制，八旗兵大部分衛戍京師，為國家精銳部隊，掌管京師安全；綠營兵則遍布全國各地，數量比八旗兵多幾倍乃至幾十倍。順治以後，綠營兵日漸取代八旗軍的主要地位，康熙皇帝鎮壓三藩的主力軍就是綠營兵。

60 頂戴的花翎有等級之分嗎？

花翎在清朝的作用是昭明等級、賞賜軍功，不是任何官員都能戴的。花翎有一眼、雙眼、三眼之分，其中三眼最尊貴；「眼」是指孔雀翎上眼狀的圓，一個圓圈就算是一眼。花翎有等級之分，具體表現是皇室成員中，爵位低於親王、郡王、貝勒的貝子和固倫額附（即皇后所生公主的丈夫），享戴三眼花翎；清朝宗室和藩部中，被封為鎮國公或輔國公的親貴、和碩額附（即嬪妃所生公主的丈夫），享戴雙眼花翎；五品以上的內大臣、前鋒營和護軍營的各統領、參領（擔任這些職務的人，必須是滿洲鑲黃旗、正黃旗、正白旗等三旗出身），享戴單眼花翎，而外任文臣無賜花翎者。由此可知，花翎是清朝居高位的王公貴族特有的冠飾，不僅有等級之分，而且還等級森嚴。

61 清代文官和武官的朝服有什麼區別？

清代文官和武官朝服的區別，就在於補服（又稱「補子」）。清代補服遵循明制，只是稍加改動而已。男爵以上為蟒，郡王、親王為龍，文官為飛禽、武官為走獸，司法官和御史用獬豸。

文官綴繡的補子圖案分別為：一品仙鶴，二品錦雞，三品孔雀，四品雲雁，五品白鷴，六品鷺鷥，七品鸂鶒，八品鵪鶉，九品練雀。

武官綴繡的補子圖案分別為：一品麒麟，二品繡獅，三品繡豹，四品繡虎，五品繡熊，六品繡彪，七品繡犀牛，八品與七品相同也是繡犀牛，九品繡海馬。

62 古代為什麼規定不能越級告狀？

古代的訴訟制度規定，訴訟必須逐級告狀，一般不許越級告狀，違者要笞四十，受理的官員也要笞四十。但有重大冤情被壓制而無法申訴的，可以向皇帝直接告狀，但經常要冒承擔衝撞皇帝儀仗責任的危險。

為了防止乖戾之徒誣告別人，在告狀時，訴狀上要寫明事實，不許說自己不能確定的事，否則要笞五十。同時，誣告別人什麼罪名，自己就要承擔什麼罪名。如果寫匿名信告別人的狀，要被流放兩千里。

古代社會的訴訟權受到很大的限制，除了謀反、謀大逆、謀叛外，各朝代都規定，子孫不許控告父母和祖父母，奴婢不許告主人及主人的親屬。如果違反，要處絞刑。但是，如果任何人犯了前述三種重罪，那麼任何人都必須向官府舉報。可見，封建社會法律是以維護皇權為第一目的的。

對於民事訴訟，一般是要在基層根據倫理道德進行調解，調解不成才可以到官府告狀，不經過調解而私自到官府的，要被處罰，並被視為刁民。

63 宋代的提刑官是什麼官？

提刑官是宋代所特有的，是「提點刑獄公事」的簡稱。「提點」就是負責、主管的意思。宋代在「路」（與明清時期的「省」相近）這一級，先後分設了轉運司、提點刑獄司和提舉常平司等機構，從中央派文臣擔任轉運使、提點刑獄公事（即「提刑官」）、提舉常平公事。這三個機構合稱為「監司」，其長官被稱為「監司官」，都負有監察州縣地方官的職能。同時，這些監司官又有一定的分工，其中提刑官負責地方刑獄、訴訟。

北宋太宗朝開始設立提點刑獄公事，到真宗朝逐漸制度化，設置了提刑司的衙門。提刑司多設在占據交通要道的州府，提刑官則每年定期到所轄的州縣巡查。提刑官的職能，除了監察地方官吏之外，主要是督察、審核所轄州縣官府所審理、上報的案件，並負責審問州縣官府的囚犯，對於地方官判案拖延時日、不能如期捕獲盜犯的瀆職行為，進行彈劾。宋代杖刑以下的犯罪，知縣可判決；徒刑以上的犯罪，由知州判決，而提刑官主要負監督之責。州縣的死刑犯一般要經過提刑官的核准，提刑司成為地方訴訟案件的最高審理機構。提刑官還負責審理疑難案件平反冤獄，以及接受民眾的上訴。

64 捕快負責什麼工作？

捕快，是捕役和快手的合稱。捕役是專門偵緝罪犯的，而快手是逮捕現行犯的，由於性質相近，合稱「捕快」。捕快平時身穿便服，腰間掛個表明身分的腰牌，懷揣鐵尺、繩索。領班的稱「捕頭」、「班頭」。法律規定，捕快執行公務時，要出示他們的腰牌，抓人要有通緝罪犯的「海捕文書」，或者是州縣長官簽發的「牌票」，沒有牌票，捕快不得出城門半步。

明清時，各州縣的捕快根據州縣轄境大小、治安狀況、歷史沿革等因素來確定，實際數額相差很大。一般來說，州縣的正、副捕快大致在一百人以上。

捕快所承擔的破案任務都是有時間限制的，稱為「比限」。一般以五天為一比，如果五天後仍未破案，負責這個案件的捕快就要挨打，一般是打十板。還往往專打身體的一側，留下另一側下次再打。遇上重大的人命案件時，通常以三天為一比，二天後未破案，捕快就要挨打。因此，捕快常被打得一瘸一拐地去奔走破案。

由此可見，捕快完全是一種賤役。在古代，往往只有無賴潑皮才願意當捕快，完全不像小說裡寫的捕快那樣威風。法律甚至還規定，脫離捕快身分後，三代以內子孫不得參加科舉考試。

更慘的是，捕快沒有工資可領，只有伙食補貼性質的工食銀，一般每年十兩銀子左右。這點銀子可謂微薄至極，因此以前的捕快往往利用職務之便，亂收錢財。如拿著傳喚當事人的牌票，索要跑腿錢、鞋腳錢、酒飯錢等，拘傳時還有上鎖錢、開鎖錢。更進一步的是勒索錢財後，讓被傳人外出逃跑避風頭，這是買放錢；或者讓被傳人躲過期限，不立即到案應訴，這是寬限錢。

由此可見，古代的捕快和現代的員警相似處很少。

65 古代的公堂為何要懸掛「明鏡高懸」的匾呢？

古代，很多公堂都懸掛著「明鏡高懸」的匾額。這實際上是源於一個典故。據《西京雜記》載，劉邦攻入秦都咸陽，在巡視秦王室存放珍寶的倉庫時，一面長方形的鏡子引起了他的注意。此鏡的正反兩面都能照人。最為奇特的是，如果女子的心術不正，被它一照就會被發現膽特別大，心臟跳動也異於常人。據說，秦始皇怕人懷有異心不忠於他，所以經常讓宮女們照這面鏡子，發現誰的膽特別大、誰的心臟跳得很特別，就殺掉誰。

因為此鏡的功能奇特，後來人們以「秦鏡高懸」來比喻當官的人明察是非，斷獄清明。唐代詩人劉長卿在〈避地江東留別淮南使院諸公〉一詩中寫道：「何辭向物開秦鏡，卻使他人得楚弓。」

後來，許多當官的人為了標榜自己的清正廉明，都在公堂上掛起「秦鏡高懸」的匾額。由於人們對「秦鏡」的典故不太熟悉，所以就將「秦鏡」改為「明鏡」，「秦鏡高懸」便演變為「明鏡高懸」了。

66 古代的「八百里加急」有多快呢？

古代的文件傳輸主要靠的是驛站，一般每隔二十里有一個驛站，一旦需要傳遞的公文上註明「馬上飛遞」字樣，按規定要求每天三百里，如遇緊急情況，可每天四百里、六百里，最快達八百里。

傳遞緊急文件時，每個驛站都用快馬。如此一來，雖然不是千里馬，但每匹馬都死命跑，也可以一日千里。按唐政府官方規定，快馬要求一天行一百八十里左右，再快些則要求日行三百里，最快的要求則為日馳五百里。

天寶十四年（七五五年）十一月九日，安祿山在范陽起兵叛亂。當時，唐玄宗正在華清宮，兩地相隔三千里，六日之內唐玄宗就知道這一消息，傳遞速度達到每天五百里。

據載，南北朝的北周宣帝，在洛陽招搖過市，親自乘御驛馬，日行三百里。看來，唐朝的最緊急通訊要求日行五百里，用的馬無疑是御馬等級的，難怪如此神速。

67「大戰三百回合」是戰了多久？

評書裡在描寫打仗或打鬥場景時經常會說：「大戰三百回合。」日常用語中，「回合」也是人們頻頻使用的詞語。那麼，回合是怎麼計算的呢？

「回合」一詞源於古代軍事鬥爭中的車戰。在戰爭史上，無論東西方都存在一個以車戰為主要戰爭形式的時期。中國以車戰為主的戰爭，見於夏商至西漢初期。尤其是西周和春秋時期，國家之間的戰爭主要是車戰。當時常有「千乘之國」這樣的說法，國家軍隊的強弱不是比較人數，而是比較戰車，戰車越多就表示國家越強盛。一輛戰車配有甲士三人、步卒七十二人。戰車上，中間坐的是駕車者，左邊是弓箭手，負責遠程攻擊；右邊的人執戈盾，負責近戰和防禦。交戰雙方分別駕車向對方衝去，相距遠時互射弓箭，相距近時互擊戈矛，這樣一個衝撞過程就是一「合」。當兩車錯過，背向駛遠，需要將戰車掉頭，重新對攻，這個過程被稱為「回」。因此，「回合」就是指車戰中的一次完整交鋒。

戰車交戰耗時都比較短，雙方交戰幾個回合後，很快就能分出勝負，一方的戰車會嚴重受損而不能行駛，或者駕駛者直接駕車而逃。西漢武帝時，由於作戰對象是北方匈奴騎兵，漢朝便開始捨棄笨重的戰車，改為大力發展騎兵。從此，戰車交戰的「回合」壯烈情況漸漸不再出現。但「回合」一詞常用來指作戰中的一次交鋒，一直流傳至今。

在白話小說中，一回合常指兩人騎馬對衝廝殺一次。如《西遊記》第五五回：「交鋒三五回合，不知是甚兵器，把八戒嘴唇上也又扎了一下。」《三國演義》云：「張飛大怒。兩馬齊出，二槍並舉。（與馬超）約戰百餘合，不分勝負……張飛與馬超又鬥百餘合，兩個精神倍加。」「張飛聽了，瞋目大叱（呂布）曰：『我哥哥是金枝玉葉，你是何等人，敢稱我哥哥為賢弟！你來！我和你鬥三百合！』」「布挺戟出馬來戰張飛，飛亦挺槍來迎。兩個酣戰一百餘合，未見勝負。」雲長與黃忠「兩馬交鋒。鬥一百餘合，不分勝負。」「言未絕，許褚拍馬舞刀而出。馬超挺槍接戰。鬥了一百餘合，勝負不分。馬匹困乏，各回軍中，換了馬匹，又出陣前。又鬥一百餘合，不分勝負。」在現代漢語中，一回合已漸漸抽象為雙方衝突或較量一次。

68「八十萬禁軍教頭」究竟是多大的官？

禁軍，原指侍衛皇帝的親兵，負責保衛京師、守護宮廷，相當於中央衛戍部隊。《宋史．兵志》記載：「天子之衛兵，以守京師，備征戍，日禁軍。禁軍者，天子之衛兵也，殿前侍衛二司總之。其最親近扈從者，號諸班值，總於御前忠佐軍頭司、皇城騏驥院，皆以守京師、備征伐；其在外者，非屯住、屯泊，則就糧軍也。太祖鑑前代之失，萃精銳於京師，雖曰增損舊制，而規模宏遠矣。」由此看出，禁軍是皇帝管轄的士兵，主要職責是保衛京城，同時也在外駐軍戍守。由於禁軍是朝廷直接管轄的正規軍，也是軍隊之中的精銳之師，其數量之大、地位之高，遠在其他軍隊之上。

教頭，就是教練的意思，是宋朝軍隊中教士兵練習武藝的人員。當時有都軍教頭、教頭、副教頭之別。都軍教頭統領所有禁軍教頭。教頭為武術教官，也可以同時兼任行政職權。林沖只是八十萬槍棒教頭，沒有擔任其他官職。

《水滸傳》第八十回講，高太尉兩次交戰，都輸給了宋江，於是朝廷就派兩員上將助高太尉一臂之力。這兩位上將也都是八十萬禁軍教頭。一位是護駕將軍丘岳，是八十萬禁軍都教頭，官帶左義衛親軍指揮使；另一位則是車騎將軍周昂，是八十萬禁軍副教頭，官帶右義衛親軍指揮使。從宋代的武官制度來看，丘岳的官比周昂要大一些。丘岳與周昂都是將軍並兼任八十萬禁軍教頭，而林沖則只是教頭，並沒有兼任官職。

宋代武官從一品到九品，共有三十一個級別。八十萬禁軍教頭還不入這三十一級之內。可見，它只是一個教職，或者說一個工作崗位，而不是一種官階。八十萬禁軍教頭並不只有林沖一人，教頭數量很多，而且各有分工，如林沖是專教槍棒的，丘岳是專教刀劍的，周昂是專教斧頭的。當時，八十萬禁軍教頭的社會名聲很好，如柴進聽說是八十萬禁軍教頭林沖來莊上，就隆重款待，奉為上賓。

八十萬禁軍教頭，並非指一個教頭教八十萬士兵。這麼多士兵自然不可能全部教遍，而是指他們是禁軍的教練。只不過當時禁軍規模有八十萬，而「八十萬」這個數字，聽起來威風凜凜。這就好像我們現在說「國家隊教練」這個稱呼一樣，國家隊教練也不是只有一個人，而且不同的運動，如足球、排球、籃球的國家隊教練也不是同一個人，也有專業分工。

69 古代軍隊為什麼把人頭稱為「首級」？

首級，即人的腦袋，專指脖頸以上的部位。把人頭稱首級，源自秦漢時期軍隊的一種獎勵制度，當時為鼓勵軍功，規定凡在作戰時割下敵人腦袋者，回來則賜爵一級。古人將腦袋稱為「首」，一首一級，久而久之，人們便將腦袋稱為「首級」了。

首級制度是獎勵將士奮勇殺敵的有效措施，而腦袋就是計功領賞的主要憑證。由於腦袋與軍功直接相連，士兵們在戰場上會為了爭奪首級而自相殘殺。例如，西楚霸王項羽兵敗自刎後，就有幾十個騎兵為爭奪項羽的屍體打鬥廝殺，最終死傷十數人，項羽的身體也被分作五處，被士兵拿去邀功請賞。部分士兵還會將自己斬殺的頭顱賣掉，換取金錢、美女，無功者因買得首級而加功晉爵，造成了按功行賞制度的不公平。北宋時期，大將狄青向仁宗皇帝歷數首級制度的種種弊病，仁宗准奏予以廢除，首級制度就此消亡。

70 古代軍隊為何「擊鼓而進」、「鳴金收兵」？

「擊鼓而進」、「鳴金收兵」的說法，最早出自《荀子．漢兵》，其中有「聞鼓聲而進，聞金聲而退」的說法，意為擊鼓號令進攻，鳴金號令收兵。這裡的「擊鼓」和「鳴金」都是古代軍事指揮的號令，擊鼓就是敲戰鼓，鼓為牛皮製作，聲音渾厚，具有激勵的作用；而「鳴金」，則為敲「鉦」，鉦為銅製，形狀似鐘而狹長，口向上，敲打後能發出清脆響亮的聲音，穿透力強，傳播距離遠，在戰場上廝殺時，士兵可以清楚地聽見，便於指揮。

關於「擊鼓而進」的來歷，還有一個趣聞。據傳，黃帝與蚩尤作戰時，軍隊士氣不佳。黃帝聽說東海流波山上有一種叫「夔」的動物，形狀像牛，全身青黑色，目光如電，叫聲如雷，十分威武雄壯。黃帝便剝下「夔」的皮製成八十面鼓，讓玄女娘娘親自擊鼓，頓時聲似雷霆，軍隊士氣大振，一鼓作氣打敗了蚩尤，取得了最後的勝利。

71 在古代，投降時為何要舉白旗？

在一些戰爭題材的影片中，經常會發現這種鏡頭：當陷於重圍走投無路的防衛者，覺得再繼續抵抗已沒有希望時，就舉出白旗投降。

因此，人們一般把白旗認為是投降的標誌。其實在戰爭法規嚴格意義上說，白旗只是要求暫時停戰的標誌。

早在遠古時期，戰鬥的雙方為了向對方表示談判的誠意，通常借白色為象徵，因此逐漸形成了一個習慣：白色旗幟表示要求休戰談判。在交戰的一方拿出白旗時，對方就知來意，下令停止任何進攻行動。握白旗的一方要派遣出軍使、號手、旗手與翻譯，到對方指揮部說明條件與意圖。在軍使展示白旗起，直至回到本方所需的時間為止，他獲得不被侵犯的權利。

這種習慣幾千年來一直沿用下來，至今沒變。

中國和羅馬的古史中，都對舉白旗表示投降的說法進行了記載。相信這源自東漢時期（二五至二二〇年），甚至是更早的時候。羅馬作家科尼利厄斯．塔西佗，曾在他的史學紀錄中，提到士兵如何表示投降。他描寫了克雷莫納的第二次戰役（六九年）中，士兵們表示投降的方式，是將自己的防護物舉高過頭頂。顯而易見，這個傳統在東西方是各自獨立發展起來的。至於為什麼用白色，而不是其他顏色為「投降色」，人們眾說紛紜，莫衷一是，主要有以下幾種不同的解釋。

也許下面的解釋，能讓人滿意：

第一，以白色為投降標誌起源於秦朝，當時秦人以黑色為「國色」，來代表勝利（原因是秦人自認五行屬水，水為黑色），秦末劉邦進取關中，直逼咸陽，秦子嬰投降，便以秦人國色的相反色——白色為服，以出降（其心情可想而知），這便是中國投降色的起源。

第二，西方的標誌起源於他們對白色的感性認識，潔白等於一無所有，意即徹底失敗。

第三，這種起源只是一種文化的定型，在此之前，投降者只是漫無目的胡亂表示其以繳械，而受降者也僅靠感性來理解區分投降者和頑抗者。

第四，人造顏色出現得較晚，因此在古代，白色的布是最容易獲得的。

第五，舉白旗意味著對方可以在自己的旗上塗他們的顏色，因此代表投降。

72 為什麼把從軍稱為「入伍」呢？

把從軍叫「入伍」，源自中國古代的軍階編制。

從商周時代起，軍隊就是按伍、兩、卒、旅、師、軍編制的，據《周禮》載，中國古代軍隊裡「五人為伍，五伍為兩，五兩為卒，五卒為旅，五旅為師，五師為軍」，而「伍」就是軍隊中最小的編隊。此後，歷代軍隊編制雖然不斷變化，但「伍」的叫法一直未變。近代以來，軍隊中採用班、排、連等軍階編制，不再採用古老的伍、兩、卒等，但由於「伍」字在部隊中廣為使用，人們仍習慣把從軍稱為「入伍」，與「伍」有關的詞也很多，如隊伍、入伍、退伍、行伍出身、行伍習氣等等。

73 古代人也要服兵役嗎？

兵役制度是徵調兵員服役的制度，是國家的重要軍事制度之一，它隨著國家的出現而產生，又隨著國家的經濟情況、政治制度和軍事需要而變化。就類型而言，主要包括民軍制、徵兵制、募兵制、世兵制、府兵制等。

夏代時，軍隊就已產生。在軍事構成上，實行兵民合一的民軍制，有受田權利的成年男子，都有服兵役的義務，平時耕牧為民，戰時出征為兵。商代的兵役制大體沿襲夏代，西周時，規定每家出一人為「正卒」，隨時準備出兵；其餘為「羨卒」，服後備兵役。軍隊的核心虎賁[1]等精銳，在王族或公族中徵集。車兵即甲士，在國人（即平民）中產生；步卒即步兵，則由庶人組成，廝徒等雜役則來自於奴隸。

戰國時期，王權得到強化，開始實行普遍的徵兵制。秦始皇統一中國後，規定十七歲至六十歲的男子，無論貴賤都必須服兵役兩年。守衛京師一年稱「正卒」，守衛邊防一年稱「戍卒」。西漢推行與勞役相結合的兵役制度。制度規定：男子二十三歲至五十六歲間，須服兵役兩年。其中一年在本郡為「車騎材官卒」，即正卒。一年在京師為衛士，或在邊郡為戍卒。

世兵制是魏晉南北朝時期普遍實行的兵役制度。它以軍戶為依託，軍戶亦稱「士家」或「兵家」，單立戶籍，平時屯田，戰時從征。軍戶為世兵，父死子繼，兄終弟及，世代服兵役。

府兵制為西魏宇文泰創建。設六柱國統兵，下設十二大將軍，二十四開府，四十八儀同，每儀同約有千人，總兵力五萬左右。編入府兵者，另立軍籍，不承擔國家賦稅，專事作戰。隋唐仍以府兵制為主要兵役制度，並有所改革。唐代的府兵建立在均田制基礎上，男子二十歲至六十歲受田，都有服兵役的義務。府兵由設置在各地的軍府管理，平時散居務農，農閒時進行教練，還要輪番宿衛京師或戍守邊防，戰時奉命出征。戰爭結束後，「兵散於府，將歸於朝」。

宋代以募兵為主。宋代招兵，禁軍從全國各地招募；守衛各州的廂兵，在本州範圍內招募；守衛邊境地區的番兵，從當地少數民族中招募；保衛鄉土的鄉兵，由各地按戶籍抽調的壯丁組成。這些士兵，應募之後，終身為兵，由國家發給糧餉，具有職業兵的性質。

此外，遼、西夏、金均實行全民皆兵的部落兵制。

蒙古族入主中原前也沿襲金的兵役制。元朝建立後，兵役制度呈多樣化。蒙古各部全民皆兵，其他民族則實行世兵制。明代主要實行以衛所為單位的世兵制。明中葉以後，衛所流於衰敗，為確保兵源，明政府又實行募兵制。清代的兵役制度有世兵制和募兵制。規定凡十六歲以上的八旗子弟「人盡為兵」。後又招募漢人當兵，稱「綠營兵」。

編注：1 虎賁：古代禁衛軍的一種。

74「大索貌閱」是古代的人口普查嗎？

魏晉時期，北方戰亂頻繁，人民流離失所，導致戶籍散亂不實。為了查實應納稅和負擔徭役的人口，五八五年，隋朝政府下令實行「大索貌閱」。即州縣地方官吏及基層里長核查隱漏戶口，當面與戶籍簿核實，如戶口不實，里正、黨正流配遠方，獎勵百姓互相檢舉。

這措施的實行，查實當時有四十萬壯丁，一百六十萬人新編入戶籍。西元六〇九年，隋再次大索貌閱，當年進丁二十四萬三千人，新增人口六十四萬一千五百人。大索貌閱政策加強了政府控制人口的力度，增加了國家的財政收入，它的優越性被唐代繼承並進一步制度化。

第2章

法律教育

1 中國古代有沒有合同呢？

合同是一種明確雙方當事人之間權利和義務關係的，具有法律效力的文書。它的產生可以追溯到上古商品交換開始之時，而現代合同的一些主要內容，在古代合同漫長的發展過程中，也都已逐步形成。

古代的合同原有多種名稱。《周禮》在列舉的「經邦治」的措施中有：「聽（處理）稱責（放債）以傅別」、「聽賣買以質劑」、「聽取予以書契」。

這裡的傅別、質劑、書契等，主要用於雙方經濟關係中互相約束，並在獄訟時當作證據，在形制上則都有「同而別之」、雙方各執一份的特點，這無疑已是商業合同的雛形。

而後，在先秦史籍《戰國策》中出現了「券契」一說，用以記載雙方的債務關係。此外，在《戰國策》、《商君書》、《左傳》等文獻中，還反覆出現有「左券」、「右券」等名稱，這也再次印證了合同形制「同而別之」（即一式兩份）的特點。

隨著社會經濟的發展和經濟關係的演變，到了明清兩代，合同文書的分類更為細緻，相關條款的內容更為嚴密，訂立的程序也更為完備。

這種情況不但在大量傳世的契券實物和文獻記載中均有體現，而且在通俗小說中也有所反映。

2 古代的「受賄」與現代的「受賄」是一樣的嗎？

我們現在法律所規定的「受賄罪」，在古代還更仔細地區分為「受財枉法」、「受財不枉法」及「受所監臨贓」這三個罪名，處罰的程度完全不一樣。

受財枉法，是指主管官員收受了賄賂後，違背法律做出決定。根據唐律，受財枉法的行為，按其受財的多少量刑：一尺杖一百，一匹加一等，十五匹絞。

受財不枉法，是指官員雖然接受當事人的錢財，但是在公務的處理上並沒有違反任何法律。贓滿一尺，杖九十；以上遞加至滿三十匹以上，處加役流（流放三千里，並在流放地服三年的苦役）。不枉法由於沒有造成「枉法」的結果，所以量刑上比受財枉法要輕，最多只是「加役流」。

受所監臨贓，是指官員收受自己部下及所管轄內百姓財物的行為，給予財產方並無具體要求事項，官員也沒有違法處理公務。贓一尺笞四十，一匹加一等，八匹徒一年，八匹以上加一等，罪止贓五十匹流兩千里。

古代立法者將受賄罪分為三類分別處置，是根據侵犯的客體不同而依法治罪，更加公正嚴明。

3 古人如何打擊造假行為？

製假、造假、缺斤短兩等損害消費者利益的事，自古有之。中國歷代朝廷都頒布過一些法律來禁止商業詐欺。譬如唐朝時，頒布過《關市令》，規定凡官私度量衡器具，每年八月必須送交相關官府檢驗校正。經檢驗校正後的度量衡器具，由相關官府簽署封印後方可使用。

到宋元明清時，這項制度更加細化，未經官方審驗的度量用具，一律不得在市場上使用。

更為先進的是，古代還有退貨的法令。《唐律疏議》記載，只要消費者在購買時立有合約，買回後三天內發現問題的，都可以找賣方退換；賣方不退換的，可以向官府舉報，由官府強令賣方退換，並抽賣方四十鞭子。

另外，對販賣假藥、劣藥的現象，古代也有比較先進的法律條款加以管理。而且，為防止造假藥冒充官藥出售，宋朝負責製藥的惠民局和和劑局各自有「藥局印記」和「和劑局記」四個字的大印。皇帝也曾下詔，若有人製造假藥，偽造處方和官印，要依「偽造條例」法辦。

雖然古代的法律稱不上百分之百的健全，但不能否定其所起的作用是比較大的，對消費者的利益具有一定的保護作用，值得後人借鑑和學習。

4 「發號施令」的「令」是指什麼？

「發號施令」這個詞，最早出自《尚書．冏命》。這裡的「令」，是君主專制時代由皇帝根據時事需要，隨時在律之外發布的命令、文告。通常，「令」的法律效力要高於「律」，可以變更或代替「律」的相關規定。

秦漢時期，皇帝發布的命令均被稱為「詔令」。西漢時期，「令」極多，涉及面廣，有考核官吏的《功令》、管理監獄的《獄令》、尊養老人的《養老令》等等，以致「盈於機閣，典者不能遍睹」。於是，漢代開始為詔令編號，編為令甲、令乙、令丙等，以方便官吏檢索。

曹魏立國以後，在律典之外制定了「令典」。律典是定罪量刑的法典，而令典是規定制度的法典。此後歷代如南北朝、隋、唐、宋，均採用律典、令典並列的法典體系。明朝時，令典不再是官府和社會各方面的制度大全，僅按朝廷六部大概規定一些最重要的制度。清朝以後不再制定令典，「令」僅是一般法令的泛稱。

5「刑不上大夫」是指什麼？

「刑不上大夫」，最早見於《禮記．曲禮》。這裡的刑就是指法，從夏禹刑開始，經商湯刑、周九刑，到周穆王時期的呂刑，規定了五刑和定罪量刑的原則。有關殷商、周的史籍中，並不乏大夫，甚至比大夫地位高的貴族被判刑、處死，商紂曾醢九侯、脯鄂侯、剖比干的心，周公曾殺管叔和蔡叔；春秋戰國時期，大臣被誅戮的事例更是屢見不鮮，可見貴族並非都不加限制地享有法外特權。

不過，大夫以上貴族犯罪，在訴訟程序及適用刑法上，與庶民、奴隸不同，主要表現在不必像一般人那樣出庭受審，可以贖刑或繳納罰金免除其罪，有些應處死刑的可以予以放逐，即使判處死刑，在行刑時也有別於常人。

主要是因為他們都屬於貴族，不同程度上總有一定的血緣關係，為了在被統治者面前，保持貴族為一個整體的尊嚴，不宜讓他們終身帶著曾受刑辱的標記，但這不是說他們在犯罪後，可以不負法律責任、不受刑罰制裁。雖然戰國時「法不阿貴」的主張已被提出，但由於產生特權的基礎還存在，「刑不上大夫」原則逐漸演變為封建法律中的議、請、減、官當等特權制度。

6「三尺法」是什麼？

西漢武帝時，廷尉杜周不依法辦案，而是專門迎合漢武帝的旨意斷獄。有人指責他「不循三尺法」，他理直氣壯地回答：「三尺安出哉？前主所是著為律；後主所是疏為令。當時為是，何古之法乎！」（《漢書．杜周傳》）

在紙張發明以前，法律一般是鑄在鼎上的，而在鄧析私造「竹刑」以後，竹簡成為記載法律的主要材料。秦漢時，用於書寫文字的竹簡長短不一，一般短簡用於繕寫傳記、雜文，而長簡用於繕寫經典，三面有棱的簡則用作兒童識字的課本。皇帝冊封諸侯的策書，是用二尺或一尺長的簡，平時的詔書則用一尺長的簡，民間繕寫的傳記、書信等，也都是用一尺長的簡。漢代的律令是記載在長簡上的，史書記載：「二尺四寸之律，古今一也。」（《鹽鐵論．詔聖篇》）居延漢簡[1]中，繕寫法律的漢簡中最長的一支（甲編第二五五一號），簡長六十七．五公分（漢制一尺為二十三．三公分）。不過，從考古發掘的實物看，簡策的長度並不嚴格遵循制度的規定，有的簡策是有出入的。實際上，漢代人是舉大數，概略地把用於繕寫律令竹簡的長度稱為「三尺」，並把「三尺法」當作法律的代稱。宋代王觀國《學林》認為：「法律者，一定之制，故以三尺竹簡書之，明示其凡目，使百官萬民巡守之。故謂之三尺。」

舊時，衙門的公堂是依據法律審理案件的地方，審案時放文房四寶及捕簽、荊簽、驚堂木等，審案所需物品用的桌案，也被俗稱為「三尺法桌」或「三尺公案」。

編注：1 居延漢簡：一九三〇年，及一九七二年至一九七六年間，在內蒙古居延地區挖掘出的約三萬枚漢簡。

7 三司會審包括哪三司？

三司會審是中國古代的一種審判制度。「三司」是中國古代三個主要的中央司法機關，源於戰國時期的太尉、司空、司徒三法官，後世也稱「三法司」。漢代的三法司是廷尉、御史中丞和司隸校尉；唐代以刑部尚書、御史中丞、大理卿為三司使；明清兩代以刑部、大理寺、都察院為三法司。

漢代以來，凡遇重大案件，由主管刑獄機關會同監察機關、司法機關共同審理。隋朝由刑部、御史臺，會同大理寺，實行三法司會審。唐代則實行「三司推事」制度，遇有呈報中央的申冤案件，由門下省給事中、中書省中書舍人、御史臺御史等小三司審理；重大案件由大理寺卿、刑部尚書、御史中丞共同審判；對於地方上未決、不便解京的重大案件，則派監察御史、刑部員外郎、大理評事充任「三司使」，前往當地審理。明代時定制，由大理寺、刑部、都察院三機關組成三法司，會審重大案件；遇有特大案件，則由三法司會同各部尚書、通政史進行「圓審」；皇帝親自交辦的案件，由三法司會同錦衣衛審理。清朝繼承了三司會審制度，並增設熱審、秋審、朝審制度。

8 什麼叫「班房」？

現在把「監獄」俗稱為「班房」，但「班房」在古代並不是監獄的代稱，而是由州縣衙門的「三班衙役」開辦的臨時看守所。因為傳喚到的被告、證人，以及捕獲的通緝犯、嫌疑犯帶到衙門，要臨時看管等候升堂審判。因為沒有州縣長官的命令，不能將人關進州縣監獄。而一些查無報案又沒有贓據的疑犯，或者一些辦無重罪、放又擾民的輕罪慣犯，即使經過了堂審，也往往會被指令由捕快暫時看管。所以，捕快需要自己設法找地方看管。一般，捕快們就在自己家裡弄一個「阱房」，裝上柵欄，把人關在裡邊。有的會找一些無主的空倉、冷鋪做為看管地點。由於衙役們碰頭的地方叫「班房」，所以押館、卡房、官店等，捕快自辦的拘留所，統稱為「班房」。

9 曹操割髮代首是不是詐術？

曹操以法治軍、嚴於治吏，並且堅持以嚴肅剛正的態度對待法律。一次行軍途中，為了不讓隊伍損壞百姓的農作物，曹操下令經過麥田時士卒不能踏倒麥子，否則要處死。而曹操的馬受驚跑進麥田，踩倒麥子，曹操讓軍中主簿議罪，主簿以春秋之義「罰不加尊」為其開脫。曹操不太滿意，認為發布法令而自己違犯，還怎能約束臣下士卒，但軍中主帥不可殺，於是便斷髮自刑，拔出佩劍割下自己頭髮扔在地上。清末著名法學家沈家本說，割髮代首是「操之詐」。不過，身為一軍主帥、一國權臣，能以法律己、引法自責，已經是很難得的了。

以髮代首，並非兒戲，因為在古代，頭髮是不能隨便去除的，「身體髮膚，受之父母」（《孝經》），都不應傷損，他人傷損是傷害，自損則是不孝。在先秦時，和人毆鬥，如果把對方的鬍鬚、眉毛拔光，會受城旦刑[1]。如果用劍把別人的髮髻削下來，也要受城旦刑。曹操制定的魏武軍令中，也規定了「違令者髡翦以徇」的條目，剪掉頭髮的髡刑是當時違反法令的懲罰方法，可見曹操斷髮自刑是鄭重其事的。

編注：1 城旦刑：受刑人須服四至五年的築城勞役。

10 「刑」、「罰」分別是什麼意思呢？

在戰國以前，「刑」往往用以專門表示法律，也指征伐戰爭和施用肉刑。但戰國時期成文法以各種形式公布之後，「罰」以表示法律最恰當的用字而逐漸深入人心，而「刑」以後一般專指刑罰。漢文帝以責打身體、強迫勞役等代替肉刑，並強調要使犯罪人改過自新，刑罰改革遠遠領先世界其他地區。

不過，當時的「刑罰」並不是說對犯罪人用刑以示懲罰，因為「刑」與「罰」是有區別的，「刑」是指肉刑和死刑，而「罰」則指以金錢贖罪，有謂「五刑不簡，正於五罰。」（《尚書．呂刑》）

後來才泛指對罪犯實行懲罰的強制方法，「刑罰者，懲惡之藥石也。」（《明史．刑法志》）

11 「監獄」的「獄」字，原意是什麼？

「獄」字最早出現在商朝末期，《周禮．秋官．大司寇》注：「獄謂相告以罪名者，獄從犬從言，兩犬相啃必先相爭，人之相爭亦類是。故從犬犬相爭必以言相爭，而後有獄。」表示為防守因訟而被拘者之意。

在古代，「獄」有時也用以表示訴訟，稱「獄」是相告以罪名，或許訴訟後必有一方敗訴被監禁，所以演化出這個意思。

夏的第七代帝王芬用土築成圓形獄城「圜土」（《竹書紀年》），用以集中收押犯人。夏桀多次在「夏臺」軟禁商的首領（《史記．夏本紀》），因商湯地位顯赫，本是在都城陽翟大饗諸侯的「鈞臺」，成了夏囚禁人犯場所的代稱。夏還有牖里、念室等土牢，但這些稱謂並非通稱。

殷商的監獄叫「里」，還設有冰圉、艾圉、戈、旁方、東對等監獄，史書上有稱為「動止」的，但商朝因襲夏制，把監獄仍稱為「圜土」。

商周時期有了一定規模的監獄體系，還建立了短期監禁的「嘉石」制度，「囹圄」是囚禁罪犯，並強制進行教育使之改過的「通常之獄」，而關押有罪但夠不上肉刑的輕犯人「罷民」的獄城，仍叫「圜土」。地方的監獄稱為「狴」或「犴獄」，暫時羈留嫌疑犯的場所叫「稽留」。監獄名稱和設置的變化，可以看出獄制的發展和完善。

戰國時期，沿用周制稱監獄為「囹圄」，宮中所設獄名為「永巷」。秦時，監獄也稱「囹圄」，中央設有廷尉獄（也叫咸陽獄）。

從漢代開始，監獄始稱為「獄」，一直使用到元朝。到明朝時，始稱獄為「監」，取其監察之意，清代以後才合稱為「監獄」，成為一個固定的名詞，民間俗稱則是「監牢」。中國近代有集中營、反省院、罪犯習藝所、勞動感化院、自新學藝所等稱謂。

新中國建立初期，有看守所、拘役所、勞改隊、勞動改造機關等稱呼。

12 徒刑始於何時？

徒刑始於商朝，西周繼承商制並發展完善，形成了一套對徒刑的管理制度。比如，西周時期被判徒刑者，將統一囚禁在圜土，「以圜土聚教罷民」。圜土，即早期監獄的雛形。在服刑期間，犯人都要從事一定的工作，執行勞役，如《周禮．秋官．掌戮》：「墨者使守門，劓者使守闕，宮者使守內，刖者使守囿，髡者使守積。」

至秦代，基本上將徒刑和肉刑合併使用。漢朝文帝進行改革後，另外建立了一套以有期徒刑為核心的刑罰體系。此後，徒刑體系發展起來，刑期仍舊從一年到三年不等，這一徒刑制度一直延續到清末。

現代刑法中，「徒刑」的含義與古代略同，也是將罪犯監禁於特定場所，剝奪其人身自由。

13 什麼是遷刑？

遷刑，即流刑，是將罪犯放逐到邊遠地區的刑罰。遷刑由來已久，早在堯、舜時期就有流遷記載。當時的遷刑有很多稱呼，如放、逐、遷、謫等，後來名目又有調整，遷徙、三流、五軍、發遣等，也是指遷刑。

遷刑為一種輔刑，雖然沒有制度化，但一直被廣泛使用。遷刑改變以勞役刑為重心的特徵，以鄉土觀念為前提，把犯人流至遠方做為懲治，這樣不僅可以對案犯進行懲治，還可以維護社會和統治秩序。受刑之人或家破人亡，孤零出塞；或背井離鄉，全家遠戍。例如，楚國貴族屈原，他被流放多年，悲憤交加中，把一腔愛國之情化為淒零的淚，自沉於汨羅江。

南北朝後期，遷刑開始進入五刑體制，幾千年來備受中國歷代統治階級的青睞而行用不衰，一直影響到清末。

14 古人告狀為何要擊鼓鳴冤？

古人告狀要擊鼓鳴冤，來自一個典故。相傳漢朝開國皇帝劉邦登基之後，他的一個侄子目無王法，橫行不羈。一日，這個皇侄在街上遊蕩時，看見一個叫蘇小娥的美女。只見此女貌若桃花，身若垂柳，婀娜多姿。皇侄色心大起，便上前調戲。蘇小娥看皇侄舉止猥瑣，行為乖張，自然不喜歡，對他不搭不理。皇侄用手去撫摸蘇小娥的臉龐，卻被蘇小娥搧了一巴掌。皇侄整天作威作福，哪裡受過這等氣，當下惱羞成怒，奪過隨從手裡的齊眉短棍，就向蘇小娥劈頭蓋臉地打去。

蘇小娥嚇呆了，沒有閃躲。在短棍就要擊中蘇小娥的額頭之時，一個虬髯大漢抓住了短棍。皇侄的隨從見此，紛紛拔劍去刺半路殺出來的虬髯大漢。虬髯大漢臨危不懼，側身躲過隨從的劍鋒。隨從反應太慢，竟收不回劍招，一劍刺死了皇侄。眾隨從大驚，趕緊抬著皇侄的屍身回府，把殺人的罪名栽贓給虬髯大漢。漢高祖劉邦聽說自己的侄子被殺，大怒，下令把虬髯大漢抓捕歸案，關入大牢，準備處以極刑。

蘇小娥得知救命恩人將要被處死，決定勇闖金鑾殿，把事情的原委講出來，為虬髯大漢鳴冤。但像蘇小娥這等平民是無法覲見皇帝劉邦的。聰明的蘇小娥想出一個辦法。她和自己的姊妹在皇宮外敲鑼打鼓，大喊冤枉，驚動了劉邦。劉邦便讓人把她們帶進宮中，問其原因。蘇小娥把事情的經過一五一十地講了出來。劉邦得知真相，就放走了虬髯大漢，殺了那個刺死皇侄的隨從。百姓們無不稱讚漢高祖劉邦英明。

受到蘇小娥的啟發，漢高祖劉邦就命人在衙門裡設置喊冤鼓，方便百姓們告狀。其實，《周禮．夏官．大僕》記載：「建路鼓於大寢之門外，而掌其政，以待達窮者遽令。聞鼓聲，則速逆御僕與御庶子。」說明在周朝時已經有了擊鼓鳴冤的實例。這種擊鼓鳴冤的制度一直流傳到清末。在清朝之時，擊鼓鳴冤有特別的規定。若不是有重大案情，擊鼓鳴冤的人就會受到懲罰。甚至規定，擊鼓鳴冤之後，要先打擊鼓人二十殺威棒[1]。隨著清政府的滅亡，擊鼓鳴冤也退出了歷史舞臺。

編注：1 殺威棒：在犯人收監前，先施以杖刑，使其懾服。

15 古代審案時會用「驚堂木」嗎？

驚堂木，也叫醒木、界方、撫尺、氣拍，是一塊長方形的硬木。驚堂木有角有棱，使用時需用中間的手指夾住，輕輕舉起，然後在空中稍停，再急落直下。古代官員審案時使用驚堂木，不僅可以嚴肅法堂，壯大官威，對犯人也有一定的震懾作用。

驚堂木在春秋戰國時期就已經出現，如《國語．越語》中記載：「驚堂木，長六寸，闊五寸，厚二寸又八。添堂威是也。」唐代之前，驚堂木上並無圖案，只是為方便起見，將其頂面做成弧形而已。唐太宗時期，驚堂木上開始出現動物圖案，有龍，有虎，有獅，不一而足。宋代驚堂木統一形制，一律雕刻成臥龍模樣，張牙舞爪，十分威武。此後，各朝代驚堂木多為龍形，只是略有差異，如明代龍形肥大，清代龍形瘦小，看起來就像一條小蛇。

驚堂木的選料極為講究，多採用質地堅硬、紋理細膩的高檔紅木，如檀木、酸枝、黃花梨、雞翅木、黃楊木等，這種材質的驚堂木敲擊桌案時聲音十分響亮。在北方，也有人採用桑、棗、黑槐木製作驚堂木。

16 梟首示眾是什麼樣的刑罰？

梟首，就是先斬首致人死亡，然後將割下來的腦袋懸於竿上，做為刑罰。

《史記．秦始皇本紀》：始皇初，長信侯毒作亂，敗。其徒「二十人皆梟首。車裂以殉，滅其宗」。漢承秦制，對謀反、大逆用梟首刑。如漢高祖「梟故塞王欣頭櫟陽市」。晉時張斐《律序》說：「梟首者惡之長，斬刑者罪之大，棄市者罪之下。」南北朝時，梁律大罪為梟首；陳亦同；北魏、北周也有梟首刑。隋除之。明、清朝對強盜罪亦施用梟首刑。

古代的梟首示眾是一種常見的刑罰，其主要目的在於殺一儆百。然而，隨著社會的進步，這種與文明社會不符的作法，已經退出了歷史的舞臺。

17 古代死刑為何選在午時三刻執行？

古代小說有「午時三刻開斬」之說，意即在差十五分鐘十二點時開刀問斬。因為午時三刻太陽掛在天空中央，是地面上陰影最短的時候。古人認為這是一天當中「陽氣」最盛的時候，而殺人為「陰事」，無論被殺的人是否罪有應得，他的鬼魂總是會來糾纏判決的法官、監斬的官員、行刑的劊子手，以及和他被處死有關聯的人員。所以，古人選在陽氣最盛的時候行刑，可以避免犯人死後再來糾纏。

另外，在午時三刻，人的精力最為蕭索，處於「伏枕」的邊緣。伏枕，就是要睡覺的時候，此時犯人懵懂欲睡，行刑時的痛苦會減少很多。若犯人被押送至法場後，時間還不到午時三刻，行刑官還需等待片刻，直至時間到了才能開刀問斬。如果錯過了這一行刑時間，通常要推遲至第二天行刑。

18 「株連九族」到底是哪九族？

株連九族，就是一人犯死罪，家族成員與其共同承擔刑事責任的刑罰制度。株九族通常用於通番賣國、欺君犯上、密謀造反等滔天大罪，統治者為免除後患、斬草除根，就會對罪犯施以此刑，以鞏固自身政權。族誅這一刑罰始於商朝，當時只斬殺罪犯及其後代。至秦代，逐漸發展為誅三族、五族、七族。隋朝時曾被隋文帝廢除，但不久後就被隋煬帝復行並擴至誅九族。與中國同屬儒家文化圈的韓國、日本和越南，也曾使用這一刑罰。

這裡需要指出的是，古籍中對九族的解釋不盡相同，一說認為九族指九代的直系親屬，包括高祖、曾祖、祖父、父親、自己、兒子、孫子、曾孫、玄孫；一說認為九族指外祖父、外祖母、從母子、妻父、妻母、姑之子、姊妹之子、女之子、己之同族。無論九族具體指哪些家族成員，其株連都極其廣泛，稍有牽連者都難逃一死。

19 明代方孝孺為何被誅十族？

古代族誅的刑罰慘絕人寰，從秦始皇時期的「夷三族」，發展至五族、九族，至明成祖殺方孝孺的「誅十族」，可謂達到頂峰。

方孝孺，原為明惠帝時期官員，因主修《太祖實錄》、《類要》等重要典籍而名噪一時。後燕王朱棣以「清君側」為名起兵南下，最終推翻惠帝，自立為帝，即為明成祖。朱棣為向天下正名，便命儒家巨擘方孝孺為他草擬登基詔令。方孝孺一派愚忠，不僅拒不合作，更予以辱罵，在詔書上大寫「燕賊篡位」四字。朱棣大怒，威脅要誅其九族，方孝孺毫不畏懼，反問道：「便十族，奈我何？」於是，朱棣便把方孝孺的門生朋友歸入第十族，連同原來的九族一併誅殺，最終誅殺人數達八百七十三人，因此事牽連下獄及被流放充軍者，更是數以千計。這一段誅十族的歷史，充分暴露了古代統治者的兇殘本性，成為古代族刑登峰造極之作。

20 古代真的存在「王子犯法與庶民同罪」嗎？

「刑不上大夫」在西周以後被法律明文予以取締，但這種理念和意識在職官制度上一直存在，或多或少常有所表露。「王子犯法與庶民同罪」是新興地主階級針對奴隸主貴族的等級特權提出的法律原則，旨在從政治上打擊和限制奴隸主貴族的特權。

所謂「同罪」只是一種相同或相似意義上的同罪，是為了維護統治的需要，並不是王子犯了法真的就會和百姓一樣被定罪受處罰。法律規定得很清楚，只要是沾了「官」的邊，就可以享有當、贖、議、請等，一系列免罰減罪的規定。儘管為了維護整個封建統治秩序，也懲治過統治集團中一些惡名昭著者，但與「法律面前人人平等」並不能相提並論。

21 在古代，犯罪可不可以花錢免刑呢？

古代刑法中允許犯罪者繳納一定的財物抵免刑罰，這個制度就是贖刑。贖刑起源於傳說中的堯舜時代，《尚書・舜典》說「金作贖刑」。

戰國時期的司法實踐中，案情有疑問而無法查清、定罪量刑遇到困難無法確認，或者犯罪者「意善功惡」時，墨、劓、刖、宮、大辟都可以用金抵免。

漢朝時，將贖刑當作國家聚斂財富的手段，允許用納錢、出縑、輸作贖免刑罰。漢惠帝時，買爵三十級就可以免去死罪；漢武帝時，納錢五十萬可以減死罪一等，司馬遷被處宮刑，本可以用錢贖刑，但由於家貧不足以自贖。

隋唐以後，贖刑形成了非常嚴密具體的制度，每種刑罰都規定了相應贖金的數量，哪些情況適用贖刑制度，也做了明確的規定。

唐朝時，應當議、請、減及九品以上官及七品以上官員親屬，犯流罪以下的，都可以用金錢贖罪。

清朝時，官員犯笞、杖、徒、流及雜死罪的都可以納贖，老、幼、廢疾及婦女犯徒刑罰的收贖，官員正妻、有財力的婦女以及過失殺人的，在杖一百後餘罪可以贖罪。

歷朝歷代用於贖罪的財物不同。漢代以前是用銅；漢時用以黃金計價的粟、縑（細絹）；晉、宋、齊用金、絹；北齊、北周用絹；唐、宋用銅、金以及牛馬雜物；元用中統鈔；明用鈔、錢，間或納米，甚至可用工作抵償；清用銀。贖刑對後世司法、刑罰的腐敗，具有很壞的影響，正所謂「衙門口朝南開，有理沒錢莫進來」。

22 古代為什麼要給犯人剃光頭呢？

據說現在給犯人剃光頭是為了便於管理，但在古代，剃光頭是一種刑罰，叫「髡刑」。這一刑罰最早見於《周禮·秋官·掌戮》：「髡者使守積。」

髡刑與墨、劓、刖、宮等肉刑，同屬損害人身體完整的刑罰，因為古人將「髮」視為「體」的一部分。

三國曹魏時有完刑，實際也是髡刑，就是完全剃去受刑者的頭髮，使其頭成丸狀。古代男子蓄髮，並以之為美，長髮更美，剃髮無異於去首。

髡首有標記的作用，常人不去頭髮，罪犯去頭髮，讓人一看就知道誰是罪犯。髡刑主要是做為附加刑使用的，秦時對刑徒加施髡刑，漢代在城旦舂刑上加施髡鉗，魏晉以前一般都是與徒刑並用，而「髡首」也成為徒刑的別稱。

不過，北齊時髡刑變成了流刑的附加刑。與髡首相近的一種刑罰是「耐刑」，耐只是剃去犯人的鬢、鬚，是秦時最輕的虧傷人體的刑罰，因而成為對少數民族首領、郎中以上有身分的人，所施加的特殊刑罰。

23 「丹書鐵券」和「免死金牌」是一樣的嗎？

鐵券制度最早濫觴於戰國時的銅節。

西漢時期，劉邦為了鞏固其統治，籠絡功臣，頒給功臣丹書鐵券，做為褒獎。當時的鐵券還沒有免罪和免死等許諾，僅是封侯的憑證。

南北朝至隋唐時期，北魏孝文帝頒發給宗室、親近大臣的鐵券，是做為護身防家之用。南朝的宋齊梁陳四代，頒發鐵券已較為普遍，開始有免死免罪的功用。

隋唐以後，頒發鐵券已成常制，凡開國元勳、中興功臣以及少數民族首領都賜給鐵券，也給寵臣、宦官頒發鐵券。唐以後，券詞有所封的爵銜、官職及受封的功績等，另刻有「卿恕九死，子孫三死，或犯常刑，有司不得加責」之類的字樣。持有鐵券的功臣、重臣及其後代，可以享受皇帝賜予的種種特權，本人或後世犯罪時，可以此為證推念其功，予以赦減。

到宋元明清時期，鐵券的頒賜逐漸趨於完備。明代起就規定有整套制度，朝廷根據功臣、重臣爵位的高低分為七個等次，各依品級頒發鐵券，不得逾越。明代鐵券依照唐制，除謀反、謀大逆，一切死刑皆免，免後革爵革薪。

漢時鐵券上的文字是用丹砂填字，因而稱為「丹書鐵券」。梁時用銀填字，稱為「銀券」。隋時用金填字，因而也叫「金券」。後世也稱鐵券為「金書鐵券」。由於鐵券可以世代相傳，也被稱為「世券」。

不過，無論鐵券的形制如何演變，內容如何豐富，都是皇帝賜給功臣世代享受優遇或免罪的，帶有獎賞和盟約性質的憑證，其目的始終沒有超出「表德彰義，率世勵俗」的範疇，與現代勳章、獎章的涵義在一定程度上吻合。

24 中國的監獄產生於何時？是誰發明的？

唐朝解釋法律的重要著作《唐律疏議》載：「皋陶造獄。」皋陶是四千多年前的傳說人物，在舜帝時期曾被任命為刑法官。關於他掌管刑法，發明建造監獄的傳說，古籍記載很多，歷來視他為監獄的首創者。中國古代監獄中都掛有皋陶的畫像，不僅獄吏、獄卒，甚至連犯人也像拜神一樣拜他。

「監獄」一開始並不叫監獄。夏朝時叫「宮」，商朝叫「圉」，周朝叫「圜土」，秦朝叫「囹圄」，直到漢朝才開始叫「獄」。秦時，不僅京城有獄，地方也開始設獄。漢時，監獄更是名目繁多。南北朝時期的北朝，又開始掘地為獄，發明了「地牢」。唐朝時，州縣都有了監獄。宋朝各州都設置了類似周朝的「圜土」的獄，犯人白天服勞役，晚上監禁。明朝時，京、州、府、縣都有監獄，稱獄為監也是自明律開始。《明律．捕亡門》：「獄囚脫監及反獄在逃。」箋釋：「從門出者謂之脫監，踰垣出者謂之越獄。」清朝沿襲下來。

現代監獄是執行刑罰的場所，古代則不同。監獄主要是用來關押待審、待決人犯的。如明清時，罪人定罪以後，死刑不必再說，流刑犯押送到外地，徒刑犯押送到驛站，笞、杖刑執行完畢，罪犯就可以釋放，並不需要在監獄中執行刑罰。

25 古人是如何簽字畫押的？

在很多古裝電視劇中，我們都能看到古人簽字畫押的情節，但是古代教育並不像今天一樣普及，因此有很多人是不識字的。那麼古人究竟是如何簽字畫押的呢？

早在唐初，文人多以草書簽字畫押，但因為草書形體花哨，謂之「花押」，所以唐太宗曾下令不許群臣在奏摺上以草書署名。

文人們流行了花押，老百姓也開始模仿，因而出現了民間的「十」字押，也就是在合約上用筆畫個十字。而在此之前，一般用「指」押，就是將簽押人的食指按在合約上，用筆記下食指指端和下面兩個指節的位置（畫三條線）。而比較重大的合約，例如買賣人口等則用「掌押」（也稱箕斗押），即將整個手掌沾滿墨汁畫押。後來，十字押的出現替代了指押。

到了宋代，人們在進呈公文或與人書牘時，文末多不署名，僅書本人的字，謂之「押字」或「草字」。以上只是對於有文化的士大夫，對於目不識丁的人，簽名押字卻是個難題。於是，人們便以畫圓圈代之，這就是「畫押」，或稱「畫花押」。同時，不識字的人簽字一般都是「畫」王字體。在上面畫一橫，代表「天」，下面畫一橫代表「地」，古人的簽名也一般遵循此例。

此外，古代對於犯人的轉移關押、流配等，為了防止調包，便要求犯人在交換文件上押拇指押，即將大拇指沾上墨汁簽押，後來官方逐漸開始將這個簽押用於百姓，而民間的百姓有些由於忌諱（以前是犯人的專用）則採取了在畫押的位置畫個圈代表。

由上可見，古人的簽字畫押，其實與如今的「簽名、按指紋」大有不同。

26 古代的笞刑為何只打屁股不打背？

當我們看許多古裝劇時，常有「板子」做為刑罰手段出現在大螢幕中。在犯人被「重打五十大板」後，往往是屁股開花，而手、腳、胸或背等其他部位卻安然無恙，難道是因為臀部肉比較多嗎？會不會有其他原因呢？

這首先要歸功於唐朝醫學的發展。唐朝在中國醫學史上是輝煌的，除了承襲南北朝既有的醫學遺產外，還以南北朝、隋朝所設之官方醫療系統為基礎，整合了中國的醫學。此時期，出現了很多著名的醫學家和重要的醫藥著作，也揭開了中國醫學史的新頁。

甄權就是隋末唐初著名的醫學家，主要擅長針灸。六二一年，唐太宗李世民平定河南，派李襲譽出任潞州的地方官。當時朝廷會聘請一些醫生為征士，甄權就是李襲譽隨行的征士之一。

有一天，甄權把他精心繪製完成的《明堂人形圖》拿給李襲譽看，可惜李襲譽不懂針灸，當時也就不當一回事。後來，魯州刺史深受風患之苦，手無法拉弓，遍尋名醫無人能治。無意間找到甄權為他看診，甄權便在刺史的肩隅穴扎針，一針扎下去，刺史便立即能拉弓射箭了。另外，有位深州刺史突患病，脖子腫大且喉管閉塞，三日水米無法下嚥，甄權在其右手次指之端扎針，氣息即通，隔天飲食就恢復了正常。甄權諸如此類的治病例子，使他的《明堂人形圖》聲名大噪，也讓李襲譽對針灸的神效印象深刻。

貞觀初年時，李襲譽官拜少府監。一天，李襲譽向唐太宗詳述《明堂人形圖》之妙，於是，太宗命他主持修訂，將甄權的《明堂人形圖》加以校訂、充實，且經甄權審定。六三〇年，經官方修訂的圖文並茂的《明堂針灸圖》終於完成，並呈獻給太宗御覽。

唐太宗仔細地看了《明堂針灸圖》，發現人體的胸、背部是五臟經脈穴道集中之處，而臀部的穴位則較少。唐太宗由此聯想到，鞭打的刑罰中，在隋唐時有五刑，分為死、流、徒、杖、笞。其中笞刑是最輕的，是以竹板或小荊條抽打背部或臀部，自十下至五十下，分為五等。笞刑雖最輕卻隱藏危機，鞭背有可能將犯人誤打致傷殘或死亡。因此，仁厚的唐太宗為避免打死罪犯，就下令衙門只可打臀部，不可以打胸、背部。自此之後，公堂之上責打犯人都只棒打臀部了。

27 宋代的「刺配」是什麼刑罰？

刺配是宋代的一種刑罰，即在犯人臉部刺字，然後發配到邊遠地區。《宋史．刑法志三》：「刺配之法二百餘條，其間情理輕者，亦可復古徒流移鄉之法，俟其再犯，然後決刺充軍。」魯迅說過：「酷刑的方法，卻絕不是突然就會發明，一定都有它的師承或祖傳。」刺配也是如此，它源於後晉，史書記載，「後晉天福年中，始創刺面之法，遂為戢奸重典」。

「刺」源自商、周時期的五刑之一墨刑。秦漢時期稱為「黥刑」，即在受刑者的臉額上刺字，並染上黑色，以做標記。「配」是逐步從遷、徙邊、流演變而來的，在南北朝時期發展成為新五刑之一的流刑。後晉時，統治者把「刺」和「配」結合在一起，就成為了刺配。《宋代刑法考》云：「宋人承五代為刺配之法，既杖其背，又配其人，且刺其面。是一人之身、一事之犯而兼受三刑者。」

宋代的刺配按罪的輕重而不同，分為刺配本州、鄰州、五百里、一千里、二千里、三千里及沙門島等不同等級；刺面也分為大刺和小刺，而且根據不同的罪行，所刺的形狀也不一樣。如：凡犯盜罪，刺環於耳後；處徒刑、流刑的刺方形；處杖刑的刺圓形，三犯杖刑移於面，「徑不過五分」。後來又規定，「凡強盜抵死特貸命之人」，在額頭上要刺「強盜」二字，餘下的字分刺兩頰。所刺內容除「選配某州（府）牢城」外，也有把其犯罪事由等刺於臉上的。

宋初，刺配只是做為對亡命軍士至死者的一種「貸命」的懲罰方法。但在後來的實際執行中，範圍日益擴大。「杖以上情重者有刺面、不刺面配本州牢城，仍各分地里近遠，五百里千里以上及廣南福建荊湖之別，京城有配窯務、忠靖六軍等，亦有自南配河北屯田者，如免死者，配沙門島、瓊、崖、儋、萬州，又有遇赦不還者。」

那麼，刺配是如何執行的呢？《水滸傳》雖然是小說，但經過考證後，林沖被刺配的過程，和歷史上執行刺配的過程幾乎一樣。

第一步是杖脊，即官府斷刑之後，首先用杖擊打罪犯的背部，「常行官杖如周顯德五年制，長三尺五寸，大頭闊不過二寸，厚及小頭徑不過九分」。所擊打次數一般在二十以下。後來將杖的重量統一規定為十五兩，後又規定「笞杖不得留節目，亦不得釘飾及加筋膠類」。

第二步是刺面。宋代刺面以「燒炙塗藥」而成，並一改前代以刀刺刻的方式，改用金針刺之，故刺面被時人稱為「打金印」。刺字有大小之分，但是多大多小沒有明文規定。刺面的位置也有規定，有刺面、額角、耳後的位置。「犯盜刺環於耳後，徒流以方，杖以圓；三犯杖，移於面。徑不得過五分。」這是史書關於北宋時期刺配最詳細的規定了。刺面還分為刺字和刺圖案兩種。刺面的深度也有所規定。「諸軍移配而名額不同，或降配者，所刺字不得過二分，逃亡及配本城四分，牢城五分，遠惡及沙門島七分。即舊字不明及出除遮改者官司驗證添刺，不可添刺者別刺。」南宋時，刺字明顯比北宋時加重了。

第三步發配。杖脊、刺面之後，犯人就會被押送配所收管服役。「配送犯人，須分明置曆管繫，候到配處，畫時具交割月日，回報元配之處。若經時未報，即移文根問，若在路走失者，隨處根逐，元監送人緊行捕捉。」

刺配能夠在宋代產生並在後代傳承下去，在當時自然有其合理的因素。元朝建立後，不僅全面繼承了刺配之刑，而且還「發揚光大」。直到清末，才被廢除。

編注：1 貸命：免於死罪。

28「秋決制度」是怎麼一回事？

在古代，大逆、大盜一類重犯，若被判斬立決，可以立即執行死刑。其他被判一般死罪的犯人，一律暫緩執刑，等到霜降至冬至期間行刑。這種行刑制度，與古人的自然神權觀念有關。春夏是萬物生長的季節，而秋冬是樹木凋零的季節，象徵肅殺。人的行為包括政治活動都要順應天時，否則要受到天神的懲罰。皇帝是天子，更要遵守天意，按照天時行事，所以處決犯人須在秋天霜降後、冬至以前執行。

古代行刑還有日期禁忌，如唐、宋規定正月、五月、九月為斷屠月，不可處決犯人。每月的十齋日為禁殺日，分別為初一、初八、十四、十五、十八、二十三、二十四、二十八、二十九，在十齋日也不可處決犯人，即使是謀反重罪也不行。明朝也規定十齋日禁止行刑，否則笞四十。國家進行較大的祭祀活動時，也要禁止行刑。

29「連坐」是什麼樣的刑罰？

連坐，指本人並未犯罪，但因與犯罪者有某種關係而受牽連入罪。

連坐的起源很早，早在夏、西周、春秋、戰國時期就已出現連坐制度。至秦代商鞅變法時，連坐逐漸正式化。秦朝時，居民以五家為「伍」，十家為「什」，「什」和「五」都是最基層的行政單位。商鞅規定，一家有罪，九家必須連舉告發，若不告發，則十家同罪連坐。商鞅此舉，意欲使「夫妻交友不能相為棄惡蓋非，而不害於親，民人不能相為隱」，即使最親密的夫妻和朋友也不能互相包庇，而要向政府檢舉揭發，使得任何「惡」、「非」都不能隱匿。

商鞅的連坐法不僅實行於鄉里居民中，也實行於軍隊行伍中。秦代軍隊以五人編為一伍，登記在名冊上。若有一人逃亡，其他四人就要處罰。連坐法在中國施行了幾千年，中華民國時期國民黨政府在一定區域實施的保甲制度，也以戒嚴令、行政命令規定連坐辦法。新中國成立後，連坐法被徹底廢除。

30 中國最早的養老院在何時出現？

中國最早的養老場所雛形出現在奴隸制社會。

據《禮記．王制》記載：「夏后氏養國老於東序；養庶老於西序。殷人養國老於右學；養庶老於左學。」這裡提到的「序」與「學」，就是夏殷時代養老的最初機構，也兼有教育下一代的職能。

時至周代，也注意到對老病殘疾、鰥寡孤獨的照顧。《管子．人國篇》載的慈幼、恤孤、養老和問疾等事，顯然包括了養老保健等諸多方面的內容。

南北朝時，魏孝文帝太和二十一年（四九七年），令將司州、洛陽兩地貧病老者別坊居住，備有藥物，給以衣食。梁武帝於西元五二一年，在京師設置孤獨園，收養孤苦無依的老人。到了唐代，養老院制度正式形成，在長安設有養病院，又名「悲田院」，收養貧病無依的老年乞丐，政府派專人負責其事，並由佛教寺院具體管理。

北宋初期，在汴京（今河南開封）設立有東、西兩個福田院，專門收養孤獨有病的老年乞丐，供給口糧和零用錢。後來到宋英宗年間，又增設了南、北福田院，四個福田院共可容納三百多名老人。東南西北院是按京城的方位開設的，可能進院的人要根據住所方位來確定。

明代初期，詔令各府縣設立養濟院。

清代康熙年間，政府在北京設立了普濟堂，收養年老貧困的人，同時還要求全國其他地方政府仿效。

31 古代也有律師嗎？

律師，是指受當事人委託或法院指定，依法協助當事人進行訴訟，出庭辯護，以及處理相關法律事務的專業人員。在中國，律師的歷史可以追溯到春秋時期。

據《呂氏春秋》記載，春秋時鄭國有個叫鄧析的人，專門負責幫人打官司。他收費的標準是：小案子收一件衣服，大案子則要一條褲子。他為人辯護，能將是說成非，非說成是，使執法者難以定案。當時鄭國的執政者認為他弄得鄭國「是非無度，而可與不可日變」，於是就把鄧析殺了，這樣一來，鄭國「是非乃定，法律乃行」。

後世的法律仍然嚴格禁止人們從事鄧析那樣的業務，把這一行當稱之為「訟師」，或者稱為「訟徒」，立法嚴禁。儘管受到法律的禁止，但民間訴訟活動仍需要有人幫助，所以仍有人從事這一行業，只不過在「地下」進行而已。清代紹興的官府幕友最多，幕友的「副產品」就是訟師，所以紹興的訟師也最出名。

成書於一八七九年的薛福成所著的《籌洋芻議》，較早採用了「律師」一詞，建議聘請外國律師，「參用中西律例」，來和列強推論廢除領事裁判權的問題。以後「律師」一詞被普遍接受。

32 古代也有環境保護法嗎？

世界上第一部完整的環境保護法，當屬中國兩千多年前秦朝制定的《田律》，這份禁令明確規定，從春季二月開始，不准進山砍伐林木；不准堵塞林間水道；不到夏季不准入山採樵，燒草木灰；不准捕捉幼獸幼鳥或掏鳥卵；不准毒殺魚鱉；不准設置誘捕鳥獸的網羅和陷阱。以上禁令，到七月才得以解除。

後來在西漢時，漢宣帝曾制定一項保護鳥的法令：「其令三輔毋得以春夏擿巢探卵，彈射飛鳥。」這也是中國乃至世界較早的一部自然保護法。

33 中國古代也有婚姻法典嗎？

在西漢時期，中國已經有了第一部婚姻法典——《漢婚律》，它的內容包括婚姻範圍（禁止直系親屬通婚），夫妻雙方的權利和義務，以及後嗣、離婚等六個方面的法規。

這部《漢婚律》特別強調維護家族內部尊卑秩序，集中體現了統治階級的利益。

34 古代司法也嚴禁非法刑訊嗎？

在中國古代的司法審判中，用刑具對受審的人進行肉體折磨，以此強取口供做為定罪的證據，就是一般所說的「刑訊」。奴隸社會時期的刑訊由於史料缺乏，現在還不清楚，但秦朝的刑訊即「榜掠」，已經比較明確。李斯就是被趙高用「榜掠」逼供而被迫認罪的。到了漢代，刑訊已經制度化。

秦漢時期規定，如果審判時，被告經常推翻口供，拒不認罪，就可以使用刑訊。在魏晉南北朝時期，刑訊的弊端得到一些抑制，統治階層提出了依法刑訊的主張，對於刑訊的刑具和規格都做了規定。唐朝時，刑訊制度基本法制化，唐律規定，官僚貴族和七十歲以上、十五歲以下的人，還有殘疾人和孕婦，可以免於刑訊。唐朝之後的宋、元、明、清，都繼承了唐朝的刑訊制度。

為了防止法外刑訊激起民眾反抗，皇帝中有些頒布詔書，嚴禁非法刑訊，並對違法官吏處以重刑。

35 「科舉制」是什麼樣的制度？

科舉是古代封建王朝透過考試選拔官吏的一種制度，由於採用分科取士的辦法，所以稱為「科舉」。科舉制施行於隋朝大業三年（六〇七年），完備於唐朝，考試的科目分為「常科」和「制科」兩類，每年分期舉行的稱「常科」，由皇帝下詔臨時舉行的考試稱「制科」。考試科目，則分秀才、明經、進士、俊士、明法、明字、明算等五十多種，但明法、明算、明字等科不為人重視，而明經、進士兩科則成為唐代常科的主要科目，進士考時務策和詩賦、文章，明經考時務策與經義。

宋代「重文輕武」，也很重視科舉考試，但常科科目比唐代大為減少。其中，進士科仍然最受重視，進士一等多數可官至宰相，所以宋人又稱進士科為「宰相科」。

到明朝，科舉考試形成了完備的制度，共分四級：院試、鄉試、會試和殿試，考試內容基本以《四書五經》為準，以「四書」文句為題，規定文章格式為八股文，解釋必須以朱熹《四書集注》為準。八股文的危害極大，嚴重束縛人們的思想，是維護封建專制統治的工具，同時也把科舉考試制度本身引向絕路。清朝光緒三十一年（一九〇五年），慈禧太后下詔書宣布廢除科舉。至此，科舉制已歷經一千三百多年。

36 什麼是「恩科」？

科舉制度分為「正科」、「恩科」兩類。按照規定每三年舉行的鄉試、會試，就是正科。若遇皇帝親試，可別立名冊呈奏特許附試，一般都能得中，就是恩科。恩科始於宋朝，明清也沿用此制，尤其是清代，皇帝經常在朝廷慶典時特別開科考試，用來特別關照官員子弟。

例如，雍正六年鄉試後，雍正帝命大學士、尚書、侍郎等高級官僚，若家裡有沒錄取、年齡在二十歲以上的子弟，准許每位大臣各舉一個，開出名單送內閣審定。最終遞交上的名單有十二人，這十二人都被皇帝特賜為「舉人」。這些以科場加恩大臣子弟的措施，讓大臣們對皇帝感恩戴德、盡忠效命。可是，這也把「為國選士」的「國事」，變成了皇家的私人「家事」，嚴重損害了科舉制的公平公正性。

37 古代考試也有學分制嗎？

中國古代就有學分制了。據資料記載，早在宋代就實行過學分制。以後各朝代大多也都實行過。不過，當時稱為「積分制」，實際上就是學分制。宋神宗熙寧、元豐年間，曾把太學分為外、內、上三舍，外舍升內舍和內舍升上舍的升舍考試成績的評定，分為上、中、下三等，然後再合成分。其中，操行和學業都是優者為上等；一優一平者為中等；兩種都是平者或一優一否者為下等。三舍考試都實行積分法。

元朝仁宗皇慶、延佑年間，調履謙為國子監司業，立升齋、積分等法。一個是升齋法，即每個季考所要複習的經書之課業成績合格和沒有違紀的，以此遞升，即升上齋。一年之後，開始參加針對個人的考試，即私試。另一個是私試的規矩：有孟月、仲月、季月三次考試。詞和理都優勝的為上等，就得一分。詞平理優者為中等，得半分。到年末統計當年的積分。積分達到八分，就是高等。高等，每年以四十人為上限。三年不通過一經，以及在學不滿一年的，就不允許考試。「所以人人勵志，士多通才。」

到了明朝時，採用的是宋神宗時期的辦法，凡國子監的學生都實行積分法，學生積分達到及格者，即可授予相當的官職。國子監按學業程度設為六堂：正義、崇志、廣義、修道、誠心、率性，編其為初、中、高三個級別。在高年級實行學分制，若在一年內積分達到八分即為及格，而成績優異的學生，可不受年限的限制提前畢業，破格錄用。

清代的國子監編制因襲明制，有月考，凡月考列為一等者給一分，列為二等者給半分，年終積夠八分者為及格。

到民國時期，積分制正式更名為「學分制」，並更趨於完善。一九三一年，當時的政府頒布了《學分制統一辦法》，通令全國學校一律採用學年兼學分制，並規定大學生四年需修滿一百三十二個學分才准予畢業。

38 彌封考卷在古代就有了嗎？

為了防止考試閱卷錄取中的弊端，大多採用彌封考卷的辦法。這種方法古已有之。中國唐代開科取士，最初試卷上有舉人的姓名、籍貫，能靠特權錄取。武則天曾下令用紙糊上舉人姓名，但沒有形成制度。

考卷彌封制度始於宋代。《宋史》卷一五五《選舉》談到，宋太宗淳化年間採用監丞陳靖的建議，推行「糊名考校」法。糊住姓名、鄉貫，決定錄取卷後，才拆彌封，以「革考官竊私之弊」。九九九年至一〇三三年，禮部和鄉試都採用彌封，在交卷後彌封卷首。不過從字體上，或許還能辨認。因此，宋真宗大中祥符八年（一〇一五年）設謄錄院，由書吏抄試卷副本，評閱副本。根據《宋會要》記載，當時為防止親戚關係舞弊，宋真宗曾下詔「別頭試」。就是讓與考試官有親戚關係的考生「移試別頭」，換一個考區避嫌疑。當時還讓負責的考官暫不回家，用「鎖宿貢院」等措施杜絕請託。

39「狀元」一詞是怎麼來的？

所謂狀元，也就是第一名。狀元文化是豐富多彩、源遠流長的中華民族文化的一部分。狀元來自於古代科舉考試，這個地位是科舉場中千千萬萬讀書人終生奮鬥奪取的最高目標。

封建時代的科舉制度很複雜，宋朝以前，科舉取士的制度規範還不完整。每個朝代的規定都不盡相同。明、清兩代，讀書人統稱為「童生」，必須參加童試。錄取「入學」後，叫「生員」，就是秀才，頭名秀才叫「案首」。取得秀才資格的，才能參加省級的考試，稱為「鄉試」，由朝廷派官員到各省去做主考，考中的稱為「舉人」。頭名舉人稱為「解元」，二名叫「亞元」，三、四、五名叫「經魁」，第六名叫「亞魁」，其餘的通稱「文魁」。鄉試每三年在省城舉行一次。舉人比秀才高一大級，可以稱「老爺」，可以推薦去做官。不過舉人出身的人，官做得再大，都是低級官員，最多做到知縣，做知府這級的極少。

取得舉人資格的人，才能參加會試。會試在鄉試後的第二年春天於京城舉行。會試是由禮部主持，皇帝派大臣做主考官，分主考、副主考，還有一班考官。會試取三百名左右，叫「貢士」，頭名叫「會元」。

取得貢士資格之後，再去參加殿試。殿試在唐代已有，至宋初才成為定制。唐武則天時，試貢舉之士立於殿前，門下省長官奏狀，名次最高者置於最前，因而稱為「狀頭」，也稱為「狀元」。此後，各朝代均沿用。所謂「三元及第」，就是指一連考到解元、會元、狀元三個第一名，也稱為「連中三元」。

40 「鴻儒」是指什麼？

「鴻」是一種體積碩大的鳥，故有「大」的意思。「儒」泛指學者、讀書人。鴻儒是漢代王充提出的人才培養的理想目標。他將人才分為四等：「能說一經者為儒生；博覽古今者為通人；採掇傳書以上書奏記者為文人；能精思著文、連結篇章者為鴻儒。故儒生過俗人，通人勝儒生，文人逾通人，鴻儒超文人。故夫鴻儒，所謂超而又超者也。」（《論衡．超奇》）漢代王充以此反對當時經學教育所培養的「章句之生」，認為教育目標應是培養博通古今、善於思考、能著書立說的「鴻儒」。

41 「瓊林宴」是指什麼？

安徽地方戲黃梅戲《女駙馬》中有「我也曾赴過瓊林宴，我也曾打馬御街前」兩句唱詞，深為聽眾所喜歡。戲文中的「御街」，是指當時皇帝朝拜祖宗時的專用道路，也是當時首都最繁華的地方，而「瓊林宴」又是指什麼呢？

瓊林宴是歷代皇帝在科舉考試殿試後，為恩寵新科進士，在皇宮內苑特賜舉行的歡慶宴會，開始於宋代。宋太祖時規定，在科舉考試殿試後，由皇帝親自宣布新科進士的名次，並賜宴於內苑以示慶賀。宋徽宗政和二年（一一一二年）以前，由於皇帝親賜宴會的地點，都是在著名的皇家花園瓊林苑，所以這個宴被稱為「瓊林宴」，這對新科進士來說是備感恩寵的事情。據《宋史・樂志四》記載：「政和二年賜貢士聞喜於辟雍，仍用雅樂，罷瓊林苑宴。」所以，政和二年以後，瓊林宴又改稱「聞喜宴」，宴會地點也改在辟雍舉行。南宋狀元文天祥曾有一首〈御賜瓊林宴恭和詩〉：「奉詔新彈入仕冠，重來軒陛望天顏。雲呈五色符旗蓋，露立千官雜佩環。燕席巧臨牛女節，鸞章光映壁奎間。獻詩陳雅愚臣事，況見賡歌氣象還。」描寫的就是當時舉行瓊林宴的盛況。

元、明、清三代科舉制度盛行，皇帝欽賜宴會招待新科進士一直延續不斷，所以這樣的宴會又稱為「恩榮宴」。雖名稱有所不同，但儀式和內容大致一樣，仍然可統稱為「瓊林宴」。據歷史記載，與宋朝同時的遼國曾採用宋人的作法，在內果園或禮部設宴招待新科進士，也被稱為「瓊林宴」。

42 「鹿鳴宴」是指什麼？

鹿鳴宴是科舉三宴之一，在中國古代科舉制度中，地方官員於鄉試放榜次日，為祝賀學子考中貢生或舉人，並宴謝內外簾官等，要舉行「鄉飲酒」宴會。由於飲宴中必須先奏響〈鹿鳴〉之曲，隨後朗讀〈鹿鳴〉之歌，以活躍氣氛、顯示某人的才華，所以稱為「鹿鳴宴」。〈鹿鳴〉是《詩經・小雅》中的一首樂歌，一共有三章，三章首句分別是「呦呦鹿鳴，食野之苹」、「呦呦鹿鳴，食野之蒿」、「呦呦鹿鳴，食野之芩」，大意為鹿發現了豐美的水草而不忘夥伴，發出「呦呦」叫聲招呼同伴來一起進食。古人認為這一舉動堪稱美德，所以取其寓意，天子賜宴群臣，地方官宴請同僚及當地舉人和地方豪紳，以此達到收買人心、展示自己禮賢下士的效果。

中國科舉考試時代，舉行鹿鳴宴款待新中士子的儀式開始於唐朝，宋、明、清時期亦循舊制。《新唐書・選舉志上》記載：「每歲仲冬，州、縣、館、監舉其成者送之尚書省；而舉選不由館、學者，謂之『鄉貢』，皆懷牒自列於州、縣。試已，長吏以鄉飲酒禮，會屬僚，設賓主，陳俎豆，備管弦，牲用少牢，歌〈鹿鳴〉之詩，因與耆艾敘長少焉。」清吳榮光《吾學錄．貢舉》中也記載：「《通禮》：順天鄉試揭曉翌日，燕主考、同考、執事各民及鄉貢士於順天府，曰鹿鳴燕，以府尹主席。」

據宋代吳自牧的《夢粱錄．士人赴殿試唱名》記載：「帥漕與殿步司羅辦鞍馬儀仗，迎引文武三魁，各乘馬帶羞帽到院，安泊款待……兩狀元差委同年進士充本局職事官。措置題名登科錄。帥司差撥六局人員，安撫司關借銀器等物，差撥妓樂，就豐豫樓開鹿鳴宴，同年人俱赴團拜於樓下。」由此可知，宋代殿試文、武兩榜狀元設宴，同年團拜，也稱為「鹿鳴宴」。

科舉中試的祝賀宴會之所以取名「鹿鳴」，大概還有祈求福祿的隱義。因為「鹿」與「祿」諧音。有「祿」就能升官發財，所以古人常以鹿象徵「祿」的意義，新科中舉意味著「祿」之始。但升官發財終歸與提倡「修身齊家治國平天下」的儒家思想存在著很大的距離，於是聰明而含蓄的古人，就取了「鹿鳴」這個充滿詩意的代名詞。

43 「曲江宴」是指什麼？

唐朝科舉考試新考中的進士，在放榜後大家都要湊錢於曲江亭，舉行盛大的歡慶遊宴，稱之為「曲江會」。歷史記載，唐代新科進士正式放榜之日，恰好就在當時非常隆重的上巳節之前，而上巳節又是唐代的三大節日之一，所以這種遊宴，皇帝往往會親自參加，參與遊宴的人員也是經過皇帝「欽點」的。遊宴期間，皇帝、王公大臣及參與遊宴的其他人員，一邊觀賞曲江邊的優美景色，一邊品嚐著宮廷御宴的美味佳餚。

曲江遊宴種類繁多，情趣各異。其中又以上巳節遊宴、新進士遊宴最為隆重，在歷史上的影響也最深遠。考中進士既然是人生的一件大事，自然要慶祝一番，慶祝的形式就是所謂的「曲江宴」。因為宴會通常是在科舉考試中的禮部試一一關試後才舉行，所以又稱之為「關宴」。因舉行宴會的地點一般都設杏園曲江岸邊的亭子中，所以也稱之「杏園宴」。參與宴會者，每每要吟詩作賦，所以後來曲江遊宴逐漸演變為詩人們吟誦詩作的「詩會」。南宋楊萬里有〈曉寄美蓉徑二首〉詩云：「恰似曲江聞喜宴，綠衣半醉戴宮花。」按照傳統的「曲水流觴」風俗，將酒杯放於流水中，酒杯漂流到誰的面前，誰就要飲酒作詩，再由眾人對詩進行評比，這就是所謂的「曲江流飲」。

44 古代的童子試是指什麼？

科舉在隋唐初期時並沒有童子試，童子試簡稱「童試」，亦稱小考、小試，是明清時期取得生員（秀才）資格的入學考試。府、州、縣學裡的學生，統稱為「生員」。未取得生員資格的讀書人，不論年齡大小都一律稱為「儒童」或「童生」。童生要取得生員資格，必須逐級經過縣、府舉行的考試，錄取後再應院試，考中者就成為其所在府、州、縣學裡的生員，統稱為「秀才」。這一系列考試總稱為「童子試」。

童子試每三年舉行兩次，丑、辰、未、戌年為歲考，寅、巳、申、亥年為科考。清朝的縣、府、院三級考試，縣試由各縣的知縣主持，考試日期通常在二月。考試前一個月，知縣出示考試日期，應考的童生向本縣的署禮房辦理各種報名手續。報考的童生須五人聯保，並由本縣的一名廩生[1]做擔保人，以證明考生所填寫各項內容的真實可靠。考試結束後，由縣署造具名冊送報本縣的儒學署，並申送本府或直隸州、廳參加府試。府試由各府的知府主持，考試日期一般在四月。因故沒有參加縣試的童生，必須補試一場，才能參加府試。其報名方法一同縣試。府試錄取的第一名稱為「府案首」。考試完畢，由府（直隸州、廳）造具清冊申送學政，參加院試。院試是童子試中最關鍵的一次考試，由各省的學政主持。歲考和科考都在各府或直隸州、廳的治所舉行，一切有關考試的組織工作均由各地的行政長官負責。考場設在學政的「駐紮衙門」，或稱為「考棚」、「貢院」。生員錄取的名額，與當地文風的高下、錢糧丁口的多少，有十分密切的關係。據《文獻通考·學校考七·直省鄉黨之學》記載，清朝將府、州、縣學，分為大、中、小三類，清康熙九年（一六七〇年）規定，大府二十名，大州、縣十五名，中學十二名，小學七名或八名。清朝後期，錄取的名額越來越多。

編注：1 廩生：明清兩代由公家發給銀兩及糧食的生員。

45 中國古代有沒有胎教？

在中國，自古就有胎教之說。古代賢人孟子的母親，為教子三次擇鄰而居，已被廣為傳頌，殊不知孟母對孟子的教育，在未出娘胎時就開始了。孟母曾說：「吾懷妊是子，席不正不坐，割不正不食，胎教之也。」《史記》曾有記載：「太任有妊，目不視惡色，耳不聽淫聲，口不出傲言。」

古代有關「胎教」的論述很多，宋朝陳自明的《婦人大全良方》中還專有「胎教」一門。只可惜中醫古籍中多有如何胎教的記述，卻很少有為何胎教的分析。現代科學的發展，令人驚歎地證實了胎教的科學性。

46 在古代，什麼樣的人被稱為「進士」？

「進士」一詞最早見於《禮記．王制》，意思為可以進授爵位之人。在科舉制度時代，進士是參加中央政府最後一級考試獲得通過的人，隋煬帝大業年間始置進士科目。以試策取士，主要考時務。唐亦設此科，與明經、明法科並列。應試者稱「舉進士」，即地方「進」給中央的「士」。進士科試時務策五道，帖「大經」，經策全通過為甲第，策通四、帖過四以上為乙第，中試者皆稱「進士」。

宋以後，進士科成為科舉中唯一的科目，試詩賦經義各一首，策五道，帖經《論語》十帖。到明清時，考生需通過鄉試、會試，方可參加殿試。殿試合格錄取分為三甲，一甲三名，即狀元、榜眼、探花，合稱「三鼎甲」，賜「進士及第」；二甲若干名，賜「進士出身」；三甲若干名，賜「同進士出身」，這些通稱為「進士」，凡考中進士的，即被任命為官員，進爵授祿。

在中國一千三百多年的科舉制度史上，考中進士的總數近十萬人。古代許多著名文學家都是進士出身，如唐代的賀知章、王勃、宋之問、王昌齡、王維、岑參、韓愈、劉禹錫、白居易、柳宗元、杜牧等，宋代的范仲淹、歐陽修、司馬光、王安石、蘇軾等。

47 「門生故吏」中的「門生」是指什麼？

門生是中國古代一個特殊的群體。門生的出現和中國古代選拔人才的方式有關。漢代，朝廷選拔人才的方式為

「察舉制」和「征辟制」。主持州郡察舉的列侯、刺史、郡守稱「舉主」，主持征辟的公卿稱「府主」。由舉主、府主們負責為朝廷察舉、征辟社會上的賢士，被舉薦的人有機會被朝廷重用，因此大批追求功名利祿之士紛紛投靠在舉主、府主門下，這些人就是門生。到東漢中後期，這些門生逐漸與宗師形成私人依附關係。他們唯主人命令是從，不僅要給宗師送財物，討得其歡心，還要為主人四處奔走，甚至要為主人行不法之事，是主人忠心耿耿的走卒。

魏晉南北朝時期，門生逐漸分化成兩部分：一部分相當於佃客，地位較低，主要從事軍事活動和生產活動；另一部分是比較富裕的庶族地主，他們為了提高社會政治地位，往往透過送禮行賄來投靠高門世族，求取官職。

唐代以後，察舉制、征辟制漸漸不被重視，科舉成為最主要的選拔官吏的制度。科舉考試中，考生得中進士後，對主考官亦稱「門生」，雖有投靠援引之意，但已沒有依附關係。參加殿試被錄取的人，其後也往往自稱為「天子門生」。而後世門生則只有學術上的師承關係。所以，門生就逐漸成為「學生」的代名詞。

48 「連中三元」是什麼意思？

「元」字有第一的意思，如「一元復始，萬象更新」。故「連中三元」可解釋為「連續獲得三個第一」之意。

「連中三元」這個詞的由來，與古代的科舉考試制度有直接關係。以清朝為例，科舉考試是由府、州、縣基層，到省城，再到京城的等級順序進行的。府、州、縣基層的考試叫「童生試」，應試者合格後取得生員（秀才）資格，而後才有資格繼續參加省城、京城舉行的鄉試、會試和殿試。鄉試每三年一次在各省省城（包括京城）舉行，中試者為舉人，第一名稱「解元」。會試每三年一次在京城舉行，各省的舉人及國子監的監生皆可應考，中試者為貢士，也叫「中試進士」，第一名稱「會元」。貢士須於次月參加殿試。殿試亦名「廷試」，由皇帝親自在宮殿朝廷上策問會試錄取的貢士，來排列名次，高中第一名稱「狀元」。

由此可知，科舉考試中，鄉試第一名稱「解元」，會試第一名稱「會元」，殿試第一名稱「狀元」或「殿元」。若一人在鄉試、會試、殿試中都獲得第一名，則稱為「連中三元」。這是科舉考場的佳話，也是登第者無上的殊榮。

49 為何取得科舉第一名被稱為「獨占鰲頭」？

「鰲」是古代傳說中的神異之物，人們常常視其為保護神。唐宋時期，宮殿門前臺階上，便刻有巨鰲的浮雕。科舉考試的殿試過後，皇帝一般會在太和殿召見新科進士。這一天，進士們身著嶄新的公服，個個精神抖擻，分左右兩班站在文武百官的後面，等候皇帝的傳召。一般由傳臚官[1]按榜依次唱名，即宣布考取進士者的姓名、名次和籍貫。新科進士聽到傳唱，都要走到中間的御道上站定，向皇帝叩拜謝恩，從此成為天子門生。傳唱完畢，由傳臚官引導一甲三名的狀元、榜眼、探花，走到天子座前迎接殿試榜。其中，狀元居中，且稍前於榜眼、探花。而狀元站的位置，正是第一塊御道石正中鐫刻的巨鰲頭部。此後，人們便具象地稱科舉考試的第一名為「獨占鰲頭」。

直至今天，我們仍保留著這一用法。

編注：1 傳臚官：傳臚即唱名之意。

50 什麼叫「五行狀元」？

大家都知道，五行是指水、火、木、金、土。這是中國古代的一種物質觀，五行學說認為大自然是由這五種要素構成，隨著這五種要素的盛衰強弱，不僅人的命運會發生變化，大自然也會隨之產生變化。那麼，「五行狀元」又是怎麼一回事？

「五行狀元」是指清代時的五位狀元，分別是：同治七年（一八六八年）戊辰科狀元名洪鈞（金）；同治十年（一八七一年）辛未科狀元梁耀樞（木）；同治十三年（一八七四年）甲戌科狀元陸潤庠（水）；光緒二年（一八七六年）丙子恩科狀元曹鴻（火）；光緒三年（一八七七年）丁丑科狀元王仁堪（土）。

51 中國歷史上第一個和最後一個狀元，分別是誰？

科舉制度是中國封建社會重要的人才選拔制度，自隋朝時創立至清末（一九〇五年）被廢除，歷經近一千三百年的歷史。在這漫長的歲月中，朝代幾經更迭，先後產生了五百多名狀元（武狀元除外），那麼誰是中國歷史上第一個狀元，誰又是中國歷史上的最後一個狀元呢？

進士科始設於隋煬帝時期，但其開科情況今已不詳。在中國的科舉史上，第一個有名可考的狀元是隋末人孫伏伽，其參加了唐高祖武德五年（六二二年）十二月舉行的科舉考試，並在三十名參考舉人中脫穎而出，獲得第一名的好成績，從而成為中國歷史上的第一個狀元。

孫伏伽，貝州武城（山東武城）人。其在隋朝末年便已涉足官場，從最初一名卑微的小吏，一直做到了京畿萬年縣（今陝西西安）的法曹，能力可見一斑。李淵在長安稱帝後，孫伏伽識時務地歸順了李唐王朝，並參加了於唐高祖武德五年（六二二年）十二月舉行的科舉考試，成為中國歷史上第一個有名可考的狀元而青史留名。

那麼，誰又是中國歷史上的最後一個狀元呢？

科舉制度於清光緒三十一年（一九〇五年）被廢除，因此在清光緒三十年（一九〇四年）舉行的科舉恩科考試中，中狀元的劉春霖便成了中國歷史上的最後一個狀元。恩科是在正常的考試之外，每逢朝廷慶典或其他的重大事情而特別開科考試，始於宋，明、清沿用此制。若正科與恩科合併舉行，則稱「恩正並科」。光緒二十九年（一九〇三年）為正科，而光緒三十年（一九〇四年）逢慈禧太后七十大壽，便增加了恩科。恰逢這一年的恩科成為中國歷史上的最後一屆科舉考試，中狀元的劉春霖從而有幸成為中國歷史上的最後一個狀元。

話說劉春霖能成為中國歷史上的最後一個狀元，不僅偶然，背後還有一段頗為曲折的小故事。據說殿試過後，主考大臣便把試卷按名次排列，送交慈禧太后定奪。慈禧太后乍一翻被主考官列為頭名的試卷，字非常漂亮，不禁點頭讚許。但一看文章作者時，便立馬火冒三丈。原來這是廣東考生朱汝珍，「朱」為明朝皇家的姓，慈禧太后心中自是忌諱，「珍」字又讓慈禧太后想起了最受光緒皇帝寵愛的珍妃。珍妃曾支持光緒皇帝改革，試圖從自己手中奪回政權，心中的不滿不免徒增了幾分。再加上朱汝珍是廣東人，廣東歷來「是非」多，洪秀全、康有為、梁啟超、孫中山等，這些讓慈禧太后頭疼不已的人都出自廣東。怒火中天的慈禧太后便將朱汝珍的試卷棄之一旁，接著看第二份試卷，一看考生是直隸（今河北省）肅寧人劉春霖，不免轉怒為喜。原來，這一年正逢天氣大旱，急盼一場大雨，「春霖」二字便是極好的兆頭。清朝末年外憂內患不斷，慈禧太后自是希望清王朝能結束風雨飄搖的命運，恢復到肅靜安寧的局面，「肅寧」便又是一個好徵兆。於是，幸運之神便降臨到劉春霖身上，慈禧太后大筆一揮，劉春霖便由原來的第二名一躍成為頭名狀元。

「十年寒窗無人問，一舉成名天下知。」也許我們在關注狀元這一閃耀頭銜的背後，更應看到他們的博學多識及他們為此付出的努力。

52 現存唯一的狀元試卷是誰的？

山東青州博物館保存著一份明萬曆二十六年（一五九八年）科考狀元趙秉忠的一份殿試試卷，這也是中國大陸地區保存的唯一一份試卷（臺北故宮博物院收藏有幾份清代狀元試卷）。

這份試卷由封面、封底、十九折冊頁構成，且封面、封底均為全綾裝裱，每折冊頁高四十七．六公分，寬十四．一公分。十九折冊頁由三部分構成，第一部分為考生姓名、籍貫、年齡等，並上溯祖宗三代的基本情況，以證清白。第二部分為正文部分，共十五折。正文卷首頂天為當時在位皇帝朱翊鈞御筆親書的「第一甲第一名」六字，下為朱翊鈞御書下鈐的「彌封關防」長印，占一折。接著為文章正文，為一公方見方的工整小楷，共兩千四百六十字。文章題目為〈問帝王之政和帝王之心〉，趙秉忠提出「實心先立」、「實政繼舉」才能天下太平、百姓安樂的主張，精闢地闡述了改善吏治、興邦治國的對策，具有重要的歷史和現實意義。第三部分，即在正文之後的最後三折，列著少保兼太子太保、吏部尚書、武英殿大學士張位等九位閱卷官和一位印卷官的職銜與姓名。

53 中國歷史上有沒有女狀元？

中國歷代科舉考試都是男性參加，因此狀元都是男性。但是，歷史上還是出現了一位女狀元，而且是唯一的一位，她就是傅善祥。

太平天國七年，洪秀全之妹洪宣嬌提出建議，認為應該設立女子科舉制。洪秀全十分讚賞她的獨特見地，「令女官舉女子應試」，委命洪宣嬌為女科主事。

洪宣嬌為了抨擊男尊女卑，以「唯女子與小人難養也」為題，考天下才女的膽識和學識。在應試的三百多名女子中，唯金陵妙齡才女傅善祥才思敏捷，引古論今，列舉歷代巾幗英雄的豐功偉績，批駁了「女子難養」的謬論。

這份卓有見識的試卷博得洪氏兄妹的稱讚。經評議，傅善祥成為太平天國，也是中國歷史上第一位女狀元。

54 中國古代的白髮考生有多少人？

從隋朝開始科舉考試以後，一千三百多年來，不知有多少知識分子像《儒林外史》中的範進一樣，終身陷入科舉場中。當唐太宗李世民見新科進士一個個列隊而出時，樂不可支地說：「天下英雄皆入我的掌握之中哪！」趙嘏賦道：「太宗皇帝真長策，賺得英雄盡白頭。」

歷代白頭考生多矣，下列這些例子可見一斑。

宋朝梁顥八十二歲才考中進士，他詠道：「也知年少登科好，爭奈龍頭屬老成。」

一六九九年，一百歲的廣東黃章，積極參加在京的考試。凌晨進場時，他叫曾孫提著燈在前開路，燈上寫著「百歲觀場」四個大字。

一七三六年，參加考試的人中，八十歲以上者三人，七十歲以上者四十人。一七六一年的應試者，八十歲以上者七人，七十歲以上者十九人。

一七七〇年，廣東張次叔九十四歲，江西李煒九十九歲，均往應試。第二年李煒滿一百歲，又投入了會試。

一七八九年鄉試，八十歲以上者九十四人。在第二年的會試中，九十歲以上者四人，八十多歲者七十三人。

一八〇一年，八十歲以上者考生兩百五十一人。次年會試，七十至九十歲的舉人達一百八十人，九十五歲以上者還有六人。

一八二六年，廣東舉人陸雲從已一百零四歲，會試沒考上，道光皇帝欽賜他為國子監司業。在鴉片戰爭爆發的那一年，一百零四歲的長沙監生佘會來未考中，皇帝賜其舉人。

所以，人們認為，科舉考試既是封建統治者選拔、培養、任用各級官吏的主要途徑，又是引誘、控制知識分子的牢籠。

55「同年」是什麼意思？

在科舉時代，「同年」是指同榜錄取之人的互稱。唐時，同榜進士稱「同年」。據李肇《唐國史補》記載：「（進士）俱捷謂之同年。」

「同年」一詞，經常出現在古代的文史資料中。如北宋司馬光《訓儉示康》載同年曰：「君賜不可違也。」又如元人薩都剌《送鄭天趣進柑入京》一詩中有這樣的句子：「同年若問儂消息，為說愁來奈病何。」

明清之際，鄉試和會試的同榜登科者都稱為「同年」。例如，明末馮夢龍輯錄的《醒世恆言．張廷秀逃生救父》裡說：「你我雖則隔省同年，今日天涯相聚，便如骨肉一般。」

據清顧炎武《生員論中》載：「同榜之士，謂之同年。」清初詩人趙翼所著的《陔餘叢考》記載：「余庚午鄉舉，宛平黃叔琳（康熙時進士）開府係前庚午舉人，曾為先後同年之會；大學士史鐵崖並及見先後進士同年，真為盛事。」清阮葵生《茶餘客話》記載：「乾隆己未，趙秋谷與新貴遙認同年，沉歸愚詩云：『後先己未亦同年。』」

56 為何稱有文化、有地位的人家為「書香門第」？

我們常用「書香門第」來指那些有文化、有地位的人家，舊時指出自讀書人的家庭，後泛指家庭背景好。那麼，為什麼要稱有文化、有地位的人家為「書香門第」呢？

這來自於古人保存圖書的方法。古代讀書人家一般會有很多藏書，在科技不發達的古代，古人為了防止書籍出現霉變，便用樟木製成的箱子來放書，有時還將做箱子剩下的樟木碎片放進書裡。另一種防蛀的方法，是在書中放一種叫「芸香草」的中藥。這是古人智慧的體現，因為無論是樟木還是芸香草，它們所散發出來的氣味都是蛀蟲所厭惡的，這樣書籍便會得到較好的保護。而放置了樟木和芸香草的書籍，往往在一打開書時，便會有一股清香撲面而來，加之書籍本身散發出來的墨香，久而久之，便有了「書香」一詞。

「門第」在古代則是指富貴人家的住宅，也指家庭在社會上的地位等級，和家庭成員的文化程度等。所以，人們一般稱有文化、有地位的人家為「書香門第」。

57 「學富五車」是指看的書能裝滿五車嗎？

今天，我們常用「學富五車」來形容那些讀書多、有學問、知識淵博的人。那麼，「學富五車」是指此人看的書可以裝滿五車嗎？

首先，來確認一下五車書有多少呢？春秋戰國時期的書是用竹子、木頭做成的簡，很重，當時的車又為馬車，據《墨子》記載，造得極好的車可以「任五十石之重」。這樣下來，五車書最多就是二百五十石（擔）。而又據《漢書．刑法志》記載，秦始皇「晝斷獄，夜理書，自程決事，日縣石之一」，即秦始皇白天審理案件，晚上看書，一晚上能看一石書。這樣，五車書最多兩百五十個晚上就看完了。這對現代有學問的人來說也不是很多，那麼，怎麼會用它來形容人學問大呢？

其實，「學富五車」語出自《莊子．天下》：「惠施多方，其書五車，其道舛駁，其言也不中。」這裡的「書」為動詞，是「寫」的意思。原本是莊子用誇張的手法來批評惠施，說他很會方術，雖然寫的書都可以裝滿五車了，但他所說的道理有很多是錯誤和雜亂的，且他的言語之中也有不當之處。意即說他寫得多，錯得也多。

後人只截取了原文中的前兩句「惠施多方，其書五車」，片面地理解為惠施讀了五車書，並將這裡的書理解為五車紙質的書，而非竹簡書。這樣，「學富五車」便逐漸偏離了莊子最初所指的意思，從開始的「寫了五車竹簡書」變為「讀了五車紙質書」，詞意也從最初的貶義詞轉為褒義詞，成了形容人讀書多、學問大、知識淵博的代名詞。

58 「杏壇」是指一壇杏，還是講學的地方？

「杏壇」的典故最早出自於莊子的一則寓言。莊子在那則寓言裡說，孔子到處聚徒授業，每到一處就在杏林裡講學。休息的時候，就坐在杏壇之上。後來人們就根據莊子的這則寓言，把「杏壇」稱為孔子講學的地方，也泛指聚眾講學的場所。後來人們在山東曲阜孔廟大成殿前為之築壇、建亭、書碑、植杏。北宋時，孔子後代又在曲阜祖廟築壇，廣植杏樹，遂以「杏壇」名之。

杏壇是孔子教育光輝的象徵，位於大成殿前甬道正中，傳為孔子講學之處，壇旁有一株古檜，稱「先師手植檜」。杏壇周圍朱欄，四面歇山，十字結脊，二層黃瓦飛簷，雙重半拱。亭內細雕藻井，彩繪金色盤龍，其中還有清乾隆「杏壇贊」御碑。亭前的石香爐，高約一公尺，形制古樸，為金代遺物。該壇建於宋代，四周環植以杏，故名；金代又於壇上建亭。明代後期重修，即今日杏壇。

59 中國歷史上最早的學校有哪些？

中國最早的大學——太學，創建於西漢元朔五年（西元前一二四年）。據載，是漢武帝為教化子孫而創辦的，主要傳授儒家經典。

中國最早培養數學人才的學校——算學，創建於隋文帝時期。

中國最早培育軍事人才的學校——武學，創建於北宋慶曆三年（一〇四三年）。

中國最早培養醫務人才的學校——醫學，創建於南朝元嘉二十年（四四三年）。該學校是中國歷史上最早形成系統教育的一所專科學校。

中國最早培養外語人才的學校——外語館，成立於明代永樂年間，由宮廷翰林院創辦。

中國最早的女子學校，於一八九六年六月一日由中國女學會在上海創辦，最初只有十六名女生，僅兩年就停辦了。中國近代最早的大學是一八九八年設立的京師大學堂，是今天北京大學的前身。

60「師範」一詞有何來歷？

相信大家對「師範」一詞並不陌生，因為現在有很多專門培養教師的師範學校。那麼「師範」一詞有何來歷呢？

「師範」一詞由「師」發展而來，「師」這一名稱在夏、商、周時就已出現。甲骨文中有「文師」的字樣，西漢董仲舒用到了「師」這一概念，司馬遷用到了「師表」一詞，他們的共同之處就是都取了「師的表率作用」之意。第一次將「師」「範」二字連起來看的是西漢末年的揚雄，他在言論集《法言．字行》中說：「務學不如務求師。師者，人之模範也。」這便強調了教師在教育教學中的模範表率作用，至今為世人所沿用。而「師範」成為一個詞組使用是在《後漢書》中：「君學成師範，縉紳歸慕。」

「師範」一詞古今意義差別不大，都強調了教師本人的表率作用，有「堪為人師而模範之」之意，世人便把教師的職業特徵概括為「學高為人師，身正為人範」。而師範成為專門培養教師的教育機構，則是源於十七、十八世紀的法國和德國。

61「桃李滿天下」的由來是什麼？

據《韓詩外傳》記載：春秋時，魏國有個大臣叫子質，他得勢的時候，曾培養和保舉過不少人，後來因得罪了魏文侯，便獨自跑到北方去。

在北方，子質遇見一個叫子簡的人，就向他發牢騷，埋怨自己培養的人不肯為自己出力，以至於流落北方。子簡笑著說：「春天種下桃樹和李樹，夏天可以在樹下休息納涼，秋天還可以吃到果子。可是你春天種下的是蒺藜（一種帶刺的植物），不僅不能利用它的種子，秋天長出的刺還會刺人。所以君子培養人才，要像種樹一樣，應該先選準對象，然後再加以培養。」

此後，人們就把培養人才稱為「樹人」，如「十年樹木，百年樹人」，把提拔起來的優秀人才稱為「桃李」，老師教的學生多而廣，則稱為「桃李滿天下」了。

62 太學是古代的最高學府嗎？

太學是古代設於京師的全國最高學府。太學之名在西周已有，周王室的太學以南北東西中為序，分別叫成鈞、上庠、東序、瞽宮和辟雍。「辟雍」則為其總代稱。太學裡的主要教學內容是「六藝」：禮、樂、射、御、書、數。當時「學在官府」，只有貴族子弟才能入學。

漢武帝在位時，採納了董仲舒、公孫弘的建議，尊孔崇儒，興辦太學。最初太學只設五經博士，置博士弟子五十名，專門學習和研究儒家經書。漢成帝時，太學生增至三千人。王莽統治時期，為了樹立自己的聲望，籠絡廣大儒生，在長安廣置太學，博士弟子有萬餘人，規模之大，前所未有。

東漢時，太學規模更大，順帝永建元年（一二六年），對太學進行重建和擴建，費時一年，用工十一萬兩千人，建成兩百四十房，一千八百五十室，所招學生稱之為「太學生」，有三萬多人。

漢靈帝還讓大書法家蔡邕等人，把儒家經典刻在四十六塊碑上（即著名的《熹平石經》），來抄寫經文的太學生車水馬龍，盛況空前。

西晉以後，太學和國子學並存，成為中央辦學的兩種形式。唐代，太學規模完備，盛極一時。太學的教師，主要是博士。博士的主要職責是授業傳道，此外，還要奉使議政，試賢舉能。

太學的學生，歷代稱謂不一，有稱「博士弟子」的，有稱「太學生」和「諸生」的。太學以儒家五經做為基本教材，講授「孔子之術，六藝之文」。歷代太學都制定規章制度，嚴禁各種「離經叛道」的思想行為。

63 京師大學堂是歷史上第一所國立綜合性大學嗎？

京師大學堂誕生於戊戌維新運動，一八九八年，經光緒帝下詔，京師大學堂在孫家鼐的主持下於北京創立，成為中國近代史上第一所國立綜合性大學，它既是全國最高學府，又是國家最高教育行政機關，統轄各省學堂。

一九〇二年，京師大學堂因一九〇〇年義和團運動停辦後恢復，吏部尚書張百熙任管學大臣，請出吳汝綸和辜鴻銘任正副總教習，聘請兩大翻譯家嚴復和林紓分任大學堂譯書局總辦和副總辦。創辦於一八六二年洋務運動期間的京師同文館，併入大學堂，藏書樓也於同年重設。一八六二年十二月十七日，京師大學堂舉行開學典禮，各方面開始步人正軌。

大學堂首先舉辦速成科和預備科，速成科分仕學館和師範館，後者即是今天北京師範大學的前身。一九〇四年京師大學堂選派首批四十七名學生出國留學，這是中國高校派遣留學生的開始。一九一〇年京師大學堂開辦分科大學。辛亥革命後，於一九一二年改為北京大學，中國的高等教育揭開嶄新的一頁。

64「孝廉」與「舉孝廉」是怎麼回事？

孝廉是察舉制的科目之一。「孝」指孝順父母，「廉」指辦事廉正，初為兩科，後合併為一科。漢武帝時，董仲舒認為當時官吏多出於「任子」[1]或「貲選」[2]，未必稱職，建議由列侯、郡守歲貢吏民之賢者二人於朝。武帝採納了他的建議，於元光元年（西元前一三四年）下詔郡國每年察舉孝者、廉者各一人。不久，這種察舉就通稱為「孝廉」，並成為漢代察舉制中最為重要的歲舉科目。

孝廉舉至中央後，按制度並不立即授以實職，而是入郎署為郎官，承擔宮廷宿衛，目的是使之「觀大臣之能」，熟悉朝廷行政事務。然後再經選拔，根據品第結果被任命不同的職位。一般情況下，舉孝廉者都能被授予大小不一的官職。

漢順帝陽嘉元年（一三二年），規定應孝廉舉者必須年滿四十歲；同時又制定了「諸生試家法，文吏課箋奏」這一重要制度，即中央對儒生出身的孝廉要考試經術，文吏出身的則考試箋奏。由此，歲舉一途遂出現了正規的考試之法，孝廉科也由一種地方長官的推薦制度，開始向中央考試制度過渡。

東漢時，舉孝廉為仕進的要途，實際上察舉多為世族大家所壟斷，互相吹捧，弄虛作假，當時有童謠諷刺「舉秀才，不知書；舉孝廉，父別居。」漢代以後，歷代因之，隋唐只舉秀才而不舉孝廉，明、清時俗稱舉人為「孝廉」。

編注：1 任子：任用子弟為官的一項制度。
2 貲選：出錢捐官。

65 「榜眼」從何時開始用來稱進士第二名？

榜眼是中國科舉制度在殿試中取得進士第二名的名稱，與第一名狀元、第三名探花，合稱「三鼎甲」。「榜眼」一詞出現於北宋初年。起初，不只第二名可稱榜眼，第三名也可稱為榜眼，因為「眼」必有二。如王禹的詩〈送第三人朱嚴光輩從事和州〉中說：「賃船東下歷陽湖，榜眼科名釋褐初。」朱嚴光只中了第三名，卻也是「榜眼科名」。

至北宋末年，只以第二名為榜眼，第三名則稱探花。「榜眼」這名稱，跟狀元、探花一樣，其實都是社會上習慣使用。在正式發放的金榜之上，只會稱進士一甲第一名，一甲第二名，一甲第三名。

66 「舉人」的稱呼是怎麼來的？

「舉人」得名於漢代的察舉，漢代取士用人無考試之法，皆令郡國守相薦舉，被薦舉者稱為「舉人」。唐宋科舉，重進士科，所謂舉人，不過指由此可應進士試，所以又稱「舉進士」，仍不是專門稱謂詞。

至明、清則為鄉試考中者的專稱，鄉試共考三場，三場都過關者稱為「舉人」，舉人登科即可授官。由於鄉試的錄取名額按中央指定的數目錄取，故取得「舉人」的地位相當不易。中了舉人叫「發解」、「發達」，簡稱「發」，習慣上俗稱為「老爺」。

67 算學是學習珠算的學校嗎？

算學是中國古代培養數學人才的專科大學。始建於隋文帝時期（五八九至六〇四年），是中國最早的學習研究自然科學的專門學校，隸屬國子寺，後停辦。唐貞觀年間，大興學校，於貞觀二年（六二八年）重建算學，兩年後又廢置，將其博士下隸太史局。龍朔二年（六六二年）再置算學，並改隸祕書局。設博士二人，助教一人，學生三十人，八品以下子弟以及庶人通算學，年齡在十四至十九歲者皆可入學。學習期限為九年。學生畢業後可參加科舉，唐代科舉設算學科，其考試內容針對算學課程而定。

北宋元豐七年（一〇八四年），刊「算經十書」於祕書省，供學生學習。宋徽宗崇寧三年（一一〇四年），設置算學，隸太史局。入學分命官、庶人兩種。學生兩百一十人，較唐代規模大，教學內容與唐制無多大變化，以《九章》、《周髀》及假設疑數為算問，仍兼《海島》、《孫子》、《五曹》、《張丘建》、《夏侯陽》演算法，並曆算、三式、天文書等為本科。本科之外，還要占一小經或一大經。畢業考試及待遇，均與太學同。

68 宗學是古代的貴族學校嗎？

中國古代皇族子弟學校。西漢平帝時置宗師，教育宗室子孫。北魏武帝時設皇宗學。唐高宗為宗室及功臣子孫設立小學。宋初，宗學由諸王附設在王宮裡面，屬私立性質，由王室聘請儒師教八至十四歲的皇族兒童。宋徽宗崇寧三年，分別在南京、西京設立兩敦宗院，以原各王宮的大小學教授為宗學博士。置大小學教授二人，專教皇族子弟，稱為「宗學」，並改私立為公立。

宋高宗紹興十四年，又於臨安設立宗學，專教南宮北宅之子孫，後來隸屬於宗正寺，規定生徒百名，同宗學情形相似的諸王宮學、內小學，也是貴冑子弟學校。明朝的宗學在兩京所屬地方，凡屬宗室年未弱冠的世子、長子、眾子及將軍中尉等官的子弟，皆可入學讀書。

清代也設宗學，順治九年（一六五二年）十月，每旗各設宗學一所，每所學校用滿漢老師各一名。凡是十歲以上，未封官爵的宗室子弟，都要進入宗學學習。順治十一年（一六五四年）六月，順治皇帝為了防止宗室子弟「漢化」而忘記祖宗舊制，便下令專學滿文。康熙十二年（一六七三年），康熙帝命宗室里王以下，入八分公[1]以上子弟，年滿十歲者在本府中讀書，這時的宗學已名存實亡了。雍正二年（一七二四年），恢復了宗學，訂立宗學制度，凡王、貝勒、貝子、公、將軍及閒散宗室子弟，十八歲以下者都可入宗學讀書。到乾隆二十一年（一七五六年），乾隆又撤銷漢教習，好讓宗室學生專心「國語騎射」的學習。嘉慶四年（一七九九年）朝廷又恢復了漢教習一職。

編注：1.入八公分：清朝宗室貴族的等級，共有八級。

69 中國古代也有留學生嗎？

古代中央官學的學校制度比較完備，形式多樣，特別是太學、國子監等國家最高學府，在辦學育才、繁榮學術、發展中國古代文化科學方面，都積累了許多寶貴的經驗，在中國和世界教育史上占有重要的地位，積極促進了中國與亞歐諸國文化交流。

根據二十四史相關部分及《南雍志》、《國子監志》等史籍記載，中國唐、明、清等朝代的太學、國子監或其他專科學校，都有外國留學生留學。其中，以唐代的外國留學生最盛。日本、新羅、高麗等都派遣子弟和臣子入唐留學。留學生入唐後，先進入國子監學習。據《日本書紀》和《大日本史》所載，遣唐使諸家傳記中統計的日本入唐留學生，就有十八人之多。外國留學生也可以像中國學生一樣參加考試，日本的阿倍仲麻呂和新羅的崔致遠都是結束學業後，又通過了唐朝國家的官員選拔考試而步入仕途的。

70 古代的「書籤」和「牙籤」是一樣的東西嗎？

書籤起源於春秋戰國時代，那時候一般都稱為「牙籤」。這種書籤，當時是用竹片製成的，讀書人每當看到卷軸中非常重要的地方，便在它的一端插上「牙籤」，便於之後回過頭來查考。後來，卷軸書改成經折裝（又稱摺子裝，大致出現並流行於九世紀中葉以後的唐代晚期）以後，「牙籤」的用途就更廣了。這時，書籤的製作材料，有用牛骨薄片的，也有用厚紙板的，考究一點的，還在紙板上蒙一層有花紋的綾絹。那些讀書人把平時很少翻閱的書籍，文謅謅地稱為「未觸牙籤」。宋朝以後，讀書人對書籤越來越講究，喜歡手寫一些座右銘之類的句子在書籤上。

71 中國古代「四大書院」在哪裡？

在中國歷史上，第一個提出「四大書院」說法的是南宋宰相范成大，他把山東徂徠書院、江蘇金山書院、湖南石鼓書院和嶽麓書院，並稱為「天下四大書院」。此後，「四大書院」的說法被承襲下來，但究竟哪四所書院可以稱得上「四大」，則百家爭鳴，素無定論。如今，我們通常將嶽麓書院、白鹿洞書院、嵩陽書院、應天書院，合稱為「中國古代四大書院」。

嶽麓書院，位於湖南長沙南嶽七十三峰最末一峰的嶽麓山腳，是中國目前保存最完好的一座古代書院。

白鹿洞書院，位於江西省九江市廬山五老峰南麓後屏山下，書院「始於唐，盛於宋，沿於明清」，至今已有一千多年。元代末年，白鹿洞書院被毀於戰火，進入明清以來歷代維修，辦學不斷。

嵩陽書院，位於河南省登封市區北的嵩山南麓，創建於北魏孝文帝太和八年（四八四年），時稱「嵩陽寺」，後改為「嵩陽書院」。宋代理學的「洛學」創始人程顥、程頤兄弟都曾在嵩陽書院講學，此後嵩陽書院成為宋代理學的發源地之一。

應天書院，位於河南商丘市睢陽區商丘古城南，其前身是後晉時楊慤所辦的私學。北宋政權開科取士，應天書院人才輩出，百餘名學子在科舉中及第的竟多達五、六十人。

以上書院擁有得天獨厚的師資條件，雖各處一地，但四方生徒摩肩接踵，對後世影響十分深遠。

72 私塾是如何發展壯大的？

私塾，是中國古代社會的民間幼兒教育機構。

私塾產生於春秋時期，有塾師自己辦的教館、學館、村校，有地主、商人設立的家塾，還有屬於用祠堂、廟宇的地租收入或私人捐款興辦的義塾。私塾的學生多為六歲左右的兒童，入學不必經過入學考試，只要徵得先生同意。入學前，需在孔老夫子的牌位或聖像前恭立，並向孔老夫子和先生各磕一個頭做為拜師禮。

私塾的規模一般不大，少的就幾個人，多也不過二十餘人。私塾的教材，就是古代通行的蒙養教本，如《三字經》、《百家姓》、《千家詩》、《千字文》、《女兒經》、《教兒經》、《童蒙須知》等等。若需進一步學習，則讀四書五經、《古文觀止》等。

私塾在秦朝曾短暫停廢，此後的兩千多年一直延綿不衰，它與官學相輔相成，並駕齊驅，共同為傳遞中華傳統文化，培養人才，做出了不可磨滅的貢獻。

第3章

飲食起居

1 古代的「衣」和「裳」的意思一樣嗎？

古代的衣服，上曰衣，下曰裳。上衣，省稱「衣」，以障蔽身體。《說文．衣部》：「衣，依也。」段玉裁注：「依者，倚也。衣者，人所倚以蔽體者也。」「裳」，亦作「常」，是專用於遮蔽下體的服裝，男女尊卑均可穿著。由於古代紡織工具簡陋，布的幅面很狹窄，所以一件下裳通常需用七幅布帛拼合而成，前三後四，樣子像一件腰圍，另在腰部施褶，褶的多少視實際情況而定，兩側還各開一道縫隙。

兩漢以後，裳漸由裙取代，惟在貴族祭祀和朝會時穿著的禮服中保留遺制。《後漢書．輿服志下》：「行大射禮於辟雍，公卿諸侯大夫行禮者，冠委貌，衣玄端素裳。」裳與裙大致相同，惟裳被製成兩片，彼此分離，一片蔽前，一片擋後，上用布帶繫結於腰，裙則多被做成一片，穿時由前圍向臀後。隨著時代的發展，「衣」、「裳」連用，往往泛指衣服。

2 古代的禮服是什麼樣子的？

中國古代的服飾與禮制緊密結合，如祭祀著祭服、朝會著朝服、公務著公服、居喪著凶服等，服飾從質料、色彩、花紋、款式，無不為禮制所規範，被賦予天道倫理和身分地位的諸多涵義，成為封建政治的圖解和符號。

傳說，從黃帝堯舜到夏商西周時期的統治者，都穿著一種上衣下裳的服裝。《後漢書．輿服志》：「黃帝、堯、舜垂衣裳而天下治，蓋取諸乾坤。乾坤有文，故上衣玄，下裳黃。」這種服裝的樣式和顏色，是出於對天地的崇拜而產生的，故此，冠冕衣裳做為祭服之制沿用了兩千多年。

秦始皇深受陰陽五行學說的影響，以黑色為尊貴之色，並進一步規範禮服制度。兩漢四百年間，袍服一直被當作禮服。袍服的領子以袒領為主，大多裁成雞心式，並以大袖為多，領、袖都飾有花邊。唐代至明代最具時代特色的禮服是常服，它是內有夾層的圓（盤）領連體長衣。此服皇帝與官員均可穿著，前者著黃色，後者以緋、紫、綠色等區別等級。而明代對常服最大的改進，是洪武二十五年（一三九二年）以後，朝廷要求文武官員袍服的胸前和後背，各綴一方形補子，文官用飛禽，武官用走獸，以示區別，「衣冠禽獸」之稱由此得來。此制被後來的清朝所沿用，稱為「補服」。

到了清朝，禮服制度在保留滿洲習俗禮儀的同時，吸收了漢族服飾中的一些特點，但徹底廢棄了冠冕衣裳為祭祀之服，以及通天冠、絳紗袍服的傳統制度。

3 古代的斗篷和風衣有什麼用途？

古代的斗篷和風衣功能相同，均是披用的外衣，通常無袖，也有虛設兩袖的長披風，目的是用以防風禦寒。兩者的區別在於，斗篷的質地有多種材料，而風衣是指絲織物所做的外衣。

斗篷，又名蓮蓬衣、一口鐘、一裹圓。據傳是從簑衣演變而來的，最初用棕麻編成，以禦雨雪，名謂「斗襏」，到明清時才多用絲織物製作，並不限於雨雪天氣使用，當時稱為「大衣」，是一種禦寒的服飾，有長式和短式、高領和低領之分。凡冬天外出，不論男女官庶，都喜披裹斗篷，但有個規矩，不能穿著這種服飾行禮，不然會被視為不敬。清代中葉以後，婦女穿著斗篷的情況非常普遍，製作日益精巧，一般都用鮮豔的綢緞製作，上繡花紋，講究一點的還在裡面襯以皮毛。

此外，還有用鶴毛與其他鳥毛合撚成絨織成的斗篷，稱為「鶴氅」。南朝宋劉義慶《世說新語．企羨》中提到：「孟昶未達時，家在京口，嘗見王恭乘高輿，被鶴氅裘。」最初鶴氅的樣子，就是一塊用仙鶴羽毛做的披肩。鶴氅後來漸為士大夫所接受，表現為大袖、兩側開衩的直領罩衫，不加緣邊，中間以帶子相繫。

4 背子是一種什麼樣的衣服？

背子亦作「褙子」，又名「綽子」，是漢服中的一種重要款式。隋唐時已經開始流行，是漢服吸收北方民族服飾樣子特色的一種發展。無袖，類似於今日的背心。一開始只在軍中流行，既可保持身體的溫度，又不增加袖子的厚度，便於行動。後來逐漸走向民間，慢慢加上短袖，流行於宋、元、明三朝。

背子實際上由來已久。《事物紀原．衣裘帶服．背子》引《實錄》：「秦二世詔衫子上朝服加背子，其制袖短於衫，身與衫齊而大袖。今又長與裙齊，而袖才寬於衫。」《朱子語類》卷一二七：「今上登極，常時著白綾背子。」《水滸傳》第八回：「見坐著一個人，頭戴頂萬字頭巾，身穿領皂紗背子，下面皂靴淨襪。」

宋程大昌《演繁露．背子中禪》說：「今人服公裳，必衷以背子。背子者，狀如單襦袷襖，特其裾加長，直垂至足焉耳。其實古之中禪也。禪之字或為單，中單之制，正如今人背子。」此謂背子是由古之中單而來。

《通俗編》提到，《說文》：「無袂之衣謂之。」趙宧光長箋云：「半臂衣也，武士謂之蔽甲，俗謂之披襖，小者曰背子。」這裡也說是沒有袖頭的衣服叫背子，由武士蔽甲變化而成。

5 鳳冠霞帔是什麼樣的服飾？

鳳冠霞帔，是舊時女子出嫁時的裝束，以示榮耀，也指官員夫人的禮服。鳳冠是一種以金屬絲網為胎，上綴點翠鳳凰，並掛有珠寶流蘇的禮冠。早在秦漢時期，鳳冠就已成為太后、皇太后、皇后的規定服飾。明代鳳冠有兩種形式，一種是后妃所戴，冠上除綴有鳳凰外，還有龍等裝飾。明制，皇后禮服的冠飾有九龍四鳳，皇妃、公主、太子妃的鳳冠九翬四鳳。另一種是普通命婦所戴的鳳冠，一品至七品命婦的鳳冠沒有鳳，只綴珠翠、花釵，但習慣上也稱為「鳳冠」。

霞帔亦稱「霞披」、「披帛」，以其豔麗如彩霞，故名。披帛以一幅絲帛繞過肩背，交於胸前。宋代定為命婦冠服，非恩賜不得服，且隨品級的高低而不同。明代自公侯一品至九品命婦，皆穿著不同繡紋的霞帔，其形狀宛如一條長長的彩色掛帶，每條霞帔寬三寸二分，長五尺七寸，穿著時繞過脖頸，披掛在胸前，下端垂有金或玉的墜子。

清代霞帔演變為闊如背心，下施彩色旒蘇，是誥命夫人專用的服飾。中間綴以補子，補子所繡紋樣圖案，一般都根據其丈夫或兒子的品級而定，惟獨武官的母、妻不用獸紋而用鳥紋。鳳冠霞帔本是宮廷命婦的著裝，平民女子只有出嫁時才可以穿著，因為按照禮俗，大禮可攝勝，就是祭禮、婚禮等場合可向上越級，不算僭越，因此著鳳冠霞帔結婚的習俗，一直保留到建國前。

6 步搖是什麼樣的首飾？

步搖是古代婦女的一種首飾，其製作多以黃金屈曲成龍鳳等形，其上綴以珠玉。步搖始見於漢代，最初只流行於宮廷與貴族之中。當時是在簪釵上裝飾一個可以活動的花枝裝飾物，花枝又垂以瓊玉，因在走動之時，簪釵上的珠玉會自然搖曳，遂得名「步搖」。《釋名．釋首飾》：「步搖，上有垂珠，步則動搖也。」戴步搖者行動要從容不迫，以使垂珠伴隨身上的玉佩發出富有節奏的聲響，因此，步搖又被人稱為「禁步」。此外，在漢代貴族婦女中，還實行過一陣加於冠上的步搖冠，則更富有富貴豪華之氣。

步搖屬於漢代禮制首飾，其形制與質地都是等級與身分的象徵。漢代以後，步搖才逐漸被民間百姓所見。魏晉南北朝之時，步搖花式愈繁，或伏成鳥獸花枝等狀，晶瑩輝耀，與釵鈿相混雜，簪於髮上。唐宋之後，步搖形制變化多端，除金質稱為「金步搖」以外，還出現了玉石、珊瑚、琉璃、琥珀、松石、晶石等珍貴材料製作的步搖。明代唐寅〈招仙曲〉詩曰：「鬱金步搖銀約指，明月垂璫交龍椅。」由此可知，明代步搖用「鬱金」，是用金屬與珠寶鑲嵌的一種步搖形制。而明代步搖製作的焊接新工藝，就是將金累絲與金底托焊接在一起，再嵌上珍珠寶石等為點綴，其耐久程度大大超過了雕琢、燜壓等傳統工藝技術。

清代的步搖製作工藝與明代一脈相承。臺北故宮博物院藏有一件清代「點翠嵌珠鳳凰步搖」，就是使用了金屬焊接為底托，鳳身用翠鳥羽毛裝飾，其眼與嘴巴用紅色寶石、雪白的米珠鑲嵌，兩面嵌紅珊瑚珠。鳳身呈側翔式，尖巧的小嘴上銜著兩串十多公分長的小珍珠，墜角是一顆顆翡翠做成的小葫蘆。整個步搖造型輕巧別致，選材精良，實為罕見。

7 何謂「玉搔頭」？

玉搔頭即是玉簪。東晉葛洪《西京雜記》卷二曰：「武帝過李夫人，就取玉簪搔頭。自此後宮人搔頭皆用玉。玉價倍貴焉。」後代遂稱玉簪為「玉搔頭」。

簪，先秦稱「笄」，最早的笄由竹、木、玉、石、骨等材料製成。在商朝時，笄的種類和佩戴形式已經非常多樣，到周朝時插戴方式遂制度化。秦漢之後，笄改稱「簪」，其製作有了金銀等貴重材料的運用，工藝也日趨繁複考究，逐漸擺脫了簡單的實用功能而跨入奢侈品的行列。

簪的形制一頭尖，一頭大，嵌珠飾銀，描龍塑鳳。尤其是玉簪形制精美，玲瓏剔透，除了取其吉祥、辟邪保身或長佑平安之外，也成為貴族或富貴人家炫耀財富身分的象徵，更是男女情愛寓語寄情之物。明劇《玉簪記》中，美女妙常送情郎趕考時，特贈簪一支：「奴有碧玉簪一支，原為笄冠之用，今送你作加官之兆。」

唐宋以來，是髮簪流行的時期，唐代敦煌壁畫中的眾多婦女就是插滿花簪的形象。明清時期，髮簪的式樣十分豐富，主要變化多集中在簪首。它有各種各樣的形狀，常有花鳥蟲魚、飛禽走獸為簪首形狀，其中常見的花朵形象有梅花、蓮花、菊花、桃花、牡丹花和芙蓉花等。明代《天水冰山錄》中關於髮簪的記載，就有金桃花頂簪、金梅花寶頂簪、金菊花寶頂簪、金寶石頂簪、金廂倒垂蓮簪、金崐點翠梅花簪等名稱。以動物為簪首的髮簪，常見的有龍鳳、麒麟、燕雀及游魚等，其中以鳳簪最多，製作也最為精緻。

8 古人的「袍」是什麼樣的？

袍，亦稱「袍服」，是直腰身、過膝的外衣，多為兩層，冬季則納以棉絮。其制起源較早。五代馬縞《中華古今注》卷中「袍衫」條說：「袍者，自有虞氏即有之，故《國語》曰：袍以朝見也。秦始皇三品以上綠袍、深衣，庶人白袍，皆以絹為之。」戰國以後較為常見，男女均可穿著，主要分為龍袍、官袍、民袍等。

龍袍，是皇帝專用的袍服，因袍上繡龍紋而得名，其制多為盤領、右衽、明黃色。唐代高宗朝規定臣民不得僭服黃色，於是龍袍別稱「黃袍」。龍袍上的各種龍章圖案，歷代有所變化，但龍數一般為九條，寓意「九五之尊」。清代龍袍還繡「水腳」，即下擺等部位有水浪山石圖案，隱喻山河統一。

官袍，是文武官員用作朝服、公服等的袍服，以一定顏色或圖案表明官位等級。東漢永平二年（五九年）開始將袍服定制為朝服，以所佩印綬為主要官品標識。唐代官員以紫、緋、綠、青的圓領袍服做為常服，武則天又頒繡袍，文官繡禽、武官繡獸，是補服的起源。宋代官袍袖子肥大，明確規定飾襴、佩綬、圍鞓等。元代官袍多以羅為面料，並以花紋大小表示級別。明代洪武年間，創立區別文武官員品級的補服制度。清室官員常服袍的款式為四開衩，由帽上的頂珠花翎、外掛上的方圓補子等，組成等級森嚴的制度。

民袍，是平民日常生活所穿的袍服。周、秦、漢士人庶民的袍服衣料粗糙，唐代以來，隨著社會的發展和民族服飾的交流，特別是元代蒙古袍、清代滿族袍的傳入，民袍在款式造型上有過長擺和短擺、交領和圓領、右衽和左衽、大袖和小袖及半袖等多種變化。當代旗袍和中國少數民族服裝中的袍服，正是由古代民袍發展演變而來。

9 古人的褻衣是什麼樣子的？

古人的內衣最早稱為「褻衣」。「褻」意為輕浮、不莊重，可見古人對內衣的心態是迴避和隱諱的。中國內衣的歷史源遠流長，最早見於先秦時期。《禮記・檀弓下》記載：「季康子之母死，陳褻衣。敬姜曰：『婦人不飾，不敢見舅姑。將有四方之賓來，褻衣何為陳於斯？』命徹（撤）之。」

兩漢時期，內衣稱「抱腹」、「心衣」，兩者的共同點是背部袒露無後片，質地多用平織絹，圖案多以愛情為主題。魏晉南北朝時期的內衣稱為「兩當」，它有前後兩片，既可擋胸又可擋背，材質多為色彩豐富、內有襯綿的織錦。唐代出現了一種無帶的內衣，稱為「訶子」，訶子常用「織成」（一種名貴織物）為面料，挺括而略有彈性，穿時在胸下紮束兩條帶子即可。

自宋代開始，女子有了束胸的習慣。此時的內衣上可覆乳下可遮肚，用紐扣或帶子繫結，整個胸腹全被掩住，因而又稱「抹肚」。元朝時，內衣稱「合歡襟」，由後向前繫束是其主要特點，胸前用一排扣子繫合或用繩帶等繫束。合歡襟的面料用織錦的居多，圖案為四方連續。

明代內衣稱「鬧裙」，外形與背心相似卻為開襟，兩襟各綴有三條襟帶，肩部有襠，襠上有帶，腰側有繫帶，具有調節腰部的效果。清代時，內衣稱「兜肚」，一般做成菱形。上世紀二、三〇年代，兜肚演變成小馬甲，面料以棉、絲為主，形制窄小，通常用對襟，襟上施數粒紐扣，穿時將胸腰裹緊。小馬甲進一步發展並吸收了西方的某些特點，便成了現在的胸罩。

10 兜肚是什麼樣的衣服？

兜肚是一種貼身的內衣，為近似菱形的布片，有的有袋，用以貯物。穿時，以細帶繫於頸間與腰際，包圍著胸部和腹部，具有保溫護腑的功能。

明代以來，婦女已普遍有使用兜肚的習慣，當時叫「兜子」，俗稱「抹胸」。是用交料兩塊斜裁，上尖下平而成。清代的抹胸有兩種款式，一種是短小貼身的，縛於胸腹之間，俗稱「兜肚」；另一種是束於腰腹之間的，稱為「抹肚」。清代徐珂《清稗類鈔》說：「抹胸，胸間小衣也，一名抹腹，又名抹肚；以方尺之布為之，緊束前胸，以防風寒內侵者，俗稱兜肚。男女皆有之。」

清代兜肚一般做成菱形，上有帶，穿時套在頸間，腰部另有兩條帶子束在背後，下面呈倒三角形，遮過肚臍，達到小腹。材質以棉、絲綢居多。繫束用的帶子並不局限於繩，富貴之家多用金鏈，中等之家多用銀鏈、銅鏈，小家碧玉則用紅色絲絹。

兜肚的面上常有圖案，有印花、有繡花，印花流行的多是藍印花布，圖案多為連生貴子、麒麟送子、鳳穿牡丹、連年有餘等吉祥圖案。繡花兜肚較為常見，刺繡的主題紋樣多是民間傳說，如劉海戲金蟾、喜鵲登梅、鴛鴦戲水、蓮花，以及其他花卉草蟲，大多是趨吉避凶、吉祥幸福的主題。

11 馬甲、馬褂與馬有什麼關係？

舊時人們穿在長袍外面的背心或短褂，因便於騎馬，故名「馬甲」、「馬褂」。馬甲，又名「背心」、「背子」，無袖而短，通常著於衫外，古代婦女所著有長與衫同的，稱為「長馬甲」。發展至清代，男女均可穿著馬甲，有大襟、一字襟、對襟及琵琶襟等形制，長度多到腰際，並常綴有花邊。

馬褂是一種穿於袍服外的短衣，衣長至臍，袖僅遮肘，主要是為了便於騎馬，故稱為「馬褂」。滿人初入關時，只限於八旗士兵穿用。直到康熙、雍正年間，才開始在社會上流行，並發展成單、夾、紗、皮、棉等服裝，士庶都可穿著。時代不同，用料、顏色和綴飾也有差別。乾隆時曾流行毛朝外的皮馬褂，均用珍貴裘皮，非一般人所能置。辛亥革命後，政府曾把黑馬褂、藍長袍定為禮服，長袍馬褂一度流行全國。二十世紀四〇年代後逐漸減少。

馬褂的樣式有琵琶襟、大襟、對襟三種。琵琶襟馬褂，因其右襟短缺，又叫「缺襟馬褂」，穿上它可以行動自如，常用作出行裝。大襟馬褂，則將衣襟開在右邊，四周用異色做為緣邊，一般做常服使用。大袖對襟馬褂可代替外褂而做為禮服使用，顏色多用天青色，大小官員在謁客時常穿此服，因其身長袖窄，也稱為「長袖馬褂」。

黃馬褂是皇帝特賜的服裝，有幸穿著這種賜服的人主要有三類：一是隨皇帝「巡幸」的侍衛，所穿黃馬褂稱為「職任褂子」；二是行圍校射時，中靶或獲獵多者，所穿黃馬褂稱為「行圍褂子」；三是在治事或戰事中建有功勳者，所穿黃馬褂稱為「武功褂子」，同時這些人還要被載入史冊。

12 古代如何紮腰帶？

腰帶是束腰之帶，以絲或皮革製成，故前者稱「大帶」，後者稱「革帶」或「韋帶」。革帶以帶鉤或帶扣繫結，而大帶的繫紮卻頗為講究。

大帶，為祭服所用之絲帛帶，與革帶並用。早在先秦時期，大帶即施用於禮服，一直沿用至明末。繫束大帶時由後繞前，於腰前繫結，多餘部分下垂，謂之「紳」，因此又稱大帶為「紳帶」。紳的長度多為三尺，而紳自然下垂腰間，方合禮度。

古代臣下朝見君主，常執笏板以奏事，入朝前或退朝後往往插在紳帶間，故稱「搢紳」、「縉紳」，後來，有官職的、做過官的人或儒者，就稱「搢紳」了。此外，由「紳」的涵義，引申為「束紳之士」，簡稱為「紳士」，並進而特指有一定地位和身分的士大夫階層。

13 古人如何稱呼鞋？

古代的鞋有許多種類，其中主要有舃、屨、屣、履、鞋、屐、靴等幾種。舃，雙層底之鞋，上層底為皮、葛等質，夏天用葛，以便透氣，冬天用皮，利於保暖；下層是設有防潮裝置的木製厚底，其形為內裝木楦，楦當中有凹槽，填以鬆軟之物，以便行禮時不畏濕泥，通常用於祭祀、朝會等重大場合。舃的穿著禮節，一般在祭祀升壇時脫下，祭畢降壇再穿上。

屨，用麻、葛等製成的單底鞋；屣，上古稱「草鞋」；履，原指單底之鞋，後泛指各類鞋子；鞋，最早是皮製鞋子的一種，中古以後成了鞋類的總稱。由於屨、履、鞋穿用得較為普遍，所以曾先後成為各種鞋的通稱，漢以前是屨，漢以後是履，宋以後是鞋。此外，還有屐，它是一種木底鞋，有平底和裝齒兩種，唐以前是旅遊用的鞋，在宋代以後基本上是專門的雨鞋，雨雪時當套鞋使用，以防打濕鞋襪。

靴，連筒之鞋，通常以皮革為之，穿時緊束於脛，原為西域少數民族所穿。《釋名．釋衣服》云：「靴，跨也，兩足各以一跨騎也。」戰國時，趙武靈王將胡服騎射引入中原，用作軍服。與漢族傳統舄履相比，靴子不僅便於涉草，更適於騎射：靴筒高達於脛，有利於腿部保暖；小腿部位裹上靴筒，可減輕和馬鞍的摩擦；加之胡服下體穿褲，穿著靴子之後，還可將褲腿塞入靴筒等。

14 古代的「足衣」是指什麼？

古代的足衣是指襪子。襪，亦作韈、韤等。《釋名．釋衣服》：「韤，末也。在腳末也。」襪子有著漫長的發展歷史，早期以皮革製成。韈和韤均指皮質襪子，然前者指生皮襪，後者指熟皮襪，二者形制相近，多用高筒，同時為了穿脫的方便，皮襪的筒部留有開口，但卻容易散熱，所以襪筒上又設計了帶子，用來將筒口束緊，穿著時以帶繫結於踝，此外，由於質地結實，也可以直接行走於地，以代鞋履。

大約到秦漢時期，襪子的質料由厚重的皮革改為柔軟的布帛。曹植〈洛神賦〉就有：「凌波微步，羅襪生塵。」西漢以後的襪子曾有實物出土，一般多以紡織品為之，有羅襪、絹襪、錦襪、綾襪、布襪等，多做成高筒，又因布帛本身不具有彈性，穿著時容易滑落，故需以帶縛之。東漢以後，隨著紡織技術的改進，布帛襪子具有了一定的伸縮性，襪筒容易服貼於腿，因而不再需要開口和繫帶子。

15 中國傳統的裙子是誰發明的？

在唐朝以前，女子著裝除了貼身內衣外，仍然是外褲和長短衫。由於唐代崇尚豐滿的女性，所以皇帝在選宮妃彩女時，除了注重面貌的秀麗之外，體態身材則以胖為美，傳說武則天就是以相貌和身材均佳，而在唐太宗時就被選進宮裡做才人的。

在武則天當政期間，雖然嚴刑峻法，但能夠選賢用良，精心治國，國家慢慢強盛起來，她也越發心寬體胖起來。平時，她的各種活動雖然都能出車入輦，但還是免不了需要自己步行或散步。由於她的腿偏於肥胖，再穿上綾羅綢緞的褲子，走起路來，很容易擦來擦去，蹭得褲子「哧哧」直響，讓旁人不由自主地去尋覓出聲的地方。這種事無法怪罪別人，她覺得很難堪，此時她真的感到肥胖的累贅。武則天心裡很煩，瞧著過於肥胖的雙腿，實在不想再看下去了，乾脆用一塊緞子蓋住，眼不見為淨。這一來，倒讓她想著想著開竅了，於是拿了塊緞子在鏡子前上下左右比畫起來，後來乾脆用緞子前後一裹，把雙腿全圍起來了，試著走起路來，既飄逸瀟灑又好看。她高興極了，趕忙叫人加工製作，然後讓宮女們穿上，走上一圈讓自己看看，隨後又親自加以改進，下令給自己也做條合身的穿上，感覺非常輕鬆自如，心裡很滿意。

但是，穿上這樣的新服裝，該叫它什麼名字呢？武則天左思右想，認為平時人們身上穿的各種衣服，都有個「衣」字偏旁，自己是一國之君，乾脆給君字加個「衣」字旁，叫「裙子」好了，這也可以說明「裙子」是自己這樣的女皇帝發明的。不過事情還沒有了結。當武則天穿上自己發明的裙子，興高采烈地到興慶宮去散心，怎奈一走路，那新綢緞煩心的磨蹭聲多少又會響起來，這讓她內心感到很掃興。於是她又認真琢磨著改進的辦法。沒過多久，她正走到一座樓閣前，那樓閣四角飛簷上掛的鈴兒被風一吹，都「叮鈴鈴」地響起來，而裙子煩心的磨蹭聲卻被蓋住了。

她心裡靈機一動，不禁想出個美妙的辦法。回宮以後，她讓人在裙子上綴了幾個小銅鈴，然後再穿上裙子，這樣走起路來就不會聽到磨蹭的聲響了。

從此以後，裙子開始由宮中傳到民間，社會上的婦女們也相繼興起了穿裙子這種方便的服裝。

16 皮靴是誰發明的？

孫臏是中國古代傑出的軍事家，這是很多人都知道的事情，但是很少人知道，我們現在穿的皮靴也是孫臏發明的，只不過現在的皮靴都經過了精工細作而已。

孫臏與龐涓是同窗，曾一起在鬼谷子門下學習兵法。後來，龐涓到魏國得到魏王信任，當上了大將軍。龐涓常忌妒孫臏的非凡才能，便將孫臏騙到魏國，設計陷害，對他處以臏刑（即剜去膝蓋骨），孫臏從此成了殘障人士。

孫臏受刑後，立志報仇以洗清自己蒙受的奇恥大辱。他發奮苦學，撰寫了《孫臏兵法》。由於受刑後不能站立行走，孫臏就用硬皮革裁成「底」和「幫」，然後縫製成高筒皮靴。穿上了這種「鞋」，他就能讓自己站立起來了。

後來，孫臏被齊國使者祕密帶回齊國，齊威王賞識孫臏的軍事才能，就任命他為軍師。孫臏不負齊威王厚望，精心設計了桂陵之戰和馬陵之戰，先後大敗魏軍於桂陵和馬陵，終於將仇人龐涓除掉了。

由於穿皮靴威風凜凜，具有大將風度，因此後人紛紛效仿，並不斷改良工藝，使皮靴不但穿著舒服，而且美觀大方。皮靴後來還傳到了國外。

17 古代的「口香糖」是什麼樣的？

相傳，唐代著名的宮廷詩人宋之問，在武則天掌權時曾充任文學侍從，他自恃長相儀表堂堂，又滿腹詩文，理應受到武則天的重用。但事與願違，武則天一直對他避而遠之。他百思不得其解，於是寫了一首詩呈給武則天，以期得到重視，誰知武則天讀後對一近臣說：「宋卿哪方面都不錯，就是不知道自己有口臭的毛病。」宋之問聽聞後羞愧無比。從此之後，人們就經常看見他口含丁香以解其臭。由此有人趣稱丁香為「古代的口香糖」。

丁香又名「雞舌香」，是一味古老的中藥，由於其形狀像釘子、有強烈的香味，而得此名。在長沙馬王堆漢墓發現的西漢古屍手中，就曾握有丁香。丁香有公丁香、母丁香之分。人們常把未開放的花蕾稱為「公丁香」，而把成熟的果實稱為「母丁香」，其用法與用量基本相同。在古代，它曾為治療口臭立下過汗馬功勞。

中醫認為，丁香味辛、性溫，具有溫中降逆、補腎助陽的作用。

此外，丁香還是一味很好的溫胃藥，對由寒邪引起的胃痛、嘔吐、呃逆、腹痛、泄瀉等，均有良好的療效。以丁香治牙痛、口腔潰瘍也有一定的良效。取丁香一至兩粒含口中治療口臭的方法，現今仍可用之，且療效甚佳。

18 「五穀不分」中的「五穀」指什麼？

「穀」原來是指有殼的糧食，如稻、稷、黍等。「穀」字的音，就是從「殼」的音來的。「五穀」在古代有多種不同說法，漢代之前認為是稻、黍、稷、麥、菽（豆），漢代之後認為是麻、黍、稷、麥、菽。兩者的區別是：前者有稻無麻，後者有麻無稻。隨著社會經濟和農業生產的發展，「五穀」的概念不斷演變，現在所謂的「五穀」，實際只是糧食作物的總名稱，或者泛指糧食作物。

古代還有「六穀」之說，指稻、黍、稷、粱、麥、苽六種農作物。《周禮‧天官‧膳夫》：「凡王之饋，食用六穀。」鄭玄注引鄭眾曰：「六穀：稌、黍、稷、粱、麥、苽。」稌即稻，苽即菰米。

19 「五味俱全」中的「五味」是指什麼？

五味指酸甜苦辣鹹五種味道，另一說是酸甘苦辛鹹五種味道。其實甜就是甘，辣就是辛。《禮記‧禮運》：「五味，六和，十二食，還相為質也。」鄭玄注：「五味，酸苦辛鹹甘也。」《周禮‧天官‧疾醫》：「以五味、五穀、五藥養其病。」鄭玄注：「五味：醯、酒、飴蜜、薑、鹽之屬。」賈公彥疏：「醯則酸也，酒則苦也，飴蜜即甘也，薑即辛也，鹽即鹹也。」由此可知，鄭玄所注並不矛盾，後者不過指陳代表五味的五種調味品而已。此外，佛教教義中也有所謂「五味」，是指《涅槃經》所舉的譬喻，即乳味、酪味、生酥味、熟酥味、醍醐味，以此比喻華嚴、阿含、方等、般若、法華涅槃五時之教。

20 為什麼把小零食稱為「點心」？

現在我們所說的「點心」，是指正餐以外的一些小零食，特別是一些美味的小糕點等。其實「點心」一詞早在唐代就已出現，所指範圍更廣，據南宋吳曾《能改齋漫錄．事始》記載：「世俗例以早晨小食為點心，自唐時已有此語。按，唐鄭傪為江淮留後，家人備夫人晨饌，夫人顧其弟曰：『治妝未畢，我未及餐，爾且可點心。』其弟舉甌已罄，俄而女僕請飯庫鑰匙，備夫人點心。」可見，點心最早是指早晨時吃的一些小食品，當時如饅頭、餛飩等都可稱為「點心」，現在我們將早飯稱為「早點」，可能與此有關。

關於「點心」一詞的來歷，還有這樣一個傳說：南宋抗金女英雄梁紅玉為了慰勞士兵，命令製作各種美味糕餅，以表「點點心意」，「點心」由此得名。但「點心」一詞在唐代早已有之，則此故事僅為傳說而已。

21 何謂「餛飩」？

餛飩是中國的傳統食品，源於中國北方，最早出現於三國時期。魏張輯《廣雅》云：「餛飩，餅也。」餛飩是餅的一種，差別為其中夾餡，經蒸煮後食用；若以湯水煮熟，則稱「湯餅」。

古代中國人認為這是一種密封的包子，沒有七竅，所以稱為「渾沌」，依據中國造字的規則，後來才稱為「餛飩」。這時，餛飩與水餃並無區別。千百年來水餃並無明顯改變，但餛飩卻在南方發揚光大，有了獨立的風格。自唐朝起，正式區分了餛飩與水餃的稱呼。南宋時，當時臨安（今杭州）有每逢冬至吃餛飩的風俗，此後，中國開始盛行冬至食餛飩祭祖的風俗。

餛飩發展至今，更成為製作各異，鮮香味美，遍布全國各地，深受人們喜愛的著名小吃。而且各地還形成了不同的稱呼，江浙等大多數地方稱「餛飩」，廣東稱「雲吞」，湖北稱「包麵」，江西稱「清湯」，四川稱「抄手」，新疆稱「曲曲」。

22《水滸傳》中武大郎賣的「炊餅」是什麼樣的？

炊餅，就是蒸餅，是一種圓形的乾體結構的麵製食品，外表有一層芝麻。炊餅外部有些乾焦，呈琥珀色，內部有一夾層，夾層內是鹽和胡椒粉等，外焦內柔，韌性十足，食用時必須口咬手撕，富有彈性。《水滸傳》第七十三回〈黑旋風喬捉鬼梁山泊雙獻頭〉中曾提到，燕青與李逵讓劉太公「煮下乾肉，做下蒸餅，各把料袋裝了，拴在身邊，離了劉太公莊上」，這裡的蒸餅就是炊餅。據說，因為避宋仁宗趙禎的名諱，宮廷上下都把蒸餅喚作「炊餅」，這種叫法很快傳到了民間。在宋代，炊餅是人們的主要食品，大家習慣把無餡的稱為「炊餅」，而把有餡的稱為「饅頭」。因此，實際上，武大郎叫賣的炊餅就是現在的饅頭。炊餅這種叫法，元明之際還在民間流行。入明以後，炊餅的叫法逐漸從大眾口語裡淡出，而直接以「饅頭」來稱呼原來實心的炊餅。

23 麵條是怎麼發明的？

麵條，是水煮的麵食，古稱「湯餅」。宋代黃朝英《緗素雜記．湯餅》云：「余謂凡以麵為食具者，皆謂之餅，故火燒而食者呼為燒餅，水瀹而食者呼為湯餅，籠蒸而食者呼為蒸餅。」湯餅最早見於史籍是北魏時期，它是將麵粉羼水和勻後，撕成片狀，扔入湯內煮，而這種麵是死麵，比較硬，所以古代又叫「湯中牢丸」。此外，湯餅又叫「托」，其意是一手托著麵，一手往鍋裡撕片，所以它實際上是一種麵片湯。到了唐代，就不用手托，直接用刀切而成了，故此時湯餅又名為「不托」。現在山西的刀削麵，就是由「托」轉為「不托」的過渡型麵條，是古代飲食文化的珍貴遺產。

宋代稱麵條為索餅、索麵、濕麵。大約在宋代已出現了掛麵，掛麵的作法是用和好的麵，揉搓成多根細圓條狀，黏附在圓棍上，然後掛在木架上，拉抻而成。之後，人們在此基礎上，逐步提高技術，加上適量的鹽，麵條越抻越細，終於製成線麵。

24 餃子是用來治爛耳朵的？

在中國民間，會包各種味道的餃子的人很多，但知道餃子最初是藥用而非食用的人則很少。餃子是後人重新取的名字，其實它的本名為「嬌耳」，是中國古代醫聖張仲景發明的。

東漢末年，各地災害嚴重，很多窮苦老百姓都身患疾病而無錢醫治，尤其是爛耳朵。這一切都被張仲景看在眼裡，他決定用自己的力量最大限度地拯救這些百姓。

張仲景發明了一種藥，其藥名叫「祛寒嬌耳湯」，作法是用羊肉、辣椒和一些祛寒藥材在鍋裡煮熬，煮好後再把這些東西撈出來切碎，用麵皮包成耳朵狀的「嬌耳」，下鍋煮熟後分給乞藥的病人。每人兩個嬌耳，一碗湯。病人吃下祛寒湯後渾身發熱，血液通暢，雙耳變暖。吃了一段時間後，病人的爛耳朵就好了。

張仲景從冬至開始捨藥，一直持續到大年三十。大年初一，人們慶祝新年，也慶祝爛耳康復，就仿照「嬌耳」的樣子做過年的食物，並在初一早上吃。後來人們稱這種食物為「餃耳」、「餃子」，用來紀念張仲景開棚捨藥和治癒病人的事情。

25 紹興香糕與呂洞賓有什麼關係？

相信吃過紹興香糕的人都不會忘記它獨有的香味，紹興香糕的歷史十分悠久。關於它為什麼有獨特的香氣，傳說與八仙之一的呂洞賓有些關係。

在很久以前，杭州西湖邊的城隍山下住著一戶來自紹興的母子倆，這家的男孩年紀不大，但已挑起了養家的重擔，大家都叫他「小紹興」。小紹興每天半夜就起床，磨米粉，蒸鬆糕，天亮後再挑起糕擔沿街叫賣，以此來養活自己和瞎眼的母親。

有一天，小紹興賣完鬆糕後，留下一塊，準備帶回去給母親吃。當他走到城隍廟時，看見一位白髮銀鬚的老人，頭枕在口對口地疊在一起的兩只破碗上，伸手向他乞討。原來這位老人就是仙人呂洞賓，他因見人間熱鬧，便下凡來看看。

當時，小紹興並不知道這就是呂洞賓。他見老人衣衫襤褸，非常同情，便摸出幾文銅錢給老人。誰知老人不要銅錢，卻要討塊鬆糕吃。小紹興便拿出留給母親的那塊鬆糕，遞給了老人。老人不客氣地接過吃了下去。

小紹興回到家以後，把此事告訴了母親。母親不僅沒有責怪他，反而還誇他做得很對。從此，小紹興天天走過廟門口，只要看見那老人，便送給他一塊鬆糕。

後來，由於一連幾天總是下雨，生意清淡，鬆糕賣不出去。小紹興的娘吃了賣剩的鬆糕後得了重病，為此他十分著急。

老人知道這件事情後，從懷裡掏出個葫蘆，交給小紹興，吩咐他做鬆糕時，將葫蘆裡的藥放到鬆糕裡，他娘吃了這種糕，病就會好。說完話，一陣風起，老人就不見了。

小紹興這才知道自己遇到了神仙，於是高興地回到家，按照老人指點的方法製作鬆糕，並把新做的鬆糕給母親吃，沒想到母親的病第二天就好了。原來香糕裡放進去的藥，是中藥裡的砂仁。砂仁性溫，能理氣寬胸，健脾和胃，增進食慾，適用於脾胃氣滯以及消化不良等症。從此以後，小紹興就一直用這個辦法製糕。由於這種糕奇香撲鼻，食之鬆甜可口，大家都讚不絕口。於是小紹興改鬆糕名為「香糕」。因為香糕是小紹興做出來的，又被人們稱為「紹興香糕」。

26 珍珠粥、鳳眼鮭，是明朝正德皇帝取名的？

白米粥幾乎人人都吃過，但是除廈門人外，很少有人知道這普通的白米粥還有一個高貴而文雅的名字——珍珠粥，而且和珍珠粥一起食用的麥螺鮭則被稱為「鳳眼鮭」。那麼，這兩樣普通的飯食，為什麼在廈門都有一個雅號呢？而這雅號又是誰取的呢？

據說明朝時，正德皇帝有一次閒來無事，就打扮成書生的模樣，到江南遊山玩水。

這天，正德皇帝走到後溪一帶，看到一間茅屋，就走了進去。他隱瞞自己的身分，說是迷了路，想借地歇上一夜。屋主是一對老人家，非常好客，他們一邊熱情地請正德皇帝坐下，一邊客氣地端來一碗稀飯和一碟麥螺鮭。

正德皇帝覺得飯菜特別可口，於是問老人這飯菜的名字。老人說：「你看，這粒粒白米，不就像珍珠嗎？這麥螺鮭，一顆顆就像眼珠。依我看，就叫它『珍珠粥，鳳眼鮭』吧！」正德皇帝覺得這樣的名字很雅致，也表示贊同。

不久，正德皇帝回到京城。過幾天，他突然想起了珍珠粥、鳳眼鮭，就下令御膳房的太監和廚師做給自己吃。可是廚師們翻遍了天下食譜，卻找不到這份飯菜的作法。御膳房的太監只好一邊向正德皇帝稟報備料不足，請求寬延數日，一邊向正德皇帝的那些隨身太監打聽，這才得知「珍珠粥，鳳眼鮭」的來歷。

於是，御膳房廚師立即乘上快馬，日夜兼程，直奔後溪。後溪的百姓聽說朝廷專門派人來學做「珍珠粥，鳳眼鮭」，都感到十分奇怪，紛紛跑去詢問老人。老人把當時的經過說了一遍，大家不禁大笑起來！

從那以後，廈門人常吃的白米稀飯配麥螺鮭，也就有了「珍珠粥，鳳眼鮭」這個別致的雅號了。直到現在，廈門人還喜歡這樣叫。

27 四喜丸子的本意與慈禧有關？

「四喜丸子」是一道家喻戶曉的名菜，但很少有人知道它的名字與慈禧太后有一定的淵源。

一九〇一年九月，逃到西安避難的慈禧太后決定返回北京。途經河南時，一向生活奢侈的她不顧國難當頭，要品嚐有河南特色的美味。當地官員為了迎奉慈禧，就讓廚師獻上了一道「四季丸子」，寓意一年四季圓圓滿滿。慈禧對這道菜十分滿意，連聲讚曰：「味道不錯。」那麼，「四季丸子」又是怎樣成為「四喜丸子」的呢？

原來，慈禧從西安逃難而回時，依然像在紫禁城裡那樣張揚，處處擺譜：要求沿途的老百姓修道路、搭彩棚。更可氣的是，她的軍隊路過時，還要「雞入籠，狗上繩，牛羊入圈人禁行」。當地官員借此機會徵糧收款，渾水摸魚，鬧得民不聊生，怨聲載道。

一位有良知的廚師邊做「四季丸子」邊解恨地說：「炸死這個禍國殃民的慈禧！」一旁的另一個廚師說：「慈禧心狠手辣，賣國求榮，就應讓她完止（完蛋）！」可在封建社會，咒罵王公貴族是有滅族之罪的。於是廚師們就用「慈禧」二字的諧音，把炸慈禧改叫「炸四喜」，「四喜丸子」即「慈禧完止」的諧音。

28 冰糖葫蘆最早是用來治病的？

冬日裡，走在大街小巷，常看見人們手拿一串冰糖葫蘆，這是因為冰糖葫蘆酸甜可口，不僅好吃，而且十分好看。紅紅的山楂裹著晶瑩剔透的飴糖，按個頭排列在竹籤上，一見就讓人產生要吃的欲望。那麼你知道冰糖葫蘆起源於何時？最早又是用來做什麼的嗎？

據說，冰糖葫蘆的起源與南宋的宋光宗有關。宋光宗是一個比較昏庸的皇帝。有一天，他最寵愛的皇貴妃生病了，茶飯不思，幾天之後，原先姣美的容貌變得憔悴不堪。御醫用了許多貴重的藥品，都沒有什麼效果。宋光宗見愛妃病不好，只好張榜求醫。黃榜被一位江湖遊醫揭下，進宮為皇貴妃號脈後說：「只要用冰糖與山楂放在一起熬，三餐飯前吃五到十顆，半月之內病情應該能好轉。」皇貴妃見沒有別的辦法，只有按此服用。果然不出半月，病就痊癒了。

後來這種「藥方」傳到民間，老百姓又把它串起來賣，就成了今天的冰糖葫蘆。

29 魚頭燉豆腐來自何處？

現在，風靡全國的名菜「魚頭燉豆腐」最早起源於蘇州。它本是民間的家常菜，因機緣巧合，與清朝的乾隆皇帝意外「邂逅」，於是一舉成名天下。

話說有一年，在紫禁城待膩了的乾隆皇帝決定再次到江南私訪。一日，他撇開隨從，一人微服出訪到吳山，並在一個小攤上吃了一份叫「魚頭燉豆腐」的菜。乾隆皇帝覺得這道菜的味道不錯，就問小攤主為何不開一家飯館，對方表示沒有資金，因此只能支個小食攤。乾隆當即賞賜他五百兩銀子，條件是要他在城裡最繁華的地段開個飯館，還提筆寫下「皇飯兒」三個大字，做為飯館的招牌，落筆是「乾隆」二字。小攤主這才知道他遇上了當今皇帝。

小攤主拿著錢到城裡開了一家飯館，並把乾隆御筆的「皇飯兒」三字掛在中堂，專營魚頭燉豆腐。由於這道菜得到了當今皇帝的認可，還親提御筆，因此轟動江南，人們蜂擁而至，一是為品嚐魚頭燉豆腐，二是為親眼看乾隆御書的「皇飯兒」三字。現在，魚頭燉豆腐這道菜依舊受到人們的喜愛。

30 佛跳牆是連佛也動心的菜嗎？

「佛跳牆」是中國菜中最具有代表性的名菜之一。但佛跳牆最開始並不叫這個名稱，它前後共改換過三個菜名。剛開始叫「壇燒八寶」，後來叫「福壽全」，再後來才叫「佛跳牆」。關於從「福壽全」改為「佛跳牆」，也有兩種說法。

一說，此菜在聚春園成為招牌菜後，經常有文人墨客聞名而來。這些文人品嚐後，對其美味讚歎不已，免不了要以詩助興。一天，有一幫秀才在宴飲之餘，輪流賦詩。其中一位賦詩曰：「壇啟葷香飄四鄰，佛聞棄禪跳牆來。」意思是此菜香味太誘人，連佛都動了凡心，想要跳牆過來品嚐，由此得名「佛跳牆」。

另一說，此菜啟壇後濃香四溢，剛巧隔牆有寺，香氣使隔牆和尚垂涎欲滴，於是不顧一切清規戒律，越牆而入，請求入席。

可見，以上兩種說法都認同一個事實，那就是連佛門淨地、清心寡欲的出家人也受不住這菜香的誘惑，故名「佛跳牆」。

31 以古代四大美女命名的菜有哪些？

在民間流傳著古代四大美女的很多故事，因而用她們的名字命名的菜餚也不少。下面就簡單地介紹幾種。

・**西施舌**：在西施的家鄉浙江諸暨市苧蘿山一帶，有一種特製的點心，美味無比。相傳，唐玄宗東遊嶗山時，廚師為他做了這道湯菜，唐玄宗吃後連聲叫絕，就打聽湯中舌形物的來歷，當地官員告訴他這是來自美女西施故里的點心。唐玄宗聽後，讚歎說：「這道湯菜，湯汁膩滑，品質爽滑，味道鮮美，有『天下第一鮮』之稱。」因來自西施的故鄉，便賜以「西施舌」的美名。

・**貴妃雞**：貴妃雞是一道傳統名菜。據說此菜是根據「貴妃醉酒」的故事發明的。楊玉環入宮後深得唐玄宗李隆基的寵愛，被封為貴妃。有一次，李隆基本來要和楊貴妃一起在百花亭飲酒賞花，楊貴妃精心打扮，在百花亭恭迎聖駕。但等來等去，總不見唐玄宗到來，便派人打探，這才知道唐玄宗到其他妃子那裡去了。楊貴妃滿懷幽怨，獨飲至醉，醉而歌舞，美麗曼妙，風情萬種。這就是後人津津樂道的「貴妃醉酒」。廚師在選用嫩母雞和高級調味品製作此菜時，還加入適量的葡萄酒，使菜味更加香濃，故取名「貴妃雞」，以迎合「貴妃醉酒」的寓意。

・**貂蟬豆腐**：實際就是人們愛吃的「泥鰍鑽豆腐」。董卓當年因垂涎於貂蟬的美貌而上王允的當，被王允使了美人計，最終被呂布除掉。人們把這菜中的泥鰍比喻奸滑的董卓，豆腐比喻美麗聰明的貂蟬。泥鰍在熱湯中急得無處藏身，鑽入冷豆腐中，結果還是逃脫不了烹煮的命運。

・**昭君鴨**：話說當年王昭君到塞外和親，心中十分想念中原，加之飯食諸多的不習慣，思鄉之情日甚一日，以至於體形消瘦，容顏憔悴。於是廚師就將粉條和油麵筋泡合在一起，用鴨湯煮，沒想到這道麵食甚合昭君口味，吃了這個以後，她慢慢地恢復了往日的容貌。後來人們使用粉條、麵筋與肥鴨烹調成菜，因這菜是為王昭君而作，味道堪比昭君容貌之美，故一語雙關，稱之為「昭君鴨」。

32 中國五大名宴的來源為何？

中國飲食文化源遠流長，博大精深。從菜系上講有著名的「八大菜系」，從一桌桌筵席上講，則有五大名宴。

·**滿漢全席：**滿漢全席規模盛大、程序複雜，滿漢食珍、南北風味兼有，菜餚品種多，有中國古代宴席之最的美譽，是滿漢兩族風味餚饌兼用的盛大宴席。

·**孔府宴：**山東曲阜孔府是孔子誕生和其後人居住的地方。因其特殊的歷史地位，孔府既舉辦過各種民間家宴，又宴請過皇帝、欽差大臣，舉辦孔府宴「禮節周全，程序嚴謹」，因而被稱為是古代宴席的典範。

·**全鴨宴：**全鴨宴首創於北京全聚德烤鴨店。用同一種主料烹製各種菜餚組成宴席，是中國宴席的特點之一。全鴨宴的特點是宴席全部以北京填鴨為主料，烹製各類鴨菜，共有一百多種冷熱鴨菜可供選擇。

·**文會宴：**文會宴是中國古代文人進行文學創作和相互交流的重要形式之一。以文會友，以酒交朋，古代不像現在有那麼多的娛樂場所進行休閒活動，而文會宴恰巧具備這種功能。它形式自由活潑，不拘於教條，內容豐富多彩，包容並蓄，追求雅致的環境和情趣。一般多選在氣候宜人的時節、清靜的地方進行。

·**燒尾宴：**主要是在家人金榜題名或職位高升時舉行，最早盛行於唐代，是中國歡慶喜宴的典型代表。

33 過橋米線是怎麼來的？

現在風靡全國的雲南過橋米線源於蒙自縣。過橋米線與中國許多其他美食一樣，是在無意中發明的。傳說蒙自縣城的南湖區風景優美，常有文人墨客在這裡攻讀或吟詩賦詞。有位住在城裡的楊秀才，也經常去湖心亭內讀書，且一讀就是一天。如果忘記回家吃飯了，他的妻子便會送些飯菜過去。秀才讀書十分投入，往往忘記吃妻子送過去的熱呼呼的飯食，以致常食冷飯涼菜，身體每況愈下。他的妻子看在眼裡，疼在心上，一咬牙便把家中的母雞殺了，用砂鍋燉熟，給他送去。

待她再去收碗筷時，看見丈夫仍如癡如呆地在一旁看書，送去的食物原封未動。她只好將飯菜取回重熱，當她拿起砂鍋時，卻發現鍋壁還燙呼呼的，揭開蓋子，原來湯的表面覆蓋著一層雞油，加之陶土器皿傳熱不佳，保溫效果奇好。受此啟發，他的妻子就用此法保溫，另將一些米線、蔬菜、肉片放在熱雞湯中燙熟，趁熱給丈夫食用。秀才的身體也逐漸恢復了。

後來，不少鄰居都仿效她的這種創新烹製法，烹調出來的米線確實鮮美可口。由於她每次送飯都要經過一座小橋，大家就把這種食物稱之為「過橋米線」。

34 「老婆餅」的名稱是怎麼來的？

在糕點中，有一種叫「老婆餅」的點心非常受人喜歡，不僅因為它有一個浪漫的名字，還因為它本身就十分好吃。關於「老婆餅」名字的來源，還有一個有趣的故事呢。

據說在廣州，有一間老字號茶樓，以各式點心及餅食受到上至官員、下到平民百姓的喜愛，茶樓裡有一位祖籍潮州的點心師傅。有一天，茶樓裡的點心做多了，他便將店裡有名的點心各帶了一些回家給老婆吃，想不到他老婆吃了之後，不但沒稱讚店裡的點心好吃，甚至還嫌棄地說：「你們這樣有名的茶樓的點心竟是如此一般，還比不上我娘家的點心冬瓜角！」

這位師傅聽了之後心裡很不服氣，心想好歹自己也是茶樓裡的頭牌點心師傅，就賭氣地說：「那你就做『冬瓜角』給我嚐嚐！」他老婆就用冬瓜蓉、糖、麵粉做出了焦黃別致的「冬瓜角」。茶點師傅一吃，味道果然獨特，比自己的得意茶點好多了。隔日，這位潮州師傅就將「冬瓜角」帶回茶樓請大家品嚐，結果茶樓老闆吃完後，更是讚不絕口，問起這是哪一間茶樓做的點心。點心師傅說：「是我潮州老婆做的！」於是老闆就隨口說這是「潮州老婆餅」，並且請潮州師傅將之改良後在茶樓販賣，結果大受好評！「老婆餅」因而得名。

35 龍鳳喜餅與劉備有關？

「龍鳳喜餅」是湖北監利縣的傳統名點，餅面上的圖案是中間一個「喜」字，周圍圍繞著飛龍舞鳳，象徵著吉祥如意，故稱為「龍鳳喜餅」。當地的婚嫁喜慶之家，一般都是用它來招待親友，共享喜慶。

那麼，龍鳳喜餅是怎麼來的呢？當地的一首民謠道出了答案。「劉備東吳去成親，才把龍鳳喜餅興。」透過這首民謠，我們知道龍鳳喜餅與劉備有關。

三國時期，吳主孫權採用了大都督周瑜的計策，佯稱要把自己的妹妹孫尚香嫁給劉備為妻，實則想把劉備騙到東吳，以劉備換還荊州。孫權、周瑜許婚是假，所以不敢讓朝中臣僚和普通老百姓知道，以免弄假成真。諸葛亮一眼就看穿了其中的陰謀，遂將計就計派趙雲保著劉備前往江東。

行前，諸葛亮讓人大量製作了龍鳳喜餅，讓趙雲一到江東，就以最快的速度分發給江東的臣民，江東臣民拿到了龍鳳喜餅，知道劉備是來東吳成親的，於是奔相走告，頃刻間全城皆知，就連深處宮中的吳國太也知道了。吳國太在甘露寺相親，對劉備十分中意，遂同意了這門親事。孫權、周瑜弄巧成拙。由於是龍鳳喜餅促成了這段姻緣，因而它也就在民間流傳開了。

36 無錫排骨是濟公和尚發明的？

無錫排骨的成名，據說與濟公和尚有關。有一次濟公和尚把一家小吃店裡的肉都吃光了，老闆嘴裡嘰咕道：「肉給你吃光了，明天叫我賣骨頭呵！」

沒想到，濟公回答道：「老闆，你明天就賣骨頭好了！」說完，就教老闆怎麼煮骨頭。臨走時，他又從腰間破蒲扇上撕下幾根蒲莖交給老闆，叮囑他要將蒲莖跟骨頭放在一起煮。說完，就無影無蹤了。

老闆看著櫃檯上一大堆排骨，盤算道：「看來明天只能賣骨頭了。」

第二天，老闆就按照濟公交給他的方法烹製排骨，沒想到煮出的排骨異香撲鼻，整個無錫城居民都聞香來買排骨。沒有多少時辰，一賣而空，吃過的人都說好。從此，無錫排骨的名聲也就傳開了。

37 徽州名餚臭鱖魚是怎麼來的？

徽州臭鱖魚是徽州名菜，別有風味。一般人稱為「桶鮮魚」，俗稱「醃鮮魚」。所謂「醃鮮」，是徽州方言，也就是「臭」的意思。徽州臭鱖魚這道菜，起源於大約二百年前的黃山西南麓的黃山區郭村鄉的小村落——扁擔鋪。

扁擔鋪坐落在正池州府至徽州府官道的中段，一出扁擔鋪就到了徽州地界。這一年，常常給徽州苗知府大人運送活鱖魚的衙役王小二看天氣轉涼了，就雇了八個挑夫到江邊去收購活鱖魚，然後馬不停蹄地往回趕，一是交差，滿足苗知府的食魚慾；二則是自己也想賺一筆錢。可是天公不作美，回來的路上突然秋老虎發威，天一下子變得格外炎熱。桶中的鱖魚由於缺氧，開始浮頭，這是所有魚類窒息死亡的前奏。王小二只好催挑夫日夜兼程往前趕，到了扁擔鋪住店後，王小二打開桶蓋看看，不少魚已經窒息而死了，還散發出一股臭味。王小二非常著急，如果就這樣回去，一定會受到知府的責罵，可要返回重買，又得花一大筆錢，自己可就血本無歸了。所幸這王小二腦瓜子靈活，急中生智，忙叫挑夫把魚刮鱗剔腮，剖肚去腸，然後在魚身上抹上一層食鹽殺殺臭味，決定將這些鱖魚做成醃鮮魚。為試鱖魚醃鮮的味道如何，王小二挑了幾條大鱖魚，叫扁擔鋪一家飯店的廚師煎燒。廚師放了各種佐料紅燒後，大家試著嚐了嚐，這醃鮮鱖魚的味道實在是太好了。雖與鮮鱖魚的味道相差很大，卻別有一番風味。王小二笑了，心中主意已定，叫眾挑夫在飯後繼續趕路，將醃鮮鱖魚盡快挑到徽州府，眾人均不知他葫蘆裡賣的是什麼藥。

王小二的兄長王老大是府前街一家餐館的名廚。王小二一到徽州府，將八個挑夫挑的十六桶臭鱖魚全部交給了王老大。王老大出面請來城裡的諸多廚師，洗淨臭鱖魚，然後配薑、蒜、椒、醬、酒、筍等佐料，精燒細製，又寫了一個「徽菜珍品風味鱖魚應市，本店免費品嚐」的大招牌，立即吸引了許多達官貴人、市井人家來品嚐風味鱖魚，惹得徽州城裡一時萬人空巷。大家吃過魚後，都讚不絕口，問王家兄弟是用什麼神奇的佐料燒製的，王家兄弟笑而不答。

再說苗知府，他早就對王小二購買的鮮鱖魚望眼欲穿，沒鱖魚的這幾天，總覺得食之無味，正在這時，王小二端了一鍋風味鱖魚送到苗知府的餐桌上，苗知府顧不了多問，張口一嚐，道：「風味鱖魚，名不虛傳！」原來這風味鱖魚雖是用臭魚做的，但保持了鱖魚的本味原汁，肉質又醇厚入味，同時骨刺與魚肉分離，肉成塊狀。苗知府吃了還想吃，也不再向王小二追問是不是鮮鱖魚的事了。

自此以後，王家兄弟便在徽州府的中心開了一家風味鱖魚館，做鱖魚販賣烹飪一條龍生意，因風味鱖魚品牌具有強大的號召力，其生意紅紅火火。臭鱖魚也由此聲名遠揚，一躍而登上了徽菜譜。

38 紅嘴綠鸚哥是以鸚鵡為材料的菜？

紅嘴綠鸚哥是清朝乾隆皇帝在江南微服私訪時，吃到的一道名菜。傳說有一天，乾隆皇帝信步來到一個鄉村私訪，到了午飯時分，他來到一家小酒館用餐，店家端出一道奇怪的菜：一只碩大的粗瓷盤裡，摞著兩長條油炸的豆腐塊，從外表就能看出，那油炸的手藝相當了得，豆腐周邊為金黃色，但中間還能隱約見到豆腐的白色；豆腐的兩邊豎放著兩根綠油油的空心菜，空心菜上端，各斜插著一隻紅紅的尖辣椒，看上去，色澤鮮明，造型奇特。

吃遍人間美食的乾隆皇帝被這道菜深深地吸引了。他心想：「這是什麼菜呢？還從未見，想必味道亦是十分精美。」一一品嚐，果然脆甜可口。乾隆吃完後，心裡非常高興，就問店家這道菜叫什麼名字？店家說道：「此乃金鑲白玉匾，紅嘴綠鸚哥。」乾隆回宮後，還十分惦念江南的「紅嘴綠鸚哥」，於是就吩咐御膳房也為他烹飪這道菜。然而，御廚哪裡見過紅嘴綠鸚哥這道菜，只能憑想像，結果想得心力交瘁，也未燒製出紅嘴綠鸚哥。眼看性命不保，他只好橫下一條心，在京城的花鳥市場買來一隻鸚鵡，拔去羽毛做成菜。

當御廚把他做的「紅嘴綠鸚哥」拿出來後，乾隆一看，龍顏大怒：「大膽奴才，竟敢戲弄朕！這是什麼紅嘴綠鸚哥？」御廚嚇得叩頭如搗蒜：「皇上息怒！這紅嘴綠鸚哥是奴才親自從市場買來的，那鸚哥渾身上下連一根雜毛也沒有。」

可見，紅嘴綠鸚哥並非是用真的鸚鵡做材料的，只可惜這位御廚望文生義，因此挨了一頓罵。

39 曹操雞不是曹操首創的？

曹操雞最開始並不叫曹操雞，更不是曹操首創的，而是曹操手下的一名廚子根據安徽當地一種煮雞的方法，加以改良而做成的。因曹操喜歡吃這道菜而聞名天下。

三國時期，廬州地處吳楚兩國交界，為兵家必爭之地。西元二〇八年，曹操統一北方後，又把戰略目光從北方轉向了南方，為了能一舉拿下吳國，曹操從都城洛陽親自率領八十多萬大軍南下征伐孫吳。大軍行至廬州時，曹操下令安營紮寨，一是大軍經過長途跋涉，兵馬勞累，需要休整；二是軍士多為北方人，初到南方，諸多不適應，如果馬上投入戰鬥，勝算不多；三是想借機操練人馬，演練新的作戰陣容，以適應南方戰場。可沒想到的是，曹操因軍政事務繁忙，操勞過度，竟然臥床不起。行軍廚師遵照醫囑，改善曹操的伙食，選用廬州當地有名的仔雞配以中藥、好酒，精心烹製成藥膳雞。曹操食後感到味道精美，十分喜愛，隨之病漸癒，身體很快康復，於是要求每天都吃這種雞。由此，此美味因受曹操的追捧而成名，後人便將此雞叫「曹操雞」。

這道始創於三國時期的安徽合肥傳統名菜，作法較為複雜，此菜是將雞經宰殺整型、塗蜜油炸後，再經配料滷煮入味，直燜至酥爛，肉骨脫離。出鍋成品色澤紅潤，香氣濃郁，皮脆油亮，造型美觀。

合肥至今還流行「曹操雞」這道菜，以合肥逍遙酒家烹製的最為出名，仍以當地優質仔雞為本，並配以曹操家鄉——安徽亳州出產的古井貢酒與天麻、杜仲、香菇、冬筍及花椒、大料、桂皮、茴香、蔥薑等，十八種開胃健身的輔料製成。這種雞的營養非常豐富，具有一定的食療健體之功。現在，曹操雞因其獨具一格的風味，依然受到人們的喜愛。

40 燕窩是燕子的口水嗎？

燕窩之於中國人，是與魚翅、鮑魚、猴腦齊名的美食，是中國傳統的名貴食品，它又是最具影響力的滋補品。「燕窩」顧名思義就是燕子做的窩，當然，此燕子並非我們常見的在屋簷下築巢的燕子，它是一種海燕（多指金絲燕），主要生活在中國南海、菲律賓、印尼、新加坡和泰國一帶海域，喜歡群體棲身於海邊懸崖峭壁的石洞內，利用苔蘚、海藻和柔軟植物，混合牠們的羽毛和唾液膠結而製成燕窩，用來產卵繁育後代。人們把這種燕窩取下來，經過蒸細、浸泡、除雜、挑毛、烘乾等複雜的加工後，才能製成成品燕窩。

金絲燕每年結巢三次，第一次結巢時，由於金絲燕經過漫長的冬季，體內儲存了足夠的養分，唾液品質較優，巢完全是靠喉部分泌的大量黏液逐漸凝結而成的。所以築起來的巢較優、較厚，形狀特佳，而成盞形，故名為「燕盞」。這種燕窩質地純潔，一毛不附，品質最佳，是燕窩中的上品。在封建王朝時代，常常被選出來做為進獻的貢品，因此取名「官燕」。

燕窩被採走後，金絲燕又再次築巢，由於相距時間較近，體質未能完全恢複，故築起的巢品質較差，且身薄而多毛，與第一次相比顯然稍次。這時的燕窩常稱之為「毛燕」。

產卵迫在眉睫，金絲燕不得不第三次築巢。這時，其喉部強行吐出血狀黏液，有的竟是色澤鮮紅，所築之巢可謂嘔心瀝血凝結而成。這時，採燕之人就不應再採了，以便金絲燕生兒育女，等母燕帶著乳燕飛離巢穴後再來，這叫採「老窩」，亦稱採「血燕」。其實，這紅色並不是燕子的血，這種燕窩是一種名為「棕尾金絲燕」所築的巢，可能是這種燕子飲用的水質不同，又或因所食的食物含有礦物質等，才引致其唾液呈現紅色，故築出「血燕」巢。

另有一種燕窩被所附紅色岩石壁滲出的紅色液體滲潤，通體均成暗紅色，也叫「血燕」或「紅燕」，含有若干礦物質，營養好，產量少，被視為燕窩中的珍品。

41 饅頭是諸葛亮發明的嗎？

饅頭是大家喜歡的一種主食，而關於饅頭的發明還有一個有趣的故事。

饅頭的起源要追溯到三國時代。據《誠齋雜記》中載：「孔明征孟獲。人曰：蠻地多邪，用人首祭神，則出兵利。孔明雜以羊豕之內，以麵包之，以像人頭。此為饅頭之始。」另外，還有其他史料證明饅頭是諸葛亮發明的，如在明朝郎瑛所撰的《七修類移》中有這樣的一段話：「饅頭本名蠻頭。」當年諸葛亮親自率兵征伐割據於雲、貴一帶的孟獲，為了讓孟獲輸得心服口服，諸葛亮對孟獲是七擒七縱。孟獲歸順後，諸葛亮凱旋回師，當大軍行進到瀘水時，忽然間狂風急浪，大軍難以過河。當地人告訴諸葛亮，說是猖神興風作浪，要用七七四十九個人頭及白羊、黑牛祭祀，才能平息風浪。諸葛亮不忍用人頭來祭瀘水，便用羊肉、牛肉作餡，以麵包之來祭祀猖神。

後來，由於諸葛亮始創的這種饅頭味美，民間爭相效仿做來自己食用。但是，由於諸葛亮做的那種饅頭須夾入牛、羊肉餡，一般老百姓如果天天食用是吃不起的，而且工序複雜，所以很多人將做餡的工序省去，就成了今天人們俗稱的「饅頭」，而有餡的則被稱為「包子」。

42 臘味合蒸是乞丐發明的嗎？

臘味合蒸是長沙一帶的名菜。但它的發明者不是什麼皇宮御廚，而是一個沿街要飯的乞丐。乞丐叫劉七，原本是個廚子，在大年三十那天，他把討來的臘魚、臘肉調配一下，放在討飯用的蒸缽裡，在一個背風的大戶人家屋簷下，生火做起飯來。

大戶人家的主人正在陪客人飲酒，正當他們推杯換盞的時候，忽然有股濃郁香味飄進客廳。主人和客人都聞到了這股香味，客人本身是開飯店的，就表示想要嚐這道菜，但主人知道自家的廚子做不出這麼香的菜，就偷偷讓僕人到外面看個究竟。

僕人發現了門外的劉七，就用兩倍的飯來換劉七蒸缽裡的菜。然後把劉七的菜換到了一個乾淨的盤子裡，並將裡面的菜擺了個好看的造型，端進客廳。客人忙夾起一塊肉填到嘴裡，連連喊道：「好菜、好菜。」主人一嚐，果然味道不錯。客人馬上意識到了這道菜的潛在市場，他想這道菜菜色美、味道香，如果把它移到自己的飯莊，豈不更招攬生意？於是就想借大戶人家的廚子去兜兜生意。僕人一聽慌了，趕緊在主人耳旁一陣低語。主人才轉向客人說：「此事好說，老兄如不嫌棄，小弟以廚子相送。」飯莊老闆一聽非常高興。

僕人忙到屋外對劉七說：「我們家主人開恩，要送你到本城最大的飯莊去當大師傅。」劉七馬上就答應了。劉七進了大飯莊後，以臘魚、臘肉為主料，精心調配，著實把這道菜做得人吃人愛，並取名「臘味合蒸」。

43 燒賣是在什麼時候出現的？

燒賣是一種以燙麵為皮，裹餡後上籠蒸熟的麵食小吃，又被稱為燒麥、肖米、稍麥。燒賣起源於包子，其與包子的主要區別，一是使用沒有發酵的麵製皮，二是頂部不封口，做石榴狀。

燒賣在中國的歷史相當悠久。最早的史料記載是十四世紀高麗出版的一本漢語教科書上，裡面有「素酸餡稍麥」的記載。明清時代，「稍麥」的叫法雖然仍被沿用，但「燒賣」、「燒麥」的名稱也出現了，尤其是「燒賣」出現得更為頻繁。如《儒林外史》第十回有言：「席上上了兩盤點心，一盤豬肉心的燒賣，一盤鵝油白糖蒸的餃兒。」

燒賣噴香可口，兼有小籠包與鍋貼的優點，是民間的宴席佳餚。

44 古代的「羹」和現代的「羹」，是指同一種東西嗎？

「羹」在中國古代的意思是肉湯。羹在古代主要有兩種，一種是既不加調料，也不加菜蔬的純肉湯。如《國語・臧哀伯諫納郜鼎》：「是以清廟茅屋，大路越席，大羹不致，粢食不鑿，昭其儉也。」另一種是用肉或菜，調和五味做成的帶汁肉湯。如《孟子・告子上》所言：「一簞食，一豆羹，得之則生，弗得則死。」

而現代的羹，則泛指各種濃湯類食物，已經沒有葷素之分了，比如玉米羹、西湖牛肉羹等。所以今天的「羹」，其使用範圍更大。

45 豆腐是誰發明的？

豆腐營養豐富，製作簡單，可以說是對人類生活的一個偉大貢獻。而這營養豐富的豆腐，又是誰發明的呢？

相傳豆腐是漢代淮南王劉安所創。劉安是漢高祖劉邦的孫子，封地在淮南。劉安講求黃老之術，陪伴他的僧道常年吃素。為了改善生活，他們悉心研製出了鮮美的豆腐，獻給劉安享用。劉安一嚐，覺得非常好吃，於是下令大量製作。就這樣，豆腐的發明權就記在淮南王劉安的名下了。

五代時期，豆腐在南北食物市場上出現，當時人們稱呼豆腐為「小宰羊」，認為豆腐的白嫩與營養價值可以與羊肉相提並論。到了宋代，各地的豆腐作坊如雨後春筍般開設出來。直到今天，豆腐仍然是人們餐桌上必不可少的菜餚，受到男女老少的青睞。

46 中國最早發明速食麵的人是誰？

速食麵堪稱當今世界最為流行的一種方便食品。

它的發明者是中國清代嘉慶年間揚州知府伊秉綬。伊秉綬是中國清代的著名書畫家，福建汀州寧化人，曾兩次出任揚州知府。

伊秉綬喜歡與文人墨客宴遊，所以府上經常賓客盈門，往往是剛開罷一席，又接著一席，家中廚師深感應接不暇。伊秉綬憐憫廚師辛勞，為此，他動腦筋想出一個妙招兒。他讓人將麵粉和雞蛋摻水和勻，擀成麵條，捲曲成團，晾乾後下油鍋炸至金黃色收藏起來，來客時只需取來麵條，放入碗中，用開水一沖，再加入佐料，便成了一碗爽滑可口的飯食，用以招待零星來客，的確十分方便。

這種方法一經傳出，人們紛紛效仿，並將這種由伊秉綬發明的速食麵稱為「伊麵」或「揚州麵」。時至今日，廣東仍然把用現代方法生產的速食麵稱為「伊麵」，如三鮮伊麵、牛肉伊麵等。河北秦皇島、呂黎和內蒙古赤峰、烏蘭浩特等地，都將速食麵稱為「揚州麵」。

47 最早提倡四菜一湯的是誰？

「四菜一湯」顧名思義：一餐四樣菜一碗湯。四菜一湯由來已久，相傳為明太祖朱元璋首倡。

一三六八年，朱元璋當上皇帝後，遇上天災，各地糧食歉收，百姓生活十分困苦，但一些達官貴人卻窮奢極欲，過著花天酒地的生活。出身貧苦、討過飯的朱元璋，對此非常惱火，決心予以整治。一天，適逢皇后的生日慶典，朱元璋趁眾位大臣前來賀壽之機，有意擺出粗菜淡飯宴客，以此警醒文武百官。當十多桌席位的人坐齊以後，朱元璋便令宮女上菜。

第一道菜是炒蘿蔔，蘿蔔，百味藥也，民諺有「蘿蔔上市，藥鋪關門」之說。第二道菜是炒韭菜，韭菜生命力旺盛，四季常青，象徵國家長治久安。再則是兩大碗青菜，以此喻意為官清廉，兩袖清風。最後一道極普通的蔥花豆腐湯。宴後，朱元璋當眾宣布：「今後眾卿請客，最多只能四菜一湯，這次皇后的壽筵席即是榜樣，誰若違犯，嚴懲不貸。」

從此，四菜一湯的規矩便從宮內傳到民間。

48 歷史上第一個吃涮羊肉的人是誰呢？

涮羊肉傳說起源於元代。當年元世祖忽必烈統率大軍南下遠征。一日，當人困馬乏，饑腸轆轆之時，他猛然想起家鄉的菜餚——清燉羊肉，於是吩咐部下殺羊燒火。正當伙夫宰羊割肉時，探馬飛奔進帳報告敵軍逼近。饑餓難忍的忽必烈一心等著吃羊肉，他一面下令部隊開拔，一面喊：「羊肉！羊肉！」廚師知道他性情暴躁，於是急中生智，飛刀切下十多片薄肉，放在沸水裡攪拌幾下，待肉色一變，馬上撈入碗中，撒下細鹽。忽必烈連吃幾碗，翻身上馬率軍迎敵，結果旗開得勝。

在籌辦慶功酒宴時，忽必烈特別點了那道羊肉片。廚師選了綿羊嫩肉，切成薄片，再配上各種佐料，將帥們吃後讚不絕口。廚師忙迎上前說：「此菜尚無名稱，請帥爺賜名。」忽必烈笑答：「我看就叫『涮羊肉』吧！」從此，涮羊肉就成了宮廷佳餚。

據說直到光緒年間，北京東來順羊肉館的老掌櫃買通了太監，從宮中偷出了涮羊肉的佐料配方，涮羊肉才得以在都市名菜館中出售。

49 「房」和「屋」有何不同？

房，古代宮室中供人居住的房間，位於堂之後，室之兩側。在室之東者為東房，室之西者為西房，又叫右房。東房、西房都有門與堂相通，東房後部還有階通往後庭。後來，住宅內凡是居室皆可稱房，而這與上古的房專指東房、西房不同。

屋，本義是幄，後來「屋」指房屋，另造「幄」字。屋，從尸，從至。尸與房屋有關，至表示來到。屋即人來到這裡居住之意。因此，房屋一般指上有屋頂，周圍有牆，能防風避雨，禦寒保溫，供人們在其中生活和儲藏物資，並具有固定基礎的居住場所。

50 何謂「門當戶對」？

「門」指古代宮室的雙扇大門，「戶」指其內部堂、室、房之間的單扇門。文獻中的戶，一般是指室的戶，即室戶。《禮記．禮器》中「未有入室而不由戶者」，即指室戶。布局上，室戶偏東，堂、室之間的牖（即窗）偏西，分別位於堂的兩側，左右對稱。因此，門戶是指正門、入口。

此外，「門當戶對」也與「門戶」有些淵源。「門當」與「戶對」，最初是指古代大門建築中的兩個重要組成部分。「門當」原本是指在大門前左右兩側相對而置的，一對呈扁形的石墩或石鼓，用石鼓，是因為鼓聲宏闊威嚴、厲如雷霆，人們以為其能避鬼祟。「戶對」則是指位於門楣上方或門楣兩側的圓柱形木雕或磚雕，由於這種木雕或磚雕位於門戶之上，且為雙數，有的是一對兩個，有的是兩對四個，所以稱為「戶對」。用木頭雕刻的戶對位於門楣上方，一般為短圓柱形，每根長一尺左右，與地面平行，與門楣垂直；而用磚雕刻而成的戶對則位於門楣兩側，上面大多刻有以瑞獸珍禽為主題的圖案。

根據建築學上的和諧美學原理，大門前有門當的宅院必有戶對，所以，門當、戶對常常被同呼並稱。又因為門當、戶對上往往雕刻有適合主人身分的圖案，且門當的大小、戶對的多少，又標誌著宅第主人家財勢的大小，所以門當和戶對除了有鎮宅裝飾的作用，還是宅第主人身分、地位和家境的重要標誌。所以，門當戶對逐漸演變成社會觀念中衡量男婚女嫁條件的一個成語。

51「登堂入室」中的「堂」和「室」有何不同？

堂，古代宮室的主要部分之一，位於宮室主要建築物的前部中央，坐北朝南。堂前沒有門，而有兩根楹柱；堂的東西兩壁的牆叫「序」，堂內靠近序的地方，分別叫東序、西序；堂的東西兩側是東堂（東廂）、東夾和西堂（西廂）、西夾；堂的後部有牆，把堂與室、房隔開，室、房有戶（即門）與堂相通。由於當時宮室是坐落在高出地面的臺基上，所以堂前有兩個階，東面的為東階，西面的為西階。堂用於舉行典禮、接見賓客和日常生活起居，而不用於寢臥。堂上的座位以朝南為尊，所以有所謂「南面」（坐北朝南）之說。

室，古代宮室中供人居住寢臥的房間，位於堂之後，有戶與堂相通，同時，室與堂之間有牖（即窗）。室內的四個角落，稱為「隅」，以坐西向東為尊，其次為坐北向南，再次為坐南向北，最次為坐東向西。由於室在堂後，要入室必須先登堂，「登堂入室」由此得來。如《論語·先進》：「由也，升堂矣，未入於室也。」後比喻學問或技能從淺到深，達到很高的水準。

52為什麼常用「家徒四壁」來形容非常貧困？

壁，即牆壁。古人建房造牆，有很長一段時期不是用磚，而是築土成牆，即「版築」。中國很早就採用版築技術。《孟子．告子下》說：「傳說舉於版築之間。」傳說是殷代國君武丁的相，他曾在傅岩地方為人築牆，為武丁訪得，舉以為相。所謂版築，就是築牆時用兩塊木板（版）相夾，兩板之間的寬度等於牆的厚度，板外用木柱支撐住，然後在兩板之間填滿泥土，用杵築（搗）緊，築畢拆去木板和木柱，即成一堵牆。中國戰國時期發明了磚，但直到秦漢，磚是用來砌築墓室和鋪地面的，不用於造房。用磚來砌牆造房是比較後來的事，而且應用範圍有限，一般百姓民居仍用版築技術建造。

直到今天，有些地區仍然使用這種辦法築牆。故此，「家徒四壁」就是家裡只有四面牆壁，形容十分貧困，一無所有。如《漢書．司馬相如傳上》就有：「文君夜亡奔相如，相如與馳歸成都。家徒四壁立。」

53 古代大門上的「鋪首」是做什麼用的？

鋪首是門扉上的環形飾物，大多鑄成獸首銜環之狀。以金為之，稱「金鋪」；以銀為之，稱「銀鋪」；以銅為之，稱「銅鋪」。其形制，有冶蠡狀者，有冶獸吻者，有冶蟾狀者，蓋取其善守濟；又有冶龜蛇狀及虎形者，以用其鎮凶辟邪。鋪首的造型多種多樣，既有非常簡單形狀的，也有異常繁複逼真的兇猛奇獸的頭部形狀的。小的鋪首直徑只有幾公分，大的直徑要有幾十公分。它們既能當作門拉手及敲門物件，具有實際作用，又有裝飾、美化大門門面的藝術效果。

獸首銜環在商周銅飾上早已有之。它是獸面紋樣的一種，有多種造型，嘴下銜一環，用於鑲嵌在門上的裝飾，一般多以金屬製作，做虎、螭、龜、蛇等形。它起源於史前人們對獸類的崇拜。漢代寺廟多裝飾鋪首，以驅妖辟邪。後在民間門扉上應用很廣，目的是避禍求福，祈求神靈像獸類敢於搏鬥那樣，勇敢地保護自己家庭的人財安全。

普通人家的鋪首多為熟鐵打製，大多數為圓形、六角形，邊緣打製出花卉、草木、卷雲形花邊圖案，配以圓圈狀的門環或菱形、令箭形、樹葉形門墜，既美觀大方，又結實耐用。王子王孫、達官顯貴、富甲豪紳家大門上的鋪首大致相同，但是在尺寸上要大許多，氣派許多。帝王家皇宮大門上的鋪首在尺寸、用料、工藝製作上，都達到了登峰造極的地步，鋪首的實用價值已經退為其次，而主要是為了彰顯皇家君臨天下的氣勢。鋪首的尺寸最大不說，用料是銅製鎏金，光耀奪目，造型多為圓形，穹隆凸起部鏨出獅子、老虎、螭、龜、蛇等猛獸、毒蟲的頭像，怒目圓瞪，齜牙咧嘴，為皇家把守大門。

54 古代的屏風有哪些樣式？

屏風最初產生於西周，漢代開始普及，大都比較實用，多用來做臨時隔斷或遮蔽之用。到了明清時期，屏風不僅是實用家具，更是室內必不可少的裝飾品。屏風主要有帶座屏風、曲屏風、插屏和掛屏幾種形式。帶座屏風，又叫「硬屏風」，因屏風之腳插入底座而得名，扇數多為單數，以一、三、五居多，中間一扇較大，兩廂扇數對稱，扇間用走馬銷相銜，邊飾站牙，頂置屏帽。獨扇的帶座屏風，往往是大木雕屏風，木雕藝人習慣稱它為「落地屏風」，傳統上往往都是雙面透空雕，很少只有雕一面的。

吐魯番墓室壁畫花鳥屏風曲屏風，是一種可折疊的屏風，也叫「軟屏風」。它與硬屏風不同的是不用底座，且都由雙數組成。最少兩扇或四扇，最多可達數十扇。有以硬木做框的，也有木框包錦的，包錦木框的木質都較輕。屏心也和帶座屏風不同，通常用帛地或紙地刺繡，或彩畫各種山水、花卉、人物、鳥獸等。一般說來，帶座屏風較重，曲屏風較輕。在陳設上，帶座屏風多陳設在居室正中的主要位置，而且相對固定。曲屏風則不然，在宮廷中，這種屏風多設在各宮正殿明間，屏前設寶座、條案、香筒、宮扇等物。這樣借後面的屏風擋住人們的視線，更突出了屏風前的陳設，造成一種莊嚴、肅穆的氣氛。

插屏一般都是獨扇，形體有大有小，差異很大。大者高三米有餘，小者只有二十公分，大者多設在室內當門之處，根據房間和門戶的大小，來確定插屏的高度。插屏和多扇座屏的作用相差不多，主要是用來擋風和遮蔽，在室內又有裝飾作用。

清初出現掛屏，多代替畫軸在牆壁上懸掛。它一般成對或成套使用，如四扇一組稱「四扇屏」，八扇一組稱「八扇屏」，也有中間掛一中堂，兩邊各掛一扇對聯的。這種陳設形式，在雍正、乾隆兩朝更是風行一時，宮廷中皇帝和后妃們的寢宮內，幾乎處處可見。明代以前，屏風多趨於實用，主要用於遮蔽和臨時隔斷，大多是接地而設，而掛屏則已脫離實用家具的範疇，成為純粹的裝飾品和陳設品。

55 「床」和「榻」有何不同？

中國床榻出現得很早，傳說神農氏發明床，少昊始作簀床，呂望作榻。當時的床包括兩個含義，既是坐具，又是臥具。西漢後期，又現了「榻」這個名稱，是專指坐具的。西漢劉熙《釋名·釋床帳》說：「長狹而卑曰榻，言其榻然近地也。小者曰獨坐，主人無二，獨所坐也。」榻與床的功能相似，區別是床較高較寬，周圍有圍欄，可施帳幔；榻則較低較窄，無圍欄，不施帳幔而可置屏風。此外，榻又特指賓客留宿的床，「下榻」即來源於此。

六朝以後的床榻，開始打破傳統形制，出現了高足坐臥具。此時的床榻，形體都較寬大。唐宋時期的床榻大多無圍子，所以又有「四面床」的說法，使用這種無圍欄的床榻，一般須使用憑几或直几做為輔助家具。遼、金、元時期，三面或四面圍欄床榻開始出現，作工及用材都較前代更好。到了明代，這種床榻已盛行，其結構更加合理，裝飾手法達到了很高的工藝水準。如羅漢床，它的左右和後面裝有圍欄，但不帶床架，圍欄多用小木做榫攢接而成。最簡單的用三塊整木板做成，圍欄兩端做出階梯形軟圓角，既樸實又典雅。

清代床榻在康熙以前大體保留了明代的風格和特點，乾隆以後發生很大變化，形成了獨特的清代風格。其特點是用材厚重、裝飾華麗，以致走向繁縟奢靡，造作俗氣。

56 「桌」和「案」有何不同？

習慣上，桌形結體一般不包括案，而案形結體不僅包括案，也包括同樣類型的桌。但是，案和桌在形制上有本質的區別，腿的位置決定了它的名稱，腿的位置縮進來一塊為案，腿的位置頂住四角為桌。除了形制上的區別，桌與案更重要的是精神層面的區別，即案的等級比桌高。如拍案驚奇、拍案而起、拍案叫絕，都是比較高等級的情緒，而拍桌子瞪眼、拍桌子砸板凳，都是低等級的情緒。

案類家具主要包括食案和書案。食案是古代進送食物的托盤，或做長方形、四矮足，或做圓形、三矮足，可以放置在地上。《後漢書．梁鴻傳》：「（梁鴻）為人賃舂。每歸，妻為具食，不敢於鴻前仰視，舉案齊眉。」這裡所說之案即為食案。書案是一種長條形的矮桌子，兩端有寬足向內曲成弧形，供讀書寫字和辦公之用。

57「筵席」就是指酒席嗎？

筵、席，都是古代鋪在地上供人宴飲等活動時所坐的，以莞、蒲等編織而成的用具。古人席地而坐，設席每每不止一層。緊靠地面、較大的一層稱「筵」，筵上面較小的稱「席」，人就坐在席上。《周禮・春官・宗伯》：「司幾筵：下士二人。」鄭玄注：「鋪陳曰筵，藉之曰席。」賈公彥疏：「設席之法，先設者皆言筵，後加者為席。」《禮記・樂記》：「鋪筵席，陳樽俎，列籩豆，以升降為禮者，禮之末節也。」

此後，「筵席」一詞逐漸由宴飲的坐具演變為酒席的專稱。由祭祀、禮儀、習俗等活動而興起的宴飲聚會，大多都要設酒席。中國宴飲歷史及歷代經典、正史、野史、筆記、詩賦，多有古代筵席以酒為中心的記載和描述。以酒為中心安排的筵席菜餚、點心、飯粥、果品、飲料，其組合對品質和數量都有嚴格的要求；而宴飲的對象、筵席檔次與種類不同，其菜點品質、數量、烹調水準也有明顯差異。

58「胡床」是床嗎？

胡床，亦稱交床、交椅、繩床。原為中國古代馬上民族的用具，通常被認為是從席地而坐向椅坐的轉變。胡床的結構是前後兩腿交叉，交結點做軸，上橫梁穿繩代座，可以折合，上面安一栲栳圈兒。椅圈一般由三至五節榫接而成，下由八根木棒交結而成，交結關節處，多以金屬件固定。整個造型，從側面看似多個三角形組成，線條纖巧活潑，但不失其穩重。因其兩腿交叉的特點，遂又稱「交椅」。明清兩代通常把帶靠背椅圈的稱「交椅」，不帶椅圈的稱「交杌」，也稱「馬扎」。交椅可以折疊，攜帶和存放十分方便，它們不僅在室內使用，外出時還可攜帶。宋、元、明乃至清代，皇室貴族或官紳大戶外出巡遊、狩獵，都帶著這種椅子，以便於主人可隨時隨地坐下來休息，交椅遂成為身分的象徵，所以中國有「第一把交椅」代表首領的說法。

但是，現代人常為古代文獻中或詩詞中的「胡床」或「床」所誤。至遲在唐時，「床」仍然是「胡床」，而不是指我們現在睡覺的床。例如，李白的詩〈靜夜思〉：「床前明月光，疑是地上霜。舉頭望明月，低頭思故鄉。」詩人此時應該是夜晚坐在門外的小馬扎上，感月思鄉。如果是睡在室內的床上，且不說古代的窗戶小且不能透光，就是抬頭和低頭的動作也講不通。

59「太師椅」與太師有關係嗎？

太師椅是唯一用官職來命名的椅子，它最早使用於宋代。太師椅是在圈椅基礎之上發展而來的，而圈椅的基礎又是交椅。交椅的椅圈後背與扶手一順而下，就坐時，肘部、臂膀一併得到支撐，很舒適，頗受人們喜愛。後來逐漸發展為專門在室內使用的圈椅。它和交椅所不同的是不用交叉腿，而採用四足，以木板作面，和平常椅子的底盤無大區別。只是椅面以上部分還保留著交椅的形態。這種椅子大多成對陳設，單獨擺放的不多。圈椅的椅圈因是弧形，所以用圓材較為協調。明代中後期，有些椅圈在盡頭扶手處的雲頭外，透雕一組花紋，既美化了家具，又有格外加固的作用。明代人對這種椅式極為推崇，因此當時多把它稱為「太師椅」。

太師椅在清代大放光彩，最能體現清代家具的造型特點。它體態寬大，靠背與扶手連成一片，形成一個三扇、五扇或是多扇的圍屏。此時，太師椅變成了一種扶手椅的專稱，而且在人們的生活中占據了主要的地位。

60 古代的「几」就是現代的茶几嗎？

「几」是指小或者矮的桌子。在古代，「几」根據用途的不同，可以分為茶几、炕几、香几、花几等，所以古代的「几」不僅僅是現在的茶几。

茶几大多都是方形或長方形，與扶手椅的扶手高度相當。茶几通常放在兩把椅子中間，用來放置杯盤與茶具。

炕几也被稱為「靠几」或「憑几」，長寬比例與用於讀書寫字的炕案差不多，但是比炕案矮一點。炕几在明清兩代得到了非常廣泛的使用，並且形成了一套嚴格的規範與講究。高濂的《遵生八箋》有這樣的記載：「靠几，以水磨為之。高六寸，長二尺，闊一尺，有多置之榻上，側坐靠襯，或置熏爐、香合、書最便。」

香几是專門用於供奉或者祈禱時放置香爐的一種几，有時候也會用來放置老式的表盒。絕大部分的香几都是成組或者成對使用，當然也有極少部分是單獨使用的。與其他家具不同，香几大部分都是圓形，比較高，有三彎腳，足下有托泥[1]。

花几，也稱為「花架」或「花臺」，是一種專門用於陳設花卉盆景的高几，通常放在廳堂各角或正間條案兩側。

編注：1 托泥：位在家具下部，承托腿足部件而直接著地的橫木或木框。

61 為什麼常用「陽關大道」來比喻前途光明的道路？

陽關是中國古代陸路對外交通的咽喉之地，是絲綢之路南路必經的關隘。它位於今河西走廊的敦煌市西南七十公里南湖鄉古董灘上，因坐落在玉門關之南，而取名「陽關」。陽關始建於漢武帝元鼎年間（西元前一一六至一一一年），在河西「列四郡，據兩關」，和玉門關同為當時對西域交通的門戶。做為古代兵家必爭的戰略要地，西漢時為陽關都尉治所，魏晉時在此設置陽關縣，唐代設壽昌縣。宋元以後，隨著絲綢之路的衰落，陽關也被逐漸廢棄。

故此，陽關大道是指經過陽關通向西域的大道。唐代王維〈送劉司直赴安西〉：「絕域陽關道，胡沙與塞塵。」後來泛指通行便利的寬闊大路，也比喻有光明前途的道路。人們常說：「你走你的陽關道，我走我的獨木橋。」即由此得來。

62 古代的車輪是什麼樣的？

古代車輪由輻、輞、轂組成。輻，車輪的輻條，一般每個車輪有三十根輻。輻是一根一根的木棍，一端接車輪的邊框，即輞；一端接車輪中心有孔的圓木，即轂。由於輻都向轂集中，就稱為「輻輳」。後用以形容人或物從四面八方聚集在一起，就像車輻集中於車轂一樣。如《漢書．叔孫通傳》：「明主在其上，法令具於下，使人人奉職，四方輻輳，安敢有反者！」

63 秦始皇統一全國後，為什麼要實行「車同軌」？

古代的車輪是用木料外加鐵箍箍緊的，史書稱之為「鐵籠」。車子在泥石板的道路上行駛日久，車輪就會在路上留下兩道深深的車輪痕跡，即車轍，以後的車輛都是在這兩道車轍中行走，所謂南轅北轍的「轍」，就是說這種車輪痕跡。

戰國時期，一個國家的車輪距離與其他國家的不同，他國的車輛因為無法套進這兩道車轍中，就無法到其路上行走，這是各國有意用這種車轍來進行防禦，以阻擋其他國家侵略的一種方法。秦始皇統一中國後，把不同的車轍道路，統一為一種尺寸的車轍道路，使得全中國的車輪距離統一尺寸，在各地道路上可以通行無阻，這才是秦始皇「車同軌」的真正意義。《史記．秦始皇本紀》：「一法度衡石丈尺，車同軌，書同文。」這樣一來，全國的輜重車可以在各條道路上自由行走，對於調劑各地的經濟、軍事以及國計民生，有著非常重大的意義，遂成為統一的象徵。

64 古代對於抬轎子的人數有什麼規定？

轎子，是一種靠人或畜牲扛載而行，供人乘坐的交通工具。轎子最早是由車演化而來，起初只是做為山行的工具，後來走平路時也以它為代步工具，稱為「肩輿」。初期的肩輿為二長竿，中置椅子以坐人，其上無覆蓋，很像現代的「滑竿」。唐宋以後，椅子上下及四周增加覆蓋遮蔽物，其狀有如車廂（輿），並加種種裝飾，乘坐舒適，這就是轎子。在結構上，轎子是安裝在兩根槓上可移動的床、坐椅、坐兜或睡椅，有篷或無篷。在種類上，有官轎、民轎、喜轎、魂轎等不同分類。在使用上，有主平道與山路的區別。在用材上，有木、竹、藤等之分。在方式上，有人抬的和牲口抬的不同，如駱駝馱的「駝轎」等。

在封建社會的等級制度下，轎子在使用上有嚴格的等級規定，違規要受罰。《明會要．輿服上》曰：「文武官例應乘轎者，以四人舁之。其五府管事、內外鎮守、守備及公、侯、伯、都督等，不問老少，皆不得乘轎。違例乘轎及擅用八人者，奏聞。」清代的宗親、朝臣、命婦等達官顯貴乘坐轎子也有嚴格規定，不准逾制。三品以上及京堂官員，轎頂用銀，轎蓋、轎幃用皂，在京時轎夫四人，出京時轎夫八人；四品以下文職官員，轎夫二人，轎頂用錫等。

民用轎一般分為自備轎與營業轎兩種。自備轎多屬富紳之家，隨時伺候老爺、太太、小姐出行，有涼轎和暖轎之分。涼轎用於夏季，轎身較小，紗作幃幕，輕便快捷，通風涼爽；暖轎用於冬季，轎身較大，厚呢作幃，前掛門簾，轎內放置火盆。還有一種專用於婦女乘坐的女轎，裝飾精巧講究，紅緞作幃，輔以垂纓，顯得小巧華貴，漂亮典雅，具有濃厚的閨閣氣息。

由於抬轎人數不同，二人抬的稱「二人小轎」，四人抬的稱「四人小轎」，八人以上抬的則稱之為「大轎」。由於八抬大轎多用於娶親，舊時的結婚講究明媒正娶，由夫家用轎迎娶是其主要內容，所以，此後「八抬大轎」多用來指邀請的態度誠懇，儀式隆重，亦或指擺架子。

65 轀輬車是什麼車？

轀輬車是古代的一種臥車，設有帳幔，上開窗子，可以根據氣溫開閉，使車內或溫或涼，所以稱之為「轀輬車」。秦始皇統一六國後，規定轀輬車為四馬駕馭的、車輪輪距為二〇三公分的臥車。據《史記．李斯列傳》記載，秦始皇在巡幸途中病逝，為了防止京城發生變亂，趙高等人嚴密封鎖秦始皇駕崩的消息，將秦始皇屍體放在其原來乘坐的轀輬車中，每天照常接受百官的朝拜，直到返回首都咸陽，才矯詔立胡亥為太子，然後公布秦始皇駕崩消息，胡亥即位，即秦二世。

後來，轀輬車就用來做為喪車。《漢書．霍光傳》記載：「載光尸柩以轀輬車。」顏師古注：「轀輬車，本安車也，可以臥息。後因載喪，飾以柳翣，故遂為喪車耳。轀者密閉，輬者旁開窗牖，各別一乘，隨事為名。後人既專以載喪，又去其一，總為藩飾。而合二名呼之耳。」

66 古代的館驛是做什麼用的？

館驛，是古代設在驛路上，供傳遞官府文書和軍事情報的人或來往官員，途中食宿、換馬的場所。驛是由中央直接管轄的官方招待所，館則是屬於地方政府設置的賓館。中國是世界上最早建立組織傳遞資訊的國家之一，郵驛歷史長達三千多年。

文字記載的館驛最早是在唐朝。唐代每三十里置驛，大多設在州、縣城內，以方便來往官員休息和驛夫傳遞書信公文的業務，也有一些館驛設在州、縣城外附近的地方，其中有些成為高級賓館，十分豪華，形式很壯觀。唐代劉夢得《管城新驛》就記載：「門街周道，牆蔭竹桑，境勝於外也。遠購名材，旁延世工。既塗宣皙，領甓剛滑，求精於內也。」

到了元代，由於疆域遼闊，發展交通、強化驛站制度，成為鞏固政權的重要手段，這時驛站也叫「站赤」，是蒙古語「驛站」的譯音。明代在主要道路上設置了館驛，還設立了遞運所，旨在專門從事貨物運輸，其主要任務是轉運國家的軍需、貢賦和賞賜之物，由各地衛所管理。

清代驛站分驛、站、鋪三部分。「驛」是官府接待賓客和安排官府物資的運輸組織。「站」是傳遞重要文書和軍事情報的組織，為軍事系統所專用。「鋪」由地方廳、州、縣政府領導，負責公文、信函的傳遞。驛站使用的憑證是勘合和火牌。凡需要向驛站要車、馬、人夫來運送公文和物品，都要看「郵符」，官府使用時憑勘合，兵部使用時憑火牌。驛站管理至清代已臻於完善，並且管理極嚴，違反規定，均要治罪。到了清代末期，由於文報局的設立，驛站作用逐漸減弱，繼而廢除，以後又設郵政，而文報局也逐漸廢止。

第4章

民風民俗

1 過年時為什麼要放鞭炮、貼對聯？

過年是中國人最重要的傳統節日。但是，據說過年的最初目的與現在截然不同，那時老百姓過年是為了躲避一種叫「年」的怪獸的傷害。

相傳，中國古代有一種叫「年」的怪獸，頭長觸角，兇猛異常。「年」平時深居海底，每到除夕才爬上岸，吞食牲畜，傷害人命。所以，每到除夕這天，所有村莊的人們都扶老攜幼逃往深山，以躲避「年」的傷害。

話說又一年除夕，正當某個村的人們準備扶老攜幼上山避難時，從村外來了位乞討的老人，由於當時鄉親們正在封窗鎖門、收拾行裝、牽牛趕羊，準備上山避難，因此沒有人顧得上這位乞討的老人。後來，一位走在隊伍後面的老太太給了老人一些食物，並勸他快上山躲避「年」。老人捋鬚笑道：「如果你讓我在你家待一夜，我一定把『年』攆走，使天下從此太平。」老太太當然不相信他的話，只是繼續勸他上山避難，老人不同意，老太太只好撇下他，上山避難去了。

半夜時分，「年」闖進村子。牠發現村裡的氣氛與往年不同：村東頭老太太家，門貼大紅紙，屋內燭火通明。「年」渾身一抖，怪叫了一聲，隨即狂叫著撲過去。將近門口時，院內突然傳來「砰砰啪啪」的炸響聲，「年」渾身戰慄，再不敢往前湊了。原來，「年」最怕紅色、火光和炸響。這時，老太太家的門大開，只見院內一位身披紅袍的老人在哈哈大笑。「年」非常害怕，只好狼狽逃竄了。

第二天是正月初一，避難回來的人們見村裡安然無恙，覺得非常奇怪。這時，老太太才恍然大悟，趕忙向鄉親們述說了乞討老人的事情。鄉親們一齊擁向老太太家，只見她家門上貼著紅紙，院裡一堆未燃盡的爆竹仍在「啪啪」炸響，屋內幾根紅蠟燭還發著餘光……就這樣大家都知道了驅趕「年」的辦法。

獲得平安的鄉親們為慶賀吉祥的來臨，紛紛換新衣、戴新帽，到親友家道喜問好。從此之後，每年除夕，家家都貼紅對聯、燃放爆竹；戶戶燭火通明、守更待歲。初一大早，還要走親串友、道喜問好。這風俗越傳越廣，成了中國民間最隆重的傳統節日。

2 過年時為什麼要貼窗花？

窗花是貼在窗紙或窗戶玻璃上的剪紙。在中國，大江南北都喜歡在春節時貼上各種窗花。窗花不僅烘托了節日的喜慶，而且還為百姓帶來了美的享受，是集裝飾性、欣賞性和實用性於一體的民間藝術品。

貼窗花的習俗，最開始是在立春日舉行，題材也僅限於花鳥蟲魚。唐代著名詩人李商隱曾經有詩云：「鏤金作勝傳荊俗，剪綵為人起晉風。」詩中的「荊俗」和「晉風」兩個詞，就表明貼窗花的習俗是屬於晉人的風俗。宋元之後，貼窗花的習俗就從立春改到了春節。百姓們在除舊布新的時候，用充滿動植物的典故和戲劇故事，喜迎新春的到來。勤勞的先民們在紅色或套色的彩紙上，用細膩的刀法，剪裁出了喜鵲登梅、燕穿桃柳、三羊（陽）開泰、二龍戲珠、鹿鶴桐椿（六合同春）、五蝠（福）臨門、蓮（連）年有魚（餘）、鴛鴦戲水、劉海戲金蟾、玉女拜壽等題材的窗花，用窗花特有的概括和誇張手法，將吉事祥物、美好願望表現得淋漓盡致，將節日裝點得紅火富麗、喜氣洋洋。

3 過年時為什麼會給小孩壓歲錢？

在中國，一直有給小孩壓歲錢的風俗，它起源於一個遠古的神話傳說。古時候，有一種妖怪叫「祟」，大年三十晚上會出來，用手去摸熟睡著的孩子的頭，孩子往往嚇得哭起來，接著頭疼發熱，變成傻子。因此，家家都在這天亮著燈、坐著不睡，稱為「守祟」。

後來，有一家夫妻倆，在年三十晚把銅錢拿出來給孩子玩，最後就放在孩子頭下。到夜裡，「祟」來了，當「祟」伸手去摸孩子的頭時，枕頭邊就迸發道道閃光，嚇得「祟」逃跑了。第二天，夫妻倆把銅錢嚇退「祟」的事告訴了大家，以後大家都照著做，孩子就太平無事了。

因為「祟」與「歲」諧音，之後逐漸演變為「壓歲錢」。到了明清，「以彩繩穿錢編為龍形，謂之壓歲錢。尊長之賜小兒者，亦謂壓歲錢。」所以，一些地方把給孩子的壓歲錢叫「串錢」。到了近代，則演變為紅紙包一百文銅錢賜給晚輩，寓意「長命百歲」。

4 吃年夜飯時，為什麼要關上大門？

人們在除夕夜吃的豐盛晚餐，俗話稱為「年夜飯」，又稱為團年飯、合家歡、分歲酒、守歲酒、辭歲酒。辭歲之風自晉朝以來就很盛行，當夜不管多忙，相隔多遠，家人總要想盡辦法團聚在一起，兒孫繞膝，燈紅酒綠，共話團圓。晚飯過後，家人便坐在一起守歲。

但每年吃年夜飯的時候，家家戶戶都要把大門關起來，更不能大聲說話，嚴禁敲擊碗筷。吃完年夜飯後，要馬上將桌子上的碗筷收拾乾淨，然後才能打開大門。這一規矩美其名曰「閉門生財，開門大吉」。

這實際上是為了哄騙鐵拐李而傳下來的。

原先家家戶戶都是開著大門吃年夜飯的。玉皇大帝派鐵拐李在此時下凡了解民間疾苦，因此鐵拐李在人間吃年夜飯的時候，提著籃子，跛著腳沿街到各家乞討。討完後，他把討來的東西提給玉皇大帝看，各家的窮富便一目了然。玉皇大帝便命令相關神仙讓家庭富有的一年遭幾次災，不要太富；窮的，則讓他發幾次財，不要太窮了。

紙包不住火，這事終於傳到了人間，有一戶人家很快就想到了應對之策。在吃年夜飯時，把大門關得緊緊的，不讓家人大聲說話。等鐵拐李來討飯時，桌上空空蕩蕩的，無以施捨給他，鐵拐李一看，這家窮得連年夜飯都吃不起，就在他家門口放了幾個元寶。別家看到之後，便都跟著學起來。誰知道鐵拐李見家家都關著門吃年夜飯，便猜出了人們的心思，就不再到人間來討飯察看貧富了。但是關著大門吃年夜飯的習慣，卻從此流傳下來。

5 秦瓊和敬德是怎麼成為門神的？

秦瓊、敬德是門神中的武門神，大約元代以後，這兩位唐朝將軍被民間尊為門神。據道家經典《正統道藏》中的《搜神記》、《三教搜神大全》及《歷代神仙通鑑》等記載，門神為唐代秦瓊（秦叔寶）、尉遲恭（尉遲敬德）兩位將軍。他們之所以成為門神並得到廣泛認可，主要是因為《隋唐演義》、《西遊記》以及道教的繁榮，下面是《西遊記》和《隋唐演義》中，關於兩人為李世民擔任門神的記載。

《隋唐演義》中稱，唐太宗李世民坐上皇位後，有一段時間，每到夜晚臥房外邊就有拋磚擲瓦、鬼魅呼叫的聲音，弄得後宮夜夜不寧。後來，李世民招來大將秦瓊和敬德披堅執銳，把守宮門。效果非常好，當夜果然無事。自此以後，便讓二將夜夜守衛。

《西遊記》中稱，長安附近的涇河老龍因與一個算命先生打賭，犯了天條，玉帝派魏徵在午時三刻監斬老龍。老龍於前一天懇求唐太宗為他說情，唐太宗滿口答應。第二天，唐太宗宣魏徵入朝，並把魏徵留下來，與他下圍棋。不料正值午時三刻，魏徵打起了瞌睡，夢斬老龍。老龍怨恨唐太宗言而無信，陰魂不散，天天到宮裡來鬧，鬧得唐太宗六神不安。魏徵知道皇上受驚，就派了秦瓊、尉遲恭這兩員大將，守在宮門保駕。果然，老龍就不敢來鬧了。

在元代以前的文章中，也能見到關於兩位門神的介紹。南宋佚名氏《楓窗小牘》曰：「靖康以前，汴中家戶門神多番樣，戴虎頭盔，而王公之門，至以渾金飾之。」宋代趙與時《賓退錄》云：「除夕用鎮殿將軍二人，甲胄裝。」一直到明清以後，書中記載才明確為秦瓊、尉遲恭二人。

6 為什麼本命年要紮紅腰帶？

本命年最早出現於西漢，和傳統文化中的十二生肖和「崇紅」心理有很大的關係。在中國古代，人們習慣用甲乙丙丁、子丑寅卯等天干地支的組合，來記住所生的年份，為了便於記憶和推算，人們就採用鼠、牛等十二種動物，來與十二地支相對的方法，每年用其中的一種動物來做為這一年的屬相。而漢民族的本命年，就是按照十二生肖屬相循環往復推出來的，它與十二生肖緊密相連。一個人出生的那年是農曆什麼年，那麼以後每到這一屬相年，便是此人的本命年，由於十二生肖的循環往復，每過十二年，人們就要遇到自己的本命年。

關於本命年，民間的說法非常多，最具代表性也最被接受的一種應該是：本命年是每一個人的一道門檻，這一年中，可能會遇到一些意外的坎坷或災難，如果能夠跨過去，那麼就萬事無憂，如果跨不過去，那麼命運可能就會改變。還有一種說法是「本命之年際遇稠，喜的喜來憂的憂」。意思就是說，本命年若逢機遇，會有升遷、發財等意外驚喜；如果時運不濟，那麼就會屋漏偏逢連陰雨，災難接連不斷，事事無成。

實際上，所有關於本命年的說法，都像是算命先生的讖語，但是無論如何，有一點是毋庸置疑的，那就是許多人都認為本命年是人生中不平凡的一年。為了平平安安、順順利利地度過，繫上帶有喜慶和辟邪意味的紅褲帶或者穿上紅色內衣，就可以逢凶化吉、遇難呈祥。所以人們在本命年時，很注重紮紅腰帶這種辟邪習俗。

7 為何「福」字要倒貼？

據說，「福」字倒貼的習俗來自清代恭親王府。一年春節前夕，王府有個家人因不識字，誤將大門上的「福」字貼倒了。為此恭親王的福晉十分惱火，多虧大管家能言善辯，跪在地上奴顏婢膝地說：「奴才常聽人說，恭親王壽高福大造化大，如今大福真的到（倒）了，乃吉慶之兆。」福晉一聽非常高興，重賞了管家和那個貼倒福的家人。事後，倒貼「福」字之俗就由達官府第傳入百姓人家，並都願過往行人或頑童念叨幾句：「福到了，福到了！」

「福」字倒貼在民間還有一則傳說。

明太祖朱元璋當年用「福」字做暗號準備殺人。好心的馬皇后為消除這場災禍，令全城大小人家必須在天明之前，都在自家門上貼一個「福」字。

其中有戶人家不識字，竟把「福」字貼倒了。在龍顏震怒時，馬皇后急中生智，忙對朱元璋說：「那家人知道您今日來訪，故意把福字貼倒了，這不是『福到』的意思嗎？」皇帝一聽有道理，便下令放人，一場大禍終於被消除了。從此，人們便將「福」字倒貼起來，一求吉利，二為紀念馬皇后。

8 正月初五為什麼又被稱為「破五」？

在中國古代，農曆正月初一至初四，民間有很多禁忌，如不能用生米做飯、婦女不能出門、不能用針縫紉、男子不能勞作等，過了初五，這些禁忌才能夠解除，否則，年內遇事就會破敗，所以正月初五也被稱為「破五」。

破五做為舊日歲時風俗，主要流行於華北、東北等地區，北京尤盛。清人富察敦崇的著作《燕京歲時記》中有這樣的記載：「初五日謂之破五，破五之內不得以生米為炊，婦女不得出門。至初六，則王妃貴主以及各官室等冠帔往來，互相道賀，新嫁女子亦於是日歸寧。」作家老舍在其名著《駱駝祥子》中也有如下說法：「她自己趕了身紅綢子的上轎衣；在年前趕得，省得不過破五就動針。」因此，破五也叫「忌針節」。破五這天，民間通行的節俗是放鞭炮和吃餃子。破五放鞭炮俗稱「崩窮」，要將所有的晦氣和窮氣都從家中崩走。破五吃餃子的俗稱是「捏小人嘴」，據說這樣能夠免除遭受讒言的禍患。習慣上，過了破五，商店、酒樓、五行八作才會正式開張營業。

9 初五迎財神、接財神的習俗，出自何處？

在知曉用麻糖黃紙送走灶神的習俗後，不少人開始關注幾時迎財神，而大年初五則是一年一度接財神的好日子。這個習俗是怎麼來的呢？有的傳說正月初五是財神的生日，也有說文財神出現的地方常常伴隨著福、祿、壽、喜、財五大神，還有說財神是五路神，東西南北中，出門五路皆可得財。

清代顧祿《清嘉錄》云：「正月初五日，為路頭神[1]誕辰。金鑼爆竹，牲醴畢陳，以爭先為利市，必早起迎之，謂之接路頭。」過了年初一，接下來最重要的活動就是接財神，在財神生日也就是初五到來的前一天晚上，各家置辦酒席，為財神賀辰。

南方迎接財神的方法是，每到過年，人們都在正月初五零時零分，打開大門和窗戶，燃香放爆竹，點煙花，向財神表示歡迎。接過財神，大家還要吃路頭酒，往往吃到天亮。大家滿懷發財的希望，但願財神爺能把金銀財寶帶來家裡，在新的一年裡大富大貴。在古代，凡接財神須供羊頭與鯉魚，供羊頭有「吉祥」之意，供鯉魚是圖「魚」與「餘」諧音，也是圖個吉利。

除了放鞭炮之外，民間還有在初五打掃衛生的習俗，從每間房屋裡把垃圾掃出門外。江南一代的百姓還會在這天吃財神糕、下麵條。因為麵條長得像古代串錢的繩子，下麵條寓意給家裡添「錢串子」，財源滾滾來。

編注：1 路頭神：五路財神的別稱。

10 二月二日為什麼被稱為「龍抬頭」？

農曆二月初二前後，正好是二十四節氣中的驚蟄。傳說，沉睡了一個冬季的龍王爺，到了這天會被隆隆的春雷驚醒，因此這一天也被稱為「春龍節」或「龍頭節」。中國古代有「二月二龍抬頭」的諺語，龍是中國傳統文化中的祥瑞神物，從俗話「龍不抬頭天不雨」就能夠知道，在百姓眼中，龍是掌管行雲布雨的。所以，龍抬頭就意味著雲興雨施，萬物發育，一年的農事活動就此拉開序幕。唐代著名詩人白居易曾經寫過關於此事的詩句：「二月二日新雨晴，草牙菜甲一時生。」此外，身為鱗蟲之精、百蟲之長，龍出，所有的昆蟲都會伏藏，這對於農業生產非常有利。

明清之後，民間形成了許多關於龍抬頭的習俗，比如祭龍王、敬土地、撒灰引龍、扶龍、熏蟲避蠍、剃龍頭、忌針刺龍眼等，但是所有的這些習俗中，以「二月二龍抬頭，家家男子剃龍頭」的習俗影響最大，傳說古代在正月裡是非常忌諱剃頭的，所以百姓們就會在農曆新年前理髮，然後一直等到二月初二，男子才能開始理髮。二月二龍抬頭，趁此吉日理個「龍頭」，可以祈求一年的生活美滿如意，其他的正月忌諱，如新娘不回門、媳婦不走娘家、正月不空房等習俗，也都可以在這一天解除。

11 臘月二十三（四）日為什麼被稱為小年？

在中國古代民謠中有這樣的說法：「二十三，糖瓜黏；二十四，掃房子。」這句話的意思是，每年的臘月二十三（四）日，民間都要進行祭灶和掃房子等活動，以迎接即將到來的新年。民間傳統習慣是將臘月二十三（四）日視為過年的序幕，因為正月初一被稱為「過大年」，所以臘月二十三（四）日就被稱為「過小年」。

民間過小年最主要的活動是祭灶。百姓們需要在灶神神位的兩側貼一副對聯：「上天言好事，下界保平安。」按照民間「官三民四」的說法，官府需要在臘月二十三日祭灶，民家需要在臘月二十四日祭灶。監聽民間也是灶神的重要職責之一，他從上一年的除夕就一直留在百姓家中，在臘月二十三日這天，灶神要升天去向玉皇大帝彙報這一家人的善惡言行。所以百姓需要在這天黃昏舉行「送灶」或「辭灶」的儀式，也就是向設在灶壁神龕中的灶神敬香，並且用飴糖和麵做成的糖瓜為供品，乞求灶王爺在玉皇大帝面前多說這家人的好話。除夕時，百姓們還要舉行「接灶」儀式，將灶神請回來，讓祂繼續為全家保平安。

12 為什麼要掃塵？

每年的臘月二十四日這天，民間都有掃塵的習慣，據說這一習俗的形成與一個詭異的故事有關。

據說，古人認為每個人的身上都附有一個三屍神，他像影子一樣跟隨著人的行蹤，形影不離。三屍神是個喜歡搬弄是非、阿諛奉承又心狠手辣的惡魔，他經常在玉皇大帝面前造謠生事，故意把人間的百姓描述得齷齪不堪。時間一長，在玉皇大帝眼中，人間簡直就是個充滿罪惡的骯髒世界，所有的人民都是賤民。

一天，三屍神又到玉皇大帝那裡密報，說人間的百姓都在詛咒他，甚至還想謀反天庭。玉皇大帝聽後怒不可遏，他下令迅速查明人間犯亂之事，凡怨忿諸神、褻瀆神靈的百姓，將其罪行書於屋簷下，再讓蜘蛛張網遮掩以做記號。玉皇大帝又命王靈官於除夕之夜下界，凡是遇到做有記號的人家，滿門斬殺，一個不留。三屍神見自己的陰謀即將得逞，立即飛下凡界，惡狠狠地在每戶人家的屋簷牆角都做上記號，好讓王靈官來個斬盡殺絕。

正當三屍神在作惡時，一家的灶神發覺了他的行蹤，急忙找來各家灶王爺商量對策。於是，大家想出了一個好辦法，就是從臘月二十三日送灶之日起，到除夕接灶前，每戶人家必須把房屋打掃得乾乾淨淨，哪戶不清潔，灶王爺就拒不進宅。

於是，老百姓們遵照灶王爺升天前的囑咐，各自清掃自家屋裡的塵土，彈去蛛網，擦淨門窗，把宅院打掃得乾乾淨淨。等到王靈官在除夕奉旨下界查看時，發現家家戶戶都窗明几淨，燈火輝煌，人們團聚歡樂，一派祥和的景象。王靈官找不到代表劣跡的記號，心中十分奇怪，便趕回天上，將人間祥和安樂、祈求新年如意的情況稟告玉皇大帝。玉皇大帝聽後，知道自己被三屍神騙了，就立即降旨拘押三屍神，並掌嘴三百，永拘天牢。這次的人間劫難多虧灶神搭救，才得倖免。為了感激灶王爺為人們除難消災、賜福張祥，因此民間掃塵總在送灶後開始，直忙到大年夜。

13 結婚時為什麼要拜天地？

大家都知道，在中國的傳統婚禮上，新郎、新娘都要拜天地，即一拜天地、二拜月老、三拜高堂。這個拜天地的風俗是何時形成的呢？

據說，女媧造人的時候，最開始只造了一個英俊的小夥子，小夥子雖然有吃有穿，無拘無束，但他總覺得自己太孤單，因此常常悶悶不樂。

在一個有月亮的晚上，小夥子觸景生情，更感寂寞，他很想找一個人生伴侶，於是就把自己的心事對月亮說了。沒想到，他剛說完，月亮一忽閃，一個白眉長鬚的老人來到小夥子面前，他還帶來了一個姑娘，說自己能夠幫助小夥子完成心願。

小夥子見姑娘長得水靈，模樣俊俏，非常高興；姑娘見小夥子眼睛明亮，誠實坦白，也覺得情投意合。兩人四目一對，一見鍾情。小夥子欣喜地說：「你願意和我一塊生活嗎？」姑娘聽了，低垂下頭，臉上飛起兩朵紅雲，說：「願意。」長鬚老人見狀，就把天公和地公都請出來了，他對小夥子和姑娘說：「你們以後的生活是離不開天公和地公的。我現在開始給你們辦喜事。首先，要拜養育你們的天公、地公。」

小夥子和姑娘欣然同意。隨著月下老人的喊話聲，小夥子和姑娘對天、地各拜了一拜。隨後月下老人笑著說：「我給你們牽紅線，你們還得給我拜拜哩。」小夥子和姑娘又對著月下老人拜了下去。剛拜完，三位老人就隨著一陣清風全不見了。

為了感謝天、地的養育之恩，為了感激月下老人牽線搭橋的情意，從此以後，年輕人在結婚時就保留了「一拜天地，二拜月下老人，三拜父母」的習俗，也簡稱「拜天地」。

14 祝壽送壽桃的習俗是從孫臏開始的嗎？

在中國很多地區，每當老年人過生日時，做晚輩的都要送壽桃給老人，以祝老人健康、長壽、幸福。而舊時人們則認為，老人吃了壽桃會變年輕，進而長壽。這一習俗可追溯到戰國時期，據說與軍事家孫臏有關。

相傳，孫臏十八歲就離開了家鄉，到千里之外的雲夢山拜鬼谷子為師，學習兵法。他這一去就是十二年。有一年的五月初五，孫臏猛然想到：「今天是老母八十歲生日，這麼多年了，我應該回家去看望老人家。」於是他就向師父鬼谷子請假，準備回家看望母親。鬼谷子摘下一顆桃送給孫臏說：「你在外學藝這麼多年，未能報答母恩，我送給你一顆桃帶回去給令堂祝壽吧。」

孫臏回到家裡，從懷裡捧出師父送的桃子給母親。老母親吃了一口，連聲說：「好桃，好桃，我這一輩子都沒有吃過這麼鮮美的桃子。」一顆桃還沒吃完，孫臏就發現母親的容顏變年輕了，全家人都非常高興。

當地人聽說孫臏的母親吃了桃子後變年輕，也想讓自己的父母長壽健康，便都效仿孫臏，在父母過生日的時候送鮮桃祝壽。但是鮮桃的季節性強，於是人們在沒有鮮桃的季節裡，就用麵粉做成壽桃給父母拜壽。

《神農本草》上有「玉桃服之，長生不死」的文字，《神異經》說「東方樹名曰桃，令人益壽」，《王貞農書》認為「桃為『五木之精』，驅邪必自扶正」。所以，民間用桃祝壽的習俗也就被廣泛流傳下來了。

15 生日吃壽麵的習俗源於西漢嗎？

在中國民間有生日吃壽麵的習俗，而這個習俗源於西漢年間。

據說，漢武帝劉徹崇信鬼神又相信相術，像其他帝王一樣，劉徹也希望自己能夠長生不老。一天，劉徹在與眾大臣聊天說到人的壽命長短時，漢武帝說：「《相書》上講，人的人中長，壽命就長，如果人中一寸長，就可以活到一百歲。」一坐在劉徹身邊的大臣東方朔聽後就大笑了起來，眾大臣覺得莫名其妙，都怪他對皇帝無禮。劉徹問他笑什麼，東方朔解釋說：「我不是笑陛下，而是笑彭祖。人活一百歲，人中一寸長，彭祖活了八百歲，他的人中就長八寸，那他的臉有多長啊！」眾人聽後也大笑起來。看來想長壽，靠臉長一點是不可能的，但可以想個變通的辦法，來表達一下自己長壽的願望。臉即面，那麼，「臉長即面長」，於是人們就借用長長的麵條來祝福長壽。漸漸地，這種作法又演化為生日吃麵條的習慣，稱之為吃「長壽麵」。這一習俗一直沿襲至今。

16 元宵節時為什麼要放燈？

在民間，元宵節有放燈的習俗。據說這一習俗源於漢朝。

漢明帝永平年間（五八至七五年），漢明帝大力提倡佛法，恰好蔡愔從印度求得佛法歸來，稱印度摩喝陀國每逢正月十五，僧眾雲集瞻仰佛舍利，是參佛的吉日良辰。漢明帝為了弘揚佛法，便下令正月十五夜在宮中和寺院「燃燈表佛」。此後，元宵放燈的習俗就由原來只在宮廷中舉行而流傳到民間，即每到正月十五，無論是士族還是普通百姓都要掛燈，城鄉通宵燈火輝煌。

17 古人插柳、戴柳的風俗從何而來？

古人喜歡插柳、戴柳，這個風俗從何而來呢？據說，這種風俗習慣的來源有以下兩種。

第一種，是為了紀念「教民稼穡」的農事祖師神農氏。民間有些地方的人們喜歡把柳枝插在屋簷下，以預報天氣，因此古諺有「柳條青，雨濛濛；柳條乾，晴了天」的說法。

第二種，是為了辟邪。古人把清明、七月十五和十月初一視為三大鬼節，是百鬼出沒討索之時。人們為防止鬼的侵擾迫害，於是插柳、戴柳。北魏賈思勰《齊民要術》裡說：「取柳枝著戶上，百鬼不入家。」柳在人們的心目中有辟邪的功用，清明節既是鬼節，又是柳條發芽時節，人們自然紛紛插柳、戴柳以辟邪。另外，受佛教的影響，人們認為柳可以驅鬼，而稱之為「鬼怖木」。人們最熟悉的觀世音菩薩，也是以柳枝沾水濟度眾生的。因此插柳、戴柳的風俗在民間盛行不衰。

18 端午節是怎麼來的？

端午節是古老的傳統節日，從史籍上看，「端午」二字最早見於晉人周處《風土記》：「仲夏端午，烹鶩角黍。」端午又名端五、重五、端陽、中天等，雖然端午節年年過，但是關於端午節的來歷，卻眾說紛紜，歸納起來，大致有以下諸說。

第一，紀念屈原說。這種說法最早出自南朝梁代吳均《續齊諧記》和北周宗懍《荊楚歲時記》的記載。據說，屈原於五月初五寫下了絕筆作〈懷沙〉之後，抱石投汨羅江身亡。楚國百姓非常痛惜，紛紛湧到汨羅江邊去憑弔屈原。漁夫們划起船隻，在江上來回打撈屈原的真身。由於沒有打撈上來，人們擔心水裡的魚類會噬咬他的身體，就拿來飯團、雞蛋等食物，丟進江裡，說是讓魚蝦蟹吃飽了，就不會去咬屈原的身體了。一位老醫師則拿來一罈雄黃酒倒進江裡，說是要藥暈蛟龍水獸，以免傷害屈原。後來怕飯團為蛟龍所食，人們就想出用竹葉包飯，外纏彩絲，於是發展成了粽子。

以後，在每年的五月初五，就有了龍舟競渡、吃粽子、喝雄黃酒的風俗，以此來紀念愛國詩人屈原。

第二，紀念伍子胥說。紀念伍子胥的說法在江浙一帶流傳很廣。由於伍子胥和吳王夫差在對待越國的問題上出現重大分歧，吳王便對伍子胥心生不滿。加之吳國大宰相受越國賄賂，向吳王讒言陷害伍子胥，夫差相信了，就賜伍子胥寶劍，令其自殺。伍子胥為國忠心，視死如歸，在死前對鄰舍人說：「我死後，將我的眼睛挖出來，懸掛在吳京之東門上，以看越國軍隊入城滅吳。」說完便自刎而亡。夫差聽到這番話後大怒，就令人把伍子胥的屍體裝在皮革裡，於五月初五投入大江。但吳國的人民都知道伍子胥是為了國家而死，於是相約在每年的這一天紀念他。因此，相傳端午節亦為紀念伍子胥的日子。

第三，龍的節日說。這種說法來自聞一多先生的《端午考》和《端午的歷史教育》。聞一多先生認為，五月初五是古代吳越地區「龍」的部落舉行圖騰祭祀的日子。其主要理由是，其一，端午節兩個最主要的活動，吃粽子和賽龍舟，都與龍相關。粽子投入江裡常被蛟龍所竊，而比賽則用的是龍舟。其二，龍舟比賽與古代吳越地方的關係尤深，而且吳越百姓還有斷髮紋身「以像龍子」的習俗，他們生活於水鄉，自比是龍的子孫。其三，古代五月初五有用「五彩絲繫臂」的民間風俗，這應當是「像龍子」的紋身習俗的遺跡。

第四，紀念孝女曹娥說。有些學者認為端午節是為紀念孝女曹娥的。曹娥（一三〇至一四三），東漢上虞人，父親溺於江中，數日不見屍體，當時曹娥年僅十四歲，晝夜沿江號哭。過了十七天，在五月初五也投江，五日後抱出父屍。就此傳為神話，繼而相傳至縣府知事，令度尚為之立碑，讓他的弟子邯鄲淳作誄辭[1]頌揚。

第五，惡日說。在先秦時期，人們普遍認為五月是個毒月，五日是惡日。《呂氏春秋．仲夏記》中規定，人們在五月要禁欲、齋戒。《夏小正》中記：「此日蓄藥，以蠲除毒氣。」《大戴禮》中記：「五月五日畜蘭為沐浴。」以浴驅邪。《史記．孟嘗君列傳》記，歷史上有名的孟嘗君，在五月五日出生。其父要其母不要生下他，認為「五月子者，長於戶齊，將不利其父母」。《論衡》的作者王充也記述：「諱舉正月、五月子；以正月、五月子殺父與母，不得舉也。」東晉大將王鎮惡五月初五生，其祖父便給他取名為「鎮惡」。宋徽宗趙佶五月初五生，從小寄養在宮外。從以上這些史籍中可以看出，自先秦以後，五月初五就被視為不吉之日。這樣，在這一天人們插艾葉以驅鬼，薰蒼術、喝雄黃酒等以避疫，就是順理成章的事了。

端午節的來源還有其他說法，在此就不一一贅述。因此，端午節的來歷到底是什麼，一時還不能夠定論。但不管是哪一種，都不會影響它在民間重要節日中的地位。

編注：1 誄辭：誌哀文字。

19 端午節有哪些習俗？

端午節在民間是一個較為隆重的節日，這一天的慶祝活動也很豐富，不過不同的地區，其慶祝活動略有不同。比較普遍的活動有以下幾種。

．**賽龍舟：**賽龍舟，是端午節的主要習俗。龍舟競渡早在戰國時代就有了。在急鼓聲中划刻成龍形的獨木舟，做競渡遊戲。賽龍舟除紀念屈原之外，各地人們還賦予了其不同的寓意。如江浙地區划龍舟，兼有紀念當地出生的近代女民主革命家秋瑾的意義。

．**吃粽子：**端午節吃粽子，這是中國人民的又一傳統習俗。粽子，又叫「角黍」、「筒粽」。其由來已久，花樣繁多。據記載，早在春秋時期，用菰白葉包黍米成牛角狀，稱「角黍」；用竹筒裝米密封烤熟，稱「筒粽」。在晉代時，粽子被正式定為端午節食品。時人周處《岳陽風土記》記載：「俗以菰葉裹黍米……煮之，合爛熟，於五月五日至夏至啖之，一名粽一名黍。」吃粽子的風俗，千百年來在民間盛行不衰。

．**插艾葉菖蒲：**民諺說：「清明插柳，端午插艾。」在端午節，人們把插艾和菖蒲視為重要內容之一。家家都灑掃庭院，以菖蒲、艾條插於門楣，懸於堂中。

．**佩香囊：**端午節時小孩佩香囊，傳說有避邪驅瘟之意，實際是用於襟頭點綴裝飾。香囊內有香藥、朱砂、雄黃等，外包以絲布，清香四溢，再以五色絲線弦扣成索，做各種不同形狀，結成一串，然後佩帶在小孩子身上。

．**掛荷包和拴五色絲線：**中國古代崇拜五色，以五色為吉祥色，因而在端午節這天，大人起床後第一件大事，便是在孩子手腕、腳腕、脖子上拴五色線。據說，戴五色線的兒童可以避開蛇蠍類毒蟲的傷害。這天過後再把五色線扔到河裡，意味著讓河水將瘟疫、疾病沖走，兒童由此可以保安康。

．**送時：**在中原地區，端午節到來之際，凡新嫁姑娘之娘家，在節前或節日裡要給男方送草帽、雨傘、扇子、涼席等物，以備防熱防雨，故端午節又稱為「送時節」。

．**躲五：**農曆五月，酷暑將臨，瘟疫毒蟲滋生，古代稱五月為「惡月」，認為五月初五是不吉利的日子。這一天，父母要將未滿週歲的兒童帶到外婆家躲藏，以避不吉。

．**燒符水洗手眼：**廣東省從化縣在端午節正午以燒符水洗手眼後，潑灑於道，稱為「送災難」。新興縣在端午節時，人們各從其鄰近廟宇鼓吹引導神像出巡，巫師並以法水、貼符驅逐邪魅。石城縣在端午節時，兒童放風箏，稱為

「放殃」。

·驅五毒：五毒是指蠍子、蜈蚣、毒蛇、蟾蜍、壁虎等五種毒蟲。「端陽節，天氣熱；五毒醒，不安寧」，所以到端午節這天，人們便在門上貼紙剪的五毒圖像，以避其毒。有些地方還要把五毒圖的頭上再扎上一根針，表示要把它們釘死除掉。驅五毒反映了人們除害防病的美好願望。

·煮大蒜：大蒜是一種中藥，味辛甘，能殺毒滅菌，熟食能清腸胃毒素，疏通血脈。端午節早晨，全國大部分地區的習俗是煮食新蒜頭，以疏通血脈，消毒滅菌。

·遊百病：貴州地區的端午風俗。端午節這天，男女老幼都要穿上新衣、帶上食品，到外面遊玩一天，並在山間田野採集野花香草，晚上帶回用水煮後洗澡。當地人稱此舉為「遊百病」或「洗百病」，並認為這樣做會在一年內吉利平安。

·剪彩葫蘆：用彩色紙剪成葫蘆狀，於端午節倒貼於門上，取將毒氣倒出之意。

20 佩香囊真的能祛病強身嗎？

端午節前後，人們除了吃粽子、插艾葉以外，還要給孩子們帶上香囊。早在兩千多年前，中國民間就有人佩戴香囊以避除穢惡之氣，確保自身健康的民俗。現在許多城市、鄉村，仍有給孩子帶香袋的習俗。

中國醫學界對傳統香袋的配方進行研究，做了許多藥理試驗，顯示這種芳香物質通過呼吸道進入人體，可興奮神經系統，不斷刺激機體免疫系統，促進抗體的生成，對多種致病菌有抑制生長的作用，可提高身體的抗病能力。同時，藥物氣味分子被人體吸收以後，還可以促進消化腺活力，增加分泌液，從而提高消化酶的活性，增強食慾。現在，研究人員透過試驗發現，經常將香囊（袋）置於兒童的衣袋、枕邊，對於流感、白喉、水痘、流行性腦膜炎、麻疹等傳染病，均有一定的預防和輔助治療的功能。

21 六月初六是什麼樣的節日？

在中國古代，農曆六月初六叫「天貺節」，後演變為曬蟲節。天貺節始於北宋真宗年間。宋真宗趙恆為洗刷澶淵之盟的恥辱，乃由大臣王欽若偽稱夢見神明，於正月、六月兩次降天書於京師及泰山。趙恆將第二次降天書之日——六月初六定為天貺（意為天賜）節，並在泰山岱廟修建天貺殿。這一天，京師斷屠，禁止殺生，不許吃葷。明代以後，此節日以晾曬經書、衣物為主要內容，已失去天貺節原來的含義。

六月初六，恰逢小暑大暑氣，天氣炎熱潮濕，室內物品極易發霉腐壞。傳說是日為龍王爺曬鱗日，民間曬衣物，官府曬官服，士人曬典籍，僧人曬佛經，這樣可以防霉防蛀。因此，民諺有云：「六月六，人曬衣裳龍曬袍。」清代，皇宮內的檔案、宴錄、御制文集等，都要擺出來通風晾曬。京師白雲觀藏有道教經書五千多卷，在每年的八月初一至初七，都要舉行晾經會，道士們衣冠整潔、焚香秉燭，把藏經樓裡的道教典籍統統取出來通風翻曬。

22 重陽節是怎麼來的？

農曆九月初九為傳統的重陽節。像其他節日一樣，重陽節的起源也有一個傳說。

南朝梁人吳均的《續齊諧記》記載：東漢時，汝南縣來了一個瘟魔，所到之處都發生瘟疫。當時有一個叫桓景的人，他的父母也因這場瘟病而死。桓景決心到終南山拜師學藝，斬除瘟魔。終南山的仙人費長房給桓景一把降妖青龍劍，讓他練習。桓景便開始早起晚睡，披星戴月，勤學苦練。

一天，費長房對桓景說：「九月初九，瘟魔又要來了，你可以回去除害。」並且給了他茱萸葉一包，菊花酒一瓶，讓他帶家鄉父老登高避禍。於是桓景便離開終南山回到家鄉。九月初九那天，桓景領著妻子兒女、鄉親父老登上了附近的一座山。桓景把茱萸葉分給大家，讓他們隨身帶上，這樣瘟魔就不敢近身了。接著，他又把菊花酒倒出來，讓每人喝了一口，說這樣就能避免染瘟疫。

安頓好家人和鄉親們後，瘟魔就來了，桓景連忙持寶劍迎了上去，他和瘟魔大戰一場，最後終於殺死了瘟魔。從那以後，在汝河兩岸，就流傳著九月初九登高避禍、桓景劍刺瘟魔的故事。也是從那時起，人們就過起重陽節來，並且有了重九登高的風俗。唐代的《初學記》和宋代的《太平御覽》等多種重要史籍，都轉述了吳均《續齊諧記》裡「桓景刺瘟魔」的故事，並認為九月初九登高喝菊花酒，婦女在手臂上繫茱萸囊辟邪去災的習俗由此而來。

23 古人為什麼在重陽節吃重陽糕？

「重陽」是中國的一個重大節日，如今也越來越受人們的關注與重視。重陽節吃糕的風俗在漢代就有，至於在這一天吃糕的原因還有一段傳說。

古代一座高山下住著一戶勤勞善良的農民，過著自給自足的生活。有一天，這家主人收工回來時，天色已晚，他在路上遇到一位要求借宿的老者，主人把老者請到自己家好吃好喝好招待。第二天，老者臨走時，告訴主人說，九月初九你家中會有災，必須往高處搬家，而且是草木稀少的地方，這樣可以免災。農民聽了這位老者的話，就搬到山上居住。

九月初九這一天，農民從山上往下一看，果然見自己原來住的房子著火了，而且火勢向山上蔓延，但因農民聽了老者的話，選擇草木稀少的地方，所以火勢沒燒上來。從此，農民登山避災的事就傳開了。但是，人們不可能年年搬家，況且有些地方盡是平原，無山可搬。因「糕」與「高」諧音，於是有聰明人就想出了吃糕代替登高搬家的辦法。重陽吃糕可以避災的習俗就此傳了下來。

24 古代在立春這一天有什麼樣的習俗？

立春是二十四節氣之一。在古代，立春這一天是要舉行紀念活動的，據說這個習俗至少在三千年前就已經出現。當時，祭祀的句芒也稱「芒神」，是主管農事的春神。據文獻記載，周朝迎接立春的儀式，大致如下：立春前三日，天子開始齋戒，到了立春日，天子親率三公九卿諸侯大夫，到東方八里之郊迎春，祈求豐收。之所以要到東郊去迎春，是因為迎春活動祭拜的句芒神居住在東方。後來，迎春活動的地點就不只是在東郊了。比如，宋代的《夢粱錄》中就記載，「立春日，宰臣以下，入朝稱賀。」這就證明，迎春活動已經從郊野進入宮廷，成為官吏之間的互拜。

到了清代，迎春儀式演變為社會矚目、全民參與的重要民俗活動。據《燕京歲時記》中記載：「立春先一日，順天府官員，在東直門外一里春場迎春。立春日，禮部呈進春山寶座，順天府呈進春牛圖，禮畢回署，引春牛而擊之，曰打春。」清人所著的《清嘉錄》指出，立春祀神祭祖的典儀，雖然比不上正月初一的歲朝，但規模要比冬至大。

25 踏青風俗古已有之嗎？

踏青，現代稱「春遊」，此俗已有兩千多年的歷史。據史料《晉書》一書記載，自魏晉以後，每年農曆三月初一到初三，人們出外踏青，頗為盛行。宋代詩人張光在〈玉樓春〉中，這樣寫道：「龍頭舴艋吳兒競，筍柱秋千遊女並。芳洲拾翠暮忘歸，秀野踏青來不定。」吳惟信有「梨花風起正清明，遊子尋春半出城」之句，這些都是文人墨客在春遊踏青時留下的名詩麗章。

中國土地遼闊，由於受氣候的影響，各地踏青的時間也不盡相同，最早踏青的時間，根據馮應京的《月令廣義》中記載：「蜀俗於正月初三日，踏青遊春日。」在嶺南廣東、福建一帶，人們把農曆二月初二定為「踏青節」，長江中下游地區把清明當作踏青掃墓之日，在北方遼東要到五月初才到野郊去踏青。

26 中秋節的習俗有哪些？

農曆八月十五，是中國傳統的中秋節。中秋節與元宵節、端午節並稱三大節。每到這天，人們都要賞月、吃月餅，祝福團圓。

中秋節最早出現於《周禮》，但它不是指中秋節，而是指秋季的第二個月。漢代有秋節，時間定在立秋這一天，也不是八月十五。

唐朝初年，中秋節才成為固定節日。《唐書．太宗記》記載有「八月十五中秋節」。中秋節的盛行始於宋朝，至明清時成為中國的主要節日之一。中秋節的由來，與以下兩種說法有關。

一是起源於古代帝王的祭祀活動。《禮記》記載：「天子春朝日，秋夕月。」夕月就是祭月亮，可見早在春秋時代，帝王就已開始祭月、拜月了。後來，貴族官吏和文人學士也相繼效仿，逐漸傳到民間。

二是與農業生產有關。「秋」字的解釋是「莊稼成熟曰秋」。八月是秋季中間的一個月，稱為「仲秋」。此時，各種農作物相繼成熟，為了慶祝豐收，表達喜悅的心情，便以八月十五這天為節日。八月十五又在「仲秋」之中，所以稱「中秋節」。

中秋節的主要內容是賞月和吃月餅。宋代的中秋之夜，顯貴豪門、民間百姓多以先睹月色為快，或者登小小月臺，擺開家宴全家團圓。後來在賞月之時又融入了賞燈的風俗，但與元宵節不同的是，這些燈多放置於水面。各地街市的懸燈，也是為助月色。明代的祭月活動已遍及全國，親友互贈月餅、月果已成禮俗。

月餅象徵著圓月從空中來到人間，象徵著親友的團圓。每逢中秋，江蘇一帶的人民就用月餅招待歸家的親人，此習由來已久，後來這種風俗流傳到全國。月餅也稱為「團圓餅」，中秋節親人團圓是相沿已久的習俗，故俗稱「團圓節」。

觀桂是中秋節另一個重要的習俗。桂樹是月宮仙境中唯一的植物，又是人間清純的象徵。「桂蘭之交」是高尚的友誼，「桂子蘭孫」是父母期待的後人，因此，賞桂也寄託了對友情、親情的期盼和思念。

此外，杭州的觀潮，北京的飾玉兔習俗，使中秋節變得更加豐富多彩起來。

27 臘八節為何要吃臘八粥？

農曆十二月初八的「臘八節」，是中國古代民俗化的宗教節日，為古代「臘日」之一。「臘」是遠古時代一種祭禮的名稱，即一年辛勤耕作，喜獲豐收，一般會在年底舉行的一種對自然界風調雨順的答謝祭。

自秦以來，「臘日」都當作年節來慶賀，日期一般定在冬至後三戌舉行，至南北朝時才固定於臘月初八日。在古代，瘟疫曾經是困擾古人許久的疾病之一，傳說是那位頭觸不周山的英雄共工[1]，他的一個兒子死後變成了瘟疫鬼，到處散布瘟疫。

瘟疫鬼天不怕地不怕，卻怕赤豆。於是，人們在臘八節的活動中，加入了以赤豆打鬼的內容，一邊打一邊喊「儺！儺！」這種民間大儺十分熱鬧，驅瘟疫的內容也越來越被遊藝娛樂的成分所取代，最後發展為一種地方戲曲。

佛教傳入中國後，借助臘八祭祖與吃粥的民俗，進行布道，又新編了十二月初八是佛祖釋迦牟尼成道日的傳說故事。其大意是釋迦牟尼成佛之前，曾苦行多年，餓得骨瘦如柴，決定放棄苦行。此時遇見一位牧女，送給他乳糜充饑。食後體力恢復，坐菩提樹下沉思，於十二月八日成道。為紀念此事，佛教徒便以米加果物煮粥，屆時供佛，稱為「臘八粥」。

據周密《武林舊事》載：「八日，則寺院及人家用胡桃、松子、乳蕈、柿、栗之類作粥，謂之臘八粥。」大約至明代，家家百姓盛行自己煮臘八粥，祭祀祖先。同時闔家團聚在一起食用，並饋贈親朋好友。這一活動除了品味各種雜糧外，也包含讓人珍惜米糧，勿暴殄天物的意思。

今天，民間仍有過臘八節的習俗，各家在熬粥之餘，還醃製「臘八蒜」，留到春節時食用。

編注：1 共工：古代的洪災之神，與火神祝融交戰失敗後，用頭撞人間支柱不周山，使天破了大洞。

28 夏至為什麼要吃麵？

農曆五月間的夏至，是全年白晝最長的一天。周代在那天已有祭神儀式，認為如此可以消除國內的病疫、荒年與人民的饑餓。

此日民間興麵食，有「冬至餛飩夏至麵」的說法。在西北地方，如陝西，此日食粽。在南方，此日量人的體重以驗胖瘦。農家擀麵為薄餅，烤熟，夾以青菜、豆莢、豆腐及臘肉，祭祖後食用，也可贈送親友。有些地區，此日成年的外甥和外甥女要到娘舅家吃飯，舅家必備莧菜和蒲瓜做菜，俗說吃了莧菜，不會發痧，吃了蒲瓜，腿就有力氣。也有的到外婆家吃醃臘肉，說是吃了就不會疰夏。

29 古代冬至有哪些習俗？

冬至是二十四節氣之一，也是一個傳統節日的名稱。

冬至成為節日，最早可以追溯到周代。當時國家即有祭祀神鬼的節日活動，以求其庇佑國泰民安。到了漢代，冬至正式成為一個節日，皇帝於這一天舉行郊祭，百官放假休息，次日吉服朝賀，這個規矩，其後一直沿襲。

魏晉以冬至賀儀「亞以歲朝」，並有臣下向天子獻鞋襪禮儀，表示迎福踐長；唐、宋、元、明、清各朝，都以冬至和元旦並重，百官放假數日，並進表朝賀。民間的冬至節俗，又要比官方禮儀豐富得多。東漢時，天、地、君、親、師都是冬至的供賀對象。南北朝時，民間又有了在冬至日食赤小豆以避邪的習俗。唐宋時，冬至既與歲首並重，於是穿新衣、辦酒席、禮祖先、慶賀往來等，如同過新年一樣。

明清時，官方依然維持著「一如元旦」的冬至賀儀，民間卻不似過去那樣大事操辦，主要集中在祀祖、敬老、尊師三個活動上發展，由此衍生出包餛飩、吃圓子、學校放假、百工停業、慰問老師、相互宴請及全家聚餐等活動，因而相對過新年來講，更富有個性。

30 吃豌豆糯米飯和量體重的習俗，與阿斗有關嗎？

中原各地流傳著立夏要吃豌豆糯米飯和量體重的習俗，但很少有人知道這個習俗與阿斗有關。

話說諸葛亮在病重之際，特地召來孟獲，當面囑咐他說：「我雖死了，幼主阿斗仍在，你每年今日要去看望他一次。」這天正是立夏時節，孟獲是個英雄，言出必踐，從此每年立夏日都要往成都看望阿斗（也就是蜀主劉禪）。數年後，晉武帝司馬炎滅蜀，把阿斗擄到洛陽，孟獲每年立夏日仍然帶著親兵護衛前往洛陽看望阿斗。孟獲並不是一介武夫，有勇有謀，他擔心晉國虧待阿斗，所以每年都要親自用大秤量阿斗的體重，並一再告訴晉武帝，如有絲毫差池，他不會善罷甘休。晉武帝知道阿斗愛吃甜食，便想出一個主意，每屆立夏，便命人早早煮豌豆糯米飯給他吃，因此時新豌豆上市，又甜又香，做成飯糯香可口，阿斗至少要吃兩大碗，等孟獲到來量體重，都和上年重量相當，加之阿斗「此間樂不思蜀」，這樣孟獲便被騙過了。

從此，在立夏時煮食豌豆糯米飯和量體重，便在民間傳開，相沿成俗。

31 踩藥渣是怎麼回事？

長久以來，民間就有這樣一種習俗，家裡人生病了，用過的藥渣都要倒在路上，讓路過的人踩，認為這樣病就能夠被別人帶走，病人很快就會好起來。事實上，人們倒藥渣的初衷並非如此。那麼這一習俗從何而來呢？據說其來歷有兩種，而且都與古代大醫學家有關。

來歷一：與華佗有關

相傳有一天，華佗從外回家，路過一家門口，看見路上倒有很多中藥渣。出於職業習慣，他蹲下來細細察看，一看之下不由得大吃一驚，根據他的經驗判斷，這副藥的配方中有些藥材下得不對，不僅對病起不到治療作用，而且還會拖延病情。於是他立刻敲開大門，說明來意並重新開了一服中藥。病人很快就有了起色。病人家屬很開心，到處傳頌這件事。

於是一傳十，十傳百，事情就傳了開來。大家都效仿起來，將中藥渣倒在大路上，希望能遇上明醫檢查藥渣，將下得不對的藥材改正過來，使病人的身體能很快好起來。

來歷二：與唐代孫思邈有關

孫思邈是隋唐時候的一位大醫學家，據說因為他醫術高明，以致山裡的老虎都來找他治病。有一天，孫思邈正在路上行走，一隻老虎從後面追了上來。孫思邈非常害怕，可是要跑已經來不及了，他就趕忙把擔草藥囊的扁擔拿在手中，準備和老虎搏鬥。但是，老虎追到孫思邈的跟前就站住了，並沒有傷害他的意思，而是眼中流露出哀求的目光。

孫思邈一見情形古怪，就對老虎說：「你到底想幹什麼？你要是想吃我，就搖三下頭；你要是有事找我，就點三下頭。」老虎點了三下頭。孫思邈又問：「如果你是找我來治病的，就再點三下頭。」老虎又點了三下頭。

於是，孫思邈走到老虎跟前，看了看，發覺老虎病得不輕。他嚴肅地對老虎說：「我是個醫生，救死扶傷是我的職責。不過，我只為窮人、善良的人治病，惡人的病我是不會看的，你老虎一貫是作惡吃人的野獸，我更不能治了。我寧可被你吃掉，也不能幹這種為惡人效勞的壞事！」說罷，手握扁擔，轉身就走。老虎見孫思邈要走，就緊緊跟上去咬住孫思邈的衣角不放。孫思邈只好停下步來，對老虎說：「如果你一定要我給你治病，就必須答應我一個條件：從今以後，不准你再傷害人命！」老虎聽了，連忙又點了三下頭。於是，孫思邈用心將老虎的病治好了。為了驗證老虎是否真的遵守不再吃人的諾言，孫思邈每天都要檢查一次老虎的牙齒。

老虎的病被孫思邈治好後，為了感恩，有一天牠銜來一大塊黃金給孫思邈，被孫思邈拒絕了。老虎沒有辦法，就只能自動給孫思邈當保鏢，每天跟在他的左右。自從有了老虎當保鏢，強盜、壞人、猛獸都不敢靠近孫思邈了。孫思邈採了草藥，老虎就替他馱著；孫思邈累了，就騎在老虎背上。孫思邈對老虎的表現很滿意。

然而，一段時間後，孫思邈就發現了一些麻煩。原來，那些來請他治病的人，一見他身邊的那隻老虎，都嚇得不敢找他治病了。對此，孫思邈感到很為難，於是就想出了一個辦法：先叫病人把吃剩的藥渣倒在門口的路上，然後又吩咐老虎：「你往後不要跟我進病人家去。你注意哪家門口有藥渣，就表示我在那家看病，你只要遠遠地等著我就行了。」老虎又點了三下頭。

雖然這種解釋帶有濃重的傳說色彩，但也從側面說明了踩藥渣的初衷並不是為了讓別人帶走霉運。

32 「五福臨門」是指哪五福？

「五福」這個名詞，出自於《書經．洪範》，現在已成為家喻戶曉的辭句了。很多人都知道「五福臨門」這個成語，卻很少人知道「五福」是指哪五種福。至於五福臨門的原理，明白的人就更少了。

根據《書經．洪範》記載，五福是：「一曰壽、二曰富、三曰康寧、四曰攸好德、五日考終命。」只有五福合起來，才能構成幸福美滿的人生，一分開可就不美妙了。

單就五福的變化來說，只有五福全部臨門才是十全十美的，其餘各種情況都是有缺陷的福，是美中不足。

後來由於避諱等原因，「五福」也有了變化，如東漢桓譚在《新論．辨惑第十三》中就把「考終命」更改為「子孫眾多」，因此後來的「五福」也就變成了「壽、富、貴、安樂、子孫眾多」了。

33 古代婦女為什麼要點額黃？

所謂額黃，就是在兩眉之間描一朵黃色的梅花做裝飾。唐朝詩人李商隱曾在一首詩中說：「壽陽公主嫁時妝，八字宮眉捧額黃。」

李商隱詩中所指的壽陽公主，就是南朝時宋武帝的女兒。有一次，她在宮中的後花園裡玩累了，就在大殿的迴廊裡靠著柱子睡著了。醒來時，發現額頭上黏了一朵黃色的梅花瓣。她就用清水洗，但那黃色印痕仍牢牢地印在眉間。宮女們見了，都說壽陽公主顯得更加俊俏了。

於是，壽陽公主就將它當作美麗的裝飾，甚至在她出嫁時，也將此裝飾當作自己梳妝打扮的一部分。後來，宮女們也紛紛效仿，都在自己的眉間用彩筆描上一朵黃色的梅花，並將它稱為「梅花妝」。一時間，畫梅花妝成了當時婦女的一種時髦，並被簡化成在額上點壽點，稱為「點額黃」。而有些則更發展成為將黃色的箔紙剪成星、月、花、鳥形狀貼在額上，稱為「貼花黃」。

34 三寸金蓮真的要小到三寸嗎？

三寸金蓮的「三寸」其實是形容纏足的小，並非一定要小到三寸才行。

纏足跨越的歷史朝代很多，自五代一直延續到民國初年。這期間朝代更替，各個時期的度量衡也不完全相同。如果說金蓮一定要纏到「三寸」，那這是指哪個朝代的「三寸」也就成了問題。南宋時，婦女纏足已非常普及，纏足的風俗也逐漸由北方傳到南方，到了南宋末年「小腳」已成為婦女的通稱。元代蒙古人入主中原，並沒有反對纏足，相反還對纏足大加讚賞，纏足之風越演越烈。到了明代，統治者大肆宣揚程朱理學，對女子的行為大加桎梏，纏足進入鼎盛時期，對纏足的形狀等也有了一定的要求。到了清代，纏足之風可謂是登峰造極，無論哪個階層的女子，也不分貧富貴賤，都紛紛纏足，甚至遠在西北、西南的一些少數民族，也開始了纏足的習俗。與此同時，小腳受到了前所未有的崇拜與關注。這一時期，腳的形狀、大小，成了評判女子美與醜的重要標準，也直接影響到她個人的終身大事。社會各階層的人娶妻，都以女子小腳為榮。

本來纏足並沒有嚴格的尺度，但隨著攀比之風日益高漲，纏足有越纏越小的趨勢，甚至還出現了小於三寸的小腳。纏足大小的公認標準是：腳纏得小而又能走路方為美足，一般這樣的小腳在三至四寸之間。人們就取其整數，用

「三寸金蓮」來稱呼小腳了。

古代女子從七、八歲時開始纏足，她們用布帶把雙足緊緊纏裹成尖彎瘦小、狀如菱角的錐形，再穿上綢緞或布面的繡花尖形小鞋（弓鞋），最終形成「三寸金蓮」。

纏足是從什麼時候開始的呢？陳存仁在《女性酷刑纏足考》中，認為纏足可能始於秦代，因為漢代司馬遷《史記》中曾經有「臨淄女子，彈弦，跕纏」之句。其中「跕纏」可能就是指纏足，不過當時或許僅限於少數風月場中的女性。唐朝詩人白居易的詩中也曾有「小頭鞋履窄衣裳」之句，描寫的可能是他目睹的纏足女性。杜牧的「細尺裁量約四分，纖纖玉筍裹輕雲」也刻畫了婦女用布帶纏足的情形。

要說最有名的纏足故事女主角，當數南唐後主李煜的愛妃窅娘，她長得嬌小玲瓏，美豔動人，並且能歌善舞，人稱「蓮花仙子」。李後主對她非常寵愛，特地為她造了一座六尺高的金蓮花臺，四周飾以鈿帶、瓔珞，臺上有各色瑞蓮。窅娘用白帛纏腳，使足纖曲如新月，再穿上素襪，在蓮花上翩翩起舞。其他妃嬪為了獲得寵幸，也紛紛效顰，纏足開始在宮廷流行起來。

宋朝之後，名媛閨秀爭相仿效，使纏足逐漸遍及各地，並且愈纏愈小，「三寸金蓮」逐漸成為衡量美的標準。纏足陋習一直流傳到民國初年才徹底廢除。

35 清朝人為什麼以穿黃馬褂為榮？

我們在一些影視劇和文獻資料中，經常可以看到這樣的事情，在清朝，當某人立了大功或是做出了某方面的成績時，皇帝就會賞賜給他一件黃袍馬褂，而受賞者也以能夠穿此褂為榮，這是為何呢？這還得從清朝官吏的制服談起。

清朝官吏的制服包括朝服、常服、行服、雨服四種。行服又包括行袍和行褂兩種，它們是行軍或旅行時穿的服裝。行褂主要是騎馬時穿的，因此這種行褂又被稱為「馬褂」。馬褂穿在袍子的外面，下面只到大腿，袖子只到肘部。穿這種馬褂是為了便於在馬上使用武器，因此，皇帝外出時，侍衛們都要穿上馬褂。而皇帝的侍衛所穿的馬褂又全部是用明黃色（一種閃亮的淡黃色）的綢緞或紗製成，所以這種服裝又被稱為「黃馬褂」。明黃本是皇家的專用色，自唐以後，就被皇家壟斷，一般人不敢使用。因此，在清代，穿黃馬褂就成了受寵的標誌，普通官吏都十分嚮往和羡慕。封建帝王為了籠絡人心，也就巧妙地利用這一心理，開始以黃馬褂做為獎品賞給受寵或有功勞的大臣。所以，對一般人來說，能夠獲得一件賞賜的黃袍馬褂，可以說是一件極為榮幸的事情。

36 「周公解夢」的周公，就是「夢周公」的周公嗎？

民間有一本流傳很廣的解釋夢境的書，叫《周公解夢》，這個解夢的周公與夢周公的周公是同一個人嗎？若不是，他們之間有什麼關係嗎？

其實他們不是同一個人，而是一對父子。傳說寫作《周公解夢》的周公是周文王姬昌。西元前一一五六年，殷帝乙去世，帝辛即位，他就是歷史上有名的暴君殷紂王。當時的西伯姬昌是周族人的領袖。他篤行仁政，尊老愛幼，招賢納士，因此深受周族人民擁戴，在商朝也有很高的威望，與九侯、鄂侯並稱為「三公」。

殷紂王即位後，也曾「聞見甚敏，材力過人」，立志做一個有為之君，但在位二十多年之後，隨著國力的強盛，殷紂王開始變得專橫殘暴。殷紂王聽信崇侯虎讒言，以為姬昌在國內積德行善，又時常流露出對他的不滿，說不定會奪取殷商的天下，便把姬昌抓來，囚禁在羑里的國家監獄。據說，為了斷絕姬昌與外界的聯繫，殷紂王不僅在羑里駐有重兵，還在通往羑里的道路上層層設卡。姬昌的兒子想看望父親，也沒有得到批准。

在羑里被囚禁的時間裡，姬昌將伏羲氏的先天八卦與他的「天道、地道、人道」思想相融合，進一步推演為六十四卦，並對每卦與每卦的六爻，按照象數的內涵和相關緣由，分別配以具有吉凶利否含義的卦辭和爻辭。《周易》就這樣誕生了。姬昌還把夢分為正夢、噩夢、思夢、寢夢、喜夢和懼夢六種，他認為人之所以做夢，是因為上天想給做夢的人一個啟示，讓做夢的人能夠預知未來發生的事情。所以，民間將周公稱為是「演《易》」和「解夢」的大聖人，有「周公圓夢」的說法。

37 關公什麼時候成了財神？

酒樓飯店裡常供財神，也有供關公的，關公什麼時候成了財神？

關公即關羽，本是三國時代的一個歷史人物，他的故事已是婦孺皆知。關羽由一個真實的人，變成無所不能的神，其過程是相當漫長和曲折的。

在西晉陳壽的《三國志》裡，關羽是一個亂世裡逃出來的英雄，他作戰勇猛，還長著一臉漂亮的絡腮鬍鬚。他與劉備「誓以共死」，忠心耿耿，曹操對他「重加賞賜」，他也「盡封其所賜，拜書告辭」。關羽後因荊州戰事失利，而死於今天的湖北安遠一帶。那時的關羽被封過兩次，一次是在為曹操斬顏良後，被封為「漢壽亭侯」，還有一次是在死後被蜀國追謚為「壯繆侯」。史書裡的關羽從「將」變成「侯」，僅此而已。

到了兩、三百年後的隋唐時期，關羽開始被「神化」。唐代《重修玉泉關廟記》記述了關羽幫助隋代智大師興建玉泉寺的傳說，說「（關羽）生為英賢，設為神明……邦之興廢，歲之豐荒，於是乎系」（《全唐文》卷六六四）。

唐代的關公已進入「武廟」陪祀，主神為姜太公。宋代以後，朝廷不斷給關公加封，宋徽宗趙佶一人就追封關羽四次，完成了從「忠惠公」到「義勇武安王」的進階過程。南宋時，改封關羽為「壯繆義勇武安王」，後來又封為「英濟王」；元代時封「顯靈義勇武安濟王」，明神宗更是把關公進爵為「帝」，以「官祠武廟」主神與孔子「文廟」並祠，關羽的夫人也被封為「九靈懿德武肅英皇后」。清代統治者也不甘示弱，他們別出心裁，在關公封號的字數上下功夫，使關羽的封號竟然長達二十四個字「忠義神武靈佑仁勇威顯保民精誠綏靖翊贊宣德關聖大帝」，而且把關羽的父親、祖父都封為王。

朝廷統治者如此，民間老百姓也不遺餘力地參與構建了「關公神話」。唐代時，關羽被稱為「關三郎」，主要任務是監督寺廟裡的和尚。從宋代開始，民間修建關王廟的漸漸多了起來。明代萬曆年間，關羽得到了道教最高封號「三界伏魔大帝神威遠鎮天尊關聖帝君」。到了清代，全國的關廟「凡通衢大道以至窮鄉僻壤，無地無之」，關公這時已成為各行各業的萬能保護神，讓他再司「財神」一職似乎也在情理之中。

關公的這一角色轉換發生在清代，原因之一是康熙、乾隆時期，民間的商業活動已經比較繁榮，許多從業者紛紛借「三國」之事奉關公為其行業神，如豆腐業（相傳關羽年輕時曾以販賣豆腐為生），鐵匠業（相傳關羽早年以打鐵為業），還有理髮業、屠宰業、刀剪鋪業（因為他們的工具都是刀，而關羽的兵器就是青龍大刀），燭業（關公秉燭達旦，恪守叔嫂之禮），工商業（關公「上馬金，下馬銀」、「封金掛印」和「桃園結義」、「關公重義」）……

此外，還有幾種傳說深化了關公的財神形象，一說關公生前善於理財，長於會計業務，曾經發明計簿法，設計日清簿，清楚明白；另一說關公死後，真神常回到人間助戰，商人在生意受挫後若能得到關公相助，就會東山再起。可見，商人選擇關公當財神，看重的是他的忠義形象和懲惡揚善、祐民護民的萬能神格，他們非常希望關公能保護他們的身家性命和財產安全。

還有一種說法，人們認為關公成為財神與山西商人有關。山西商人把關公當作出門在外的保護神，在他們遍布全國的會館裡建築關廟。因為遊走天下闖蕩江湖也需要彼此照應，共同面對困難，因此，他們就經常仿照「桃園結義」結成異姓兄弟聯盟，這也使關公忠誠和義氣的美德廣為流傳。後來，晉商富甲天下，其他生意人也紛紛仿效，關公就成了公認的財神了。

除了關羽之外，中國古代還有哪些財神？

財神的出現和其他神靈相比，算是出道頗晚的，南宋時期民間出現的「財神紙馬」，應該是財神的原初形式。古代民間信奉的財神分為文武兩類，文財神由古代的文官演化而來，如比干、范蠡；武財神當然由武官演化而來，如趙公明、關公。關公代表「誠信」，范蠡代表「智慧」，而比干、趙公明代表「公正」。比干是殷紂王朝的三大忠臣之一，但殷紂王不僅不聽他的勸諫，還聽信妲己的讒言，把他的心挖了出來，傳說比干因為沒有了心，所以辦事就不偏不倚。《封神演義》裡，姜子牙封比干為「文曲星君」，《儒林外史》裡稱中舉的士人為「天上的文曲星」，科舉考試是進入仕途的門路，一旦考取了功名，俸祿財源自然就來了，所以比干這個文曲星自然成了財神。

范蠡是春秋末年越王勾踐手下的謀臣，越王被吳王夫差打敗後，范蠡輔佐勾踐臥薪嚐膽，終於滅了吳國，成就霸業。而范蠡卻在這時功成身退，隱跡江湖。據說，他憑藉過人的智慧，在後半生白手起家，積金數萬，既善於理財，又樂善好施，故成為財神。

趙公明是明代最著名的財神，但他卻是由瘟神轉化而來的。元代的《搜神廣記》記載了兩個不同的趙公明，一個仍是瘟鬼，而另一個卻是善神。明代時《封神演義》問世，姜子牙封趙公明為金龍如意王——龍虎玄壇真君，統帥「招寶、納珍、招財、利市」四神，再加上他自己，正好是五路財神。從此以後，趙公明開始掌管天下財富，坐上了財神爺的寶座，而他原來做瘟神、瘟鬼的歷史，也被人們日漸淡忘了。

38 黃道吉日是怎麼選定的？

中國古人經常會透過星象來推算吉凶，認為青龍、明堂、金匱、天德、玉堂司命六個星宿是吉神，這六個星辰值日的時候，做任何事情都可以，沒有必要忌凶險，所以就被稱為「黃道吉日」。這個詞語出自元朝無名氏的《連環計》第四折：「今日是皇道吉日，滿朝眾公卿都在銀臺門，敦請太師入朝授禪。」

和許多詞語一樣，「黃道吉日」的來源也有一個民間故事。傳說在唐朝宣宗年間，有一個名叫「吉日」的書生，他認識了一個姓陳的小姐，然而就在兩人舉行婚禮的當天，正好遇到皇帝派兵卒為自己挑選美女，陳小姐被搶，吉日的好友「黃道」為救下陳小姐而被官兵殺死。吉日夫婦為此非常悲痛，厚葬了好友黃道。

幾年之後，吉日考中狀元。有一天，宣宗皇帝再次派遣兵馬到民間為自己選美女，吉日聽到消息後，就到大殿之上阻攔，宣宗一怒之下，命武士將吉日推到午門外斬首。在吉日死後，人們就將他埋在黃道的墓旁。在那之後，只要是百姓們辦婚事，都要到黃道和吉日兩人的墓前舉行。後來，因為這樣做實在是太麻煩了，於是人們就用黃道吉日結婚，來紀念黃道和吉日。

39 古代女子「分釵」意謂著什麼？

釵是古代婦女的一種髮飾，通常由兩件簪子組成，而當戀人或夫妻離別時，女子就會將頭上的釵一分為二，一支贈給對方，另一支自己保存，等到他日重逢的時候，再合在一起，這就是「分釵」。而因為文學家的多次使用，「分釵」慢慢地變成了愛侶分別的指代詞，比如南朝梁陸罩在〈閨怨〉中就寫到：「自憐斷帶日，偏恨分釵時。留步惜餘影，含意結離眉。徒知今異昔，空使怨成思。欲以別離意，獨向蘼蕪悲。」唐代著名詩人白居易的代表作〈長恨歌〉也有：「唯將舊物表深情，鈿合金釵寄將去。釵留一股合一扇，釵擘黃金合分鈿」的詞句。辛棄疾〈祝英臺近〉中的「寶釵分，桃葉渡，煙柳暗南浦」和納蘭性德「寶釵攏各兩分心，定緣何事濕蘭襟」的詞，都是用分釵來表示離情的。朱敦儒的〈臨江仙〉更是透過述說金兵攻陷汴京之後，自己被迫和愛人分離的痛楚。這首詞因為有國破家亡的時代大背景，而顯得格外沉痛，在生離死別的大動亂之中，詞中的分釵也就不再局限於兒女情長了。

40 「破鏡重圓」出自哪裡？

破鏡重圓的故事出自唐代孟棨《本事詩》，在《本事詩．情感》中記載，南朝陳太子舍人徐德言與妻子樂昌公主，擔心國破之後兩人無法保全，於是就打碎了一個銅鏡，兩個人拿一半，約定第二年的正月望日在集市中賣破鏡，期望透過這種方式相見。陳國滅亡後，公主被送入越國公楊素的家中做僕人，徐德言按照約定來到集市，看到有個老者在賣破鏡，於是就拿出自己的半個鏡子，正好能夠合在一起。於是徐德言就題詩說：「鏡與人俱去，鏡歸人未歸；無復嫦娥影，空留明月輝。」並讓老者帶詩給公主，公主看到詩之後，悲傷地哭泣不停，連飯都忘記吃了。楊素知道這件事情後，就將徐德言召來，將公主歸還於他，兩個人一起回到了江南終老。後來人們就用「破鏡重圓」來比喻夫妻離散或決裂後重又團聚或和好的。

41 古代為什麼送石榴給新人？

石榴為多籽果實，中國古代人把它當作生殖繁衍、子孫昌盛的象徵物，所以民間有把石榴當作禮物送給新婚夫婦的習俗。

根據史書記載，北齊文宣帝高洋非常寵愛自己的侄兒安德王高延宗。高延宗娶了李祖收的女兒為妃，皇帝來到李妃的娘家做客，李妃的母親拿出來兩個石榴。文宣帝不解其意，這個時候，皇子的老師魏收就說：「石榴房中多子，大王新婚，妃子的母親希望大王子孫眾多。」皇帝聽了這話，非常高興，於是就賜給李母美錦二匹。

除了贈送石榴，在中國民間還有以石榴圖案祝子孫繁盛的風俗。人們經常用「連著枝葉、切開一角、露出累累果實的石榴」的圖案，來比喻多子多孫，將其稱為「榴開百子」，這個經常在新婚的窗花、帳幔、枕頭等新房陳設中看到。「榴開百子」還有一種圖案是一群嬰孩嬉戲於石榴樹旁。

42 同心鎖為什麼會成為愛情的信物？

同心鎖傳說是掌管愛情的月老手中的寶物，只要被它鎖住的男女，就會一輩子在一起，永遠不分離，所以在中國古代，總有許多情侶在一個充滿靈氣的地方，結一把刻著雙方姓名的同心鎖。這既是一種美好的願望，也是一種虔誠的祈禱，更是一個永恆的承諾，從古至今，無數情侶樂此不疲。

同心鎖身上有無數的美麗傳說，但是最受人們歡迎的是那一對感動了月老的石鎖情侶。傳說，在非常久之前，一位出身商賈家庭的善良女孩和一個出身平凡的書生相戀，但身為商人的父親卻堅決不同意，並將女孩許配給了縣令的公子。就在婚期來臨的時候，書生鼓足勇氣將新娘搶了出來，兩人倉皇逃進山裡。面對前有堵截，後有追兵的絕望之境，他們毅然選擇了挽著手從山崖上飛身而下，消失在山谷之中。可是人們卻怎麼都找不到他們的屍身，只有一把刻著兩個人名字的石鎖，有人傳說是他們的愛情感動了月老，將他們變成永遠都不會分離的石鎖。

後來，人們為了紀念這段可歌可泣的愛情，就在每年八月十五日的月老誕辰前往月老廟繫鎖，沒有找到對象的人，結鎖祈求月老早日賜得一段好姻緣；已經成為情侶的男女，則將雙方的名字刻在鎖上，祈求月老保佑他們的愛情天長地久。

43 古代送梳子有什麼特殊的含義？

梳子是女性在日常生活中所必需的一種物品，屬於貼身常用之物，中國長達兩千多年的封建禮教，對於女性的一切行為幾乎都做出了嚴格的規範，而送貼身之物的梳子，自然就有許多的講究和說法。

在古代，女子出嫁前經常會有長輩為其梳頭，有「一梳梳到尾，二梳白髮齊眉，三梳兒孫滿堂」的說法，這既有家人的祝福，也是愛意的表達，所以許多地方至今仍有七夕送梳子的習俗。

如果送梳子的雙方是沒有結婚的青年男女，那麼表示互相思念，想要白頭偕老，準備私訂終身。因為送梳子代表一輩子都要糾纏到老，有結髮的意思。當然，送梳子的意思並不只有這一種，送梳子也代表健康、快樂，將所有的煩惱全部清除，將心結打開，而且梳頭會給人精神，帶給人自信。送梳子的對象不同，也會有不同的含義。將梳子送給母親，是希望她能夠永遠年輕，不被煩惱糾纏；送給老師則是祝福老師身體健康；送給新娘是祝福新人永結同心；送給朋友或長輩，則是希望對方生意紅火、升官發財、身體健康、萬事如意。

44「黃花閨女」的稱呼是怎麼來的？

關於這一習俗的由來，有一個美麗的傳說。

相傳，南北朝時，宋武帝的女兒壽陽公主，有一次睡在含章殿簷下，有梅花恰巧落在她的額頭上，梅花漬染，在額頭留下梅花之形，拂之不去。此後，壽陽公主便經常將梅花貼在額前，宮人們也紛紛效仿，因此就有所謂梅花妝，簡稱「梅妝」。這種妝飾傳到宮外後，民間女子也紛紛效仿，或用菊花，或用黃紙剪出花樣貼在前額，並逐漸發展成「貼黃花」的習俗。由於這種妝飾在未婚的女孩子中比較流行，漸漸地，「黃花閨女」就成了未婚女孩的代稱。

所謂「黃花」，其實是指古代婦女額前的一種裝飾。當時的婦女喜歡用黃顏色的粉，在額頭上畫出各種花鳥形狀，或是用金黃色的紙剪成花鳥形狀貼在額頭。

這種習俗大約起於南北朝，盛行於隋唐。〈木蘭辭〉中就有「當窗理雲鬢，對鏡貼花黃」之說。

45 古人為什麼把貧賤時娶的妻子叫「糟糠之妻」？

將妻子稱為「糟糠」出自《後漢書．宋弘傳》裡記載的一個典故。

「（光武帝）謂弘曰：『諺言貴易交，富易妻，人情乎？』弘曰：『臣聞貧賤之知不可忘，糟糠之妻不下堂。』」

原來光武帝劉秀的姊姊湖陽公主死了丈夫，光武帝想在朝廷大臣中為她擇一合適夫婿。湖陽公主說：「宋弘氣度威正，品德高尚，朝中官員都不及他。」於是光武帝特意召見宋弘，想探問一下宋弘有無此意，他對宋弘說：「俗語說，人貴了要換掉一批舊友，人富了要另娶一位新妻，這是人之常情吧？」宋弘回答：「我知道的是，人貴了不可以忘卻貧賤時結交的知己，人富了不可以拋棄貧窮時娶的妻子。」光武帝只好打消了讓宋弘娶湖陽公主的念頭。

後來，人們便把與自己生死相依、同甘共苦的妻子，稱為「糟糠之妻」了。

46 古人為何把原配夫妻稱為「結髮夫妻」？

「結髮」原是古人成人禮的一部分，也就是人們常說的束髮。古時候，不論男女都要蓄留長髮。男子在二十歲時要舉行冠禮，就是把頭髮盤成髮髻，謂之「結髮」；女子則在十五歲舉行笄禮。

笄，即簪子。自周代起就規定女子在訂婚後、出嫁前行笄禮。一般在十五歲舉行，如果一直待嫁未許人，則年至二十也行笄禮。

受笄時，也要改變幼年的髮式，將頭髮結成一個髻，然後用黑布將髮髻包住，再以簪插定髮髻。古代無論男女，只要舉行了成人禮，就代表這個人到了可以結婚成家的年紀了。

到了漢代，「結髮」成了新婚夫妻成婚的儀式之一。

漢代蘇武有詩云：「結髮為夫妻，恩愛兩不疑。」宋代孟元老《東京夢華錄．娶婦》中記載：「男左女右，留少頭髮，二家出匹緞、釵子、木梳、頭鬚之類，謂之合髻。」

在洞房花燭夜，飲交杯酒之前，新郎、新娘就床而坐，各自剪下自己的一綹頭髮，再把這兩縷長髮相互綰結纏繞起來，以誓結髮同心、生死相依。古人還有詩總結：「交絲結龍鳳，鏤彩結雲霞。一寸同心縷，百年長命花。」髮「結」在一起，有牢固、結合、結伴之意，也寓意著新婚夫婦恩愛纏綿、白頭偕老。

因而「結髮」自然就有了成婚的意思，人們也就稱首次結婚的男女為「結髮夫妻」。在〈古詩為焦仲卿妻作〉[1]裡，就有「結髮同枕席，黃泉共為友」的句子。

編注：1〈古詩為焦仲卿妻作〉：即〈孔雀東南飛〉。

47 為什麼古人稱新婚臥室為「洞房」？

「洞房」一詞最初的含義，並不是指新婚夫婦的臥房。《楚辭．招魂》有句云「姱容修態，洞房些」，意思是幽深的內室裡，滿是面容姣好、儀態優雅的女子。這裡的「洞房」是指幽深而又豪華的居室。

從幽深的居室到新婚的臥房，「洞房」的詞義轉變經歷了漫長的過程。兩漢時期文學作品中的「洞房」，沿用的仍是〈招魂〉中的本義。司馬相如的〈長門賦〉據說是為失寵的陳皇后寫的。漢武帝答應她傍晚會來，可是天色已晚，卻仍不見蹤影。她只得「懸明月以自照兮，徂清夜於洞房」。此外，洞房還常常與高堂連用，如「高堂邃宇，廣廈洞房」（《鹽鐵論．取下》），「居則廣廈高堂，連闥洞房，下羅帷，來清風」（《新論》）等等。值得注意的是，漢代的洞房僅限於在宮廷闈苑中使用，所指的大都是王宮貴族們富貴奢華的居所。直到魏晉南北朝時期，洞房仍舊高高在上，與普通人的婚姻無關。陸機〈君子有所思行〉中有「甲第崇高闥，洞房結阿閣」一句，仍然是極寫奢華的。北周時，庾信〈三和詠舞詩〉曰：「洞房花燭明，舞餘雙燕輕。」此處的洞房首次與花燭「攜手」，但卻不是描寫新婚之夜的。

從唐代開始，洞房頻頻被用來指代男女歡愛的處所，藉以描敘「閨情」。此時的洞房終於走出宮廷貴族的高牆，進入了平民百姓的生活。「落葉流風向玉臺，夜寒秋思洞房開」（沈佺期〈古歌〉）、「蟋蟀鳴洞房，梧桐落金井。為君裁舞衣，天寒剪刀冷」（無名氏〈牆頭花〉）、「莫吹羌笛驚鄰里，不用琵琶喧洞房」（喬知之〈倡女行〉）等，都是例證。但此時的洞房還不是專門指新婚臥房的詞彙。盛唐時佛教流行，「洞房」還曾用來指僧人的山房，王維有「洞房隱深竹，清夜聞遙泉」（〈投道一師蘭若宿〉）的詩句。

從盛唐到中唐，「洞房」漸漸由它的本義生發開來，引申為新婚臥房。比如：「洞房有明燭，無乃酣且歌」（劉禹錫〈苦雨行〉）、「新妍籠裙雲母光，朱弦綠水喧洞房」（顧況〈宜城放琴客歌〉），還有朱慶餘那膾炙人口的名句「洞房昨夜停紅燭，待曉堂前拜舅姑」（〈閨意〉）。此後，「洞房」就慢慢變為新婚夫婦臥房的專稱，「洞房花燭夜」也成為人生四大喜事之一。

48 為什麼古代新娘出嫁時要在頭上蓋一塊紅布？

蓋頭的來歷有一個傳說，據唐朝李冗的《獨異志》載，在宇宙初開的時候，天下只有伏羲和女媧兄妹二人。為了繁衍人類，兄妹倆商議之後決定配為夫妻，但他倆又覺得十分害羞。於是他倆向天禱告說：「天若同意我兄妹二人為夫妻，就讓至中的幾個雲團聚合起來；若不許，就叫它們散開吧。」

話音一落，天上的幾個雲團就聚合為一了。於是，兄妹倆就成了親。新娘子女媧為了遮蓋羞顏，就用草結成扇子來遮擋臉龐。於是，後人就以輕柔、美觀的絲織品，代替草編的扇，逐漸形成了蓋蓋頭的婚俗。

之所以選用紅色的蓋頭，是因為紅色在古人心中是吉祥喜慶的象徵。

蓋頭出現在婚禮中的歷史很長，出嫁蓋紅蓋頭的習俗也曾經在中國許多地區廣泛流傳。

宋代吳自牧《夢粱錄．嫁娶》中有這樣的描述：「（兩新人）並立堂前，遂請男家雙全女親，以秤或用機杼挑蓋頭，方露花容。」可見在當時的婚俗中，新娘就是蓋著蓋頭的。

新娘戴蓋頭這一婚俗，一般的作法是新娘出嫁上轎前蓋上蓋頭，到夫家拜堂時或入洞房後，由新郎用秤桿或機杼等物挑去。這一作法始於東漢。因為東漢魏晉時期，社會動盪不安，人們來不及履行繁瑣的婚禮儀式，遇到良辰吉日就匆忙完婚。這種「拜時婚」不符合當時「禮」的程序，因而就用紗布蒙住新娘頭臉以遮羞。這在當時本屬權宜之計，後人卻習非勝是，使之成為世代沿襲和傳承的婚姻習俗。

到了南北朝時的齊，婦女普遍用頭巾來避風禦寒。而發展到唐朝初期，蓋頭便演變成一種用以遮羞的，從頭披到肩的帷帽。開元天寶年間，唐明皇李隆基標新立異，命令宮女以「透額羅」罩頭，就是讓婦女在唐初的帷帽上，再蓋一塊薄紗遮住面額做裝飾。

49 古代「十里紅妝」的嫁妝有多豐厚？

舊俗在婚期的前一天，女家將置辦的奩具雇挑夫送往男家，由伴娘為之鋪陳，俗稱「鋪床」或「發嫁妝」。

「鋪床」儘管不在婚姻六禮之列，但長期以來卻是漢族婚俗的重要組成部分。富家嫁妝驚人，床、桌、器具、箱籠、被褥一應俱全，日常所需無所不包。

發嫁妝的隊伍綿延數里，故稱「十里紅妝」。「發嫁妝」往往成為富貴大戶人家擺闊誇富的大遊行。

「十里紅妝」一方面表達了父母對女兒的拳拳愛意；另一方面，也是家族富有、地位顯赫的一種炫耀。商人雖然手握大量財富，但政治地位向來不高，所以常常透過聯姻來結交士大夫，借此提高自身的地位，而能引起萬人空巷及長久被津津樂道的十里紅妝，最能擴大聯姻兩家的影響力，提高兩家的社會地位。

用現代的話講，「十里紅妝」是最好的商業廣告，所以，婚媾競尚奢華，動輒花費萬金來置辦「十里紅妝」。

50 「乘花轎」的習俗是怎麼來的？

早期，迎娶新娘多用車，而不是轎子。這是因為，車比轎子出現得要早。封建社會早期，士大夫家娶親的禮儀很講究。有納采、問名、納吉、納徵、請期和親迎等六項規定。每項規定中，又有極為細緻的要求。

譬如，男子到女家「親迎」，要穿黑色衣服，要在黑夜裡用黑漆車子，打著火把前去。新娘是坐在車子裡的，車上有蓋，裡面有帷幕，以免被人看見。因為古人認為婦女代表陰氣，迎陰氣入室，宜在晚上進行。

轎子的起源大致在唐朝，南宋孝宗曾為皇后製造一種「龍肩輿」。上面裝飾著四條走龍，用朱紅漆的藤子編成坐椅、踏子和門窗。內有紅羅茵褲、軟屏夾幔，外有圍幛和門簾、窗簾。可以說，這是最早的「采輿」（即花轎）。這以後，歷代帝王都為后妃製造采輿，而且越來越華麗。

轎子娶親這個儀式出現在宋代，並漸漸成為民俗。這主要和「親迎」儀式出現的一系列變化有關。例如，這時「親迎」已改到在早晨進行，新郎要披紅插花，所以，新娘坐的轎子也改成了鮮豔裝飾的花轎。

51 古代為什麼把生男孩稱為「弄璋之喜」？

璋是玉器，形狀如半圭。弄璋最早出現在《詩經．小雅．斯干》上：「乃生男子，載寢之床，載衣之裳，載弄之璋。其泣喤喤，朱芾斯皇，室家君王。」意思是說，如果生了男孩，就讓他睡在床上，穿上衣裳，還給他圭璋玩弄。他的哭聲如果洪亮，將來則必有成就，期望他能當大官或繼承家業。圭璋是兩種貴重的玉器，如孔穎達《正義》：「圭璋特者，圭璋，玉中之貴也。」所以也用圭璋來比喻一個人的品德高尚，如《詩經．大雅．卷阿》：「顒顒卬卬，如圭如璋，令聞令望。」

古人把玉拿給男孩玩，也是希望他長大後能擁有如玉般的高貴品德。另外，古代王侯公爵等尊貴之人，衣服上都佩帶有圭璋，男孩生下來就讓他「弄璋」，其實就是期待他長大後也能成為王侯，如《毛傳》云：「半珪曰璋。裳，下之飾也。璋，臣之職也。」因此，後來就把生男孩稱為「弄璋」，而恭賀別人生男孩就稱為「弄璋之喜」或「弄璋之慶」。如明朝陳汝元《金蓮記．第二出》：「室人王氏，琴瑟聲和，更駕才於經驥，新有弄璋之喜，允符种玉之祥。」又明朝趙弼《木綿庵記》：「喜公有弄璋之慶，萬事足矣。」

52 古代排行的稱謂是怎樣的？

現代人給家中兄弟姊妹排行，一般用老大、老二、老三、老四表示，既簡單又明瞭。不過古人為兄弟姊妹排行，可是很有講究的。他們按照從大到小的順序，給出了一個名稱，分別以伯、仲、叔、季表示。「伯」就是老大，也可以用「孟」表示，不過「孟」多指庶出的老大、「仲」是老二、「叔」是老三、「季」是最小的。

古人在「字」前常加排行的次序。大家都知道中國古代大教育家孔子字仲尼，他在家就是排行老二。下一輩稱呼上一輩時，如果是父親的哥哥，就稱為「伯父」，這和我們現代的稱呼是一致的；父親的大弟弟稱為「仲父」；仲父下面的一個弟弟稱為「叔父」，最小的叔叔稱為「季父」。不過現在父親的所有弟弟都被稱為「叔父」。

《史記．項羽本紀》中「其季父項梁」，說的就是項羽最小的叔叔項梁。後來，「伯仲」常常連用在一起代指兄弟，有時也表示不相上下。如陸遊〈書憤〉：「出師一表真名世，千載誰堪伯仲間？」意思就是說，〈出師表〉這篇文章真是舉世聞名，千百年來誰能與諸葛亮不相上下呢？

53 古人是如何取號的？

古人的名字中，除了姓、氏、名、字外，還經常有個「號」。「號」也叫別稱、別字、別號，是一種固定的別名。古人稱別人的號，是為了表示尊敬，而自己稱號一般只用於自己的作品中。比如，李白姓李名白字太白，號青蓮居士。那麼，古人名字裡的「號」又是怎麼回事呢？

早在周朝時，人們就已經開始取號。對此，《周禮》解釋說，「號，謂尊其名，更為美稱焉」，意思是說，號是人在名、字之外的尊稱或美稱。

封建社會的中上層人物（特別是文人），往往以住地和志趣等為自己取號（包括齋名、室名等）。如我們熟知的唐代杜甫號少陵野老、白居易號香山居士，宋代蘇軾號東坡居士、辛棄疾號稼軒居士，明代唐寅（字伯虎）號六如居士，清代鄭燮號板橋等。

宋以後，文人之間大多以號相稱，有些別號的使用率甚至超過名、字，如蘇東坡、鄭板橋。到了明清時代，人們把取號視為一種時髦，上至皇帝，下至一般黎民百姓，幾乎人人有號。號不像取姓名那樣要受家族、行輩的限制，而是由使用者本人所起，因而可以更自由地抒發或彰顯使用者的審美趣味。別號中常見的道人、山人、居士、翁、叟之類，就是自號者鄙視利祿、看透紅塵的志趣體現。

宋代歐陽修晚年號「六一居士」，所謂的六個「一」即：一萬卷書、一千卷古金石文、一張琴、一局棋、一壺酒，加上他本人一老翁，足見其審美品味。歐陽修還有個「醉翁」的號，想必大家也會想到他在〈醉翁亭記〉中抒發的「醉翁之意不在酒，在乎山水之間也。山水之樂，得之心而寓之酒也」吧。

當然，也有很多官僚縉紳和封建文人所取的各種動聽的別號，只是附庸風雅、沽名釣譽的幌子而已。

54 古代的滿月禮是什麼樣的？

古代的滿月禮很隆重熱鬧。生子滿月本就值得慶賀，產婦出月也該紀念。而且嬰兒滿月後，許多禁忌就隨之解除，所以主人要請親朋好友來喝滿月酒。

據《東京夢華錄》記載，宋朝小兒滿月時，主家在盆中燒了香湯，親友就撒錢在湯中，稱「添盆」。這是一種獨具特色的饋贈儀式。滿月時還有剃胎髮、出門遊走等儀俗。剃胎髮是滿月禮中的一項重要儀俗，多由舅舅主持，是母系社會人際關係的某種遺留。剃頭時額頂要留「聰明髮」，腦後要蓄「撐根髮」，眉毛則要全部剃光。剃下的頭髮還要收藏好。這種習俗一直延續到現在。滿月遊走也叫「滿月逛街」，是一種為嬰兒祈求吉祥的活動。

據《東京夢華錄》載，宋代在滿月禮落胎髮之後，便「抱牙兒入他人房」，一般是由外婆或舅舅抱去禮節性地小住，謂之「移窠」或「挪窩」。目的是讓嬰兒能象徵性地見見世面，以便將來能有出息、有膽識，成為一個精明能幹的人。

55 什麼是笄禮？

女子行笄禮的年齡要早於男子。

《禮記．內則》說女子「十有五年而笄」。十五歲在女子為「及笄」之年，即已經成年可以出嫁了。《儀禮．士昏禮》說「女子許嫁，笄而醴之，稱字。」意思是說，女子到了十五歲就可以出嫁了，但之前要先為她舉行笄禮，並像男子一樣也給她取個字。如果十五歲還沒有許嫁呢？鄭玄說：「其未許嫁，二十則笄。」嫁不出去的姑娘，最遲二十歲也要行笄禮的。

笄是一種盤頭髮用的簪子。所謂笄禮，就是將頭髮挽起來，用笄簪上。

在古代，無論男女，幼年時的頭髮都是自然披散的，最多只是紮成兩束垂在腦後，稱「總角」。成年之後，頭髮就要精心收拾了。男子加冠，女子加笄。但由於重男輕女的緣故，古代有關笄禮的記載比較少見，舉行時也遠不如冠禮隆重。

在朱子的《家禮》中，記載了一般人家的笄禮儀式：女子於許嫁之後由母親主持笄禮。提前三天通知賓客，提前一天登門邀請行笄禮的主賓。行禮之日，主婦恭迎女賓入堂，並請主賓為女孩加笄。然後是換衣、祭酒、用字，最後是父親帶去祠堂拜祖先，與長輩見禮，宴請賓客。

全部程序與男子的冠禮相比，相對簡單，也沒有與地方長官和鄉紳見面的內容。這是因為女子成年以後的社會活動和社會責任有別於男子，主要活動範圍都被限制在室內的緣故。所以，女子婚後就有了一個別稱叫「內子」。

56 什麼是冠禮？

冠禮也叫「成男禮」或「成人禮」，主要的禮儀形式就是加冠，所以叫「冠禮」。冠在人的頭上，至高無上，地位最尊，所以古人對冠特別重視。

子路在衛國的一次戰爭中負了重傷，帽纓也被砍斷了，臨死之前他卻說：「君子死，冠不免。」遂結纓而死。可見冠在古人心目中的地位。因此，行冠禮就能使人增添莊重的感覺。行冠禮之前，當事人還是孩子，加冠之後就成了大人，別人就要以成人之禮來相待了，自己的言行舉止也要符合社會的禮儀規範，所以冠禮又被稱為「禮之始」，被列為六禮（冠、婚、喪、祭、鄉、相見）之首。

據《禮記・士冠禮》的記載，冠禮是在宗廟裡舉行的，由父親或兄長主持儀式。儀式非常隆重而繁瑣，大致有十幾道程序。

先是以占卜，決定加冠的吉日，然後在三天之前預先通知賓客，再在賓客中選定一位負責加冠者，選定之後還要一再地敦請。到了加冠那天，請賓客入廟就位，接受加冠的青年出房就位行禮，接著就開始加冠。

正式的加冠禮有三次：初加緇布冠，表明他已成人，有了成人所應有的一切責任和權利，可以管理人了；二加皮弁，表示他從此要服兵役了；三加爵弁，表明從此有權參加祭祀了。每加一次冠，賓客都要對受冠者致祝詞；三次加冠之後，主人要設酒宴禮賓。這以後，加冠青年還要去拜見母親，然後由賓客給他取字，再去拜見兄弟等家人，還要拜見地方行政長官和鄉里的前輩。加冠青年在向家人和地方長官以及前輩行禮時，受禮者都要答禮，以示家庭和社會對剛加冠的男性新成員的尊重，並讓他明白今後將要負擔的家庭和社會責任。最後是主人再次敬酒和恭送賓客。至此，成人的加冠禮才全部結束。

由上簡述可知，先秦時的加冠禮是相當繁複的，後來這種儀式逐漸地有所簡化。加冠禮中，文化意味較濃的一個內容是取字。「童子無字」，字是成人的標誌。《禮記．冠義》說：「已冠而字之，成人之道也。」行冠禮取字後，別人一般就不能隨便地直呼其名，而必須稱字了。直呼其名就成了一種很失禮的行為。

加冠既是成人的標誌，那麼冠也就成了貴族成年男子的重要服飾，該戴冠的場合如果不戴冠，常會被看作是一種失禮的行為。

《晏子春秋．內篇雜上》說齊景公「被髮，乘六馬，御婦人，以出正閨」，一個叫刖跪的守門人竟然「擊其馬而反之，曰：『爾非吾君也。』」使「景公慚而不朝」。一個小小的守門人居然敢如此大膽地阻擋景公，不讓他的車馬走出宮門，原因就在景公的披髮不冠不合禮儀，景公自己也感到了理虧。

《史記》中也說到漢武帝有一次因為不冠，望見汲黯來奏事，竟躲到了帳中去。這就說明戴不戴冠不僅是一個禮制問題，還含有對別人是否尊敬的意思在內。《後漢書》說，馬援在未做官時，「敬事寡嫂，不冠不入廬」，表示的就是對寡嫂的敬重和禮貌。

行冠禮的年齡一般在二十歲。《禮記．曲禮上》：「二十曰弱冠。」二十歲時，雖說身體還不太強壯，但已成年可以行冠禮了。而實際上，行冠禮的年齡還常有早於二十歲的。《左傳．襄公九年》：「國君十五而生子，冠而生，禮也。」一個男青年只有行了冠禮之後擇偶婚配，才合乎禮。所以，為使未滿二十的男青年生子合禮，就只有提前行冠禮了。

孔穎達在《禮記》的疏文中說，唐代的庶人和士人之子年二十而冠，但卿大夫十五以上就可以行冠禮了，天子、諸侯和天子之子更有早到十二歲就行冠禮的。身分越高的嗣子，行冠禮的年歲就越有可能提前。這種作法其實是為延續宗法社會而採取的一種無奈的變通。

57 民間傳說中哭倒長城的孟姜女是姓「孟」嗎？

孟姜女的傳說是古代四大民間傳說之一，流傳頗廣，童叟皆知。對於孟姜女的姓氏，卻少有人知。孟姜姓氏在古代有兩種解釋：第一種，孟姜指齊國國君長女，或通指世族婦女。春秋時期，齊國是周朝諸侯國中的泱泱大國，齊國始祖就是大名鼎鼎的姜子牙，他姓姜，名望，所以齊國國姓就是姜姓。古代兄弟姊妹排行中的長者以孟相稱，故而「孟姜」即指齊國國君的長女。《詩經．鄭風．有女同車》詩曰：「彼美孟姜，洵美且都。」說的是：齊姜有長女，美貌品嫻雅。漢代毛公就把孟姜解釋為「齊之長女」。第二種，孟姜指姓姜字孟的女子，專指春秋齊國大夫杞梁的妻子，即傳說中孟姜女的原型。所以孟姜女的本姓應該是姜，而不是孟。

此外，民間還流傳著關於孟姜女姓氏的奇異傳說。據說，孟姜女本是孟姓人家種的一棵大蒲瓜，枝葉繁茂，藤莖蔓延到了姜姓人家的院牆。後來瓜熟落地，生出一個小女孩，孟姜兩戶人家都疼愛不已，便以「孟姜」兩姓做為女孩的姓氏，故叫「孟姜女」。

那麼，孟姜女「哭倒長城」的傳說是真事嗎？她哭的是哪個長城？

孟姜女的故事源自史實，淵源很早，在戰國時期便初露端倪。《左傳》最早記錄了這個故事：孟姜女的原型是春秋時齊國大臣杞梁（名殖）之妻。杞梁不幸戰死，齊莊公打算派人前往郊外憑弔，杞梁妻子以郊外不是弔喪之地而加以回絕，於是莊公親往其家弔唁。故事雛形中，僅僅刻畫了杞梁妻知禮守節的品格。後來《禮記．檀弓》更增添了她

「迎其柩於路而哭之哀」的說法，《孟子》中也有增衍，但基本符合史實，並沒有「哭倒長城」這一情節。

到了漢代，故事開始衍生出哭倒城牆（或山）的情節，當時的城牆是指齊城。《列女傳》卷四記載：齊莊公弔喪離開之後，杞梁妻「乃就其夫之屍於城下而哭之，內誠動人，道路過者莫不為之揮涕，十日，而城為之崩。既葬……遂赴淄水而死。」此時，杞梁妻的形象發生了變化，她不僅知禮而辭卻郊吊，還在丈夫死後向城而哭，使得城池崩塌以安葬亡夫殘骨，最終自投淄水。故事著重表現出了她慟哭的真摯和死的貞烈。從此之後，人們更加關注其哭泣的感化作用，將她的慟哭描繪得驚天地、泣鬼神，淚盡繼血，哭倒齊城，令人感動不已。

北齊時屢築長城，徭役繁重，民間多征夫怨女。孟姜女的故事逐漸與築城徭役相關聯。因此，杞梁也就從為齊國犧牲的戰將，變成被打死的秦朝築城民夫；杞梁妻所哭倒的長城，也從齊長城換作秦長城；而杞梁妻則成了尋夫認骨、哭倒長城的人物，廣為世俗傳知。自敦煌發現的《孟姜女變文》將杞梁妻確定為「孟姜女」後，故事繼續發展演變，出現了不少異文。一些通俗唱本多以這個故事為題材進行創作加工，反過來又影響了這個故事的口頭講述。

可見，孟姜女哭倒長城的故事是後代虛構的，並非史實。哭倒長城的傳說，寄託著古人對於孟姜女的同情和對愛情忠貞的企慕。

第5章

文字趣談

1 古代的「千金」原本是指男兒？

今天，「千金」、「千金小姐」特指未婚女子。不過，在古代，「千金」最早卻是指男孩。

「金」是古代的貨幣單位，秦始皇統一六國之後，規定貨幣分為兩種：黃金為上幣，計量單位為「鎰」，一鎰等於二十兩或者二十四兩；銅為下幣。但是，古人卻不用鎰或兩來稱呼貨幣，而是用「金」稱呼，比如「馬一匹百金」之類。漢代以一斤黃金為一金。《史記．項羽本紀》載：「項王乃曰：『吾聞漢購我頭千金，邑萬戶。』」項羽的頭值一千斤黃金，可見有多貴重。後來「千金」就引申為貴重的意思，並衍生了諸如一字千金、一諾千金、春宵一刻值千金、「五花馬，千金裘」等許多典故。

第一次把「千金」用來比喻人，出自《南史．謝弘微傳》。南朝梁的著名文學家謝朏小時候非常聰明，其父謝莊很喜歡這個兒子，常常讓他跟隨左右，外出遊玩的時候也帶上他。謝朏十歲就能寫一手好文章，有一次謝莊帶著他去遊玩，讓謝朏寫一篇命題作文，謝朏拿過筆來一氣呵成，謝莊看了之後，不由得大喜過望。謝莊的朋友對謝莊說：「你這個兒子真是神童，將來一定會發達。」謝莊撫著兒子的後背，心花怒放地說：「真吾家千金。」

那時，南朝的宋代還沒有被齊、梁兩個朝代取代，謝朏的名聲甚至傳到了宋孝武帝的耳朵裡，有一次，宋孝武帝去姑蘇（蘇州）遊玩，特意命謝莊帶上謝朏一起前往，並讓謝朏寫了一篇〈洞井贊〉的命題作文，謝朏輕輕鬆鬆就寫完了。宋孝武帝看完之後感歎道：「雖小，奇童也。」後來，謝朏果然成了著名的文學家，官至尚書令。「千金」這個比喻也就此流傳了下來，但是專指男孩。

那麼，「千金」一詞是在什麼時候成為未出嫁女孩的專用詞呢？對此有兩種說法。

其一，春秋時期。西元前五二二年，伍子胥父兄被楚平王殺害。伍子胥逃離楚國，投奔吳國。途中他饑困交加，見一位浣紗姑娘的竹筐裡有飯，於是上前求乞。姑娘頓生惻隱之心，慨然相贈。伍子胥飽餐之後，由於安全原因，要求對方為他的行為保密。但姑娘猛然想起，男女接觸為禮教和輿論所不容。她隨即抱起一石，投水而死。伍子胥見狀，傷感不已。他咬破手指，在石上血書：「爾浣紗，我行乞；我腹飽，爾身溺。十年之後，千金報德！」後來，伍子胥在吳國當了國相，吳王調遣勁旅攻入楚國。西元前五〇六年，伍子胥「掘楚平王墓，其屍鞭之三百」，報了自己的大仇。之後，他想到要報恩，但苦於不知姑娘家地址，於是就把千金投入她當時跳水的地方。從此，就傳出「千金小姐」的叫法。

其二，元朝時期。據說，在元朝人張國賓所作《薛仁貴榮歸故里》一劇中，才把「千金」和女孩連結起來：「小姐也，我則是個庶民百姓之女，你乃是官宦人家的千金小姐，請自穩便。」顯然，在張國賓寫作此劇之前，民間已經改換了「千金」一詞的原始含義，而用來指稱女孩了，張國賓只是在劇中使用了「千金小姐」這一稱謂而已。

到了明清時代，一些話本和小說中稱女孩為「千金」的情況就更普遍了。時間一長，「千金」一詞便變成了女孩子的專稱。

2「鴛鴦」原本是指兄弟？

鴛鴦，又叫匹鳥、官鴨等。千百年來，鴛鴦一直是夫妻和睦相處、相親相愛的美好象徵，也是中國文藝作品中堅貞不移的純潔愛情的化身，備受讚頌。

但在中國古代，最早是把鴛鴦比作兄弟的。《文選》中有「昔為鴛和鴦，今為參與商」，「骨肉緣枝葉」等詩句，這是一首描述兄弟之間贈別的詩。西晉鄭豐有〈答陸士龍詩〉四首，第一首〈鴛鴦〉的序文說：「鴛鴦，美賢也，有賢者二人，雙飛東岳。」這裡的鴛鴦是指當時著名文人陸機、陸雲兄弟。到了三國時期，曹植在其〈釋思賦〉中也有「樂鴛鴦之同池，羨比翼之共林」，其中的「鴛鴦」說的也是兄弟友愛。

那麼，古代是什麼時候把鴛鴦比作夫妻的呢？

據說，此意最早出自唐代詩人盧照鄰〈長安古意〉詩，詩中有「得成比目何辭死，願作鴛鴦不羨仙。比目鴛鴦真可羨，雙去雙來君不見。」之句，讚美了男女之間美好的愛情，並引得其後一些文人競相仿效。如李白有「七十紫鴛鴦，雙雙戲亭幽」，杜甫有「合昏尚知時，鴛鴦不獨宿」，孟郊有「梧桐相持老，鴛鴦會雙死」，杜牧有「盡日無雲看微雨，鴛鴦相對浴紅衣」等等。

唐代詩人崔珏還因一首〈和友人鴛鴦之詩〉：「翠鬣紅毛舞夕暉，水禽情似此禽稀。暫分煙島猶回首，只渡寒塘亦並飛。映霧盡迷珠殿瓦，逐梭齊上玉人機。採蓮無限藍橈女，笑指中流羨爾歸。」而名聲大振，被世人稱為「崔鴛鴦」。

3 「衣冠禽獸」最初是讚美人的話嗎？

在現代社會裡，「衣冠禽獸」這個詞語是用來形容道德敗壞的人，指他們徒有人的外表，行為卻如同禽獸。殊不知，這個徹頭徹尾的貶義詞，在誕生之初，卻是個萬眾仰慕、光彩照人的「體面」詞。

「衣冠」的本意，代指公共權力。人類社會往往就是「衣冠社會」，有光腳的，也有穿鞋的；有騎馬的，也有騎驢的。衣服穿戴始終法度森嚴，極有尺寸，就像梨園那句行話：「不怕穿破就怕穿錯。」特殊階層非常重視「衣冠」標誌。

比如，受鄙視的商人，兩隻鞋不能完全一樣；再比如，地位低下的妓女，必須穿褲子，而不能隨便穿裙子……如果上升到朝廷官儀，就更不能馬虎了。所謂「衣冠」，就是「看得見的權力」、「貼上標籤的等級」。

按照朝廷官制，根據品級不同，彼此「工裝」的顏色和圖案也各不相同。單說裝飾圖案吧，不外乎飛禽走獸。這種嚴格的等級制度，從明朝就已經開始了。據明、清兩代正史中的《輿服志》記載，文官繡「禽」，武官繡「獸」，任何人不得擅自逾越。「衣冠」上的「禽獸」自然和文武官員的品級一一對應。

明代官員的服飾規定：文官官服繡禽，武將官服繪獸。文官一品緋袍，繡仙鶴；二品緋袍，繡錦雞；三品緋袍，繡孔雀；四品緋袍，繡雲雁；五品青袍，繡白鷳；六品青袍，繡鷺鷥；七品青袍，繡鸂鶒（音「希赤」）；八品綠袍，繡黃鸝；九品綠袍，繡鵪鶉。

武將一品、二品緋袍，繪獅子；三品緋袍，繪老虎；四品緋袍，繪豹子；五品青袍，繪熊；六品、七品青袍，繪彪；八品綠袍，繪犀牛；九品綠袍，繪海馬。

看來，「衣冠禽獸」曾是一個令人非常羡慕的讚美詞彙。可惜到了明朝中晚期，社會的語言環境發生了變化。烏煙瘴氣的宦官政治，徹底顛覆了「文死諫，武死戰」的從政理念。無論是京官還是外臣，都人人自危、明哲保身。很多官員甚至幹起了魚肉百姓、為虎作倀的勾當。文武官員的名聲越來越臭，曾廣受推崇的「衣冠禽獸」，漸漸墮落為「披著人皮的狼」。

其實，明朝以前，原本有個成語，指斥那些道德淪喪、行為卑劣的「偽君子」，稱為「衣冠梟獍」。「梟」，是一種窮凶極惡的鳥，傳說牠為了存活，不擇手段，不惜吞吃母親。「獍」，也是一種十分殘忍的動物，傳說牠餓不擇食，殺氣騰騰，居然敢咬死自己的父親。這兩種喪心病狂的禽獸，衣著再體面，也是千夫所指，人人喊打。宋朝人李昉編撰的《太平廣記．諂佞》中，提到了一個叫蘇楷的人：「（蘇）楷，人才寢陋，兼無德行……河朔士人目蘇楷為衣冠梟獍。」明朝之前，「衣冠梟獍」所處的位置，就像現在的「衣冠禽獸」。「衣冠禽獸」徹底掉價，恐怕也是明末清初的「語言發酵」。漢語，在特殊的社會背景和文化環境下，催生出了新詞彙、新詞意。

明末文人陳汝元寫《金蓮記・構釁》時說：「妝成道學規模，飛語傷人……人人罵我做衣冠禽獸，個個識我是文物穿窬（竊賊）。」清朝小說家李汝珍也在《鏡花緣》裡寫道：「既是不孝，所謂衣冠禽獸，要那才女又有何用。」顯然，這時的「衣冠禽獸」，已經淪為為非作歹、如同牲畜的貶義詞了。

4 「丫頭」一詞最早出自何處？

在現代社會裡，有許多地區把未成年的女子稱「丫頭」。在這裡，「丫頭」含有親暱的成分，很多長輩會笑著揶揄晚輩：「你個死丫頭，說你一句頂兩句！」

在舊時，一般把大戶人家的婢女稱「丫頭」。但是，「丫頭」一詞最早出現時並不是對女子的一種稱謂，而是指女子的一種頭髮梳理樣式，這在今天的電影和電視裡常常可以看到，譬如電影《紅樓夢》裡侍奉主人的丫鬟們的髮型樣式，她們把頭髮分別梳成左右對稱的雙髻翹在頭頂上，就像是個分叉的丫字那樣，所以稱為「丫頭」。唐代劉禹錫〈寄贈小樊〉詩云：「花面丫頭十三四，春來綽約向人時。」

「丫頭」後來之所以指代女子，是由於古代婢女經常梳丫髻，所以「丫頭」又成為婢女的稱呼。宋代王洋在〈大陽道中題丫頭岩〉詩中寫道：「不謂此州無美豔，只嫌名字太粗疏。」並自注說：「吳楚之人謂婢女為丫頭。」可能由於「丫頭」稱呼流行於吳地，北方人不明白，所以王洋寫詩為注。從此以後，「丫頭」稱呼廣泛流行，直至現在很多地區仍在沿用此說。

5「感冒」一詞起源於何處？

大家對於感冒都非常熟悉，但感冒一詞是源自哪裡呢？可能絕大多數人都會認為它源自醫學經典。因為「感冒」很多人都經歷過，它是由感受風邪而引起的，以頭疼、鼻塞、流涕、打噴嚏、咳嗽、惡寒、發熱及全身酸楚不適為常見症狀的外感疾病，這樣一聯想，人們認為「感冒」一詞源自醫學經典也是很正常的了。然而，「感冒」一詞在中醫經典中卻無可考證，而且在民間老中醫那裡，關於「感冒」有這樣一種傳說，即「感冒」一詞的起源不是醫家，而是官場。

南宋年間，館閣（中央級學術機構）設有輪流值班制度，每晚安排一名閣員值宿。但是，沒有人把值夜班當回事，遇到誰當值誰就開溜，而且開溜原因在值班登記簿上均寫「腸肚不安」。一位名叫陳鵠的太學生，也硬被拉去館閣值宿。他開溜時，偏不循例照寫「腸肚不安」，卻標新立異大書「感風」二字。

陳鵠之所以發明出「感風」這個新奇用語，自有其客觀原因。在很長時期內，中醫對病因的表述都不規範明晰。南宋醫學理論家陳無擇首次把引致百病的病因區分為外因、內因、不內外因三大類；就外因而論，又區分為六淫，即風、寒、暑、濕、燥、火等六種反常氣候變化。陳鵠對他的同時代人陳無擇尚未獲得張揚的新學說顯然已有瞭解，故而在開溜時能夠賣弄小聰明，隨手借來六淫之首「風」，並前綴以「感」——感者，受也。

陳鵠所創先例被以後的各代官場沿襲，一直到清朝末代才發生突破性變化。當時，清代官員辦完公事請假休息，例稱請「感冒假」。「冒」——透出也。「感冒假」成為一個意義總體，可做如是闡釋：本官在為該公務操勞之際，已感外淫，隱病而堅持至今，症狀終於爆發出面！故而不得不請假將養。

隨著歷史的演變和推移，「感冒」一詞走出官場，進入醫學領域中，搖身一變，成為疾病的俗稱。

6 誰是最早的「東道主」？

現代社會，主持某項活動的國家、組織或個人常被稱為「東道主」，「東道主」一詞初見於《左傳・僖公三十年》：「若舍鄭以為東道主，行李之往來，共其乏困，君亦無所害。」意思是說，秦國在西，鄭國在東，所以鄭國對秦國來說自稱「東道主」，可以隨時供應秦使往來所需物品，做東路上的主人。

為什麼鄭國甘願做秦國的東道主呢？原來，這裡有一段真實的歷史故事。

西元前六三〇年九月，晉文公和秦穆公的聯軍包圍了鄭國之都。鄭文公求教於老臣燭之武。燭之武決心利用敵人之間的矛盾分化對方，以退敵軍。當夜，燭之武乘著天黑，叫人用粗繩把他從城頭上吊下去，私下去會見秦穆公。

晉國和秦國之間常常明爭暗鬥，燭之武就利用他們的矛盾對秦穆公說：「秦晉聯兵攻打鄭國，鄭國從上到下都知道保不住了。如果鄭國滅亡對貴國有點好處，我就不來囉嗦了。但是你要知道，秦國和鄭國之間隔著晉國。貴國要想越過晉國來控制鄭國，恐怕很難做到，到頭來得好處的一定是晉國。晉國的實力增加一分，就是秦國的實力削弱一分！我私下是這樣認為的。」

秦穆公覺得此言有理。燭之武進一步說：「要是您能把鄭國留下，讓它做為你們東方道路上的主人，你們的使者來來往往都要經過鄭國，萬一缺什麼，鄭國一定供應，這有什麼不好呢？我希望大王能考慮一下。」

秦穆公終於被燭之武說服，單方面跟鄭國簽訂了合約。晉文公無可奈何，不得不退兵返回。

由此，「東道主」一詞便流傳了下來。後來，則泛指招待迎接客人的主人為東道主，請客為做東。到了近現代，「東道主」一詞逐漸通用於國際交往中，特別是國際體育賽事中。

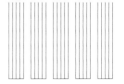

廣告回函
台灣北區郵政管理局登記證
台北廣字第2296號
免貼郵票

105

台北市復興北路333號11樓之4

如果出版社　收

如果

如果出版 讀者服務卡

謝謝您購買本書。

為了給您更好的服務，敬請費心詳填本卡。填好後直接投郵（免貼郵票），您就成為如果的貴賓讀者，優先享受我們提供的優惠禮遇。

您此次購買的書名＿＿＿＿＿＿＿＿＿＿＿＿＿＿＿＿

姓名：＿＿＿＿＿＿＿＿＿＿＿＿ □先生 □小姐　民國＿＿＿年生　□單身　□已婚

郵件地址：□□□ ＿＿＿＿＿＿縣市＿＿＿＿＿＿市區

＿＿＿＿＿＿＿＿＿＿＿＿＿＿＿＿＿＿＿＿＿＿＿＿

■**您的E-mail address**：＿＿＿＿＿＿＿＿＿＿＿＿＿＿

■**您的教育程度**？□碩士及以上　□大專　□高中職　□國中及以下

■**您從何處知道本書**？

□逛書店　□報章雜誌　□媒體廣告　□電視廣播

□網路資訊　□親友介紹　□演講活動　□其他＿＿＿

■**您希望知道哪些書最新的出版消息?**

□百科全書、工具書　□文學、藝術　□歷史、傳記　□宗教哲學

□自然科學　□社會科學　□生活品味　□旅遊休閒

□民俗采風　□其他＿＿＿＿＿＿＿＿＿＿＿＿

■**您是否買過如果其他的圖書出版品?** □有　□沒有

■**您對本書的評價**（請填代號，1.非常好 2.滿意 3.尚可 4.有待改進）

內容＿＿＿＿文筆＿＿＿＿封面設計＿＿＿＿版面編排＿＿＿＿

其他建議：

■**您希望本書系未來出版哪一主題的書?**

讀者服務信箱　E-mail andbooks@andbooks.com.tw

7 為何打了敗仗叫「敗北」呢？

這個有趣的問題，與「北」字的本義有關。「北」的本義是「背」或「相背」。在甲骨文中，「北」字就是兩個人背靠背的樣子。因此，東漢許慎在《說文解字》中解釋說：「北，乖也。二人向背。」古代兩軍作戰，打了敗仗而逃跑的一方，總是背對敵人的，所以「北」字，就增加了「失敗」這一義項。《左傳・哀公二年》：「大子救之以戈，鄭師北。」這裡的「北」，就是「敗」或「敗逃」。因此，古文中談到打敗仗時，常形容勝方「追奔逐北」，意思是追趕、奔襲、逐殺背向自己倉皇逃命的敵人，如《史記・高祖本紀》：「秦兵強，常乘勝逐北。」意思是說，秦兵強盛，經常乘勝追殺敗軍。

秦漢以後，「敗北」成為一個雙音節的常用詞。例如《史記・項羽本紀》：「吾起兵，至今八歲矣。身七十餘戰，所當者破，所擊者服，未嘗敗北。」後來「敗北」除了指軍事失敗或失利之外，還被引申為在各種競賽中失敗。

既然失敗稱為「敗北」，那麼打了勝仗是否就可以叫「勝南」了呢？當然不是，古代典籍中從來沒有這種說法。因為「敗北」之「北」，並不是東南西北方位的北。因此優勝劣敗，與方位無關。

8 皇帝的女兒為什麼被稱為「公主」？

「公主」一詞是中國古代對帝王女兒的稱呼。關於它的起源應該追溯到周代。周朝的天子把女兒嫁給諸侯時，自己並不主持婚禮，而是讓同姓的諸侯來主婚。當時，各諸侯國的諸侯稱謂是「公」，而「主」就是「主婚」之意，因為是由諸侯主婚，因此天子的女兒就被稱為「公主」。

不過，在當時，並不是只有君王的女兒才能稱為「公主」。《史記．吳起列傳》說：「公叔為相，尚（迎娶公主叫尚）魏公主。」可見，當時的諸侯之女也叫「公主」。

但是，從漢朝開始，稱謂之間的等級觀念變得非常嚴格，公主成了皇帝女兒的專稱，諸侯王的女兒則稱為「翁主」。唐朝學者顏師古在注釋《漢書．高帝紀》時解釋說：「天子不親主婚，或謂公主；諸侯王即自主婚，故其主曰翁主，翁者，父也，言父自主其婚也。亦曰王主，言王為其主婚也。」這樣，翁主就比公主低了一個等級。不僅如此，皇室內部的公主們也有了明顯的區別，比如皇帝的姊妹稱為「長公主」，先皇帝的姊妹為「大長公主」，加上「大」、「長」的字樣是表示尊敬。

到了漢以後，「翁主」的稱號就被廢棄了。東漢時的公主一般是「縣公主」，如光武帝的女兒為舞陽公主、涅陽公主等等，舞陽和涅陽都是當時的縣名；晉朝的公主則是「郡公主」，因為公主的封號之前是郡名，如晉武帝的女兒為平陽公主。這樣，「縣公主」和「郡公主」也可以簡稱為「縣主」和「郡主」，所以兩漢到晉的縣主和郡主，都是皇帝的女兒。

到了唐代，朝廷對公主的稱謂規定更加嚴格，雖然太子和諸王的女兒也封郡、縣，但不能稱為公主，而且待遇也不同。大長公主、長公主、公主享受正一品待遇，而太子的女兒、諸王之女等享受正二品的待遇。

這套制度在其後的朝代中變化不大，不過在北宋時期有兩個例外，一是北宋初年，由於趙普和高懷德為宋的建立立下了汗馬功勞，因此皇帝特封趙普之女為郡主，高懷德之女為縣主；二是徽宗時期，曾改公主為「帝姬」，郡主為「宗姬」，縣主為「族姬」。

在清代，對皇帝女兒的稱謂又有所改變，如為皇后所生，稱為「固倫公主」，妃嬪所生的女兒則稱為「和碩公主」。也許有人疑惑，在清朝，皇帝的女兒不是稱為格格嗎？其實，「格格」是滿語，是小姐的意思，是清朝對皇室女兒的統一稱謂。而格格也是分等級的，如皇帝的女兒是固倫公主，也稱為「固倫格格」。

9 皇帝的女婿為什麼被稱為「駙馬」？

三匹馬拉一輛車，左右兩邊的馬稱為「駙」。「駙馬」則是掌管皇帝之「駙」的人，是個不大不小的官。漢武帝時開始有「駙馬都尉」這種官職，掌管皇帝輿車之「駙」，年俸兩千石。

「駙馬」一詞是人們對古代封建帝王的女婿的稱呼。那麼，為什麼要把公主的丈夫稱為「駙馬」呢？關於這個詞語的起源，在民間流傳著四種說法。

第一種，起源於秦代。秦始皇統一六國後，經常到各地出巡。但有一次卻遭到別人的刺殺，雖然只是刺中了副車，但是秦始皇還是受到了驚嚇。

為了防止刺殺事件的再次發生，他乘坐的車子不但時常變換，而且還安排了許多副車。但是，秦始皇還是覺得不夠安全，因此特地選自己的女婿坐在副車上。後來，由於皇帝的女婿大都擔任替身乘坐副車，隨同皇帝出巡各地，漸漸地，人們就把皇帝的女婿稱為「駙馬」了。

第二種，始於魏。魏時有一個叫何晏的名士，因為與魏國的金鄉公主結婚，所以憑藉公主夫婿的身分，加授了「駙馬都尉」一職。這以後，魏晉時代的皇帝就參照此例，給自己的女婿加封此官職，不過後世的駙馬沒有什麼實權，而是成了一種榮譽稱號。因此，人們就用「駙馬」來專門稱呼公主的丈夫。

第三種，起源於楚漢之爭時期（這種傳說源自民間傳說）。楚漢相爭時期，漢高祖劉邦在與楚霸王項羽戰鬥時，專門坐在一輛由兩人駕駛的馬車裡，衝鋒陷陣，指揮戰鬥。馬車上共有三個座位，前面設兩個座位，為車夫所坐，後面設一個座位，為劉邦所坐，駕駛馬車的車夫分為「正馬」與「副馬」，一正一副，輪流駕駛馬車。

在一次戰鬥中，劉邦馬車上的副馬救了他一命。後來，做了皇帝後的劉邦為了對他表示感謝，就將小女兒許配給他，人稱「副馬都尉」，因副馬不雅，人們便喚成「駙馬都尉」。後來，人們把「都尉」二字也去掉，簡稱其為「駙馬」，自此，「駙馬」便成了歷代皇婿的代稱。

第四種，源自西漢。據《搜神記》載，西漢時有個人叫辛道度，在外出求學時獲得一妙齡女郎的幫助。女郎自稱是皇帝之女，表達了對辛的愛慕之情，並把一只金枕當作信物相贈。

離別後，辛道度想把金枕變賣為盤纏，結果被王妃發現，王妃認出金枕是宮中之物，十分驚訝，向辛道度詢問金枕的來歷，辛據實相告。王妃聽後，大驚不已，心想：「這金枕是我女兒去世時的陪葬品，怎麼會落到此人手中？」為弄清真相，王妃命人挖開女兒的墳墓，只見各物齊全，唯獨不見金枕。

王妃相信了，嘆息道：「我女兒死去已二十三年之久，還同世上之人交往，必定是靈魂被感動了。看來這人確實是我真正的女婿了。」於是封辛道度為駙馬都尉，並贈金銀車馬，護送還鄉。從此，人們便把皇帝的女婿稱為「駙馬」了。

以上四種說明「駙馬」一詞出處的故事，到底哪一個最接近史實，其實並不重要，重要的是這四個故事都與皇帝或是其女兒有關，這些足以說明「駙馬」是從一個官職名稱轉化為人的代稱這一事實。

10 女婿為什麼又被稱為「東床快婿」？

古人對女婿的稱謂較多，有的根據家庭的地位來稱謂，如上文中提到的帝王之家的女婿稱為「駙馬」；有錢人家的就叫「金龜婿」；有的稱為「姑爺」。在這裡，我們要探討的是古人為什麼用「東床」來稱呼女婿，這一稱謂又源自哪裡呢？提到「東床快婿」，就不得不說到東晉偉大的書法家王羲之了。據說「東床快婿」的典故就源自他青年時期的一段故事。

當時，東晉王朝的太尉郗鑑有個女兒，不僅人長得漂亮，而且頗有才氣，被郗鑑視如掌上明珠，因此選擇什麼樣的女婿對郗鑑來說是極為重要的事情。他知道當時的丞相王導家子弟甚多，而且個個都才貌俱佳，因此希望能在王丞相家的子弟中擇婿。王丞相聽聞，也欣然同意了。郗鑑就命管家帶上厚禮，來到王丞相家，想看看誰最優秀，就選擇誰做為女婿。

再說王府的子弟聽說郗太尉派人來覓婿後，都希望這樣的好事能夠降臨在自己的頭上，於是個個都穿戴整齊出來相見。郗府管家逐個打量，覺得王府的青年個個相貌英俊，也都很有才華，竟然一時難以決定。最後，郗府管家來到東跨院的書房裡，就見靠牆的床上躺著一個袒腹仰臥的青年人，正用手指在肚皮上比畫著什麼。顯然這個年輕人對太尉覓婿一事並沒有放在心裡。

郗府管家回去後，對郗太尉說：「王府的年輕公子二十餘人，聽說郗府選婿，都爭著表現自己，只有東床上有位公子無動於衷，他袒腹躺著若無其事。」郗鑑一聽，大喜，說：「這就是我要選的佳婿啊！」於是下了聘禮，擇為女婿，此人便是王羲之。

從此，「東床坦腹」或「東床」就成為了女婿的代名詞，「東床快婿」一說也就在民間流傳開了。

11 古代的「寺」不是指廟嗎？

在現代生活中，人們已經習慣把「寺」和「廟」連結在一起，比如到某寺廟裡去朝拜，到某寺廟去遊覽。然而在古代，「寺」和「廟」並不是一樣的。

古代的「寺」專指行政機構。東漢的《說文解字》對「寺」字的解讀已經十分明確——「廷也，有法度者也。從寸。」就是說，寺就是官府，是有法制的地方。

東漢時，佛教在中國已經有了一定的影響，永平十年，漢明帝派特使把印度高僧攝摩騰和竺法蘭兩位法師迎請到中國，跟他們一起來的還有一匹馱著佛經的白馬，這些僧侶來了之後，就由鴻臚寺負責接待。後來，因為佛教迅速受到朝野的普遍歡迎，朝廷就把兩位法師留在中國，並在洛陽城雍門西面，按天竺僧伽藍摩（該梵語的意思是「僧眾所住的園林」）樣式，為這兩位印度僧人建造了一些房屋，這些房屋依照當時的習慣，也被東漢王朝稱為「寺」。因為寺內的經書是用白馬馱來的，朝廷便將其命名為「白馬寺」。這樣，洛陽的白馬寺就成為中國的第一座佛寺。白馬寺是當時朝廷直屬的行政機構，它的目的就是翻譯經典，同時還指導大眾共同修行。

「廟」是中國古代祭祀天地鬼神的地方，它在中國的歷史可能比「寺」更長遠，如：孔廟、山神廟、岳王廟、武侯廟、屈原廟、關帝廟、龍王廟、孟姜女廟、媽祖廟、土地廟、城隍廟等等。我們沒有聽說供屈原的叫「屈原寺」、供關帝的叫「關帝寺」的。這就是因為其功能不一樣，稱謂也就不一樣。但在隋唐以後，由於佛教在民間的廣為流傳，人們已習慣於把「寺」和「廟」連結在一起，因此，「寺」做為官署的稱謂越來越少，而逐漸演變為中國佛教建築的專用名詞。

12 「老婆」和「老公」的稱呼是怎麼來的？

現代夫妻之間，大多以「老公」、「老婆」相稱。那麼，這種稱謂是怎麼來的呢？據說它們源於唐代一個有趣的故事。

唐朝時，有一位名叫麥愛新的讀書人，他考中功名後，覺得自己的妻子年老色衰，便產生了嫌棄老妻，再納新歡的想法。於是，他寫了一副上聯放在案頭：「荷敗蓮殘，落葉歸根成老藕。」恰巧，對聯被他的妻子看到了。妻子從聯意中覺察到丈夫的念頭，便提筆續寫了下聯：「禾黃稻熟，吹糠見米現新糧。」以「禾稻」對「荷蓮」，以「新糧」對「老藕」，不僅對得工整貼切，新穎通俗，而且「新糧」與「新娘」諧音，饒有風趣。

麥愛新讀了妻子的下聯後，被妻子的才思敏捷和拳拳愛心所打動，便放棄了棄舊納新的念頭。妻子見丈夫回心轉意，不忘舊情，於是揮筆寫道：「老公十分公道。」麥愛新也揮筆續寫了下聯：「老婆一片婆心。」

這個帶有教育意義的故事很快流傳開來，世代傳為佳話，從此，漢語中就有了「老公」和「老婆」這兩個詞，民間也有了夫妻間互稱「老公」和「老婆」的習俗。

13 「無商不奸」是指奸商嗎？

無商不奸的「奸」字，其意大家都知道，指奸詐，「無商不奸」四個字連在一起，是形容經商的人都是靠欺詐等手段來賺錢的。不過在歷史悠久的民間，這一說法應為「無商不尖」。

「無商不尖」，出典為舊時買米以升斗為量器，故有「升斗小民」之說。米鋪老闆或是夥計在量米時，會以一把紅木戒尺之類削平升斗內隆起的米，以保證分量準足。稱準分量，銀貨兩貸成交之後，商家會另外在米筐裡再汆點米加在米斗上，如此已抹平的米表面便會鼓成一撮「尖頭」。量好的米再加點量已成習俗，即但凡做生意，總給客人一點「添頭」。這是老派生意人的一種生意噱頭，儘管明知羊毛出在羊身上，但因為人大多有貪小心理，因此買家見了商家主動給的「添頭」，心裡就會對商家有好感，而自覺地成為「回頭客」。但凡商人都是深諳此理，他們篤信和氣生財、童叟無欺，因此賣米時給點「添頭」也成了他們的慣例，所以有「無商不尖」之說。

在舊時商場上，「無商不尖」不止體現在買米上，如去布莊扯布，有足尺放三之說；其他行業的商人在做生意時也都有「添頭」。總之，當時的大多數商家都奉守「無商不尖」的金科玉律。

從「無商不尖」轉變為「無商不奸」之說，應在國民革命時期，特別是軍閥混戰之時，這個時候的很多商人都被利慾薰心，忘了「無商不尖」的經商之道，他們以次充好、短斤缺兩、欺人詐人，從而變成了「無商不奸」的欺詐之徒。

14 為什麼把妻子的父親稱為「泰山」？

在中國，丈夫稱妻子的父親為泰山、岳父、老丈人等，為什麼會有這麼多的稱謂呢？說起這些稱謂的來歷，大多伴隨著一些有趣的故事。其中之一就與唐玄宗有關。

唐玄宗李隆基於開元十四年（七二六年）到泰山封禪（古代帝王到泰山祭拜天地的大典），丞相張說擔任封禪使，順便把他的女婿鄭鎰也帶去了。按照舊例，隨皇帝參加封禪後，丞相以下的官吏可以升一級。鄭鎰本是九品官，張說利用職權，一下子便讓他連升四級，升為五品。唐代八、九品官穿淺青色或青色官服，五品官穿淺緋色官服。唐玄宗在宴會上看到鄭鎰的官服突然換了顏色，覺得奇怪，便問他。鄭鎰支吾不好回答。這時，唐玄宗身邊一位擅長諷刺滑稽的宮廷藝人黃旛綽替他回答說：「此泰山之力也！」這話的意思是說，因為皇帝祭泰山，鄭鎰妻子的父親又是負責安排此事的人，手握大權，所以鄭鎰才得以升官。

唐玄宗聽後很生氣，立馬降了鄭鎰的官職。此事很快就在宮廷內外被傳為笑話。因為泰山是五岳之首，又稱為「東嶽」，所以人們就把妻子的父親稱為「泰山」、「岳父」了。

15 錢為什麼被稱為「孔方兄」？

中國古代錢幣為什麼被稱為「孔方兄」呢？關於「孔方兄」稱謂的來歷，有以下幾種說法。

第一種，由造幣的工藝決定的。因為古代錢幣都是鑄造的，在鑄造時為了方便細加工，常將銅錢穿在一根棒上，為了在加工銅錢時銅錢不亂轉，所以將銅錢正中開成方孔。這樣就可以一起到磨刀石上打磨，提高工作效率。時間一長，人們就把「孔方兄」當作對錢的另一種稱謂。

第二種，出自黃庭堅的詩句。據說宋朝大詩人黃庭堅因得罪朝廷被降職，他的親友們便漸漸與他疏遠起來，黃庭堅覺得他們很勢利，有感於人情的冷暖，便寫了一首詩，詩中有這樣兩句：「管城子無食肉相，孔方兄有絕交書。」其意是說：「我被降職後，只有筆墨相隨（「管城子」是筆的別稱），只有筆墨無庸俗相，不像有些人都不願意和我來往；而錢，更與我絕交了。」後來，此詩在社會上廣泛流傳，「孔方兄」也由此成了「錢」的代名詞。

第三種，源自晉代名士魯褒。在魯褒所處的那個年代裡，「唯錢是求」成為當時的社會風氣。如「竹林七賢」中的王戎，積累的錢財無法計算，經常手持算具，晝夜計算，仍覺不夠；他的弟弟王衍之妻郭氏，也是聚斂無厭的人，曾用錢來環繞床沿；駙馬王濟用銅錢做院牆，圍成跑馬射箭場，當時的人稱之為「金埒」。太子少傅和嶠，以「錢癖」著稱。

針對這種社會現狀，魯褒作〈錢神論〉以譏諷世風。〈錢神論〉說：錢之為物「無德而尊，無勢而熱，排金門而入紫闥，危可使安，死可使活，貴可使賤，生可使殺，是故忿爭非錢不勝，幽滯非錢不拔，怨仇非錢不解，令聞非錢不發……凡今之人，惟錢而已！」還說錢「為世神寶，親之如兄，字曰孔方。失之則貧弱，得之則富昌」，「錢無耳，可使鬼」。〈錢神論〉尖銳地諷刺了錢能通神使鬼，主宰一切的作用。這篇文章一出，立即引起了憤世嫉俗的人們的共鳴，被廣泛傳誦。「孔方兄」一詞，也成為了「錢」的同義語。

16 為什麼在第一次見面時出難題叫「下馬威」？

其實，下馬威原先並不是第一次見面就出難題的意思，而是指官吏初到任時，藉故嚴厲處分下屬，以顯示威風。「下馬威」一語出自《漢書．敘傳》，班固在為祖先作傳記時，記敘伯祖父班伯因定襄時局混亂，而自請擔任定襄太守，定襄豪門大戶「畏其下車作威，吏民竦息」。意思是說，他們擔心班伯初到任時要對下屬顯示威風，所以有所收斂。這裡的下車，並非指從車上下來的動作，而是指官員初到任。古人有用下馬、下車表示官員到任的習慣，所以後來「下車作威」便被「下馬威」代替。加上「下馬威」讀來順口，意思簡約明白，便廣為流傳。

隨著詞語意思的轉變，下馬威從初到任時要對下屬顯示威風，發展為泛指一開始就向對方顯示自己的威力。例如，清代李漁《蜃中樓．抗姻》就說：「取家法過來，待我賞他個下馬威。」

17 廚師為什麼被稱為「大師傅」？

人們對木匠、瓦匠稱「師傅」，對石匠、鐵匠也都稱「師傅」，唯獨將做飯的廚師稱為「大師傅」，將助廚稱為「二師傅」。說起大師傅的由來，還有一則民間故事。

古代有個皇帝，一次來到修建宮殿的工地上視察，就讓工匠們說說自己的本領，誰的本事大，就封誰為師傅。眾工匠都不服氣，搶著表現自己的功勞。皇上就乾脆把他們都封為師傅。

在工地上為工匠們做飯的，是一對姊妹。姊姊見工匠們都有封號，便也湊過來討封。沒想到，那些被封為師傅的工匠們說：「做飯算什麼行當？」姊姊很生氣，就決定餓他們一頓。

眾工匠幹完活後，都跑到飯棚去吃飯，卻見灶房裡沒動煙火，就來責問姊妹倆。姊姊說：「做飯不算個行當，那你們就自己做吧！」

眾工匠向皇帝報告此事。皇帝問他們：「那這做飯的到底算不算個行當？」這些能工巧匠餓得肚子咕咕叫，連忙答道：「做飯算行當，太算行當了！」

於是，皇帝叫人把姊妹倆找來，準備封她們為師傅。姊姊擺擺手，指著工匠們對皇上說：「他們都是師傅，卻做不了飯，您給我的封號，得比他們大！」皇帝說：「那就封妳為大師傅吧。」姊姊樂了，指指幫助自己做飯的妹妹，問：「她呢？」皇上順口說：「妳是大師傅，那她就算二師傅吧。」妹妹一聽，也很高興。

就這樣，掌勺的主廚就被稱為「大師傅」，助廚的就被稱為「二師傅」了。

18 「禍起蕭牆」的「蕭牆」是什麼牆？

「禍起蕭牆」這個成語時常被人引用，然而「蕭牆」究竟是什麼牆，大家應該不太瞭解。

蕭牆是古代國君宮殿大門內（或說大門外）面對大門、具屏障作用的矮牆，又稱「塞門」、「屏」。蕭牆的作用，在於遮擋視線，防止外人向大門內窺視。《論語集解》轉引鄭玄的解釋說道：「蕭之言肅也；牆猶屏也。君臣相見之禮，至屏而加肅敬焉，是以謂之蕭牆。」蕭牆之內就是宮室，臣子進入宮室覲見君王，首先要經過蕭牆，在此需要整理儀範，換為嚴肅尊敬的態度。蕭牆也因此借指內部。

「禍起蕭牆」這個成語源自《論語，季氏》。當時的季孫氏是魯國最有權勢的貴族，把持國政，專橫一時。季孫氏想要攻打小國顓臾，以擴大自己的勢力。孔子聽說後，認為季孫之憂不在外部，而在國內。蕭牆之內指的就是魯國國君魯哀公的宮內，孔子認為魯哀公不會坐視季孫氏的專橫跋扈，一定會尋機懲治季孫氏。

後世用「禍起蕭牆」來比喻禍患起於內部。如《秦並六國平話》卷下：「祖舜宗堯致太平，秦皇何事苦蒼生？不知禍起蕭牆內，虛築防胡萬里城。」用的就是這個意思。

19 「瓜田」和「李下」分別指什麼？

瓜田李下，是比喻容易引起嫌疑的地方。

瓜田，指長滿瓜果的田地；李下，是指結滿李子的樹下。這個成語是從古樂府〈君子行〉中的詩句：「君子防未然，不處嫌疑間。瓜田不納履，李下不整冠。」引申而來的。意思是說，在瓜田裡不要彎身提鞋，以免讓人誤解為偷瓜；在結滿李子的樹下不要整理帽子，因為這個抬手的動作很容易讓人誤解為偷摘李子。這是古人廉潔自律的訓誡之語，意圖告誡大家，一些無意識的舉動很容易讓人產生錯誤的聯想，在舉手投足之間要謹慎小心，時刻注意避嫌。

唐代還有一個有趣的故事與此成語有關。《舊唐書》中提到，唐文宗李昂曾將進獻兩個女兒入宮的郭旼任命為邠寧慶節度使。朝臣對此議論紛紛，認為郭旼是憑藉女兒之功才得到這個官職的。皇帝解釋說，此人地位顯赫，又是太皇太后的叔父，加上為官並無過失，足有資格擔任此職，而且他的兩個女兒入宮也是為了陪伴太后。當時的柳公權曾進言曰：「瓜李之嫌，何以戶曉？」就是暗用此語，對皇帝委婉進諫。

20 人們常說的「指桑罵槐」，跟桑樹、槐樹有關係嗎？

「指桑罵槐」這個成語原本比喻明指甲而暗罵乙，也就是指著張三罵李四。那麼有人就要問了，這與桑、槐有關係嗎？實際上，桑、槐二樹可真是背了千年的黑鍋，這事壓根和它們毫無瓜葛。

指桑罵槐不同於「瓜田李下」，後者的確發生於瓜田間、李樹下，多少跟瓜、李有些關係。而指桑罵槐卻只是借用了桑、槐的名字符號罷了，本身與桑槐沒有什麼關係。和指桑罵槐意思相似的成語還有：指桑說槐、指東說西、指豬罵狗、指雞罵狗、捉雞說狗等。它們都是人們約定俗成的用法，結構也相似。可能是由於桑槐、東西、豬狗、雞狗等事物，和人們的日常生活密切相關，故而人們在表達指此說彼的意思時，便自然而然地用到了這些詞語，以達到生動具象的效果。

指桑罵槐也是兵書《三十六計》中的一計。本意是指間接地訓誡部下，以使其敬服的謀略。此計還引申為運用各種政治和外交謀略，「指桑」而「罵槐」，向對手施加輿論壓力以配合軍事行動。對於弱小的對手，可以用警告和利誘的方法，不戰而勝；對於比較強大的對手，則可以旁敲側擊地威懾他。

21 為什麼用「東窗事發」來形容事情敗露？

我們常用「東窗事發」來形容事情敗露，這究竟是為什麼呢？

其實，「東窗事發」語出明代田汝成所著《西湖遊覽志餘．卷四．佞幸盤荒》。宋、元間，傳說秦檜欲殺岳飛時，曾於東窗下與妻王氏謀之。王氏曰：「擒虎易，縱虎難。」秦檜之意遂決。不久，在高宗的支持下，岳飛父子遭到陷害。後來，秦檜遊西湖，於舟中得疾，朦朧中見一人披髮厲聲曰：「汝誤國害民，吾已訴天得請矣。」秦檜回到家，不久就死了。沒過多久，秦檜的兒子秦熺也死了。王氏給他們父子做道場，並委託道士通靈去看望他們。道士前往陰間，先看見秦熺戴著鐵棚，就問他：「太師何在？」秦熺回答：「在酆都。」道士如其言而往，見秦檜與万俟卨都戴著鐵枷，備受諸苦。秦檜對道士說：「可煩傳語夫人，東窗事發矣。」

從此，人們就用「東窗事發」指在東窗下密謀陷害岳飛一事敗露。後來又用它來比喻陰謀敗露，或罪案遭揭發，將自食其果。

22 求情時為什麼講「高抬貴手」？

在生活中，當某人請他人原諒自己或是第三者時，往往會說：「請高抬貴手。」為什麼會有這樣的一種說法呢？關於這個詞的由來，其實和舊時看戲有關。

舊時娛樂活動很少，即使有，也是有錢人的消遣，普通老百姓是沒有機會的，看戲就是這樣。那時鄉下演戲，大多數是由鄉紳們出錢，包下戲班子在祠堂廟宇中演出，然後他們再向老百姓賣票賺錢，老百姓憑票進場看戲。但是，在當時的社會條件下，能夠有錢買票的老百姓又有幾個人呢？

為了防止沒有買票的老百姓混進戲場，戲場往往只開一扇邊門，並且由一個身材魁梧的壯漢把門收票。無人進場時，壯漢雙腿跨在門檻上，雙手挺在門框上，以防無票的人溜進戲場。農村的孩子很想看戲，但又無錢買戲票。有的孩子便瞅空邊向守門壯漢哀求，邊察言觀色，掌握「火候」，伺機輕輕托起壯漢胳膊說：「叔叔，請您把胳膊抬高一點吧！」於是孩子便趁勢從壯漢的胳肢窩下鑽進去看戲了。

後來，文人便把「請抬高胳膊」雅化為「高抬貴手」，意思就是請人「開恩」，推而廣之，便應用於各種場合的求情了。

23 口是心非的人為什麼被稱為「兩面派」？

「兩面派」大多指口是心非，善於偽裝的人。人們都不喜歡和這種人交往，認為這種人是小人，是不誠實的人。那麼，「兩面派」這個詞是怎樣來的呢？據說在元朝末年，元軍和朱元璋的起義軍在黃河北岸展開拉鋸戰。老百姓苦不堪言，誰來了都要歡迎，都要在門板上貼紅紅綠綠的歡迎標語，來得勤換得也快。豫北懷慶府的人民生活節儉，於是便想出了一個一勞永逸的辦法。用一塊薄薄的木板，一面寫著歡迎元軍的「保境安民」，另一面寫著「驅除韃虜，恢復中華」。

一次，朱元璋的大將常遇春率領軍隊進駐懷慶府，見家家門口五顏六色的木牌上滿是歡迎標語，心裡非常高興。可是突然一陣狂風刮來，把木牌刮翻，反面竟全是歡迎元軍的標語。於是，常遇春下令，凡是掛兩面牌的人家都滿門抄斬。經過一場屠殺，懷慶府人口大減。現在常說的「兩面派」就是由懷慶府「兩面牌」演變而來的。後來人們就把口是心非的人稱為「兩面派」。

24 為什麼人們稱創始人為「鼻祖」？

鼻祖，就是創始人。「鼻」的本字原為「自」。《說文解字》一書中說：「自，鼻也，象鼻形。」也就是說，「自」是一個象形字，其本義就是指鼻子。甲骨文和金文中的「自」字，都像人的鼻子，因此「自」和「鼻」的讀音是一樣的。由於人們在說到自己時，經常會指著自己的鼻子，故「自」的字義後來逐漸演變為第一人稱代詞。到了秦漢時期，人們又新造了一個形聲字來表示「自」字所代表的本義——「鼻子」。這個新造的形聲字就是「鼻」字，其中「自」表形、「畀」表聲。而且後起的「鼻」字不僅代替了「自」的本義，還可代表「自」的引申義「始」。也就是說「鼻」亦當「始」講，如西漢揚雄在其《方言》一書中說：「鼻，始也。獸之初生謂之鼻，人之初生謂之首。梁益之間，謂鼻為初，或謂之祖。」

《說文解字》裡有「今以始生子為鼻子」的說法。就是把生的第一個兒子稱「鼻子」，這裡的「鼻」字即第一、最初或開始的意思。所以。最早的祖先、創始的祖師就被稱為「鼻祖」了。

25 女子為什麼又稱「巾幗」？

在生活中，人們讚美在某方面有成就的女子時，喜歡說「巾幗不讓鬚眉」。鬚眉是指男性，這個不難理解。那麼，為什麼把女子稱為「巾幗」呢？中國古代的女性，有的喜歡在頭上戴一塊頭巾，她們習慣稱頭巾為「幗」，因此人們又稱女子為「巾幗」。據說，「巾幗」一詞還出自一個典故。

《晉書．宣帝記》記載，三國時，蜀丞相諸葛亮曾多次率軍伐魏，與魏國大將司馬懿相拒於渭南。司馬懿也是很有軍事謀略的人物，他覺得諸葛亮遠道進兵，自己不必迎上去，只需以逸待勞，不與蜀軍交戰，就能將其軍拖垮。

諸葛亮當然明白司馬懿的用心，因此他多次派兵挑戰，但司馬懿就是不肯應戰。諸葛亮決定用另一種方法刺激司馬懿，好讓其出兵。於是，諸葛亮就派人給司馬懿運送去「巾幗婦人之飾」，即婦女用的頭巾，其意不言自明，即譏諷司馬懿不像個男子漢大丈夫，不敢出兵應戰。

這件事情傳到民間後，人們就用「巾幗」做為女子的代稱。而女中豪傑就被稱為「巾幗英雄」了。

26「跪拜在石榴裙下」出自何處？

石榴，為安石榴科，花期六至十月，花色具有紅、粉紅、黃、白等色。石榴在水果之中，不是最香甜的，但因其造型別致、口味獨特而受人歡迎。

在中國，有關石榴裙的傳說比石榴果還要豐富生動。而「跪拜在石榴裙下」之所以成為崇拜女性的俗語，據說與楊玉環有關。

傳說楊玉環非常喜愛石榴花，也愛吃石榴，還特別愛穿繡滿石榴花的彩裙。一次，唐玄宗設宴召群臣共飲，並邀楊玉環獻舞助興。但楊玉環卻走上前低聲對唐玄宗說：「這些臣子大多對臣妾側目而視，不使禮，不恭敬，我不願為他們獻舞。」唐玄宗聞之，覺得寵妃受了委屈，立即下令，所有文官武將，見了貴妃一律使禮，拒不跪拜者，以欺君之罪嚴懲。眾臣無奈，但皇命難違，因此大臣們只要見到楊玉環，無不紛紛下跪使禮。由於楊玉環經常穿著石榴裙，於是「拜倒在女人的石榴裙下」的典故流傳開來，並逐漸演變成了崇拜女性的俗語。

27 為什麼說「洛陽紙貴」？

「洛陽紙貴」這個成語是用來稱頌傑出的作品風行一時。那麼，最初是誰的作品出色到令「洛陽紙貴」呢？據說是晉代文學家左思。

晉代文學家左思，小時候是個非常頑皮、不愛讀書的孩子。父親經常為這事發脾氣，可是小左思仍然淘氣得很，不肯好好學習。

有一天，左思的父親與朋友們閒聊，朋友們羨慕他有個聰明可愛的兒子。左思的父親嘆口氣說：「快別提他了，小兒左思的學習，還不如我小時候，看來沒有多大的出息了。」說著臉上流露出失望的神色。這一切都被小左思看到、聽到了，他非常難過，覺得自己不好好念書，確實很沒出息，於是暗暗下定決心，一定要刻苦學習。

日復一日，年復一年，左思漸漸長大，由於他堅持不懈地發奮讀書，終於成為一位學識淵博的人，文章也寫得非常好。他用一年的時間寫成了〈齊都賦〉，顯示出他在文學方面的才華，為他成為傑出的文學家奠定了基礎。這以後他又計畫以三國時魏、蜀、吳首都的風土、人情、物產為內容，撰寫《三都賦》。為了在內容、結構、語言各方面都達到一定水準，他潛心研究，精心撰寫，廢寢忘食，用了整整十年，終於將文學巨著《三都賦》完成了。

《三都賦》受到好評，人們把它和漢代文學傑作《兩都賦》相比。由於當時還沒有發明印刷術，喜愛《三都賦》的人只能爭相抄閱，因為抄寫的人太多，京城洛陽的紙張供不應求，一時間全城紙價大幅度上升。

於是，「洛陽紙貴」的說法就此流傳了下來。後來，人們把風行一時的作品稱為「洛陽紙貴」。

28 古人為什麼把詐人錢財叫「敲竹槓」？

「敲竹槓」就是指利用他人的弱點或找藉口，來索取財物或抬高價格。為什麼把詐人錢財稱為「敲竹槓」呢？其來源有以下幾個。

第一，「敲竹槓」源於鴉片販子被敲詐。

清朝末年，鴉片走私十分嚴重，一部分走私販為躲避關卡檢查，就挖空心思藏匿鴉片。有些精明的水上走私販把毒品藏在竹製的船篙裡，隨船從水路運往各地。這樣往往能夠逃過搜查。

一天，一艘商船駛至浙江紹興碼頭，緝私官帶人上船檢查，查遍了船艙的每個角落也沒發現鴉片。這時，一個師爺吸著長菸筒，漫不經心地走到船舶，信手在撐船的竹筒上敲菸灰，敲得竹篙嘟嘟直響，別人沒有反應，船主卻嚇得臉色大變，知道師爺已看透了祕密，慌忙把這位師爺請到後艙，掏出大把的銀子悄悄塞給他，請他關照，不要再敲竹篙了。師爺得到銀子便什麼都沒說，隨緝私人員下船去了。此後，「敲竹槓」便成了說詐人財物的代名詞，並一直沿用下來。

第二，「敲竹槓」源自民工要求加工錢。

據說在古代，四川山區有錢人進山燒香時，要乘坐一種用竹竿做的滑竿，滑竿由民工們抬著。但是，這些有錢人雖然捨得用大把的錢來燒香拜佛，可是給抬滑竿民工的錢卻少得可憐。民工們屢次要求加價，但他們就是不肯答應。於是，民工們想出了一個辦法，就是走到半山腰時不停地敲滑竿，要求加工錢，否則就不抬人，乘坐滑竿的那些人就只好加錢了。

第三，「敲竹槓」源自上海一家店鋪。

據說在清朝末年，市場上的小額買賣都以銅錢為單位，店家收錢後便丟在用竹槓做的錢筒裡，晚上結帳時再倒出來，謂之「盤錢」，又稱為「盤點」。當時，上海城裡有家店鋪，老闆很不老實，陌生顧客進門時，他就「宰客」，隨意提價。但他的夥伴比較善良，在接待顧客時不喜歡隨意提價，於是店主就在有陌生顧客上門時，敲一下竹槓，示意夥計提價。

「敲竹槓」一詞的來歷雖然有三種，但每一種都跟詐人錢財有關係，所以後人就把詐人錢財稱為「敲竹槓」了。

29 「露馬腳」的「腳」是指馬的腳？

「露馬腳」一詞在生活中經常被用來比喻暴露了隱蔽的事實真相。人們對不便公開的、不光彩的事的暴露，都稱為「露馬腳」。那麼「露馬腳」一詞從何而來？這裡的「腳」是指人的腳還是馬的腳呢？

「露馬腳」一詞據說與朱元璋的夫人馬秀英有關，所以「露馬腳」中的腳是指人的腳。在中國封建社會，自宋代以後，逐漸形成婦女纏小腳的陋俗，俗稱「三寸金蓮」，也就是腳纏得越小越美。到了明朝後，這種陋俗依舊盛行。但馬氏因為家貧，從小就要下地幹活，所以沒有纏足，生就一雙大腳。後來與朱元璋相識並結為夫妻。

朱元璋當了皇帝之後，雖然也感到馬氏的大腳有損自己的面子，但出於感激馬氏多年來為他出謀劃策有功，仍然封她為明朝的第一位皇后。馬氏當了皇后，深居皇宮享受榮華富貴，但對自己的一雙大腳也感到無可奈何，每當與客人相見，總是用衣服的下擺或裙子將腳嚴嚴實實地遮蓋起來。

有一次，馬氏乘轎到金陵（現今南京）街頭遊覽，忽然一陣大風吹來，將轎簾掀起一角，馬氏擱在踏板上的兩隻大腳就暴露在光天化日之下，她急忙把腳縮了回去，但人們還是看得一清二楚。於是，這件新鮮事傳開來，轟動了整個京城，因為是姓馬的露出了腳，所以「露馬腳」一詞流傳開來。直到現在，對不便公開的、不光彩的事情的暴露，都稱為「露馬腳」。

30 「信口雌黃」中的「雌黃」是什麼？

「信口雌黃」的意思是不顧事實，沒有根據地隨便亂說。「信口」二字就是隨口說話，而「雌黃」就是雞冠石，是一種黃色礦物。在古代，人們寫字時用的是黃紙，如果字寫錯了，用這種礦物塗一塗，就可以重寫，相當於現在的修正液。這兩者本不是同一類，但為何連結在一起呢？其中有一個故事。

王衍是東晉人，為當時一位比較有名氣的清談家，事實上，他並沒有多少學問，只是特別喜歡到處與人聊天，爭論一些問題，以顯示自己的學問。他喜歡老莊學說，每天與人談的多半是老莊玄理。但是往往前後矛盾，漏洞百出，甚至是張冠李戴。每當有人指出他的錯誤或提出質疑時，他從不虛心接受，而是不假思索地隨口更改。於是，人們就說他是「信口雌黃」，慢慢地，「信口雌黃」一詞就在民間流傳開了，而且專指那些不顧事實地亂說或隨意地批評。

31 什麼是「金龜婿」？

在現代社會上，我們經常能夠聽到這樣的議論：「譚家的女兒釣了個金龜婿。」、「真有福氣，妳找了金龜婿。」等等，在這個時候，往往說得人無不羨慕，聽者也得意洋洋。那麼「金龜婿」一詞源自哪裡呢？什麼樣身分的女婿才稱得上「金龜婿」？

據說，「金龜婿」一詞出自唐代詩人李商隱〈為有〉一詩：「為有雲屏無限嬌，鳳城寒盡怕春宵。無端嫁得金龜婿，辜負香衾事早朝。」這首詩描寫了一位貴族女子在冬去春來之時，埋怨身居高官的丈夫因為要赴早朝，而辜負了一刻千金的春宵。顯然在這裡「金龜婿」是指有身分、有權勢的高官。這也是第一次用「金龜婿」來指代丈夫。

那麼，為什麼將丈夫稱為「金龜婿」，而不是其他稱謂呢？原來，這種稱謂與唐代官員的佩飾有關。據《新唐書．車服志》載，唐朝初年，內外官五品以上，都佩魚符、魚袋，以「明貴」應召命。魚符根據佩戴者身分的不同，而由不同的材質製成，「親王以金，庶官以銅，皆題其位、姓名」。裝魚符的魚袋也是「三品以上飾以金，五品以上飾以銀」。武后天授元年（六九〇年）改內外官所佩魚符為龜符，魚袋為龜袋，並規定三品以上龜袋用金飾，四品用銀飾，五品用銅飾。可見，金龜既可指用金製成的龜符，還可指以金作飾的龜袋。現在，在武則天陵墓前的多尊石像身上都刻有魚袋，就是一個佐證。後來，人們就把「金龜婿」指代身分高貴的女婿。

隨著時代的變遷，「金龜婿」的含義更為廣泛，不但指有身分、有政治地位的女婿，也指有錢財、有地產、有豐富物質基礎的女婿。

32「足下」來自何處？

「足下」一詞在古代是對對方的尊稱。那麼，「足下」一詞從何而來呢？

「足下」之稱，始於春秋時晉文公稱介之推，晉文公名重耳，是獻公之子。獻公寵驪姬，並聽信讒言，殺太子申生，另一子重耳為自保只好逃亡。在流亡十九年後，得到秦穆公的大力幫助，返回晉國並成為國君。

登上大位後的重耳，對當年一起逃難的人都封官加祿，唯獨把跟隨逃難並割大腿肉給他充饑的介子推給忘了。後來有人向他提起此事，重耳才想起來，於是派人去請介子推，出人意料的是介子推早隨母「逃祿隱跡」於山裡。重耳立即派人到山裡去尋找介子推，但歷盡千辛萬苦，費時數日也沒有找到。重耳心中十分著急，為了逼他出來，於是命人放火燒山。但是樹木燒光了，也不見介子推母子走出來，最後發現介子推已經抱樹燒死了。重耳知道這件事後，扶樹大哭，並命人伐樹製成木履。重耳每當想起介子推的「割股之功」，便低頭看看腳下的鞋子，以示對介子推的悼念。重耳與人談及介子推時，總要看看鞋子，沉痛地說：「悲痛啊，足下！」

從此，「足下」之稱便延傳下來，在民間廣為應用，成為尊稱對方的代名詞。

33「傻瓜」的「瓜」是什麼瓜？

「傻瓜」這個詞，大家實在說得太多了，卻沒人認真地問一問這個「瓜」是什麼「瓜」，到底是黃瓜、西瓜，還是哈密瓜。

「傻瓜」的來源，與古代一個非常古老的部族姜戎氏有關。《左傳．襄公十四年》記述了范宣子對姜戎氏的談話，其中說：「來！姜戎氏！昔秦人迫逐乃祖吾離於瓜州。」意思是說，當初秦人追逐你們的祖先吾離，一直追逐到了瓜州。瓜州在今甘肅敦煌一帶。據著名歷史學家顧頡剛先生考證，姜戎氏被趕到瓜州後，人們就把聚居在瓜州的姜姓人統稱為「瓜子族」。又因為「瓜子族」人秉性忠厚，被人雇用時不懂得偷懶，埋頭不停幹活，勤奮老實，因而被當地人視為「傻子」，時間長了，就一概統稱為「傻瓜」，意思到底有沒有貶損，其實沒有定論。

至今甘肅、四川兩省，還把不聰明的人、愚蠢的人稱為「瓜子」、「瓜娃子」。

34 「公子」的「公」來自何處？

有人說，公子的「公」來自公母的公，是男子的意思，這就大錯特錯了。公子的「公」是一個敬稱，實際上是來自公私的公。

「公」是個會意字，上面一個「八」字，表示相背；下面一個「厶」字，是「私」的本字。「與私相背」當然是「公」字了。《韓非子．五蠹》說：「背厶謂之公。」《賈子．道術》也說：「兼覆無私謂之公。」就是這個道理。

要說公子的「公」來自與私相對的「公」，很多人覺得也講不通，總不能說有敬稱的「公子」一詞是公家或公共的兒子吧。這要先從「私」字談起。在中國古代，小家小族稱為「私」，這在《左傳》裡表現得最為明顯，《宣公十七年》中的「請以其私屬」，《囊公二十五年》中的「請以其私卒誘之」，還有《僖公二十四年》裡的「而後聽其私政」等，這裡的「私」都是族、小國或大家庭之意，也是禹時「天下萬國」的「國」字之意。

隨著家族小國的出現，同時也產生了包括族、小國在內的諸侯國，大的諸侯國與稱為族、小國的「私」相對，稱為「公」，諸侯國的國君稱公，就是順理成章的事了。《左傳》中，凡以「公」字打頭的詞語，都與諸侯國有關。「公族」是指（諸侯國）國君宗室子弟；「公卒」是指直屬（諸侯國）國君的軍隊；「公事」是指（諸侯國）國家事務；「公門」是指（諸侯國）國君宮廟之門；「公室」是指（諸侯國）國君的政權及力量；「公乘」是指諸侯的兵車；「公徒」是指諸侯的親兵；「公宮」是指諸侯辦事與生活的公室；「公卿」是指諸侯的大臣；「公寢」是指（諸侯國）國君住宿所；「公館」是指（諸侯國）國君在境外的住所；「公孫」是指諸侯之孫或從孫、再從孫；「公女」是指諸侯之女；當然，「公子」也是指大（太）子之外的諸侯之子了。這樣，做為諸侯之子的「公子」，就具有尊貴的含義了。

隨著時間的推移，善於引申的中國人把自己敬重的人或自己的長輩都稱為「公」。如把海瑞稱為「海公」，把包拯稱為「包公」，把外祖父稱為「外公」等等，數不勝數，都是這個意思。

35 悍婦為什麼被稱為「河東獅吼」？

「河東獅吼」代表悍婦的說法，在民間確實深入人心，張柏芝與古天樂合拍同名電影的故事，與由來已久的民間說法也基本一致，看來編劇對歷史非常用功，「河東獅吼」確實是陳季常與蘇軾及悍婦柳氏的故事。

在「河東獅吼」這一民間傳說裡，主角陳季常是宋朝當時的工部尚書的兒子，屬於高官之後，而且宋朝官員的待遇非常好，因此陳季常的家境非常殷實。陳季常的性格也非常符合當時文人的氣質，根據史書記載，他嗜酒好劍，常呼朋引伴高談闊論，並且非常喜歡與朋友探討佛法。

據傳，陳季常的妻子柳氏對其每天無所事事，只知道與歌妓狐朋飲酒作樂非常不滿，總是在他們酒酣耳熱時大發雷霆，賓客們都只好各自散去，因為名人才子效應，陳季常怕老婆的流言也被傳得沸沸揚揚，傳說有一次大文豪蘇軾邀約陳季常去郊遊，陳季常對柳氏賭咒發誓會早回來，柳氏這才應允。誰知陳季常很晚才回來，柳氏大發雷霆，蘇軾正好來了，見此情形便有了「河東獅吼」這一說法。

36「哪壺不開提哪壺」出自哪裡？

「哪壺不開提哪壺」的表面意思，是水沒有燒開就拿去沏茶，讓人喝涼茶，引申意思為說不該說的話，做不該做的事，比喻人與人之間不應該提及別人的隱私缺點問題，該說的說，不應該說的不說。據說這句諺語出自一個民間父子倆開茶館的小故事，後來被廣泛傳頌。

早年，有一對父子開了間小茶館，雖說本小，門面不大，可是由於店主熱情和氣、誠懇實在，加上水沸杯淨，開門早、收攤晚，小茶館的生意越來越興旺。

本縣的縣令白老爺是個貪財好利的官，整天不掏錢地在各個飯館大吃大喝，吃足了便到這小茶館來喝茶歇腳。他一個人占一張桌子，罵罵咧咧不說，還得來點兒花生米、豆腐乾什麼的就嘴。茶喝夠了就揚長而去，從來不提付錢的事。白老爺天天來白喝，這父子倆可怎麼受得了啊，但又惹不起他，只好忍氣吞聲。

不久，小茶館的老掌櫃病倒了，便讓兒子司爐掌壺，應付生意。這幾天，白老爺一端起茶杯，就齜牙皺眉吧嗒嘴，說：「這水也沒開，茶也沒味兒。」小掌櫃說：「老爺，茶，還是天天為您準備的上等龍井；水，還是撲騰撲騰泛沸花的開水，怎麼能沒味兒呢？」過了幾天，白老爺來得少了；又過了幾天，白老爺漸漸不來了，小茶館又恢復了往日的興旺。老掌櫃病癒後，便問兒子：「白老爺為什麼不來了？」兒子機靈地一笑說：「我給他沏茶，是哪壺不開提哪壺！」從那時起，這個故事就跟這句話一起，四下傳開了，並且越傳越遠。

37 俗語「半路殺出個程咬金」是什麼意思？

「半路殺出個程咬金」是指發生了原本沒有預料到的事情，同「措手不及」、「突如其來」等成語的詞義相近。

歷史記載，俗話裡所說的程咬金是隋末農民起義軍領袖，後投靠瓦崗寨，還當過幾天皇帝。失敗後歸順唐朝，西平突厥，功勞赫赫。中國濟州東阿斑鳩店人（現山東省東平縣斑鳩店），唐朝開國名將，原名咬金，後更名知節，字義貞，唐朝大將，封盧國公，凌煙閣二十四功臣之一，此人憨厚耿直，手執板斧，常伏於半路殺出，故有「半路殺出個程咬金」之說。在小說《隋唐演義》中，程咬金是一個帶兵官，在隋末曾跟從李密、王世充等人，後來跟隨李世民，討平隋末群雄，到唐高宗時，官至大將軍，其長子襲盧國公爵。

程咬金還是一員福將，用一對板斧為武器，武藝不太好，但運氣卻好。打仗時，遇到不強的對手，三板斧已經奏功，遇到強的對手，耍完三十六道板斧，仍無法取勝，便拍馬逃去。現在也有「程咬金三板斧」、「半路殺出個程咬金」等諺語，便出自這位歷史小說人物。

這個俗語比喻在事情進行過程中，出現了沒預料的情況而導致功敗垂成，所以我們在謀劃或準備一件事情的時候，一定要提前考慮到可能出現的各種情況或被忽略的因素，這樣才能好好地避免半路殺出個程咬金的情況。

38 何謂「東山再起」？

「東山再起」這個詞在現代生活中使用頻率比較高，是指人在遭遇失敗後，能夠有勇氣再站起來重新開始，直到獲得成功。據說，這個典故與歷史上的名人謝安有關。

謝安是陳郡陽夏（今河南太康）人，出身士族，在當時的士大夫階層中名望很高。有人推舉他做官，但他上任一個多月就不幹了，一直隱居在山東。後來到了四十多歲時，才重新出來做官。

三八三年八月，前秦的苻堅親自帶領八十多萬大軍從長安出發，向江南逼近。這個消息傳到建康，晉孝武帝和京城的文武官員都著了慌，大家都盼望宰相謝安拿主意。謝安建議孝武帝命他的弟弟謝石從尚書僕射轉任征討大都督，謝玄為前鋒都督，謝琰（謝安之子）為輔國將軍，統兵八萬，馬上北上禦敵。其主力就是謝玄指揮操練的北府兵。

十一月，東晉軍與前秦軍隔淝水遙相對峙。東晉將帥經過精密策劃，想出了一條妙計。謝玄派出使臣告訴苻堅說：「你們孤軍深入，卻在這淝水岸邊紮營布寨，這雖可使我們長相對峙，但卻不利於速戰速決。如果你們稍微向後退一退，在岸邊騰出一塊空地做戰場，讓我們渡過淝水，與你們一決勝負，豈不是更好的策略？」苻堅覺得答應晉軍的要求也未嘗不可，而且自己可以等晉軍渡河到一半時，就偷偷發動鐵騎衝殺，殺他個措手不及。

打定主意後，苻堅就下令後撤。沒想到秦軍一撤就亂了陣腳，東晉軍隊借機大舉進攻，於亂軍中殺死前秦前鋒主帥苻融，苻堅也被亂箭射中。秦軍潰不成軍，爭相逃命，自相踐踏，死傷遍地。不少士兵聽到風聲鶴唳，都認為是東晉的追兵趕到，更加慌不擇路，日夜狂奔。苻堅在慕容垂的護衛下回到洛陽，淝水之戰就這樣以前秦的慘敗畫上了句號。而這歷史上絕對以少勝多的一戰，也奠定了謝安在歷史上的名相地位。

因為謝安在未踏上仕途時，長期在東山隱居，所以後人就把他重新出來做官一事稱為「東山再起」。

39 「以茶代酒」出自哪裡？

我們都見過這樣的場景：在某宴會上，如果有人不能喝酒，就會對另外一方說：「對不起，我以茶代酒敬你一杯。」一如此一說，既能夠取得對方的諒解，也不至於影響宴會的氣氛。那麼「以茶代酒」一詞從何而來？它又與歷史上哪位人士有關呢？

晉朝的陳壽在《三國志》中記載了這樣一件事：

吳王孫皓每次宴請群臣時，每位客人至少得飲七升酒，雖然有的大臣在喝酒時不完全喝進嘴裡，但也都要斟上並亮盞說乾，當然，如果投機取巧的事情被孫皓發現了，就有殺頭之罪，而一些好飲又有小人之心的大臣則對宴飲特別推崇，甚至在孫皓面前對此舉大加稱讚、阿諛，於是孫皓就更以為自己的宴會是大快人心之事，因此舉行宴會也就更加頻繁了。但每次的宴請對不喜歡喝酒的大臣來說，是非常痛苦的事情，但他們又不敢拒絕，因此苦不堪言。

有位叫韋曜的大臣酒量不過二升，不過孫皓對他特別優待，擔心他不勝酒力而出洋相，便暗中賜給他茶來代替酒。對此，韋曜非常感激。但孫皓是一個暴君，他性嗜酒，又殘暴好殺。當他對韋曜頗為欣賞時，可以酒席之間暗中作弊，偷偷地用茶換下韋曜的酒，使之得過「酒關」。

韋曜為人非常正直，他雖可以在酒宴上暗地裡玩些「偷樑換柱」的把戲，但一旦事關國事，就絲毫不糊塗。當他奉命記錄關於孫皓之父南陽王孫和的事蹟時，因秉筆直書了一些見不得人的事，觸怒了孫皓，最後被其殺害。

不過，「以茶代酒」一詞直到今天仍被人們廣為應用，並沒有因為孫皓的殘暴而被捨棄。

40 「不管三七二十一」的說法來自何處？

「三七二十一」是我們常用的珠算乘法口訣。在日常口語的運用中，人們習慣在其前面加上「不管」，即「不管三七二十一」，有不管好歹、吉凶為何，一定要試一試的意思。但是，它同時還帶有貶義，即不考慮自身的實力，不顧背景和前提，不認清形勢局面，不問是非曲直，不考慮事物發展的過程與後果，一味蠻幹、苦幹等。

那麼，人們為什麼要用「三七二十一」，而不用「四七二十八」或是其他的數字方式來表示呢？據說用

「三七二十一」是有根據的。

根據一：與戰國時的名士蘇秦有關

戰國時，蘇秦主張合縱抗秦，為了實現自己的主張，他決定到六國遊說。到了齊國時，齊宣王雖然欣賞他的聯合抗秦之說，但又慨嘆齊國兵力不足。蘇秦則說：「你們的國都臨淄有七萬戶，我計算了一下，如果每戶有三個男子服役，這就有三七二十一萬雄兵，抗秦的兵源僅臨淄一城就足夠了，如果再加上其他地方的兵源，力量就更加強大，所以，大王還有什麼可猶豫的呢？」

蘇秦的這種計算兵源的方法顯然是不科學的，只是為了鼓動齊王同意聯合出兵而已。當時戰爭頻繁，人們在戰爭中死傷無數，因此臨淄城不可能每戶都能達到出三個男子當兵的標準，有的有女無男，有的只是老弱病殘，所謂臨淄二十一萬雄兵僅僅是空談而已。

根據二：與一個受剝削的農民有關

據說，從前有個財主雇了一個身材魁梧的長工給自己家幹活，但財主覺得長工吃太多，就讓他每天只吃稀飯。雖然那個長工每頓能夠吃七碗稀飯，但幹起活來還是沒有力氣，工作效率很低。眼看稻田中雜草猛長，再不抓緊時間除草就要減產了。財主很著急，想再雇一個短工，又捨不得花錢管飯，他因此十分惱火，就把氣都出在長工身上。財主責罵長工：「你一天吃我三七二十一碗飯，為什麼幹活不像個男子漢？」長工聽後，沒有反駁，只是用筷子敲著碗邊唱道：「乾乾乾，一天吃九碗飯，周身汗毛都有勁，打個噴嚏響過山！稀稀稀，三七二十一，小便像細雨滴，腳酥手軟如爛泥。我著急，沒有力；你著急，有啥益？」

財主聽後一琢磨，覺得真是那麼回事，就當著長工的面對老婆說：「從今天起，管他三三九碗乾，不管他三七二十一。」

後來，這件事被鄉親們逐漸傳開，成為人們茶餘飯後的笑談，而「不管三七二十一」也成了當時最經典的語錄之一。

41 什麼是「大水沖了龍王廟」？

「大水沖了龍王廟，一家人不認一家人」是一句大家都很熟悉的話，比喻本是自己人，因不相識而相互發生了衝突或爭執。那麼這句話是怎麼得來的呢？據說與一個故事有關。

很久以前，在一座山上有座廟，廟旁邊的山腳下住著一戶姓白的人家，當家的叫得寶。

白得寶不喜歡勞動，整天盤算著發不義之財。一天夜裡，他在院子裡乘涼，忽然看見廟裡有團金光，飄來晃去，不知是什麼寶貝，就動了貪心。他悄悄地爬上山坡，溜進廟裡去。但那團金光好像長了眼睛，見白得寶來了，就飛進大殿，在供桌上一晃就不見了。白得寶在供桌上亂摸亂找，只摸到個小香爐，他覺得自己忙活了半夜，卻兩手空空，沒撈到一點財物，有點不甘心，因此就把那個小香爐揣在懷裡帶了回去，心想就是賣掉也能換幾斤酒喝。白得寶沒有想到的是，他偷香爐一事，被過路的神仙太上老君看見了。

回到家裡後，白得寶點著燈一看，大吃一驚，原來這沉甸甸的小香爐是金的。白得寶高興之餘慌忙把金香爐包好，偷偷地藏在牆裡。

後半夜，白得寶做了個夢，一個白鬍子的老人對他說：「金香爐，是件寶；偷不去，藏不了。誰想昧良心，誰是白得寶。」白得寶驚醒了，心裡明知道自己做得不對，但他已經被貪念蒙了心，不願把香爐送回廟裡。

太上老君見白得寶不願送還金香爐，非常生氣，便決定懲治一下白得寶，於是就騰雲駕霧到大海坨後邊的黑龍潭去請黑龍。黑龍脾氣暴，聽了白得寶損人利己的事後，立刻火冒三丈，他隨著太上老君來到白家宅旁的山上。正當他要發水沖坡時，猛然發現白家宅旁有座廟宇，就問太上老君：「那是誰的廟？」太上老君說：「那是你哥哥黃龍的廟。」

「我哥哥的廟，那我要發水不也沖了他的廟嗎？」黑龍猶豫了，但在太上老君的勸說下，他還是施了法術，洪水在一瞬間就沖走了白家的宅院，也毀掉了那座廟，連廟的地基都被山洪捲走了。

一年後，黃龍路過這裡，想進廟歇歇腳，一看廟沒了，原來的地方成了一條又深又寬的大溝，於是他變成一個老頭，向附近的老鄉們打聽，得知黑龍爺沖廟的事後，不由得哈哈大笑起來：「這稱為大水沖了龍王廟，一家人不認得一家人啊！」從這時候起，這句話就在民間傳開了。

42 「鹿死誰手」的典故出自哪裡？

「鹿死誰手」這個詞以追逐野鹿比喻爭奪天下，現多用於比賽或競爭。據說這個典故與十六國時期後趙建立者石勒有關。

相傳有一天，石勒設宴招待高麗使臣，在喝了很多酒後，他大聲地問臣子徐光：「我比得上自古以來的哪一位君王？」徐光想了一會兒說：「您非凡的才智超過漢代的高祖，卓越的本領又賽過魏朝的始祖，從三皇五帝以來，沒有一個人能比得上您，您應該是軒轅黃帝第二吧！」

石勒聽了這一番媚洽之言後並沒有陶醉，而是笑著說：「人怎麼能不瞭解自己呢？你說得也太誇張了，沒有一句實話。我如果遇見漢高祖劉邦，一定做他的部下，聽從他的命令，只和韓信、彭越爭個高低；假如我碰到光武帝劉秀，我就和他在中原一塊兒打獵，較量較量，未知『鹿死誰手』？」

顯然，石勒是有自知之明的。後來，人們就用「鹿死誰手」來比喻雙方爭奪的對象不知道會落在誰手裡，又引申指比賽的雙方還不知道誰勝誰負。

43 誰是史上「吃醋」的第一人？

男女相戀時，如有第三者介人，而且有一方和第三者的交往比較密切時，就會發生爭風吃醋的現象。那麼為什麼要把這種現象稱為「吃醋」而不是「吃」別的呢？

據說，唐太宗李世民覺得房玄齡勞苦功高，就想賜給他幾名美女做妾，但房玄齡卻極力推辭，不敢接受，李世民知道房玄齡的夫人是個悍婦，他不敢接受是因為夫人從中阻撓。於是，李世民便派太監持一壺「毒酒」傳旨房夫人，告訴她說，如果不讓房玄齡接受這幾名美妾，即賜飲毒酒，讓房夫人在喝毒酒和納小妾之中選擇其一。沒想到，房夫人性情剛烈，絲毫不讓步，竟然接過「毒酒」一飲而盡。結果並未喪命，原來壺中裝的不是毒酒，而是醋，李世民只是想以此來考驗她。

就這樣，房夫人「吃醋」的故事被傳為千古趣談。而「吃醋」一詞也就成了「嫉妒」的代名詞。

44 「不入虎穴，焉得虎子」出自哪裡？

「不入虎穴，焉得虎子」是我們在生活中經常說的一句話，據說，最早說這句話的人是東漢時的班超。

班超是東漢著名的軍事家和外交家。班超原為小吏，後跟隨奉車都尉（官名）竇固和匈奴打仗，立有功勞。由於需要有勇有謀的人出使西域（今新疆全省、甘肅邊、蔥嶺以西的中亞一部分地區），竇固就推薦了班超。班超帶著一隊人，首先來到鄭善國。鄭善國國王早知班超為人，對他十分敬重，但過了幾天，忽然變得怠慢起來。

班超召集同來的三十六人說：「鄭善國最近對我們很冷淡，一定是北方匈奴也派人來籠絡他，使他躊躇不知順從哪一邊，我們現在要做出決定，否則就會出現危機。」經過私下打聽，情況果然如班超所分析的那樣。於是班超對身邊的人說：「我們現在的處境很危險，匈奴使者才來幾天，鄭善國王就對我們這麼冷淡，如果再過一些時候，鄭善國國王有可能會把我們綁起來送給匈奴，所以我們現在應該採取一些必要的行動，來阻止事情的發生。」

當時，大家都表示願意聽班超的命令。班超繼續道：「不入虎穴，不得虎子。現在唯一的辦法，就是在今天夜裡用火攻擊匈奴來使，迅速把他們殺了。只有這樣，鄭善國國王才會誠心歸順漢朝。」大家都一致同意班超的決定。這天夜裡，班超就和他的同伴，衝入匈奴人的住所，奮力死戰，殺死了匈奴使者，並把使者的首級交給了鄭善國國王。

鄭善國國王很害怕，便改變了對班超等人的態度，而且表示今後再也不與匈奴來往。後來，人們就根據這個故事，引申成「不入虎穴，焉得虎子」這句話，用來說明人們做事如果不下決心，不身歷險境，就不容易達到目的。

45 什麼是「名落孫山」？

生活中，我們習慣把考試沒有上榜稱為「名落孫山」，為什麼會有這種說法呢？

相傳在中國宋朝時期，有一個名叫孫山的才子。有一次，孫山和一個同鄉的兒子，一同到京城去參加舉人考試。放榜時，孫山的名字雖然在榜上，卻被列在榜文的倒數第一名。但孫山並不在乎，畢竟他仍然是榜上有名，而那位和他一起去的同鄉的兒子，卻沒有考上。

不久，孫山決定回家，同鄉的兒子沒有和他同行。孫山回到家後，那位同鄉便來問他兒子考試的情況。孫山既不好意思直說他的兒子落榜了，又不便隱瞞真實情況，於是，就隨口說道：「解元盡處是孫山，賢郎更在孫山外。」解元，就是中國科舉制度所規定的舉人第一名。而孫山在詩裡所謂的「解元」，是泛指一般考取的舉人。他這首詩的意思是說：「舉人榜上的最後一名是我孫山，而令郎的名字卻還在我孫山的後面。」這就含蓄地告訴對方：你的兒子落榜了。

後來，人們便根據這個故事，把參加各種考試但沒有被錄取稱為「名落孫山」。

46 為什麼說「不是冤家不聚頭」？

中國有句俗語「不是冤家不聚頭」，它有兩層意思，一層是指冤家路窄，仇人不可避免再相見；另一層指情侶之間，就是說他們又愛又恨，欲罷不能，也就是所謂的「不是冤家不聚頭，冤家聚頭幾時休」。然而，究竟為什麼要說「不是冤家不聚頭」呢？

「不是冤家不聚頭」，一開始只用來形容仇人不可避免再相見，這句話出自《京本通俗小說．西山一窟鬼》：「這個不是冤家不聚會。好教官人得知，卻有一頭好親在這裡。」而這裡的「冤家」就是仇人的意思。後來到了唐朝，「冤家」的意思就演變成了「情侶」的稱呼。在詩詞、曲賦、戲曲、小說中，都理解為「情人」。所謂「冤家」也就是「又愛又恨」。

說「不是冤家不聚頭」，主要與佛教對輪迴和命定姻緣的說法有關。佛教認為，人世間存在輪迴，如果今生雙方有仇或者是戀人，那麼在來世就一定會再相見，這是因果關係的必然。佛教還認為，姻緣本是上天注定的，由月老來牽紅線，無論如何，如果今生是戀人，那麼來世必定會與你命中注定的那個人相遇，所以說「不是冤家不聚頭」。

47 「死無葬身之地」與徐霞客有關？

「死無葬身之地」通常被人們用在某個壞人身上，比喻詛咒其不得好死，有時也被人們當作威脅他人的語言。這個俗語之所以在民間流傳，據說和大旅行家徐霞客有關。

明朝末年的一天，徐霞客旅行路過某地，從老百姓那裡知道當地有個叫趙大的財主，常常不擇手段地掠奪百姓的土地。徐霞客俠義心腸，同情老百姓的遭遇，於是決定懲治一下這個趙大。

當徐霞客得知趙大正在為自己尋找「風水寶地」時，心裡便有了主意。他將自己打扮成一位風水先生，來到趙大門前。趙大見他儀表不俗，就把他請進家裡，求他幫助自己找塊好墳地，以便將來在陰間還能夠庇護子孫。

徐霞客裝模作樣地掐算了半天，忽然猛地站起來說：「不好，你怕是死無葬身之地！」趙大一聽簡直氣炸了肺，他惱怒地反駁徐霞客：「你胡扯！我有千頃良田，怎麼沒有安身之地？」徐霞客說：「如果你不信，咱們打賭。」趙大問他怎麼個賭法。徐霞客說：「我在紙上寫上『死無葬身之地』六個字，等中午時把它放出去，如果紙條落在你的地界，我願受罰；落不到你的地界，你付我銀子一百兩。」趙大一口答應下來，他想：現在天氣很好，幾乎沒有什麼風，紙條是不會飄得很遠的。

中午時分，放紙條的時間到了，等徐霞客和趙大一行人來到門口時，發現早上還好好的天居然起風了，而且風越刮越大。由於放紙條的時間已經到了，家丁便把紙拋了出去。只見那張紙順著風勢向遠方飄去。家丁們連忙追了過去，但紙條隨著風的速度飛得很快，結果真的落入別人的地界了。

趙大見狀，嚇得兩眼發白，不一會兒就倒地身亡了。原來，徐霞客懂得一定的氣象學，有著豐富的天文知識，他斷定不久後就要起風，所以就想出這個辦法，趁機為民除害。

後來，這個故事在民間流傳開了，「死無葬身之地」也成了一句人們常說的俗話。

48 「看人下菜碟」始於誰？

「看人下菜碟」是指有的人不能一視同仁，做事喜歡投機取巧。據說這個典故與元世祖忽必烈有關。

忽必烈在位時，由於醫師許國楨為其母莊聖太后治好了病，忽必烈十分感激他，就任他為大汗的私人醫師，管理太醫院的日常事務。許國楨的母親韓氏因為做得一手好菜，跟著兒子進入朝廷後，毛遂自薦做了莊聖太后的廚師。在莊聖太后死後，她又給忽必烈掌勺。

一次，忽必烈說想換換口味，韓氏靈機一動，就用瘦肉切成長條，拿雞蛋麵糊裹上，先用油炸，然後清炒，做成一道酥而不散、肥而不膩的好菜。忽必烈吃後讚不絕口，問叫什麼菜。韓氏說此菜名為「喇嘛肉」。忽必烈聽後覺得很解恨。原來，忽必烈的父親去世後，莊聖太后和一位喇嘛要好。喇嘛廟離莊聖太后的府第不遠，但中間卻隔著一條河，很不方便。忽必烈為了讓母親高興，便在河上搭了一座石橋，給喇嘛開了方便之門。但在太后死後，忽必烈立刻把喇嘛給殺了。韓氏知道忽必烈恨死了這個喇嘛，就說那道菜叫「喇嘛肉」，果然博得了忽必烈的賞賜。

後來，忽必烈的正宮娘娘聽說韓氏手藝很高，便也請她露一手。韓氏知道正宮和西宮不和，因為西宮年輕漂亮，忽必烈十分寵愛她，經常心肝長、心肝短地叫，而冷落了正宮。於是，韓氏將豬肝切成三角形薄片，裹了雞蛋粉麵，用油炸後再炒，端給正宮，正宮一嚐，又鮮又嫩，問：「這是什麼菜？」韓氏說：「炒肝尖。」這一下正好說到正宮心裡的事，她高興萬分，立即賜給韓氏一對如意。

再後來，西宮也要韓氏做菜，韓氏知道西宮為了保持苗條的身材，不喜歡吃葷而是吃素菜，便把豆腐切成方塊，用素油一過，炸成焦黃色，請西宮品嚐。西宮覺得口感很好，也問叫什麼菜。韓氏想，豆腐的顏色焦黃得像虎皮，正好暗譏正宮狠毒如虎，就說：「這菜叫『虎皮豆腐』。」說罷，心裡暗自得意，等待著受賞，誰知西宮陰沉著臉叫她退下。原來，西宮的祖父叫虎皮朵兒，這正好犯了忌。西宮心裡很不是滋味，就對忽必烈說了一些韓氏的壞話。忽必烈為討西宮歡心，就命人剁了韓氏的雙手。

從那以後，人們便把類似於韓氏這種投機取巧、對人不能一視同仁的作法，叫「看人下菜碟」。

49 「三十年河東，四十年河西」說的是誰？

生活中，人們喜歡把一個人或一個家庭在前後兩個時間內遭受截然不同的命運，稱為「三十年河東，四十年河西」。據說這個俗語最早是指唐朝名將郭子儀家族前後的巨大變化。

安史之亂爆發後，郭子儀率兵南征北戰，為平定叛亂立下赫赫戰功，唐明皇為表彰郭子儀，就把公主許配給郭家做兒媳，並為他建造了富麗堂皇的河東府。

但是，郭子儀的孫子長大後揮霍無度，等到先輩們去世後沒幾年時間，他就將萬貫家產消耗殆盡，郭子儀的孫子只好沿街乞討。

一天，他來到河西莊，突然想起三十多年前的奶媽，便去尋訪，恰好遇到了奶媽的兒子，他盛情地邀請郭子儀的孫子到自己家去做客，這正是他求之不得的。進入院宅後，郭子儀的孫子放眼望去，只見糧囤座座，牛馬成群，於是不解地問：「你家如此富有，為什麼還要自己勞動呢？」主人說：「家產再大，也有吃空的時候。家母在世的時候率領我們辛勤勞動，才積累了現在這些家產。」郭子儀的孫子聽後非常慚愧。

主人不忘舊情，留下郭子儀的孫子幫助自己管帳，無奈他對管帳一竅不通，主人不禁嘆息道：「真是三十年河東享不盡榮華寶貴，四十年河西寄人籬下。」

從此，「三十年河東，四十年河西」便在民間流傳開來，並一直延續至今。

50 為什麼說「三句話不離本行」？

「三句話不離本行」是指所說的事情都與自己的職業相關。據說這個俗語的由來與一個故事有關。

相傳在很久以前，某個小鎮上有四個能人，一個是廚師、一個是裁縫、一個是車把式[1]，另一個是開船的。這四人不僅技藝好，而且都為人忠厚、公正，不論誰家有了糾紛，都要請他們前去調解。

有一天，鎮裡有戶人家的兄弟倆為了分家，爭來吵去沒有個結果，於是就請這四位能人前來調解。可不管四位能人怎樣勸說，兄弟倆誰也不肯讓一步。無奈，四位能人便聚集到廚師家商量處理方法。廚師說：「我看還是快刀斬亂麻，要不鍋啊碗啊的就分不清了。」裁縫說：「我們說話辦事都不能有偏，要針能過得去，線也能過得去才行。」車把式又接著說：「過去咱們也管過這樣的事，前有車，後有轍，只要不出大道就行。」開船的聽著聽著不耐煩了，便說：「我看咱們都不要囉嗦了，到他家後，見風使舵，怎麼順手，就怎麼划拉划拉算了。」廚師的老伴聽到這裡，笑著說：「我看你們四個人都是三句話不離本行，賣啥的吆喝啥。」她的話剛落音，四位能人都笑了起來，原來，廚師的老伴是個做小買賣的。

從此，「三句話不離本行」的俗話就流傳開來了。

編注：1 車把式：趕大車的人。

51「縣官不如現管」是什麼意思？

「縣官不如現管」這句俗語的意思是說，官再大也比不上具體管事、管錢、管物的人有實權。據說這個俗語的出現還有一個故事。

相傳在很久以前，有一個縣的縣官命人在衙門口貼出告示，說是三月進行鄉試，金秋進行大考。消息一出，文人墨客非常高興，個個都躍躍欲試。這時，縣官剛好生病了，只好把這個差事交給心腹主簿單淦。單淦得到這個機會後，決定趁機從中撈一把。告示張貼後的第二天，單淦就開始招賢納士了。

再說那些文人們，有的是初生牛犢，不知天高地厚，一心想憑自己的才學獨占鰲頭；有的破囊捐銀，忙著給主簿送錢送禮，想獲得額外的關照。

幾天後，報名期限已到，單淦看著堆得像小山似的財物禮品，喜在心頭。正要關門時，一個衙役報告說來了一個後生，要來應試，單淦心想，這個時候來的人，一定是備了一份厚禮，趕忙命人請那人進來。

單淦見來人身穿綢緞，挺胸凸肚，就知道是個富家子弟，不禁喜笑顏開。可是，來人坐下後卻沒有提獻銀子或其他禮物的事情。單淦不由臉色一沉，合上花名冊，再也不答理他了。

那人見單淦不理自己就問道：「老爺今天為什麼不報名了？」單淦冷笑一聲，說：「你也不看看這是什麼地方？進廟不燒香！時限過了！」那人說：「我是——」話還未說完，就被單淦打斷了，他吼道：「滾！枉讀詩書不知禮，哪配應試？」說罷，轉身就走了。

原來，那個富家子弟是縣太爺的小舅子，他來到縣太爺家，把自己所受的委屈都告訴了縣太爺，縣太爺問明情況後，唉聲嘆氣地說：「真是縣官不如現管呀！」

從此，「縣官不如現管」這句俗語就流傳開了。

52 改邪歸正為何有「浪子回頭金不換」的說法？

「浪子回頭金不換」這句俗語的意思，是指不走正道的人改邪歸正後極其可貴。據說，這句俗語的由來還有一個故事。

相傳明朝的時候，有一個財主的兒子名叫天寶。天寶從小遊手好閒、揮金如土。財主擔心他這樣下去會把家業都揮霍光了，便請了個先生教他讀書，不讓輕易他出門。在先生的管教下，天寶漸漸地變得知書識禮了。不久，財主夫妻不幸雙雙過世，天寶就解雇了先生，中斷了學業。

先生走後不久，天寶就和小時候認識的狐朋狗友又混在一起，很快就把家產花了個精光，最後只好以乞討為生。

直到這時，天寶才後悔自己過去的生活，他決定痛改前非，繼續學習。一天晚上，他從過去的先生那裡借書回來，因地凍路滑，再加上一天粒米未進，他一跤跌倒後，再也沒有力氣爬起來，不一會兒，就凍僵在路旁。

一位姓王的員外正好路過，見天寶拿著一本書凍僵在路旁，不禁起了憐愛之心，便命家人救醒天寶。王員外見天寶有一些學識，又無處可去，就留他做女兒臘梅的識字先生。從此，天寶就留在王員外家，認真地教臘梅讀書識字。

天寶踏踏實實地教了一段時間的書後，老毛病又犯了，他開始對漂亮溫柔的臘梅想入非非，動手動腳。臘梅一怒之下告訴了父親。王員外聽後沒有教訓天寶，而是寫了一封信，讓天寶馬上送到住在蘇州一孔橋邊的表兄那裡，還給了天寶二十兩銀子做為盤纏。

天寶到了蘇州後，找了半個多月，也沒找到王員外表兄的住處，眼看著盤纏快花完了，心裡著急起來。他想信裡也許有那位表哥的詳細地址，就打開了信，只見信上寫著四句話：「當年路旁一凍丐，今日竟敢戲臘梅；一孔橋邊無表兄，花盡銀錢不用回！」

看完信後，天寶才知道王員外讓他來蘇州的真正目的。他慚愧極了，於是決定振作精神，重新做人，他白天幫人家幹活，晚上挑燈夜讀。三年後，他不但積攢了二十兩銀子，還進京應試，一舉中了舉人。於是，他星夜兼程，回去向王員外請罪。

到了王員外家，天寶「撲通」一聲跪倒，手捧一封信和二十兩銀子，對王員外說他有罪。王員外一見面前的舉人是天寶，趕緊接過書信和銀子，並在他三年前寫的那四句話後又添了四句：「三年表兄未找成，恩人堂前還白銀；浪子回頭金不換，衣錦還鄉做賢人。」

王員外見天寶有了如此大的改變，非常高興，就連忙扶起天寶，問起他這幾年的經歷，又親口把臘梅許給天寶。

從此，天寶就踏踏實實地做人做事，而「浪子回頭金不換」這句俗語也在民間流傳開來。

53 進步大為何有「士別三日，當刮目相看」的說法？

俗語說「士別三日，當刮目相看」，是指別人已有進步，應當另眼相看。據說其出處與三國時期的東吳名將呂蒙有關。

呂蒙在十五、六歲時偷偷跑到軍隊，混在士兵中間，和他們一起出去打仗。由於四處征戰，他根本沒有時間學習，直到後來當了將軍還是如此。有一天，孫權對呂蒙說：「你從十五、六歲起，一年到頭打仗，沒有時間讀書，現在做了將軍，不能再不學習了！」呂蒙說：「我實在是因為軍務太忙，沒有時間讀書。」孫權擺擺手說：「我不是要你做個博學多才的大學問家，只要你粗略地看看各種書，多知道一些事情，能夠拿歷史當作借鑑就行了。你雖然很忙，但能有我忙嗎？我每天還抽出點時間讀書，覺得大有好處。」

呂蒙聽了大受啟發，開始發奮讀書。每天一有時間，他就拿起一本書，聚精會神地看起來，從書裡汲取知識。

後來，魯肅做都督的時候，還用老眼光來看呂蒙，以為他只是個文化水準不高的武將。有一回，魯肅路過呂蒙駐防的地方，同呂蒙聊天。呂蒙問魯肅：「蜀國的關羽對我們威脅很大，您採取了哪些防禦措施防止他的突然襲擊？」魯肅心想：你是個大老粗能知道什麼？跟你說也是白說。於是懶洋洋地說：「到時候再說吧！」呂蒙十分誠懇地向魯肅介紹起吳、蜀兩國的形勢，提出了五點建議。魯肅聽了非常佩服，不禁走到呂蒙身邊，拍著他的肩膀讚揚道：「我一直以為老弟只會帶兵打仗，今天同你談話，才知道你還是個有學問和見識的人，真是文武全才。看來你早已經不是當年的阿蒙了。」呂蒙也笑著說：「人們離別三天，就要用新的眼光來看待，我們兩人隔了這麼久的日子沒見面，老兄怎麼能再用老眼光看我呢？」後來，人們就把這句話改為「士別三日，當刮目相看」，並一直流傳至今。

54 「二百五」的稱呼是怎麼來的？

生活中，人們常把說話不正經、好出洋相、做事馬虎、處事隨便的人叫「二百五」。據考證，「二百五」一詞的由來大致有以下幾種說法：

其一，源於民間傳說

很久以前有一個秀才，為了考取功名，發奮苦讀，可在青壯年時卻不曾中舉，妻子也沒有為他生下男孩。到了晚年，老秀才終於心灰意冷，不再流連考場，追逐功名利祿了，結果他的妻子接連為他生了兩個兒子。老秀才回想一生成敗，不由得感慨萬千，於是給兩個兒子起名：一個叫成事，一個叫敗事。待兒子稍大，老秀才就在家中親自教他們識字，日子過得其樂融融。一次，老秀才吩咐妻子道：「我要去集市上逛逛，你在家督促二子寫字，大兒子寫三百，小兒子寫二百。」老秀才趕集回來之後，詢問二子在家用功如何，妻子回答道：「寫是寫了，不過成事不足，敗事有餘，兩個都是二百五！」就這樣，「二百五」一詞在民間流傳下來。

其二，源於戰國故事

蘇秦是戰國時期非常有名的說客，後來在齊國被殺。齊王很惱怒，可一時又抓不到兇手，於是他想了一條計策，讓人把蘇秦的頭割下來，懸掛在城門上，旁邊貼著一道告示說：「蘇秦是個內奸，殺了他的人可以得到黃金千兩，望來領賞。」榜文一貼出，就有四個人聲稱是自己殺了蘇秦。齊王說：「這可不許冒充呀！」四個人又都咬定說是自己幹的。齊王說：「一千兩黃金，你們四個人各分得多少？」四個齊聲回答：「一人二百五。」齊王拍案大怒道：「來人，把這四個『二百五』推出去斬了！」「二百五」一詞就這樣流傳下來。

其三，源於一個傻子

從前有一個傻瓜，家道中落。有一天，他去賣傳家之寶，寶物上寫「賣盡二百五十八兩」，結果他賣的時候，有人和他討價還價，只同意給兩百五十兩，他想兩百五十就兩百五十，於是賣得金子兩百五十兩，結果很多人笑話他少要了八兩金子，是笨蛋一個。從那以後，人們就把做事糊塗的人稱為「二百五」。

55 為什麼把阿諛奉承說是「拍馬屁」和「溜鬚」？

「拍馬屁」和「溜鬚」二詞都是阿諛奉承的意思。「拍馬屁」一詞的由來有好幾種說法，其中之一是根據顧頡剛先生的考證。在中國西北一帶，由於山路狹窄，不利於行車，因此馬成了他們最重要的交通工具，人們視馬為第二生命。這一帶還流傳著「人不出名馬出名」的諺語。因此，如果誰有了一匹好馬，就會覺得非常榮耀。

當騎著馬的人在路上與別人相遇時，會互相拍著對方的馬屁股說：「好馬！好馬！」後來，有人不管對方的馬是否真的很好，也一律拍著對方的馬屁股說：「好馬！好馬！」就這樣，「拍馬屁」在民間就逐漸有了阿諛逢迎、趨炎附勢的意思。

「溜鬚」一詞的由來則與宋相丁謂有關。

宋真宗趙恆信道教。當時有個大臣叫丁謂，為討真宗的歡心，大建道觀，以迎合帝意，不久升任副宰相，當時的宰相是寇準。有一次，寇準與丁謂一起在朝房用餐，丁謂看到寇準鬍鬚上黏了一些飯粒，便親自上去為寇準溜鬚拂拭，並讚美寇準的鬍鬚如何如何漂亮。寇準對他的行為很反感，忍不住說道：「難道天下還有溜鬚的宰相嗎？」後來人們便稱丁謂為「溜鬚宰相」。而「溜鬚」的故事也在民間流傳開來，後人就把阿諛奉承之事稱為「溜鬚」。

56 世界上最快的人是曹操？

要說歷史上輕功最好的人，那一定非曹操莫屬，因為有一句話是「說曹操，曹操到」。人們常用它來形容人或事來得非常及時。然而，這句話真的跟三國時代的曹操有關係嗎？

事實上，這個典故還真的跟歷史上的曹操有關係。東漢末年，歷經黨宦之爭、黃巾起義，漢王朝已經搖搖欲墜，無法維持對國內的統治。董卓帶兵入洛陽，廢少帝，立漢獻帝。後董卓被王允所殺，其部將李傕、郭汜率軍入長安，殺王允及朝官多人，軟禁獻帝。漢獻帝在李傕與郭汜火拼時曾一度脫離險境，然而李郭二人合兵後繼續追拿漢獻帝。正在漢獻帝走投無路之時，有人向漢獻帝推薦曹操，說他剿平青州黃巾軍有功，可以救駕。漢獻帝的信使尚未派出，李郭的聯軍就已殺到，在此危急關頭，曹操手下大將夏侯惇奉曹操之命率軍「保駕」，將李郭聯軍擊潰。曹操也因此被加封官爵，迎漢獻帝到許都，開始「挾天子以令諸侯」，並最終成就一番霸業。

後來人們就用「說曹操，曹操到」來形容曹操護駕及時。《三國演義》第十四回〈曹孟德移駕幸許都〉的根據就是這段歷史。

57 「一字千金」是指一個字值千金嗎？

「一字千金」的意思是增減一字，賞賜千金，大多用來比喻文章精妙，不能更改。此成語出自《史記．呂不韋列傳》：「布咸陽市門，懸千金其上，延諸侯遊士賓客有能增損一字者予千金。」

戰國末期，商人呂不韋斥鉅資將異人推上秦國國君的寶座，他也搖身一變成了秦國的丞相。呂不韋知道自己的威望太低，朝中官員都不服氣，就想要在短時間內提高自己的威望，於是他召集手下的門客進行商議。其中一人建議他說：「孔子的名聲好，是因為他寫了部叫《春秋》的書，孫武能當上吳國的大將，是因為吳王先看了他寫的《孫子兵法》，丞相您為什麼不也寫一部書呢？這樣既能揚名當世，又能垂範後代。」呂不韋認為這個辦法好，當即命令門客組織人員撰寫。當時呂不韋的門下有三千門客，所以很快就寫出了二十六卷，總計一百六十篇文章，書名就是《呂氏春秋》。

這本《呂氏春秋》完成之後，呂不韋又想要讓全國都知道自己的大作，於是他就命人把全文抄出，貼在咸陽城的城門之上，並且發出布告：「誰能把書中的文字增加一個或減少一個，甚至改動一個字，本丞相就賞黃金千兩。」布告貼出了很長的時間，而人們因為畏懼呂不韋的權勢，所以根本就沒有人前來自討沒趣。於是，「一字千金」也就流傳到了今天。

58 是誰最先說出「識時務者為俊傑」的？

「識時務者為俊傑」通常用來比喻只有認清時代潮流和形勢，才能成為出色的人物。出自《三國志・蜀志・諸葛亮傳》裴松之的注解，引自晉代習鑿齒《襄陽記》：「儒生俗士，識時務者，在乎俊傑。此間自有臥龍、鳳雛。」

三國時候的著名政治家、軍事家，極具神祕色彩的武侯諸葛亮，很小的時候父親就去世了，所以他從小就跟著叔父諸葛玄生活。十六歲時，諸葛玄也撒手辭世，於是諸葛亮就在襄陽城西的隆中置辦了幾畝薄田，蓋了幾間房子，過著躬耕南陽的生活。諸葛亮在隆中居住了長達十年之久，在這段期間，他閱讀了大量的經史子集和諸子百家的各種著作，在政治、經濟、軍事等方面都有深遠的見識，同時他還注意當時天下的政治形勢，運籌於帷幄之中，逐漸形成了一套十分完善的政治意見。當時，劉備依附於荊州牧劉表，他認為想要成就一番大事，必須要有足智多謀的人輔佐自己，所以一直都在物色人選。一次偶然的機會，劉備聽聞司馬徽在襄陽非常有名望，於是就前去拜訪，並且向他詢問當今天下的大事。司馬徽笑著說：「我這個平庸的文弱書生，怎麼能夠認清天下的大事呢？能夠認清天下大勢的人，必定是傑出的人物，這裡只有臥龍和鳳雛才是這樣的人物。」

正如司馬徽所言，劉備三顧茅廬請出了臥龍諸葛亮，最終得以和孫權、曹操三分天下。

59「一錘定音」和什麼樂器有關？

「一錘定音」通常用來比喻憑藉一句話做出最後的決定，成語出自劉紹棠《小荷才露尖尖角》：「他不聲不響，卻是一家之主；女兒中意，老伴點頭，也還得聽他一錘定音。」其實這個成語的由來與鑼有關。

對於鑼，大部分人應該都認識，它在戲曲音樂、舞蹈音樂和傳統的吹打樂中被廣泛使用，鑼通常可以分為大鑼、小鑼、掌鑼和雲鑼四大類。鑼的聲音比較響亮，所以它還有個「響器」的稱呼，但實際上，鑼在剛製造出來時是沒有聲音的，打擊的時候也只能發出「悶」響，這是為什麼呢？

原來樂器作坊考慮到不同的人對聲音的需求不同，所以就要求買鑼人必須說清楚鑼的用處和需要的首調以及響度，技師會根據客戶的要求用輕輕敲打的方法，在鑼上選好適當的部位，然後恰到好處地對準這個地方猛擊。這個時候，再把鑼提起來敲打，就會發出符合客戶要求的悅耳聲響，而且還不會輕易變調，這個過程就被稱為「開鑼」。因為技師的一個冷錘給鑼定了聲音，所以「一錘定音」就成為了製鑼作坊的專用名詞，沿用到今天就被用來比喻憑某個人的一句話做出決定。

60 「樹倒猢猻散」這句俗語是怎麼來的？

「樹倒猢猻散」通常用來比喻靠山一旦垮臺，依附的人就會立刻一哄而散，出自宋代龐元英的《談藪．曹詠妻》。

宋高宗時，有一個名字叫曹詠的侍郎，他非常善於拍馬屁，所以深得奸相秦檜的重視，更是因此而連升三級，成了朝中要員。做了高官之後，自然有許多人前來巴結曹詠，這讓他非常得意，可是讓他氣惱的是，自己老婆的哥哥卻從來都不對自己獻殷勤，甚至還故意疏遠自己。原來曹詠的大舅子名字叫厲德新，他的頭腦非常清醒，知道曹詠是靠著拍秦檜的馬屁才得以升官的，所以料定他沒有好下場，堅決不肯和他同流合污。對於厲德新的舉動，曹詠自然十分氣惱，一心想要給他點兒顏色看看，可是卻怎麼都找不到他的把柄，最後只好作罷。

等到秦檜死後，那些曾經依附秦檜的人也跟著倒楣，曹詠自然不能倖免，他被貶到新州，厲德新得到消息之後，非常高興，於是就寫了一篇題為〈樹倒猢猻散〉的賦寄給曹詠。在文章中，厲德新將秦檜比作一棵大樹，將曹詠等人比作樹上的猴子，說現在大樹一倒，猢猻四散，於國於家，都是極大的喜事。曹詠收到自己大舅子的這篇文章後，氣得臉色發紫，卻找不到半點兒話來反駁。

61 孔子為什麼會說「殺雞焉用牛刀」？

「殺雞焉用牛刀」的意思是說，殺一隻雞何必要使用宰牛的大刀呢？現在通常用來比喻辦小事情沒有必要花費太大的氣力。成語出自《論語．陽貨》：「子之武城，聞弦歌之聲。夫子莞爾而笑，曰：『割雞焉用牛刀。』」

孔子是儒家的開創者，他一直提倡恢復周禮，以禮樂來教化百姓。傳聞，孔子門下有弟子三千人，其中有七十二賢人，子游更是「孔門十哲」中的一個，自然得到了老師孔子的思想精髓。子游的胸襟十分寬闊，在孔子門下位列文學科的第一名，孔子曾經稱讚他說，有了子游，其學說才得以在南方傳播。也許正是因為子游的性情和孔子相近，所以他在擔任武城縣令之後，就大行孔子的儒學思想，大力提倡教育，用音樂來教化民眾。孔子來到武城時，聽到城中到處都是樂器的彈奏和優雅的歌唱，就轉過來問子游說：「割雞焉用牛刀！」子游非常恭敬地解釋說：「君子學習禮樂就會懂得愛人，百姓學習禮樂就會便於管理。」孔子十分贊許地微笑著點了點頭。

62 「開卷有益」和哪位皇帝有關？

「開卷有益」，通常被用來鼓勵人們勤奮好學，認為多讀書就會有好處。成語出自晉代陶潛〈與子儼等疏〉：「開卷有得，便欣然忘食。」

宋朝初年，宋太宗趙光義命令手下的文臣李防等人，編寫一本分類百科全書《太平總類》，他每天都會抽出時間去閱讀兩、三卷，想要在一年之內全部看完，於是就將書名改為《太平御覽》。宋太宗身為一國之君，平日裡有許多國家大事要處理，如果他想要在一年之內將《太平御覽》這部鴻篇巨制讀完，無疑會占用他許多的休息時間，他也會因此而過於勞累。所以就有人勸說趙光義，希望他每天減少看書的時間，以免勞累過度，可是趙光義卻回答道：「我非常喜歡讀書，從書中能得到很多樂趣，我以為多看看書，總是會有好處的，而且我從來不認為看書會讓人勞累。」於是他就堅持每天閱讀三卷《太平御覽》，即使是有時候因為國家大事而耽誤了看書，他也會抽時間將書看完，並且常對左右的人說：「只要打開書本就會得到好處。」正因為他每天閱讀《太平御覽》，所以趙光義處理起國家大事來，越發得心應手，於是大臣們也紛紛效仿。一來二去，當時的讀書風氣便越來越濃郁。

63 「千軍易得，一將難求」為何與墨水有關？

人們都知道「千軍易得，一將難求」通常是用來形容將才難得，比喻對人才的重視。可是很少人知道，這個成語和墨水有著極大的關係。

居住在易水的奚鼐、奚鼎兩兄弟，是唐朝最為著名的製墨大家，他們在總結前人經驗的基礎之上，改進前人的製墨方法，製出的墨豐肌膩理、光澤如漆，這製墨的手藝也做為家傳絕學傳了下來，後來奚氏從南唐定居於安徽，南唐後主李煜因為極其喜歡他們的墨而賜國姓李。從此以後，他們的墨就被稱為「李墨」，李墨就是後來著名的「李廷圭墨」。宋人稱讚他所製的墨為「天下第一品」。北宋慶曆年間甚至出現過其墨價值一萬錢的現象。所以稱「黃金易得，李墨難求」。正是受到了這個成語的影響，才慢慢衍化出了「千金易得，一將難求」、「三軍易得，一將難求」等成語。

第6章

文化藝術

1 正史是專門記述帝王的歷史嗎？

正史是中國古代史書的一種，指歷代以帝王本紀為綱的紀傳體史書，我們常說的「二十四史」全部都是正史。「正史」之名最早見於《隋書．經籍志》，文中說後世撰著史書，都效法司馬遷、班固的《史記》、《漢書》，把它們當作正史。其中的「正」有正宗、正統之意。清乾隆四年（一七三九年）規定，從《史記》到《明史》的二十四部史書為正史，私家不能擅自增加。

就體裁而言，歷代正史均為紀傳體史書，以帝王的本紀為綱，以列傳為輔，本紀、列傳是不可缺少的內容。但志、表則並不是所有的正史都要有的。《明史．藝文志》曾經把紀傳、編年二體並稱正史，但並未為人們所廣泛接受。同時，除《史記》及《南北史》外，其餘正史均為斷代史。

就纂修而言，唐代以前的正史多為個人所撰，唐及以後的正史則均為官修，只有歐陽修的《新五代史》是私撰。

就影響而言，歷代正史雖然有高下之分，但因為史料大多比較信實，纂修者也大多是當時的史學名家，所以影響極大，至今仍是研究中國古代社會的重要依據，有著不可取代的地位。

2 起居注是記錄帝王言行的實錄嗎？

起居注是記錄帝王言行的實錄。它的起源很早，在先秦時期就有所謂的「君舉必書」制度，而且還有「左史記言，右史記事」，「動則左史書之，言則右史書之」的說法。說明古代早就注意對君主言行的記錄了。

有人認為，從汲冢出土的《穆天子傳》，就是起居注的最初形式。在漢代，據說由宮中女史擔任此職，而在漢以後，則歷代都有史官司專職記錄皇帝每天的言行，並定名為「起居注」。

魏晉時期，由史官著作郎兼修起居注，尚書專職起居官。到了北魏，開始專門設置起居令史，另外，還有修起居注、監起居注等專職官員，他們平時侍從皇帝，隨行左右，記錄皇帝言行。

隋代則在中書省下設史官司起居舍人。唐代又于門下省設起居郎，和起居舍人分掌其事。宋朝對起居注特別重視，還專門設立了起居院撰寫起居注。元朝時期，由給事中兼修起居注。明朝又專設起注官。清朝則以翰林、詹事等官兼任，稱起居官。

在一類以起居注命名的史書中，現在所能知道的最早著作，是漢武帝時期的《禁中起居注》和東漢明德馬皇后撰寫的《明帝起居注》。從《隋書經籍志》所載看，從漢武帝至北周太祖期間，歷代皇帝的起居注有四十多種。

唐宋時的起居注最為詳備，元明以後稍見簡略。起居注一般由專職起注官撰寫，但也不盡是。例如，《大唐創業起居注》是由李淵的參軍根據自己的見聞撰成的，記錄了從李淵起兵、攻克長安直到稱帝，這一段王朝創建的歷史。

起居注一般都會成為後世編史的第一手參考史料，唐初國史館修撰梁、陳、北齊、周、隋等史，就是靠一大批起居注為其提供充足的原始材料，才得以在短期內完成。

3 《戰國策》是研究戰國歷史的重要資料嗎？

《戰國策》是中國古代記載戰國時期政治鬥爭的一部最完整的著作。主要記述了戰國時期縱橫家的政治主張和策略，展示了戰國時代的歷史特點和社會風貌，是研究戰國歷史的重要典籍。

《戰國策》最初並不是要編成一部史書，而是要給當時的熱門職業「謀臣策士」提供一部學習手冊，供人揣摩學習。這種手冊主要彙編各種書策說辭，而且當時不只一部。到西漢成帝時，劉向依據國別，再略按時間次序，把這些書策說辭編成三十三篇，共四百六十章。全書共有十二國策，即西周、東周、秦、齊、楚、趙、魏、韓、燕、宋、衛、中山策，定名為《戰國策》。

《戰國策》為敘事體，著重記述戰國縱橫家的言論和行動，表現他們的才能和辯智，宣揚士人在歷史上的作用，開以人物為中心的紀傳體之先河，是一部典型的「戰國縱橫家書」。

《戰國策》有著較高的思想性和文學成就。比如，反映了民本思想，一些文章表現出對平民力量的重視，如「趙威後問齊使」把平民的地位放在君位之上，認為「苟無民，何以有君？」同時還對那些殘害百姓、殺戮忠良、荒淫無恥的統治者予以無情地揭露，表現了一定的正義感。

另外，《戰國策》記錄了許多嘉言善行，雖主要是對某些統治者的規勸，但對後世也有一定的教育意義。還有，對於銳意改革、勵精圖治的國君，《戰國策》給予了充分肯定，如趙武靈王的胡服騎射。《戰國策》的政治觀比較進步，最突出的是體現了重視人才的政治思想。

《戰國策》的文學成就也非常突出，該書文辭優美，語言生動，富於雄辯與運籌的機智，描寫人物繪聲繪色，在中國古典文學史上亦占有重要地位。在中國文學史上，它標誌著中國古代散文發展的一個新時期。清初學者陸隴其稱《戰國策》「其文章之奇足以娛人耳目，而其機變之巧足以壞人之心術」。

4 流沙河是一條河嗎？

關於流沙河，《西遊記》中說是「一道大水狂瀾，渾波湧浪」，河的寬度也「足有八百里」。更為可怕的是，流沙河是「八百流沙界，三千弱水深。鵝毛飄不起，蘆花定底沉」。這裡是說，「流沙」即「弱水」。《尚書．禹貢》中曾記載：「導弱水至於合黎（大致在今甘肅境內），餘波入於流沙。」這就導致人們產生了弱水是流沙河支流的誤解。在《山海經》中，還記載了弱水中有一種長著龍首的食人怪物。這正與沙和尚在摩頂受戒之前吃人的習性相合。《西遊記》中也說流沙河是「東連沙磧，西抵諸番，南達烏戈，北通韃靼」。

眾所周知，中國西北地方乾旱少雨，並沒有一條真正的大河流過。那麼，《西遊記》中的流沙河，真的是作者編造出來的嗎？

實地考察可知，中國的西北地方雖然沒有大河，卻是沙漠連連、戈壁縱橫。在茫茫的沙海中，最為危險的莫過於流沙。流沙是沙子和水的混合物，是會移動的沙子。流沙很容易因外力塌陷，將其表面的東西吸入並吞沒。一旦人們身陷其中，往往不能自拔，同伴只能眼睜睜地看著受困者頃刻間被沙子吞噬。據研究者說，將腳從流沙中拔出來，需要抬起一輛汽車的力量。如果生拉硬扯，那麼人的身體就可能被強大的力量扯斷。流沙的危險，並不亞於「鵝毛飄不起，蘆花定底沉」的流沙河。一個人一旦掉人河中，如果會游泳還有可能逃生，但若是陷入流沙，可真的就是九死一生了。

在記載玄奘取經這一真實故事的《大慈恩寺三藏法師傳》中，曾經寫道：「莫賀延磧，長八百餘里，古曰沙河。上無飛鳥，下無走獸，復無水草。」所謂「莫賀延磧」，大致在今天塔克拉瑪干沙漠的最東部，是從敦煌北上到吐魯番的必經之地。玄奘在這裡，因為饑渴而產生了幻覺，竟看到「逢諸惡鬼，奇狀異類繞人前後」。更糟糕的是，他在這裡迷失了道路，還失手打翻了水袋。「千里之資，一朝斯罄……四顧茫然，人馬俱絕。」可見流沙河並不是一條河，與弱水也根本搭不上界。

5 孟浩然的詩作為何被稱為「盛唐之音」第一聲？

孟浩然（六八九至七四〇），盛唐詩人，襄州襄陽（今屬湖北）人，世稱「孟襄陽」。孟浩然四十歲前一直在家種菜養竹，閉門讀書。開元十六年（七二八年）到長安應進士舉不第，失意而歸；其間曾賦詩太學、名動公卿，並與王維交遊。其後在江淮吳越漫遊幾年，後重歸故鄉。開元二十五年（七三七年），張九齡任荊州刺史，他曾應邀做過幕僚，但不久便又歸隱鹿門。後病逝於襄陽，一生未仕，人稱「孟山人」。

孟浩然潔身自好，不事逢迎，其耿介性格和高尚情操，為時人和後人所傾慕。李白稱讚他「紅顏棄軒冕，白首臥松雲。高山安可仰，徒此揖清芬」（〈贈孟浩然〉）。王維曾畫孟浩然像於郢州一亭，題「浩然亭」，後人因崇敬他，不願直呼其名，改稱「孟亭」。可見人們對孟浩然的崇敬達到了一定程度。

孟浩然的山水詩主要有兩部分：一部分是遊歷南北各地所寫的山水景色；另一部分是隱居故鄉襄陽所寫的自然風光。他在漫遊途中描摹的山水景物生動逼真，而且富於變化，顯示了卓越的藝術表現力。

孟浩然在這一類詩追求的是一個「清」字。他的作品善於運用清淡平和的語言描繪清幽絕俗的意境，出語灑脫，詩風平易，怡然自得，韻致高遠，「誦之有泉流石上、風來松下之音」（陸時雍《詩鏡總論》）。

孟浩然的田園詩數量遠比山水詩少，但是其風格特色卻很值得稱道。膾炙人口的〈過故人莊〉一詩，用口語寫眼前景，敘家常事，成功地表現了簡樸親切的田園生活，真淳動人的故人情誼，全篇於自然平淡中蘊藏著深厚的情感和濃郁的詩意。

孟浩然是唐代寫作山水景色與隱逸生活的第一人。身為初唐詩歌向盛唐高峰發展的一座里程碑，他的作品雖然還留有某些過渡的痕跡，卻體現了鮮明的個性，因而獨標風韻，自成境界，成為「盛唐之音」的第一聲。

6 李商隱為什麼被視為朦朧詩鼻祖？

李商隱（約八一二至八五八），晚唐詩人，字義山，號玉溪生，又號樊南生，他和杜牧合稱「小李杜」，與溫庭筠合稱為「溫李」，與同時期的段成式、溫庭筠風格相近，且都在家族裡排行十六，故並稱為「三十六體」。

李商隱才華橫溢，史稱其「五歲誦經書，七歲弄筆硯」。文宗開成三年（八三七年）進士及第，踏上仕途，曾三入幕府。但因處於牛李黨爭的夾縫之中，一直沉淪下僚，鬱鬱不得志。僅任過九品的祕書省校書郎、正字和閒冷的六品太學博士，為時都很短。

李商隱工詩善文，尤以詩歌成就最高。他是關心現實和國家命運的詩人，各類政治詩不下百首。此外，李商隱詩集中的其他篇章，多半屬於吟詠懷抱、感慨身世之作，表現出了詩人的境遇命運、人生體驗和精神意緒。其詩以深婉見長，有些詩迷離恍惚、晦澀費解，與現代的朦朧詩有一定的類似，故有人認為其詩即是古代的朦朧詩，他也因此被稱為中國古代的「朦朧詩鼻祖」。

李商隱的詩歌創作很少直抒胸臆，而是致力於婉曲見意，有時甚至是刻意求深求曲。這主要表現在：借助環境景物的描繪來渲染氣氛、烘托情思，如〈射日〉；驅遣想像，將實事實情化作虛擬的情境，如〈夜雨寄北〉；編織綺麗文字、大量運用典故，造成光怪陸離、朦朧隱約的詩歌意象，如〈錦瑟〉；運用比興寄託手法，託彼言此，如〈嫦娥〉。而大量的無題詩則更是如此。

這些詩作婉曲見意的表現形式，與深情綿邈的內涵相結合，表現出「寄託深而措辭婉」（葉燮《原詩》）的「深婉」風格。其詩往往寄興深微，寓意空靈，索解無端，而又餘味無窮。其中部分作品旨意難明，成為千古皆不破的「詩謎」。

7〈胡笳十八拍〉究竟是誰所作的？

〈胡笳十八拍〉是一篇長達一千兩百九十七字的騷體敘事詩，根據此詩譜寫的同名樂曲位列中國古代十大名曲，流傳至今。郭沫若曾評價其為「繼〈離騷〉以來最值得欣賞的一部長篇敘事詩」。〈胡笳十八拍〉原載於宋代郭茂倩《樂府詩集》的卷五十九和朱熹《楚辭後語》的卷三，但這兩本書中的文字記載稍有出入。至於其作者，有學者認為此詩是東漢才女兼文學家蔡文姬所作，但也有學者提出異議。

蔡琰，字文姬，是東漢文學家和書法家蔡邕的女兒，她本人也是中國歷史上著名的才女和文學家。蔡文姬天資聰慧，加上受父親的影響，從小耳濡目染，博學多才，長於辯論，精通音律，且還精於天文數理，曾與父親一起續修漢書。蔡文姬十六歲時嫁給了河東世族衛家的衛仲道，衛仲道也是位出色的學子。正應了古人的「才子配佳人」之說，婚後夫妻二人恩愛有加，生活幸福。可惜好景不長，結婚不到一年，衛仲道便咯血而死，而此時他們並無一兒半女。衛家認為是蔡文姬剋了自己的丈夫，所以對她冷言冷語。心高氣傲的蔡文姬不顧父親的反對，毅然回到娘家。

東漢末年，社會動亂，二十三歲的蔡文姬被匈奴擄去，因蔡文姬才情頗高，後被匈奴左賢王納為王妃，並生下兩個孩子。雖身為王妃，但她獨自一人遠離故土流落他鄉，飽嚐異族異鄉異俗生活之苦。十二年後，曹操統一北方，因感念恩師蔡邕對自己的教誨，便出重金贖回了蔡文姬，這一年她三十五歲。在曹操的安排下，蔡文姬嫁給了田校尉董祀。董祀一表人才，通書史，諳音律，而蔡文姬卻因飽嚐生活艱辛，時常精神恍惚。董祀對蔡文姬是有偏見的，只是迫於曹操的壓力，才不得不接受了她。婚後第二年，董祀犯了死罪，蔡文姬不顧夫妻二人的嫌隙，向曹操求情，曹操同情蔡文姬的遭遇，便寬宥了董祀。此後，董祀感念妻子的救命之恩，也重新認識了蔡文姬，從此夫妻二人便隱居山林，不問世事。

歷史上認為〈胡笳十八拍〉是蔡文姬所作的學者有李順、王安石、嚴羽、李綱、王應麟、韓愈、黃庭堅、羅貫中、郭沫若等。他們認為〈胡笳十八拍〉是蔡文姬在被曹操贖回、嫁給董祀後，想到自己一生三嫁，命運坎坷，在還鄉之喜和與自己孩子分離的思念之痛，這矛盾心理交織下而作的。流落南匈奴達十二年之久的遭遇，回歸故土與母子團聚不能兩全的矛盾痛苦心理，蔡文姬的經歷和〈胡笳十八拍〉所述十分相符，而沒有親身經歷的人是做不出如此感人肺腑的詩句的。

而持否定意見的有朱文長、蘇軾、王世貞、胡應麟、沈德潛等。綜合起來，爭論點主要在以下幾個方面：第一，史書《後漢書》、詩文選集《文選》、詩歌總集《玉臺新詠》、《蔡琰別傳》中，均沒有〈胡笳十八拍〉的記述，晉《樂志》和宋《樂志》中也沒有，因此他們以為唐以前並沒有此詩，它應是唐代人偽造的。第二，〈胡笳十八拍〉與東漢詩的語言風格、修辭煉句、音律等方面均不同。〈胡笳十八拍〉的一些詞句對仗講究，且煉字修辭精巧，平仄諧調，與唐代的七言律詩很像，並不像東漢詩的風格。第三，〈胡笳十八拍〉中描述的場景和地理環境，與歷史事實不符。〈胡笳十八拍〉中「城頭烽火不曾滅，疆場征戰何時歇？殺氣朝朝沖塞門，胡風夜夜吹邊月」的詩句，描寫的是漢與匈奴連年征戰的場面，而事實上，那時並沒有戰爭。蔡文姬是被南匈奴擄去，而漢末南匈奴分為兩支，放扶羅、呼廚泉一支居河東平陽，也就是今天的山西臨汾，詩中「夜聞隴水兮聲嗚咽，朝見長城兮路杳漫」，「塞上黃蒿兮枝枯葉乾」則描述的是甘肅等地的環境，地理環境方面也與事實不符。

還有人引唐代劉商〈胡笳曲序〉的小序：「蔡文姬善琴，能為離鸞別鶴之操……後董生以琴寫胡笳聲為十八拍，今之〈胡笳弄〉是也。」說〈胡笳十八拍〉為「董生」即唐代董庭蘭所作。而郭沫若則以為「後董生」應為「後嫁董生」，是指蔡文姬後來嫁給了董祀，董祀彈奏蔡文姬的這首詩。更有反對者指出，劉商的這段文字不足信，因其中多處內容與其他的文字記載不同。

〈胡笳十八拍〉的作者究竟是不是蔡文姬，目前學術界還沒有統一的觀點。但我們可以於這感人肺腑的千古絕唱中，同作者一起體味辛酸人生，恍惚間，似乎看到作者正行走在一條荊棘叢生的長路上……

8 諸葛亮到底有沒有寫過〈後出師表〉？

蜀漢政權在劉備亡故後，諸葛亮主持發動了對曹魏的第六次北伐。據史料記載，〈（前）出師表〉和〈後出師表〉分別是諸葛亮在西元二二七年到二二八年先後向後主劉禪的上疏，兩篇上疏語義懇切，情致動人。尤其是〈後出師表〉，提到「鞠躬盡力，死而後已」一語，感人肺腑，以致後來演變成為一個成語，專門用來讚美那些獻身國家和民族的偉大「公僕」。但是許多史學家認為，諸葛亮可能並沒有寫過〈後出師表〉，其原因有二。

首先，〈後出師表〉的出處不明。在陳壽《三國志．蜀志．諸葛亮傳》中，只載有〈（前）出師表〉，而沒有〈後出師表〉。〈後出師表〉是劉宋裴松之注《三國志》時引錄東晉習鑿齒《漢晉春秋》的，而《漢晉春秋》中的這篇〈後出師表〉，又是出於三國孫吳大鴻臚張儼的《默記》。中國最早的詩文總集《昭明文選》也只選錄了〈（前）出師表〉，而沒有收〈後出師表〉。大家由此懷疑這篇文章其實並非出自諸葛亮之手。

同時，透過對比前後〈出師表〉會發現，文中的立意、寫作目的和歷史年代，甚至文辭風格都有很大的差異。從立意上看，〈（前）出師表〉表示了諸葛亮對北伐必勝的信心：「當獎率三軍，北定中原，庶竭駑鈍，攘除奸凶，興復漢室，還於舊都。」〈後出師表〉卻語氣沮喪：「然不伐賊，王業亦亡；惟坐待亡，孰與伐之？」雖然此時已有街亭一敗，但「受任於敗軍之際，奉命於危難之間」的諸葛亮怎會雄心全無呢？從寫作的目的上看，〈後出師表〉的意義並不明確。據史料記載，〈後出師表〉談到「議者謂為非計」，但當時蜀漢並沒有人反對北伐，諸葛亮根本無須上此表以說服別人，這句話不符合當時的情況。

最後就是遭人垢病最多的史實部分了。《蜀志．趙雲傳》說趙雲「建興七年卒」，〈後出師表〉上於建興六年十一月，卻說「自臣到漢中，中間期年耳，然喪趙雲、陽群、馬玉、閻芝、丁立、白壽、劉郃、鄧銅等及曲長屯將七十餘人」，然陽群、馬玉、閻芝、丁立、白壽、劉郃、鄧銅等人，史書上均不見記載，顯然是作偽者故意捏造，以混淆視聽。另外，從文辭風格上看，〈（前）出師表〉風格高邁，讀時可感是忠臣志士無意為文。〈後出師表〉辭意庸陋，如「群疑滿腹，眾難塞胸，今歲不戰，明年不征」四句，均一句四字，兩句對偶，意思完全雷同，〈（前）出師表〉就沒有這樣風格的句子。

既然認為〈後出師表〉非諸葛亮所作，那麼，它的真正作者又是誰呢？因為〈後出師表〉出於張儼的《默記》，因此一些學者就認為它是張儼所作。也有人認為偽作者應是諸葛亮的胞侄諸葛恪。諸葛恪在西元二五二年孫權臨死時，受命為吳大將軍，全權輔佐幼主孫亮。當時孫氏皇族與江南大族的勢力非常強大，諸葛恪為了樹立自己的威望和掌握兵權，就發動了對魏的戰爭。然而這卻引起舉國反對，正如〈後出師表〉中所說的「議者謂為非計」。於是，諸葛恪一方面「著論以諭眾」，另一方面偽製〈後出師表〉，以便使自己的伐魏主張得到一個有力的旁證。後來這篇文章被張儼收錄進他所撰的《默記》。

時隔千年，〈後出師表〉究竟是誰所作也沒有統一定論，只待有一天的考古新發現，或許可以解開這千古謎題。

9〈蘭亭序〉是王羲之寫的嗎？

〈蘭亭序〉，又名〈蘭亭集序〉、〈蘭亭宴集序〉、〈臨河序〉、〈禊序〉、〈禊帖〉，由晉代書法家王羲之在紹興撰寫，書法成就很高，與顏真卿〈祭侄季明文稿〉、蘇軾〈寒食帖〉，並稱「三大行書書法帖」。一千多年來，人們對〈蘭亭序〉是由王羲之所寫深信不疑。然而，到了二十世紀六〇年代，中國主流媒體卻掀起了一場〈蘭亭序〉是不是王羲之書寫的爭論。那麼，事實究竟是怎麼回事呢？

東晉穆帝永和九年（三五三年）三月初三，王羲之與謝安、孫綽等四十一位名士，在今浙江紹興會稽郡山北面的蘭亭聚會，行流觴曲水之樂，各有詩文，輯為《蘭亭集》，王羲之乘著酒興方酣，用蠶繭紙、鼠鬚筆疾書，為《蘭亭集》作序文。書法帖共二十八行，三百二十四字，章法、結構、筆法都很完美。書法遒健飄逸，為書法中的極品。當時王羲之五十歲，正是書法家最好的時候。〈蘭亭序〉書法不類王羲之早先的作品，連他自己都感到不似平生之作。王羲之酒醒後，再書〈蘭亭序〉，均遜色於原作。所以，〈蘭亭序〉原稿一直被王羲之視為至寶，並當作傳家之寶傳給王氏後代。

至王羲之第七代子孫智永和尚時，〈蘭亭序〉原稿被唐太宗李世民「騙」入朝廷。唐太宗得〈蘭亭序〉後，曾詔名手趙模、馮承素、虞世南、褚遂良等人鈎摹數個副本，分賜親貴近臣，但摹本無一勝過王羲之的原作。

傳說因為唐太宗太喜歡〈蘭亭序〉真跡了，以至於死時也讓其陪葬。可是，到五代時，耀州刺史溫韜把唐太宗的昭陵盜了，然而在其寫的出土寶物清單上，並沒有〈蘭亭序〉。另一說〈蘭亭序〉真跡藏在武則天的乾陵裡面。還有一說是溫韜已盜出〈蘭亭序〉，後來傳到明朝時藏於藏書家豐坊的萬卷樓。一五六二年，〈蘭亭序〉原帖毀於萬卷樓大火。

現存的〈蘭亭序〉帖為唐朝時的摹本，它有五大摹本，分別是〈蘭亭神龍本〉、〈虞本〉、〈褚本〉、〈定武本〉、〈黃絹本〉，其中以〈蘭亭神龍本〉最為著名。

〈虞本〉為唐代大書法家虞世南所臨，因卷中有元朝天曆內府藏印，亦稱〈天曆本〉。虞世南得智永和尚真傳，書法有魏晉風韻，與王羲之書法意韻極為接近，他用筆渾厚，點畫沉遂。故〈虞本〉是最能體現蘭亭意韻的基本。

〈褚本〉為唐代大書法家褚遂良所臨，因卷後有米芾題詩，故亦稱〈米芾詩題本〉。此冊臨本筆力輕健，點畫溫潤，血脈流暢，風身灑落，深得蘭亭神韻。故〈褚本〉是最能體現蘭亭魂魄的摹本。

〈馮本〉為唐代內府榻書官馮承素摹寫，因其卷引首處鈐有「神龍」二字的左半小印，所以後世又稱其為〈蘭亭神龍本〉。因使用「雙鉤」摹法，摹寫精細，筆法、墨氣、行款、神韻，都得以體現，故〈馮本〉為唐人摹本中最接近蘭亭真跡者，也是最能體現蘭亭原貌的摹本。另有碑拓神龍本、天一閣碑刻神龍本。

〈定武本〉是唐代大書法家歐陽詢的臨本，於北宋宣和年間勾勒上石，因於北宋慶曆年間發現於河北定武而得名。定武原石久佚而僅有拓本傳世。〈定武本〉是最能體現蘭亭風骨的摹本。

〈黃絹本〉因書於黃絹上而得名，相傳亦為褚遂良所臨。

後人稱讚〈蘭亭序〉的書法藝術「點畫秀美，行氣流暢」，「清風出袖，明月入懷」，「飄若浮雲，矯若驚龍」，「遒媚勁健，絕代所無」，「貴越群品，古今莫二」。

清代乾隆年間，一位名叫趙魏的學者首先提出，王羲之的字不可能是像〈蘭亭序〉那樣的行書，而應該更有古意一些。到清朝末年，廣東書畫家李文田認為，古人評價〈蘭亭序〉說：「龍跳天門，虎臥凰闕，鐵畫銀鉤」，王羲之的真跡應該像「虎臥凰闕」那樣古拙才對，但〈蘭亭序〉的書法儒雅漂亮，不像是王羲之所寫。

一九六四年和一九六五年，南京出土了兩塊東晉時期的王、謝家族墓誌。郭沫若研究發現，墓誌上的字體非常古拙，帶有濃厚的隸書筆意，與同時代的〈蘭亭序〉的行書筆意大不相同，他認為「天下的晉書都必然是隸書」，並大膽提出〈蘭亭序〉行書帖「既不是王羲之的原文，更不是王羲之的筆跡」，而是王羲之的第七代孫智永和尚所寫。

此說一出便引起很多學者的反駁。經毛澤東批示可以進行學術辯論後，學界掀起了一場長時間的辯論，以論證〈蘭亭序〉是不是王羲之的筆跡。一九七三年三月，文物出版社收集相關十八篇文章，編纂成《蘭亭論辯》一書。

現在的專家分析認為，郭沫若的論點不夠嚴謹，把晉朝墓誌上的字體跟〈蘭亭序〉手稿裡的字體相對比，這種比法是行不通的。因為古人寫正式文字，用的是正式書體，而平時手稿裡的字，隸書的筆意可能相對就會少一些，甚至沒有，所以郭沫若的比較方法是不對的。另外，他大膽懷疑〈蘭亭序〉是智永和尚所作，也是出於主觀推斷，而沒有根據。大多數學者還是相信〈蘭亭序〉書帖是王羲之所書無疑。

10《推背圖》有哪些深不可測的玄機？

二〇〇九年，一部關於全球毀滅的災難電影《二〇一二》上映後，引發了人們對「預言」的好奇，因為電影中二〇一二年世界末日到來的說法，源於古代美洲瑪雅人的預言。而在中國也不乏相關的預言著作，中國的《推背圖》、《易經》與西方的《瑪雅預言》、《諸世記》一起被譽為世界四大預言經典，《推背圖》和《乾坤萬年歌》、《馬前課》、《梅花詩》、《藏頭詩》、《燒餅歌》、《黃蘗禪師詩》一起被稱為「中國七大預言書」，《推背圖》更是號稱「中華第一預言書」。

相傳，《推背圖》由中國唐代著名的天相家李淳風和袁天罡所作，以推算大唐國運。據說在唐太宗李世民年間，一天，李淳風在觀天象時看出武則天將奪權之事，於是一時興起，開始推算起來，誰知一發不可收拾，竟然一直推算到唐以後中國兩千多年的命運，旁邊的袁天罡忍不住在其後推他的背，提醒道：「天機不可再洩，還是回去休息吧！」李淳風這才停止，《推背圖》的名字也由此而來。因《推背圖》中的預言極其準確，一直以來被歷代統治者列為禁書。現在我們所能看到的《推背圖》版本，是清朝乾隆年間的舉人金聖歎評批的版本。

從目前我們所能看到的內容來看，《推背圖》是在《周易》八卦學說的基礎上，運用一定的演繹方法，對人類社會發展軌跡做出的概括性預言。每一卦象以八八六十四卦之一起始，全書共六十象。除第一象引目和最後一象結言不是預言外，共有五十八象預言。每一象的編排是：卦圖一幅，圖下面是讖詩二首，讖下面是頌。「讖」是預言的意思，是推斷和猜測。「頌」是主流歌曲。

《推背圖》預言的時間跨度大，內容既廣泛又集中。《推背圖》預言的是唐代以後約一千八百年有關國家命運的政治歷史大事。預言範圍從第二象的大唐氣數，一直到第五十九象的世界大同，每象相接，且依歷史順序而來，並不錯亂。內容涉及爭霸戰爭、宮廷政變、王朝開闢、太平盛世、農民起義等多個方面，但每一件事又都是關係到國家命運和歷史發展的大事，意義非凡。

《推背圖》的神奇性，還在於其預言的準確性。截至清代學者金聖歎在世時已應驗到第三十三象，一般認為從三十九象到四十七象預言的是二十世紀中葉至二十一世紀上半葉的歷史，其中三十九象至四十二象的預言已經發生。最令人覺得不可思議的是，已經發生的歷史似乎被《推背圖》中的預言一一言中。如第三象卦圖是手握刀刃的女尼，因武則天曾出家為尼，此圖則暗示武則天稱帝；第五象圖為史書、馬鞍、玉環，楊貴妃又名楊玉環，預示唐朝中期的安史之亂和馬嵬之變；第二十一象圖為一位胡人驅趕兩位皇帝，預示女真南侵，靖康之變；第二十七象中預言朱元璋建立明朝；第二十八象則預言靖難之役；第三十二象預言李自成推翻明朝，明朝滅亡；第三十四象太平天國內訌；第三十五象圖為城門大開，有兩個士兵（後面遠處還跟著一個士兵）正大踏步地往裡闖，暗示第二次鴉片戰爭英法聯軍入侵北京；第三十六象描述的是辛酉政變及其後的兩宮太后垂簾聽政的歷史事件；第三十七象就是清朝的結束；第三十九象預言中華民族的抗日戰爭的勝利；第四十二象圖為一歌女手持琵琶，地上左有一張弓，右有一隻兔，暗示文化大革命的發生。

一個個預言如預期發生，準確得令人瞠目結舌，讓我們不得不佩服一千多年前的古人的神通。也許有人會說那趕緊研究一下我們現在及以後會發生什麼事，以提前做好應對準備。但預言雖隱藏天機，語言卻常常晦澀難懂，人們往往是在事情發生後才會如夢初醒般醒悟。如果人們只是想當然地去理解，不僅不能預知未來，還可能會帶來嚴重後果。秦始皇把《錄圖書》中「滅秦者胡」中的「胡」理解為「胡人」，耗費了巨大的人力、物力和財力修築萬里長城，以抵禦胡人的進攻，但沒想到這裡的「胡」是指他的兒子胡亥。如果秦始皇不那麼看重這句讖語，一門心思治國安民，那麼秦朝也不會僅十五年就「二世而亡」。或許正如《推背圖》第六十象頌中所寫的那樣：「萬萬千千說不盡，不如推背去歸休。」一切皆在言說與不可言說之間。

「道可道，非常道；名可名，非常名。」預言雖神，卻只能用心去悟，給我們提供一些有關運勢的見解，但我們絕對不能完全沉迷其中，而忽略了人本身應該做出的努力。

11〈滿江紅〉的作者是否為岳飛？

岳飛的〈滿江紅〉，文字慷慨激昂，感情真摯，充分反映出岳飛精忠報國的英雄氣概。該詞從明代中葉以後開始流傳，四百多年來膾炙人口，婦市皆知，很少有人對它的著作權產生過懷疑。但近年來關於這首詞的作者是否為岳飛，卻產生了頗多爭議，有人認為此詞可能不是岳飛所作。

認為〈滿江紅〉不是岳飛所作的原因主要有三點。先是專家在考證中發現，〈滿江紅〉並非出自岳飛的文集。岳飛之孫岳珂所編《金陀粹編》中的《岳王家集》沒有收錄〈滿江紅〉一詞。〈滿江紅〉最早見於明代嘉靖十五年（一五三六年）徐階所編的《岳武穆遺文》，是據弘治十五年（一五〇二年）浙江提學副使趙寬所書岳墳詞碑收入的。而且趙寬碑記中提及岳飛另一首〈送紫岩張先生北伐〉詩，經清人王昶考為明人偽作。所以〈滿江紅〉詞也有可能是明人偽作。

其次，〈滿江紅〉詞中存在地理常識錯誤，問題出在「駕長車，踏破賀蘭山闕」一句。岳飛伐金時曾直搗黃龍府，黃龍府在今吉林境，而賀蘭山在今甘肅河套之西，南宋時屬西夏，並非金國地區。賀蘭山著名於史書，始於北宋。唐、宋時人若以賀蘭山入詩，都是實指。所以，岳飛身為一代名將，不會把地點混淆到如此地步。弄混這些地點只有一個可能，這首詞不是有親身經歷的岳飛所作。而在〈滿江紅〉出現的明代中葉，明將王越在賀蘭山抗擊韃靼，打了第一個大勝仗。因此「踏破賀蘭山闕」非常符合當時的軍事情況。

最後，〈滿江紅〉一詞的內容和風格都存在疑點。詞中多處提到了岳飛的事蹟和典故，如「三十功名塵與土」與「八千里路雲和月」等。作者總結自己的生平，細想起來頗不合常理，只有完全瞭解岳飛生平的人才能寫出這些語句。另外就是〈滿江紅〉一詞的風格慷慨澎湃，和已認定為岳飛原作的〈小重山〉詞中的失意之味大相徑庭。

當然，也會有歷史學者認為〈滿江紅〉就是岳飛的傑作。關於〈滿江紅〉未被《岳王家集》收錄的問題，文學史上也有過作品歷久始彰的先例，如唐末韋莊的〈秦婦吟〉湮沒九百多年才看到全文。因而〈滿江紅〉不見於宋、元人著錄，直到明代才發現，也不足為怪。有關地理錯誤，有學者認為賀蘭山為長安、天山一類地名，可用作比喻性的泛稱。岳飛是把賀蘭山比作黃龍府。關於「三十功名塵與土」之句，可知此詞是在岳飛三十歲或三十歲前後有感而作。岳飛三十歲時受到朝廷的恩寵，開始執掌指揮大權，因責任重大，身受殊榮，感動深切，乃作成此壯懷述志的〈滿江紅〉。而「八千里路雲和月」則來源於岳飛自二十歲離開家鄉，轉戰南北，至三十歲由九江奉召入朝，「計其行程，足逾八千里」，故詞中有這句話。還有關於這首詞的風格，歷來文學史上兩種風格兼擅的作家很多，岳飛的〈小重山〉與〈滿江紅〉風格不一致，也不足為怪。

雖然〈滿江紅〉的作者是否為岳飛未有定論，但這首詞中飽含的愛國精神卻令人振奮。就算是偽作，卻也足見作者功力之深厚，將岳飛想言而未能言之語訴諸筆端，被人千古傳頌。

12 誰是《金瓶梅》的真正作者？

位居明代四大奇書之首的《金瓶梅》，作者署名是「蘭陵笑笑生」，那麼蘭陵笑笑生究竟是何方神聖，一直困擾著中國文學界和「金」學界的專家學者們和眾多讀者，從而成為《金瓶梅》研究中的「哥德巴赫猜想」[1]。

據考證，「蘭陵」為地名，而全國叫蘭陵的地方僅有兩處，一是今山東棗莊市峰城區，另一處是今江蘇常州市武進縣。「笑笑生」為作者筆名，但至此我們還是對作者沒有明確的概念。萬曆丁巳年（一六一七年）刻本《金瓶梅詞話》開卷序後有一篇廿公《金瓶梅跋》，廿公跋中第一句話說：「《金瓶梅傳》，為世廟時一巨公寓言。」明沈德符《萬曆野獲編》則說他是「嘉靖間大名士手筆」。從中我們可以窺知，「笑笑生」是明嘉靖間「一巨公」、「大名士」，但依然無真實姓名。據此資訊，後人展開了多方研討論證，到目前為止，各種猜想中提出的可能作者有六十人之多，但主要有以下幾種主流說法。

．**王世貞說**：王世貞，字元美，號鳳州，又號燕州山人，明嘉靖年間的文學家、史學家，曾任南京刑部尚書。王世貞博學多才，文滿天下，與李攀龍、謝榛等被合稱為「後七子」，《明史》中稱讚他「才最高、地望最顯，聲華意氣，籠蓋海內」。相傳，王世貞的父親因進獻《清明上河圖》的贗品被人識破，從而得罪權臣嚴嵩和嚴世藩父子，最終被迫害致死，於是王世貞便以嚴嵩父子為原型創作《金瓶梅》，揭露他們的種種醜惡罪行，以此替父報仇。

最早記載王世貞作《金瓶梅》的是明刻本《山林經濟籍》和《萬曆野獲編》。清康熙十二年（一九七三年），宋起鳳的《稗說》與清初《〈玉嬌梨〉緣起》均指出《金瓶梅》作者為王世貞。值得一提的是，《稗說》雖為野史和民間傳說，但就史料價值而言，這本書還是相當可信的。此後，人們口耳相傳，堅定了王世貞作《金瓶梅》的說法。此說在二十世紀三〇年代遭到魯迅、吳晗、鄭振鐸等人的嚴重打擊。一九七九年，朱星重新提起此說，並從王世貞籍貫山東，是「嘉靖間大名士」，才學高深，經歷過官場大場面、見多識廣，好酒好色的情懷等十個方面進行了論證。此後，上海交通大學許建平教授，也從內外兩方面對此說進行了全面論證。

．**屠隆說**：屠隆說是由黃霖教授首先提出來的，因他發現《金瓶梅》中第五十六回的〈哀頭巾詩〉和〈祭頭巾文〉出自屠隆的《開卷一笑》，且屠隆祖籍江蘇常州武進（古稱蘭陵），他以「淫縱」罷官，堅持寫作「淫雅雜陣」，這種情慾觀與《金瓶梅》很相符。而且，目前發現的最早的明萬曆年間的《金瓶梅》版本，由欣欣子作序，經查家譜，欣欣子為屠隆的族孫屠本峻，所以大家便認為《金瓶梅》為屠隆所作。．**李開先說**：此說最早見於中國社會科學院文學研究所《中國文學史》（一九六二年版），由吳曉鈴所加的一條註腳：「李開先的可能性較大」，但在一九七九年此書重印時，這句「李開先的可能性較大」被刪除了。不過吳曉玲本人於一九八二年六月在美國發表講演時重申此說。中國著名古代文學研究專家、元明清戲曲小說研究領域的泰山北斗級人物徐朔方教授，也主張李開先是《金瓶梅》的作者。主要依據如下：第一，李開先是山東人，「嘉靖八子」之一，曾擔任京官，創作過多種戲曲，其《詞謔》、《詩禪》表明他對市井文學的愛好和修養。第二，《金瓶梅》第七十回〈正宮．端正好〉套曲五支，出自李開先的《寶劍記》第五十出原文，而且《金瓶梅》中大量引用了李開先《寶劍記》中的曲白，文風也和《寶劍記》有相似之處。第三，《金瓶梅》中有李開先的「自我影射」。如書中西門慶在妻妾、家樂、園林、會友方面，都有李開先的影子；書中有「藏春塢」，而李開先家有「藏春閣」；都說過「留驢陽」的笑話；李開先的長子戊申生人，極受寵愛，不幸夭折，與書中官哥的命運相似等。．**徐渭說**：潘承玉教授在一九九九年一月出版的《金瓶梅新證》一書中，詳細論述了《金瓶梅》作者之「徐渭說」。在該書中，潘承玉教授首先透過對《金瓶梅》一書中佛教、道教的描寫進行分析，把《金瓶梅》的作者定位在「跨越嘉、隆、萬三朝，主要生活在嘉靖年間」，接著指出「小說作者同時又是資料豐贍的戲曲學者、技巧純熟的戲曲作家、素養全面的畫家與擅長應用文寫作的幕客」；「作者應該有邊關甚或禦敵的生活閱歷」，「具有較強烈的民族憂患意識和禦敵衛國意識」；「作者有強烈的方言俗語愛好」；「作者必有以上各方言區（按指紹興、山東、北京、蘇州、山西、福建、廣東等）的生活經驗」；「有著書藏名於謎的愛好」。又透過對一系列文獻資料的研究考證，證明「小說作者必為紹興人」。然後，潘承玉教授逐一論證徐渭符合《金瓶梅》作者的條件。

．**賈三近說**：這是二十世紀新時期《金瓶梅》作者新人第一說。徐州教育學院張遠芬教授在其《金瓶梅新證》中指出，賈三近為山東棗莊峰城人，也即古代的蘭陵，是明嘉靖、萬曆年間的文學家，而且賈三近的生平事蹟、人生經歷、個人嗜好等方面，都符合《金瓶梅》作者的要求。

．**蔡榮名說：**浙江學者陳明達於二〇〇八年十一月推出長篇論文〈《金瓶梅》作者蔡榮名考〉，從八個方面以翔實的證據論證《金瓶梅》真正的作者是明朝黃岩人蔡榮名。這篇文章一經發表，便引起了海內外眾多學者和媒體的注意，國內外多家報刊都刊發了陳明達的這篇論文。

蔡榮名（一五五九年生，卒年不詳），字去疾，別字籛凡，明黃岩人，出身書香門第，從小聰慧異常，十七歲時考中頭名秀才，但他因性格我行我素，偏激狂傲，不耐繁文縟節，多次赴省試均未中舉。於是就縱情詩酒，常常醉中成詩。蔡榮名於二十四歲時北上拜謁王世貞，深受賞識。著有《太極注》、《芙蓉亭詩鈔》等。

陳明達認為，《金瓶梅》中大量獨特的黃岩方言，只有黃岩人才能寫得出來，蔡榮名的籍貫、出身、經歷和性格特點等方面都符合寫作《金瓶梅》，而且書中多處或暗示或影射其作者為蔡榮名。

此外，還有王稚登說、湯顯祖說、馮夢龍說、李元芳說、李漁說、趙南星說、李贄說、金聖歎說、王采說等，不一而足。但均不能完全使人信服，因此至今《金瓶梅》的作者仍無定論，懸而未決。

《金瓶梅》為明代四大奇書之首，是中國文學史上最偉大的小說之一，在中國文學史上具有開拓性的意義。

編注：1 哥德巴赫猜想：原是數學理論中一個始終未解的問題。

13 《西廂記》的作者究竟是誰？

元雜劇《西廂記》全名《崔鶯鶯待月西廂記》，共五本二十一折五楔子，它正面提出了「願天下有情人終成眷屬」的思想，有力地衝擊了封建禮教和封建婚姻制度，而且它曲詞優美，富於詩的意境，一經搬上舞臺，便深深地觸動了男女青年的心弦，博得觀眾們的喜愛，所以有「西廂記天下奪魁」之說。在《紅樓夢》中更是借黛玉之口稱讚其「語句驚人，餘香滿口」。通常人們認為其作者是元代著名雜劇作家王實甫（一二六〇至一三一六），但一直以來也不斷有人提出質疑，認為其作者為關漢卿（約一二二〇至一三〇〇）；或者關漢卿作，王實甫續；或王實甫作，關漢卿續。但苦於關於王實甫、關漢卿二人的生平知之甚少，且現存《西廂記》多為明代的校訂本，元刊本的《西廂記》今天已無從見到，因此《西廂記》的作者之爭依然在繼續。

元末文學家鍾嗣成的《錄鬼簿》認為，《西廂記》為王實甫一人所著，明太祖朱元璋第十七子明初戲曲家朱權，和明代文學家史學家王世貞，也持相同觀點。新中國成立後，也較流行這種說法。中國享譽中外的著名文學史家、楚辭學專家游國恩、譚正璧等，均認為《錄鬼簿》中的說法是可信的，《西廂記》確為王實甫所作，而且譚正璧還提出，關漢卿也作過《西廂記》，不過不是雜劇而是小令（《樂府群珠》卷四中，有關漢卿作的總題為《崔張十六事》的《普天樂》小令十六支），這可能就是後人誤傳關漢卿作或續作《西廂記》的由來。

元雜劇一般以一本四折來表現一個完整的故事，而《西廂記》有五本二十一折，其爭論點也主要在第五本上。最早有關《西廂記》記載的元人周德清的《中原音韻》和明初朱權的《太和正音譜》，都只摘引了《西廂記》前四本，並沒有關於第五本的任何資料，因此有人推斷《西廂記》的第五本為續本，為關漢卿所作，前四本為王實甫原作。且有人考證出前四本的結束符合中國古代傳統戲曲的結構特點，且改變了當時戲曲大團圓結尾的通病，在思想上強調「情」，無論在寫作手法上，還是在思想上，都極具創新性，而第五本的結局，則沒有體現出這種特點。最早主張「王作關續」的明代戲曲作家徐復祚在《三家村老委談》中指出，《西廂記》第五本的文學風格和語言，與前四本不統一。明末卓人月也認為第五本與前四本所述不同，主張「王作關續」。明崇禎十二年（一六三九年）張深之校正本，更是在作者一欄署名「王實甫編，關漢卿續」。明末清初著名文學家、文學批評家金聖歎也堅定地支持「王作關續」說，一時間「王作關續」說似乎有成定論之勢。

當然，也有人提出不同的見解。一代鴻儒、中國著名古典文學家陳中凡教授，既否定王實甫獨作說，也不認同「王作關續」說。他認為元雜劇通常是一本四折，每折由一個人獨唱，而現在的《西廂記》卻非如此。有可能最初的《西廂記》確為王實甫所作，但並不是多本連演的雜劇，在元曲的創作發展過程中受南戲的影響，由元代後期劇作家改編而成，既是元代後期所作，續作者自然不會是生活在元代前期的關漢卿。

我們在欣賞古人留下的一部部優秀作品的同時，也期待《西廂記》作者之謎早日揭開，以讓廣大讀者見識這位大家的廬山真面日。

14 《永樂大典》的正本到底在何處？

《永樂大典》是明永樂年間編纂的一部類書，全書兩萬兩千九百三十七卷，一萬一千零九十五冊，約三億七千萬字，是目前中國最大的一部類書，《大英百科全書》稱之為「世界有史以來最大的百科全書」。明成祖朱棣即位後，為了證明自己的文治武功，在即位後的第二年（一四〇三年）便命翰林學士解縉、姚廣孝編纂類書。解縉組織學者們夜以繼日地編修，終於在永樂三年（一四〇四年）將《文獻大成》編寫完成。但明成祖認為編寫時間倉促，內容不夠豐富，便下令加派人手重新編纂修訂。三千多名文人儒士經過四年的精心編纂修訂，一部上至先秦，下到明初，包括經、史、子、集、釋藏、道經、戲劇、評話、工技、農藝等各方面的，集古今圖書之大成的《永樂大典》，終於於永樂六年（一四〇八年）問世。

《永樂大典》有兩個版本，一是明成祖永樂年間編纂修訂完成後的版本，稱為「永樂正本」，一開始是放在南京文淵閣的東閣，後明成祖朱棣於永樂十九年（一四二一年）遷都北京，包括《永樂大典》在內的一部分藏書，也隨之被帶到北京，《永樂大典》被放置在北京文樓中。另一個版本是明嘉靖年間重新抄錄的版本，稱為「嘉靖副本」。明世宗嘉靖三十六年（一五五七年）北京紫禁城奉天門、午門和三大殿發生大火，喜愛《永樂大典》的明世宗令人及時把《永樂大典》從文樓中搶救了出來，《永樂大典》這才倖免於焚毀。此後，明世宗恐書再有意外，便萌生了重錄《永樂大典》的想法。嘉靖四十一年（一五六二年），明世宗任命高拱、瞿景淳、張居正等人負責《永樂大典》的重錄工作，重錄完全按照「永樂正本」摹寫，不加任何改動。前後一百零九位閣臣儒士經過將近六年的辛苦抄寫，終於在明穆宗隆慶元年（一五六七年）四月完成副本的抄寫工作，抄好的副本被放置在明世宗嘉靖十三年（一五三四年）新修建的皇史宬中。

兩個版本的《永樂大典》均藏於深宮之中，沒有刊印，流傳很少，真正接觸過此書的人也不多。現存《永樂大典》約四百冊，分散在世界八個國家三十多個收藏機構，中國僅有兩百二十六冊，且為「嘉靖副本」。歷史上《永樂大典》屢遭浩劫，「嘉靖副本」到清乾隆時已缺失兩千多卷，且又經歷了清朝官員的盜竊，和光緒二十六年（一九〇〇年）八國聯軍侵華時的焚毀，《永樂大典》「嘉靖副本」所剩無幾。而更令人可惜的是，在明嘉靖年間重錄後，「永樂正本」竟然神祕失蹤了。後世人們對《永樂大典》正本的下落也是眾說紛紜，有人認為它被李自成焚毀，有人認為它做為殉葬品深埋於永陵，也有人覺得它早毀於萬曆年間的一場大火。

李自成兵敗遷怒《永樂大典》？

明崇禎十七年二月初十（一六四四年三月十八日），李自成攻克北京，四月被吳三桂和多爾袞的聯軍擊潰，四月三十日李自成率殘餘人馬撤離北京，心有不甘的李自成臨行前曾火燒紫禁城和北京的部分建築。因此，有學者推測，《永樂大典》正本可能就焚毀在這場大火中。郭沫若是此觀點的支持者，他曾在《影印永樂大典序》中說：「明亡之際，（北京）文淵閣被焚，正本可能即毀於此時。」但反對者認為這種觀點只是猜測，並沒有相關證據，且李自成的那把大火確實燒毀了許多書籍，卻沒有資料記載這些書籍中包含《永樂大典》。

為嘉靖皇帝殉葬藏於永陵中？

嘉靖皇帝死後，《永樂大典》正本便神祕失蹤了，且嘉靖皇帝生前相當喜愛《永樂大典》。據此，有人猜測《永樂大典》正本已做為殉葬品埋藏於嘉靖皇帝的永陵中。曾任中國社科院祕書、錢鍾書祕書的欒貴明在《永樂大典之謎——永樂大典索引・序》中說：「儘管天際封鎖得異常嚴密，又有副本存在，水火之災、流傳喪失等種種煙霧，但事實是不可改變的。《永樂大典》正本，完整的一部大書，沒有毀亡，更沒有佚失。按照嘉靖本人的說法，它應該好端端地藏在『他所』。『他所』應該就是永陵的玄宮吧？這也就是那個該找而沒有找過的地方！」他指出嘉靖帝於一五六六年十二月駕崩，但過了三個月也就在一五六七年的三月才葬入永陵，而且是到了四月十五日，繼位的隆慶帝才賞賜《永樂大典》的重錄人員。為什麼嘉靖帝死後三個月才入葬永陵？有人計算若現代人要搬運整套《永樂大典》，也要裝滿四卡車，而在沒有任何現代交通工具的明代，只能用馬車來運輸。也許在這三個月裡，隆慶帝為了滿足嘉靖帝的心願，命人把《永樂大典》正本運往永陵也未可知。

但這也只是推想，並無確切證據。而嘉靖皇帝的永陵是謝絕參觀的，且現在世界各地都反對主動發掘帝陵，若主動發掘永陵，則將會是又一場文化浩劫。因此，若要為這種設想尋找證據，只能從其他方面研究探索了。

真正兇手是明萬曆年間的一把火？

中國美術學院國際教育學院院長、明史專家任道斌教授於二〇〇九年五月二十二日，在北京明長陵營建六百週年學術研討會上提出，《永樂大典》正本毀於明萬曆年間的一把火。

據《明史》記載，明萬曆三十五年（一五九七年）六月，北京皇宮三大殿皇極、中極、建極殿發生火災，火災損失慘重，朝廷甚至「捐官俸、開礦稅」以集資進行修復。在晚明學者方以智的《通雅》中有這樣一段關於《永樂大典》的記載：「近時《永樂大典》，洪州雲命解縉纂集……今散失矣。」而在這段文字的後面是方以智的兒子方中履寫的注文：「《永樂大典》藏於文樓，嘉靖中火，上亟命救得免，復命儒臣摹錄，隆慶元年始竟。萬曆中因三殿火，書遂亡。」晚明另一位學者董其昌在其《容臺集》中記載皇宮火災殃及文淵閣中典籍一事。據考證，方以智是明崇禎十三年進士，曾任翰林院編修、定王講官等職，擅長典章制度和考據之學；方中履秉承父學，亦擅長考據，諳熟明季史事；董其昌為明萬曆十七年進士，後任翰林院編修。因此，任道斌教授認為他們的記述是可信的。談遷在記載明朝歷史的編年體史書《國榷》中也有「萬曆末，《永樂大典》不存」的說法。據此，任道斌教授認為，《永樂大典》正本是毀於明萬曆年間的火災。

關於《永樂大典》正本的下落，目前雖有各種說法，相關專家學者也都在努力研究探索，但均無足以讓人信服的證據來證明自己的觀點，因此其下落至今仍是中國文化史上的不解之謎，我們期待謎底揭曉的那一天！

15 高鶚到底有沒有續寫《紅樓夢》？

《紅樓夢》是中國古典四大名著之一，集思想性和藝術性於一身，是中國古典小說發展的巔峰之作。《紅樓夢》是一部章回體小說。全書共一百二十回，情節生動，文字緊湊，筆調流暢，為讀者展現了一幅封建大家族盛衰交替的歷史畫卷。可是，根據一些專門研究《紅樓夢》的研究人員傳統說法，這部歷史真實性很高的文學巨著，不是完全由作者曹雪芹寫成的。曹雪芹沒有完成全書原訂的創作計畫，只寫完了八十回就在貧病交加中油枯燈滅。後四十回是稍晚於曹雪芹的高鶚根據前八十回的思路續寫的。但也有人持反對意見。那麼，高鶚究竟有沒有續寫《紅樓夢》呢？

關於高鶚續寫《紅樓夢》的說法，最早始於二十世紀二〇年代初，以胡適和俞平伯發表的考證文章最有說服力。後來，魯迅先生也認為《紅樓夢》有原作與續作之分。魯迅考證認為「高鶚續《紅樓夢》當在乾隆辛亥時，未成進士」。這種說法影響極其深遠，在《辭海》中，《紅樓夢》條的內容裡就有「前八十回曹雪芹作，後四十回一般認為係高鶚所續」。

其實從當時的情況來看，高鶚續寫紅樓夢的可能性並不太大。這種說法首先可以在程偉元的程甲本卷首序中找到證明。程偉元在序中寫道：「是書既有一百二十回之目，豈無全璧？爰為竭力搜羅，自藏書家甚至故紙堆中無不留心。數年以來，僅積有廿餘卷。一日偶於鼓擔上得十餘卷，遂重價購之。」這段話講得十分清楚，程偉元本人曾見過一百二十回的回目。他用了多年的時間，終於從貨郎擔子上淘獲了曹雪芹所寫《紅樓夢》的後四十回原稿。程偉元與高鶚是同時期的人，他完全沒有理由撒謊，所以上述記載應該是可信的。

而且高鶚想憑一己之力續寫《紅樓夢》的難度是非常大的。書中第一回記載著曹雪芹在悼紅軒中「披閱十載，增刪五次，纂成目錄，分出章回」。這些被記錄在書中的工作，應該是作者寫完全書時才應該做的事。同時從技術層面上分析，續書並不容易，續書者不僅要揣摩原著者的意圖，還要熟悉原著者的語言習慣、藝術構思、寫作手法等諸多方面的特點，這幾乎比寫原著還要難。可按傳統說法，高鶚僅用不到兩年的時間就寫完了四十回，而曹雪芹寫八十回卻用了十年的時間，相比之下差距太大。

近些年來，有紅學研究者將一九五九年在山西發現的《乾隆抄本百廿回紅樓夢稿》（簡稱《紅樓夢稿》），與其他所有版本進行了對照，對照發現：《紅樓夢稿》才是曹雪芹的手稿本。因為其中的語言含有大量的南京方言，符合曹雪芹世代居住在南京的實際情況，這一點是東北籍的高鶚無論如何也模仿不來的。所以有學者斷定紅樓夢一百二十回均由曹雪芹完成，高鶚所做的工作，不過是做了簡單的補綴而形成了「程高本」。

真相如何，我們無法獲悉，但有一點可以肯定，高鶚與《紅樓夢》必定有著千絲萬縷的關係，或續寫，或補綴。然而，《紅樓夢》的魅力不就在於其中所蘊含的這一個個未解而難解的謎團嗎？

16《紅樓夢》的名字有何來歷？

四大名著之一的《紅樓夢》，有《石頭記》、《情僧錄》、《風月寶鑑》、《金陵十二釵》等名稱，直到一七八四年，這部享譽世界的名著才正式題名為《紅樓夢》。那麼，這一名字有何來歷呢？

曹雪芹在〈凡例〉中說：「『紅樓夢』，是總其全部之名也。」意思是說，整部小說說的不過就是紅樓一夢。脂硯齋對〈紅樓夢仙曲十二支〉的批註是：「點題，作者自云所歷不過紅樓一夢耳。」那麼，為什麼稱為「紅樓」呢？

中國著名紅學研究者周汝昌說，「紅樓」一詞可追溯到唐代詩人韋莊〈長安春〉中的詩句「長安春色誰為主，古來盡屬紅樓女」，其〈閨月〉中的「美人情易傷，暗上紅樓立」亦提到了紅樓一詞。據此，周汝昌認為，「紅樓」一詞是指富家女兒的金閨繡閣。據考證，「紅樓」和「朱門」一樣，都是古代王公貴族豪華住宅的代稱，那麼，不言而喻，《紅樓夢》說的就是紅樓中貴族的南柯一夢。

《紅樓夢》透過對寶黛愛情的悲劇，及賈、史、王、薛四大家族從興盛到衰敗的描寫，顯示出了作者對封建統治思想及制度的批判，以及其必然滅亡的趨勢，宛若「紅樓一夢」。

17《洗冤集錄》是部講什麼的書？

宋慈（一一八六至一二四九），字惠父，南宋建陽（今屬福建）人。宋寧宗嘉定十年（一二一七年）進士。歷任主簿、縣令、通判等職。嘉熙六年（一二三九年）升任提點廣東刑獄，以後移任江西提點刑獄兼知贛州。淳祐年間，提點湖南刑獄並兼大使行府參議官。這期間，宋慈在處理獄訟中，特別重視現場勘驗。他對當時傳世的屍傷檢驗著作加以綜合、核定和提煉，並結合自己豐富的實踐經驗，完成了《洗冤集錄》，這是世界上最早的一部較完整的法醫學專著。

《洗冤集錄》雖成書在一二四七年，但其中所取得的科學成就有很多。舉其要者，有如下幾個方面。

一是對一些主要的屍體現象，已經有了較為明確的認識。《洗冤集錄》中稱：「凡死人，項後、背上、兩肋後、腰腿內、兩臂上、兩腿後、兩腿肚子上下有微赤色。驗是本人身死後，一向仰臥停泊，血脈墜下致有此微赤色，即不是別致他故身死。」這裡所稱「血墜」，即是現代法醫學中的「屍斑」。

二是提出了自縊、勒死、溺死、外物壓塞口鼻死等四種機械性窒息。如關於勒死，書中指出它與縊死不同之處，在於項下繩索交過，繩索多纏繞數周，並多在項後當正或偏左右繫定，且有繫不盡垂頭處。對於溺死的徵象，書中強調為「腹肚脹，拍著響」，「手腳爪縫有沙泥」，「口鼻內有水沫」等。

三是對機械性損傷的論述。本書依照唐宋法典的規定，將機械性操作明確區分為「手足他物傷」與「刃傷」兩大類。他物就是今天所說的鈍器。書中所述的他物手足傷多指皮下出血而言。書中詳細論述了皮下出血的形狀、大小與兇器性狀的關係，以及根據損傷位置判斷兇手與被害者的位置關係等。

此外，本書還對中暑死、凍死與燒死等高低溫所致的死亡徵象做了描述，對現場屍體檢查的注意事項做了系統的歸納。

《洗冤集錄》是中國古代一部比較系統地總結屍體檢查經驗的法醫學名著。它自南宋以來，成為歷代官府屍傷檢驗的藍本，曾定為宋、元、明、清各代刑事檢驗的準則。在中國古代司法實踐中，具有重大作用。

18 「唐伯虎點秋香」是真的嗎？

唐伯虎即唐寅，明朝人，號六如居士、桃花庵主等。他玩世不恭而又才氣橫溢，詩文擅名，與祝允明、文徵明、徐禎卿並稱「江南四才子」，畫名更著，與沈周、文徵明、仇英並稱「吳門四家」。

早在明代嘉靖或萬曆年間，嘉興人項元汴的筆記《蕉窗雜錄》上，就載有唐伯虎與秋香的故事。稍晚一些，周玄的《涇林雜記》一書中，關於唐伯虎與秋香的故事更為詳細，基本上形成了「三笑」的雛形。

明朝末年，馮夢龍以〈唐解元一笑姻緣〉為題，又將其編進了廣泛流傳的《警世通言》中。明末還有孟舜卿寫的《花前一笑》、單人月寫的《花舫緣》等雜劇，用舞臺演出的形式，使其走進千家萬戶。

實際上，據《茶餘客話》和《耳談》等筆記記載，明代歷史上的確有為一個婢女而賣身為奴的事，但他不是唐伯虎，而是一個名叫陳立超的書生，只是好事者把它附會到唐伯虎的名下了。

另據史家考證，秋香是明朝成化年間南京妓女，姓林名奴兒，她的年紀比唐伯虎大十幾歲。而華太師是無錫人，要比唐伯虎小二十七歲。因而，「唐伯虎點秋香」是不存在的。

19 古代的「情人」和現代的意思是一樣的嗎？

唐詩宋詞被譽為中國古代詩歌的巔峰。唐宋詩人筆下的「情人」，寫的是癡男怨女，離愁別緒，形象豐滿，情感細膩。

比如唐初詩人王勃在〈山扉夜坐〉中吟詠：「抱琴開野室，攜酒對情人。林塘花月下，別似一家春。」盛唐詩人張九齡在〈望月懷遠〉中寫道：「海上生明月，天涯共此時。情人怨遙夜，竟夕起相思。滅燭憐光滿，披衣覺露滋。不堪盈手贈，還寢夢佳期。」也是這位張九齡，還寫下了「纖纖楊柳枝，持此寄情人。一枝何足貴，憐是故園春」這樣令人回味的詩句。

宋代著名詞人柳永寫下「有時魂夢斷，半窗殘月，透簾穿戶。去年今夜，扇兒扇我，情人何處」，再現了一位閨中少婦的孤獨失意生活。

另一宋代詞人趙令的「待月西廂人不寐。簾影搖光，朱戶猶慵閉。花動拂牆紅萼墜，分明疑是情人至」，則像是一幕情景劇。要特別指出的是，在唐詩宋詞中，「情人」在一些場合並非指男女之愛，而是指志同道合的老朋友。例如，詩仙李白曾寫過〈贈漢陽輔錄事二首〉，其中有「漢口雙魚白錦鱗，令傳尺素報情人。其中字數無多少，只是相思秋復春」的句子。從全篇看，這裡的「情人」應當指李白那位剛剛被罷了官的朋友。

可見在古代，「情人」一詞的用法更為廣泛。

20 為什麼說「書畫同源」？

書畫同源，意思就是書法與繪畫兩者淵源同出，關係密切，相輔相成。唐代張彥遠《歷代名畫記．敘畫之源流》中說：「頡有四目，仰觀垂象。因儷鳥龜之跡，遂定書字之形，造化不能藏其祕，故天雨粟；靈怪不能遁其形，故鬼夜哭。是時也，書畫同體而未分，象制肇始而猶略。無以傳其意，故有書；無以見其形，故有畫。」這就是最早的「書畫同源」之說。

書畫同源的「源」，除了最初的起源一解外，還指書法與繪畫在表現形式方面，尤其是在筆墨運用上，具有共同的規律性。書法與繪畫的工具都同為筆墨紙硯，書法的用筆是中國畫造型的語言，離開了書法的用筆，就很難言中國畫，從而，中國畫本身帶上了強烈的書法趣味，國畫的線條、墨韻，處處都透露著抽象之美，流露出其獨立的審美價值。藝術家往往兼長書畫，而中國畫本身就結合書法藝術，所以在一幅畫面上，書法與繪畫可謂相得益彰。

書畫同源，這個「源」除了書法與繪畫在表現形式、筆墨運用上的同源以外，還有精髓和意境上的同源，在精神氣度上彼此相通。這是因為中國的書法與繪畫藝術，不僅追求形式美，更追求其蘊含的抒情意境，要深入到書法和繪畫藝術的精髓中去。傳統中國畫追求的重點並不在於形貌，而在於神韻之上，蘇東坡曾詩云：「論畫貴形似，見與兒童鄰。」所以，中國的繪畫藝術，不管是山水畫，還是花鳥蟲魚之類的畫，都貴在得其精髓才被世人所推崇。若畫不能變現出其神韻，那就只不過是一紙水墨淡彩而已，不能稱之為畫。

世界上的萬物景象，都是書法家匠心的依據，也是畫家創作的源泉。書法家、畫家對其進行觀察、體味、神會，然後才能書寫出傳神的字跡，創作出變幻無窮的畫作。其實，書法與繪畫所共同追求的乃萬物的神韻，他們只是以不同的形式，追求事物共同的意趣和精髓。這就是所謂的「書畫同源」。

21 宋體字是誰發明的？

宋體字的創始人是秦檜。秦檜博學多才，在書法上很有造詣。他綜合前人之長，自成一家，創立了一種用於印刷的字體。

按一般的習慣，這種字體應該叫「秦體字」才對。可是由於他人品太差，在抗金鬥爭中，是投降派的代表人物，曾以「莫須有」的罪名殺害了民族英雄岳飛父子，成為千古罪人，所以人們痛恨他，雖然在用他創立的字體，可是卻把字體命名為「宋體」。

宋體字為印刷出版行業提供了很大便利。宋代「興文教，抑武事」，文化呈現出前所未有的繁榮昌盛景象。印刷出版業在宋代進入了黃金時代，雕版印刷興旺，刻書中心發展較快，活字印刷發明。元、明大量翻刻宋本，宋體字在明代確立。宋體字便於書寫和刻寫，字體美觀端莊，適應了印刷出版業的行業操作要求，成為宋代文化登峰造極的見證者。

22 中國最早出現的報紙是什麼？

「邸」原是指古代朝覲京師的官員在京的住所，它最早出現於戰國。顏師古注：「郡國朝宿之舍，在京師者率名邸。邸，至也，言所歸至也。」

「邸」後來成為地方高級官員駐京的辦事機構，為傳遞溝通消息而設。「邸報」的由來即與「邸」有關。

「邸報」又稱「邸抄」（亦作邸鈔），並有朝報、條報、雜報之稱，四者皆用「報」字，可見它是一種用於通報的公告性新聞，是專門用於朝廷傳知朝政的文書和政治情報的新聞文抄。「邸報」是中國最早的報紙，它創辦於兩千多年前的西漢初期（約西元前二世紀左右，一說源於唐代進奏院狀報）。

當時西漢實行郡縣制，在全國分成若干個郡，郡下再分若干個縣。各郡在京城長安都設有駐京辦事處，這個住處稱為「邸」，派有常駐代表，他們的任務就是要在皇帝和各郡首長之間做聯絡工作，定期把皇帝的諭旨、詔書、臣僚奏議等官方文書，以及宮廷大事等相關政治情報，寫在竹簡上或絹帛上，然後由信使騎著快馬，透過秦朝建立起來的驛道，傳送給各郡長官。這就是「邸報」產生的背景。

自漢、唐、宋、元、明，直到清代，「邸報」的名稱雖屢有改變，但發行卻一直沒有中斷過，其性質和內容也沒有多大變動。

23 散曲是音樂的一種嗎？

散曲是興盛於元代的詩歌形式，又稱「清曲」、「樂府」。由於這種詩歌樣式在元代最為興盛，故後人常以元曲與漢賦、唐詩、宋詞並稱。

散曲是在宋、金時代民謠俚曲的音樂基礎，和發達的說唱藝術的影響下，逐漸形成的。宋、金是散曲的萌芽時期，金末散曲已經成熟，元代開始流行散曲創作，是散曲正式成為詩歌形式的重要標誌，同時進入繁榮時期。

散曲類似於詞，都是長短句形式，但又有自己的特點：可以在正字之外加襯字，多加在句首或句中，更為靈活，更適合使用口語；曲韻與詞韻不同，用當時的北方話音韻，全篇通押一韻、不換韻，但四聲可通協，韻字可複用，對仗形式更豐富，有三句、四句、隔句、聯珠對等方式。

24 「高山流水遇知音」中的「知音」是誰？

「知音」一詞出自《列子．湯問》，意思是說，能聽懂自己音樂的人，常被用來比喻對自己非常瞭解的人或知己朋友。那麼「知音」一詞有什麼來歷呢？它來自一個非常著名的典故，那就是俞伯牙與鍾子期的故事。

俞伯牙從小就酷愛音樂，他的老師成連曾帶著他到東海的蓬萊山，去領略大自然的壯美神奇，使他從中感悟到了音樂的真諦。因此，他彈起琴來，琴聲優美動聽，猶如高山流水一般。雖然有許多人都讚美他的琴藝，但他卻覺得沒有遇到真正能聽懂自己琴聲的人。

有一年，俞伯牙奉晉王之命出使楚國。八月十五那天，他乘船來到了漢陽江口。當時船遇到了風浪，只得停泊在一座小山下。到了晚上，風浪逐漸平息了下來，一時間雲開月出，景色十分迷人。望著幽遠的夜空和空中皎潔的明月，俞伯牙琴興大發，於是就拿出隨身帶來的琴，專心致志地彈了起來。

正當俞伯牙完全沉醉在優美的琴聲之中時，他猛然看到一個人在岸邊一動也不動地站著，於是心中一驚，手下用力過猛，只聽「啪」的一聲，琴弦被撥斷了一根。正當他猜測岸邊的人為何而來時，只聽那人大聲地對他說：「先生不要疑心，我是個打柴的，回家晚了，走到這裡聽見您在彈琴，覺得琴聲絕妙，不由得站在這裡聽了起來。」

俞伯牙借著月光仔細一看，那個人旁邊放著一擔乾柴，確實是個打柴的人，他心想：一個打柴的樵夫，怎麼會聽得懂我的琴呢？於是便問樵夫：「你既然懂得琴聲，那就請你說說看，我彈的是一首什麼曲子？」聽了俞伯牙的問話，那打柴的人笑著回答：「先生，您剛才彈的是孔子讚歎弟子顏回的曲譜，只可惜您剛彈到第四句的時候，琴弦斷了。」打柴人的回答得一點都沒錯，俞伯牙不禁大喜，連忙邀請他上船來細談。

那打柴人看到俞伯牙彈的琴時非常驚訝，說道：「這是瑤琴，相傳是伏羲氏造的。」接著他又把瑤琴的來歷從頭到尾說了一遍。聽了打柴人的一番講述之後，俞伯牙心中不由得暗暗佩服，接著他又為打柴人彈了幾曲，請他辨識其中之意。當他彈奏的琴聲雄壯高亢的時候，打柴人說：「這琴聲，表達了高山的雄偉氣勢。」當琴聲變得清新流暢時，打柴人則說：「這後彈的琴聲，表達的是無盡的流水。」俞伯牙聽了之後不禁驚喜萬分，自己用琴聲表達的心意在過去沒有人能聽得懂，而眼前的這個樵夫竟然聽得明明白白，沒想到在這荒山野嶺之間，竟然遇到了自己久久尋覓而不得的知音。

於是，他就向打柴人詢問名字，原來此人叫鍾子期。二人相識都十分高興，越談越投機，還喝起酒來，大有相見恨晚之感，最後結拜為兄弟，並約定來年的中秋再到這裡相會。

第二年中秋時，俞伯牙如約來到了漢陽江口，可是他等了很久，也不見鍾子期前來赴約，於是他便彈起琴來召喚這位知音，可是又過了好久還是不見人來。

第二天，俞伯牙就四處向人打聽鍾子期的下落。當他問到一位老人時，老人告訴他，鍾子期已經不幸染病去世了。在臨終前，他曾留下遺言，要把墳墓修在江邊，到八月十五相會時好能聽到俞伯牙的琴聲。

聽了老人的話，俞伯牙萬分悲痛。他來到鍾子期的墳前，悽楚地彈起了古曲〈高山流水〉。彈罷，他挑斷了琴弦，長嘆一聲，把心愛的瑤琴在青石上摔了個粉碎，他悲傷地說：「我唯一的知音已經不在人世了，這琴還能彈給誰聽呢？」

兩位「知音」的友誼感動了後人，人們在他們相遇的地方，築起了一座古琴臺，以示紀念。後人還寫詩來懷念這段千古佳話：「摔碎瑤琴鳳尾寒，子期不在與誰彈？春風滿面皆朋友，欲覓知音難上難。」直到今天，人們還常用「知音」來形容朋友之間的真摯情誼。這就是「知音」一說的來歷。

25 「靡靡之音」究竟是什麼樣的音樂？

在中國改革開放初期，臺灣歌手鄧麗君憑藉其甜美的嗓音在大陸迅速走紅，她的歌曲也被人們廣泛喜愛。但是，當時因為鄧麗君的歌曲大都柔美流暢，又都描寫男女愛情，故被許多媒體批為「靡靡之音」。那麼，「靡靡之音」究竟是一種什麼樣的音樂呢？它會對人產生傷害嗎？

「靡靡之音」一詞的誕生與商紂王密切相關。《韓非子．十過》記載：「此師延之所作，與紂為靡靡之樂也。」相傳，商紂王樂師師延常為其譜曲。師延原本擅長高雅的音樂，但為保性命，只好按照商紂王的要求，創作了一種讓人聽後便會產生柔情蜜意和疲倦感的音樂。商紂王聽後相當滿意，立刻沉醉其中，再不思朝政，最後導致殷商的滅亡。武王伐紂時，樂師師延搶琴向東逃走，後來投濮水而死。自此，水中常有音樂聲細細地傳出，所以這種音樂被形容為靡靡之音。由此可知「靡靡」指柔弱、萎靡不振、頹唐的意思，這種含義在《史記．殷本紀》中被司馬遷揭示得非常詳盡：「帝紂……好酒淫樂，嬖於婦人。愛妲己，妲己之言是從。」於是命樂師作「北里之舞，靡靡之樂」。北里是一首非常淫蕩的舞曲名，是靡靡之音最早的代表。因而「靡靡之音」指的就是那些聽上去軟綿綿的、讓人萎靡不振的音樂。

此外，《韓非子．十過》還記載了另一則與靡靡之音有關的故事：春秋時期，衛靈公手下的著名樂師師涓隨衛靈公赴晉，君臣途中夜宿濮水之上。靈公夜半聽到一種奇妙的音樂，以為是鬼神之音，命師涓記錄下來。聽到此音後，師涓同樣也被此曲所動，便「端坐援琴，聽而寫之」。第三天，師涓又一夜未睡，邊聽邊練習此曲，待天剛明便演奏給衛靈公聽。衛靈公認為和之前所聽到的一模一樣。到了晉國，師涓為晉平公援琴鼓此曲，還沒奏完，晉國樂師師曠就出面制止，說這首曲子即是令商朝亡國的「靡靡之樂……聞此聲者其國必削」，因而不可以彈奏。晉平公卻滿不在乎地說：「我已經老了，生平喜歡的就是音樂。你就放開手，讓師涓把曲子彈完吧。」師曠無法，只得抬手，讓師涓繼續演奏。曲終，師曠無奈道：「這種靡靡之樂柔弱不振，殷紂王因為聽它而亡了國。主公應該引以為鑑，切不可重蹈紂王的覆轍啊！」

從晉國歸來後，衛靈公沉溺於師涓所作的音樂之中，貪圖享樂的私欲與日俱增，見自己的重華宮簡直不能和晉國妃妾宮女所住的廂房相比，便擴修重華宮，新建衛王殿，日漸昏庸。東晉王嘉所作《王子年拾遺記》中講到，師涓身為一代著名樂師，對於自己違背雅頌等古曲清新古樸的風格，而譜寫靡靡之音，感到非常悔恨，認為自己喪失了身為良臣的操守，於是退隱不知去向。

認為一首樂曲會導致一個國家的滅亡，這實屬妄談，但音樂確實會對人的思想和精神產生影響。千百年過去了，古人真正的靡靡之音已經伴隨歷史的腳步而湮滅。但是在今天，仍然有一些音樂，思想境界不高，充滿低級趣味，讓人聽起來精神萎靡不振，消極避世，這就是今天的靡靡之音。對於這樣的音樂，我們應該謹慎避開，讓更多健康向上的樂曲陪伴著我們。

26 編鐘是什麼樣的樂器？

一九七八年，湖北省隨州市曾侯乙墓（約西元前四三三年）被發掘，許多戰國時期的珍貴文物重見天日。其中，堪稱國之瑰寶的曾侯乙墓編鐘的出土，讓這種中國古代的大型打擊樂器驚現於當代世人面前，為研究中國古代樂律留下了極其寶貴的材料。那麼編鐘究竟是一種什麼樣的樂器呢？

編鐘是漢族傳統樂器，最早出現在距今約三千五百年前的商代，只是那時的編鐘形式較為簡單，多為三枚一套。隨著時代的發展，每套編鐘的個數開始不斷增加，最後廣泛出現在西周，盛行於春秋戰國，直至秦漢。古代的編鐘因為製作工藝複雜，大多用於宮廷的演奏，在民間很少流傳，每逢征戰、朝見或祭祀等活動時，都要演奏編鐘。編鐘大多數都用青銅製成，表面裝飾有人、獸、龍等花紋，鑄製精美，花紋細緻清晰，同時刻有錯金[1]銘文，用以標明各鐘的發音音調。

《隋書．音樂志》載：編鐘「各應律呂，大小以次，編而懸之」。也就是說，編鐘是由大小不同的扁圓鐘，按照音調高低的次序排列起來，懸掛在一個巨大的鐘架上，用丁字形木槌和長形棒分別敲打銅鐘，能發出不同的樂音。編鐘發音的規律為：鐘體越小，音調越高，音量越小；鐘體越大，音調越低，音量越大。所以鑄造編鐘時的尺寸和形狀，對其發音有重要的影響。因為每個鐘的音調不同，按照音譜敲打，可以演奏出美妙的樂曲。因其所奏樂曲清脆明亮，悠揚動聽，如歌唱般婉轉，故編鐘又有「歌鐘」之稱。在中國古代，編鐘是上層社會專用的樂器，代表了階級和權力。

近代，在中國雲南、山西和湖北等地的古代王侯貴族的墓葬中，曾先後出土了諸多編鐘，但仍以曾侯乙墓編鐘最為引人注目。曾侯乙墓編鐘共有六十五件，全部為青銅鑄造，總重達兩千五百公斤，不僅製作精美而且通體銘文。這套編鐘的音域可以達到五個八度，稍次於現代的鋼琴。中聲部約占三個八度，由於音列結構大致相同，所以形成了三個重疊的聲部，幾乎能奏出完整的十二個半音，又可以演奏出五聲、六聲或七聲音階的音樂作品。根據現代學者的推想：曾侯乙墓編鐘演奏時應有三位樂工，執丁字形木槌，分別敲擊中層三組編鐘奏出樂曲的主旋律；另有兩名樂工，執大木棒撞擊下層的低音甬鐘，做為和聲。曾侯乙墓編鐘出土後，曾經被用來演奏樂曲〈楚殤〉、〈胡笳十八拍〉、〈梅花三弄〉、〈瀏陽河〉、〈聖誕夜〉等中外名曲。

編鐘的重現，尤其是曾侯乙墓編鐘的出土，不僅表明了中國在青銅鑄造工藝上的巨大成就，更表明了中國古代音律科學的發達，是中國古代人民高度智慧的結晶，也是驕傲。

編注：1 錯金：在金屬表面上裝飾金絲或金片的工藝手法。

27 中國最早的絃樂器是什麼？

中國最早的絃樂器是瑟，形似古琴，有二十五根弦，但弦的粗細不同。瑟的體積大、空腔大，故音量大，弦多則音色變化多，一般都是做為背景音樂演奏，多在帷幕後面的隱匿處，目的是給賓客飲酒談天營造輕鬆愉快的氣氛。

最早的瑟有五十弦，故又被稱為「五十弦」。《詩經》中有記載：「窈窕淑女，琴瑟友之。」傳說在夏代已經有瑟了，甲骨文上的「樂」字，上面是「絲」，下面是「木」。瑟在先秦時便極為盛行，漢代也流行很廣，到了南北朝時常用於伴奏相和歌。隋唐時，瑟應用得比較多，主要用於清樂。以後則只用於宮廷雅樂和丁祭音樂，後來漸漸使用得少了。

在考古發掘中，周、漢時期的古瑟多有發現。湖南長沙瀏城橋一號楚墓（約為春秋晚期或戰國早期）出土的瑟，是目前所知年代最早的實物。河南信陽、湖北江陵等地楚墓、湖北隨州曾侯乙墓、長沙馬王堆一號漢墓，都出土過瑟，弦數二十三至二十五弦不等，以二十五弦居多。

瑟一般有三種製作方法，一種是用整木掏雕成瑟體，再另裝底板，安插其他部件。這是比較原始的製造方法，春秋時期至戰國早期的楚瑟多用此種方法製作。第二種是瑟面板由獨木製成，四周另圍薄牆板，這種類型的瑟比較多見。第三種是完全採取拼合的方式，即不僅底板、牆板以木板拼成，連瑟的面板也用多塊木板拼合而成。瑟面大多光素，少數繪有變形鳳鳥花紋、幾何紋。

瑟和箏的彈奏技巧非常相似。最大的區別就是因為瑟面和箏面不同，彈奏時候落指自然不同，發出的聲音也就不同了。因瑟體較古箏大，而且都是單弦發音，所以，瑟的發聲在低音區略顯空泛，高音區略顯單薄。

28 「山歌」是一種什麼歌？

山歌是民間歌謠，是中國民歌的基本體裁之一，它不僅蘊含著地方色彩，而且還反映出勞動人民的聰明智慧。山歌主要集中分布在高原、內地、山鄉、漁村及少數民族地區，流傳極廣。一種說法認為，凡是流傳於高原、山區、丘陵地區，人們在行路、砍柴、放牧、割草或民間歌會上，為了自娛自樂而唱的，節奏自由、旋律悠長的民歌都是山歌。

再者認為，草原上牧民傳唱的牧歌、讚歌、宴歌，江河湖海上漁民唱的漁歌、船歌，南方一些地方婚儀上唱的「哭嫁歌」，也都應歸屬於山歌。

山歌可分為一般山歌、田秧山歌、放牧山歌三類。一般山歌在中國漢族地區分布甚廣，如陝北地區的信天遊、青海地區的花兒、安徽的趕慢牛等。田秧山歌主要常用於插秧、車水等勞動中，是為了鼓舞勞動者的情緒，提高效率，由專門的秧歌幫子在田間地頭演唱的一種山歌。放牧山歌是放牧者為吆喝牲畜或互相問答逗趣所唱的山歌，多為少年兒童所唱，曲調活潑，唱詞生動，富有情趣，常帶有吆喝性的襯詞。

山歌一般以四行、七言體式韻文為一條，四句為一首。也有少數歌詞第一句為三個字或五個字，講究押韻，第三句末字須是仄聲。山歌多唱假聲，有獨唱、對唱和齊唱，很少伴隨動作和音樂。自由、悠長的節奏形態是典型山歌體裁的特徵，不僅使歌唱者能夠直接而清楚地說出心中的話，而且還能盡情抒發心中的慨嘆，富有表現力。

山歌唱起來朗朗上口，又容易記，不僅可以使勞動人民排憂解乏、充滿幹勁，更是男女對唱表露心情的一種很好的方式。山歌是融文學與音樂為一體、帶有民間故事的傳唱藝術，更具有較濃的生活氣息，是勞動人民生活的一部分內容。

29《霓裳羽衣曲》的作曲者是唐明皇嗎？

《霓裳羽衣曲》是中國歷史上著名的宮廷歌舞大曲，對於它的創作和來歷，說法不一，不過一般都認為是唐玄宗李隆基所作。

關於它的來歷，一種說法是，唐玄宗東遊時，登三鄉驛，望見女兒山，觸發靈感，歸來後創作了《霓裳羽衣曲》。中唐詩人劉禹錫〈三鄉驛樓伏睹玄宗望女兒山小臣斐然有感〉云：「開元天子萬事足，唯惜當時光景促。三鄉陌上望仙山，歸作霓裳羽衣曲。」不過，當時唐玄宗只創作了前半部分，等後來西涼都督楊敬述帶回《婆羅門曲》，才續成全曲，並配以歌舞。另一種說法是，《霓裳羽衣曲》是由唐玄宗吸收楊敬述所獻的印度《婆羅門曲》創作而成。但在歌舞結構方面則遵循中原傳入的相和大曲、清商大曲的三段式，分為散序、中序、破三個部分。因此，可以說《霓裳羽衣曲》是中外音樂相交融的結晶。

《霓裳羽衣舞》是由女子表演舞蹈，唐玄宗親自教授，並且在宮中建有「梨園」，專門用於排練舞蹈。表演者穿著孔雀毛的翠衣和淡色彩或月白色的紗裙，肩著霞帔，頭戴步搖冠，身上佩戴很多珠翠，宛如美麗典雅的仙子。全曲共三十六段，分散序（六段）、中序（十八段）和曲破（十二段）三部分。散序為前奏曲，全是自由節奏的散板，由磬、簫、箏、笛等樂器獨奏或輪奏，不舞不歌；中序又名拍序或歌頭，是一個慢板的抒情樂段，中間也有由慢轉快的幾次變化，按樂曲節拍邊歌邊舞；曲破又名舞遍，是全曲高潮，以舞蹈為主，繁音急節，樂音鏗鏘，速度從散板到慢板，再逐漸加快到急拍，結束時轉慢，舞而不歌。

《霓裳羽衣曲》一開始僅在宮廷表演。開元二十八年，楊玉環在華清池初次覲見時，唐玄宗曾演奏《霓裳羽衣曲》以導引。當時，大臣張說〈華清宮〉云：「天闕沉沉夜未央，碧雲仙曲舞霓裳；一聲玉笛向空盡，月滿驪山宮漏長。」《霓裳羽衣舞》的演出方式並不完全固定，楊玉環表演過獨舞形式，也有雙人舞形式，後來也有百名宮女組成的大型歌舞隊表演成舞群。白居易曾用「千歌萬舞不可數，就中最愛霓裳舞」的詩句，讚美《霓裳羽衣曲》的精美絕倫。

由於《霓裳羽衣曲》樂調優美，構思精妙，後來各藩鎮也紛紛排演此曲，使此曲在開元、天寶年間盛行一時。唐代文人對此多有歌詠或筆錄。隨著唐王朝的衰落崩潰，一代名曲竟然「寂不傳矣」。五代時，南唐後主李煜得此曲殘譜，昭惠后周娥皇與樂師曹生按譜尋聲，補綴成曲，並曾一度整理排演，但已非原味了。

30 古代的「寫真」是指什麼？

現在的「寫真」是指攝影、照片，源自日本語義，日本的照相館就叫「寫真店」。清末，隨著照相技術傳人中國，加上之後五四運動的思想大解放，中國人開始慢慢接受西方的這種藝術表現形式。尤其在中西文化交融的今天，中國傳統意義上的寫真卻不為國人所知了。

在中國古代，「寫真」是指描繪人物的肖像畫，要求所繪人像形神相似，與「寫照」、「傳神」同義。唐代杜甫在〈丹青引贈曹將軍霸〉中云：「將軍善畫蓋有神，偶逢佳士亦寫真。」元代湯垕《畫鑑》云：「周昉善畫貴遊人物，又善寫真，作仕女多穠麗豐肥有富貴氣。」

31 為何繪畫又叫「丹青」？

丹青本指丹砂和青雘兩種礦物質顏料。丹砂，表示正紅色；青雘，表示藍綠色。因為這兩種顏料不易褪色，備受畫者的青睞，在中國畫中最常見，所以，「丹青」後來被用來指代中國的繪畫。

早在漢魏時期，史書便有了丹青的記載。《漢書．蘇武轉》載：「竹帛所載，丹青所畫。」《晉書．文苑傳．顧愷之》：「尤善丹青，圖寫特妙。」杜甫〈丹青引贈曹將軍霸〉：「丹青不知老將至，富貴於我如浮雲。」這裡的丹青是指繪畫。漢代的陸賈在《新語》中說道：「民棄本趨末，伎巧橫出……丹青玄黃琦瑋之色，以窮耳目之好，極工匠之巧。」意思是說，繪畫中，人們廣泛使用「丹青」這兩種顏料。最初，「丹青」僅指代紅、青兩種顏色。後來，繪畫中的所有色彩都被泛指「丹青」。因而，由各種色彩繪畫出的圖畫，便被人們通稱為「丹青」。一些傑出的畫家、繪畫高手，也被稱為「丹青手」、「丹青妙手」。

從美術史的角度講，民國前的畫作都統稱為「古畫」。國畫在古代無確定名稱，一般稱之為「丹青」，主要是指畫在絹、宣紙、帛上，並加以裝裱的卷軸畫。漢族傳統繪畫形式是用毛筆蘸水、墨、彩，作畫於絹或紙上，這種畫被稱為「中國畫」，簡稱「國畫」。國畫自古就分為人物、山水、花鳥三大科。按其題材和表現對象，大致可分為人物畫、山水畫、花鳥畫、動物畫等；根據製作技巧、筆法，國畫又可以分為工筆、寫意和兼工帶寫；按其使用材料和表現方法，又可細分為水墨畫、重彩、淺絳、工筆、寫意、白描等；按表現形式有壁畫、屏障、卷軸、冊頁、扇面等畫幅形式，輔以傳統的裝裱工藝裝潢之。中國畫的畫幅形式較為多樣，橫向展開的有長卷（又稱「手卷」）、橫披，縱向展開的有條幅、中堂，盈尺大小的有冊頁、斗方，同在扇面上的有摺扇、團扇等。中國畫在內容和藝術創作上，都體現了古人對自然、社會及與之相關的政治、哲學、宗教、道德、文藝等方面的認識，涵蓋面廣，內容極為豐富。

國畫與西洋畫相比較，西洋畫重寫實，尤以素描和油畫馳名，《頤園論畫》中說「西洋畫工細求酷肖」便是這個意思。而中國畫更注重神韻和意境，國畫或乾淨簡練，或華麗繁複，有著獨特的風韻。尤其是國畫畫面上常伴有詩句，為畫賦予了靈魂，這是西洋畫所不能比擬的。

32 「揚州八怪」指哪「八怪」？

「揚州八怪」是指中國清朝康、雍、乾時期的一批志趣相投、畫風相似的畫家。但「揚州八怪」到底是指哪些人，歷來說法不一。有說「八」只是江淮官話中的虛數，泛指多的意思，並不僅指八個人，在當時被稱為「揚州八怪」的畫家多達十五、六位，後被統稱為「揚州畫派」。而人們已習慣「揚州八怪」這個稱呼，使採用清末李玉棻的《甌缽羅室書畫過目考》中「八怪」說法，也是記載「八怪」較早且最全的，即汪士慎、鄭燮、高翔、金農、李鱔、黃慎、李方膺、羅聘八人。

．**汪士慎**（一六八六至一七五九），字近人，號巢林，安徽休寧人，幼時家貧，寓居揚州以賣畫為生。但汪士慎安貧樂道，潛心研究藝術，擅畫梅花。其所畫之梅神腴氣清，墨淡趣足，與金農、高翔、羅聘被時人稱為「四大畫梅高手」。五十四歲時左眼病盲，但仍能畫梅，自刻一印云：「尚留一目看梅花。」六十七歲時雙目失明，自謂「從此不復見碌碌常人，覺可喜也」，仍能揮寫狂草大字，署款「心觀」，正所謂「盲於目，不盲於心」。其代表作有〈瀟湘靈芳圖〉、〈綠萼梅開圖〉、〈灑香梅影圖〉、〈月佩風襟圖〉、〈靈根出谷圖〉、〈蒼松偃蹇圖〉等。汪士慎不僅善於書畫，也擅作詩，著有《巢林集》。

．**鄭燮**（一六九三至一七六五），即鄭板橋，清代官吏、書畫家、文學家。鄭板橋曾是康熙年間的秀才，雍正年間的舉人，乾隆年間的進士，歷任山東范縣、濰縣知縣，後因開倉賑濟災民而得罪豪紳，於是憤然辭官，居揚州以賣畫為生。他的詩畫造詣頗高，擅長畫竹、蘭、石、松、菊等，在任濰縣知縣時，曾給巡撫畫了一幅竹子，題詩曰：「衙齋臥聽蕭蕭竹，疑是民間疾苦聲，些小吾曹州縣吏，一枝一葉總關情。」他還以漢隸為八分書，融入真、草、篆、行的成分，自創出一種稱為「六分半書」的書法。為我們所熟知的，還有他「吃虧是福」、「難得糊塗」的名言警句。

．**高翔**（一六八八至一七五三），字鳳崗，號西唐，又號樨堂，江蘇揚州人，善畫山水花卉，作品有〈彈指閣圖〉等。少年時的高翔敬慕石濤（一六三〇至一七二四），後與石濤、金農、汪士慎等結識為友，交情深厚。據清代李斗在《揚州畫舫錄》中記載：「石濤死，西唐每歲春掃其墓，至死弗輟。」說的是石濤去世後，高翔每年春天都會去給石濤掃墓，直到自己去世從未間斷過。高翔的園林畫作，多從寫生中來，秀雅蒼潤，自然逼真。晚年的高翔右手殘疾，便以左手作畫。除了山水花卉畫外，高翔還精於寫真和刻印，金農、汪士慎詩集上的小像，就是出於高翔之手，線描簡練，神態逼真。著有《西唐詩鈔》。

．**金農**（一六八七至一七六四），字壽門，號冬心，今浙江杭州人。金農博學多才，曾被舉薦博學鴻詞科，入京未試而返。五十多歲後金農才開始作畫，擅長畫山水、花鳥、人物等，尤擅墨梅。其畫作構思別出心裁，布局考究，造型奇古，風格古雅拙樸。代表作品有〈墨梅圖〉、〈月花圖〉等。金農的楷書也自創一格，筆劃橫粗豎細，撇飄逸而捺厚重，字體多呈長方形，頭重腳輕，非常好看，自謂「漆書」。

．**李鱓**（一六八六至一七六二），字宗揚，號復堂，江蘇興化人。自小喜歡畫畫的李鱓，十六歲時就已小有名氣，曾因繪畫被召為內廷供奉，但終因無法忍受正統畫派的束縛，而被排擠出來，後又出任山東滕縣知縣，但也因正直而得罪官吏，被罷官。在經歷仕途的波折之後，李鱓最終到揚州以賣畫為生，與鄭燮交好。到揚州之後，李鱓的畫風受徐渭、石濤的影響，一改之前精緻的畫法，以破筆潑墨作畫，畫風粗放，任意揮灑，潑墨淋漓，以「水墨融成奇趣」，且李鱓喜歡在畫上作長文題跋，字跡參差錯落，字與畫相映成趣，對晚清時期的花鳥畫有較大的影響。其代表作品有〈秋葵圖〉、〈松柏蘭石圖〉等。

．**黃慎**（一六八七至一七七〇），字恭懋，號癭瓢子，福建寧化人，為「揚州八怪」中的全才畫家之一。黃慎自幼喪父，以賣畫為生，奉養母親。青年時期的黃慎曾寄居蕭寺，「書為畫，夜無所得蠟，從佛殿光明燈讀書其下」。黃慎擅長人物寫意，早期多作工筆，後從唐代書法家懷素的真跡中得到啟發，改為狂草寫意，偶爾也作花鳥、山水畫。

其代表作有〈醉眠圖〉、〈蘇武牧羊圖〉等。

・李方膺（一六九五至一七五五），字虬仲，號晴江，今江蘇南通人。李方膺出身於官宦世家，曾先後當官約二十年，後因遭到誣告而被罷官。罷官之後的李方膺居住在揚州借園，自號借園主人，以賣畫為生。李方膺與李鱔、金農、鄭燮等情誼甚篤，善畫松、竹、梅、蘭，而且喜歡畫狂風中的松和竹，這也許和他被罷官的經歷有關，晚年的李方膺更是專門畫梅自喻，「此幅梅花又一般，並無曲筆要人看。畫家不解隨時俗，毫氣橫行列筆端」。其代表作有〈游魚圖〉、〈瀟湘風竹圖〉等。

・羅聘（一七三三至一七九九），字遯夫，號兩峰，祖籍安徽歙縣，後遷居揚州。羅聘為金農的弟子，也是「揚州八怪」中年齡最小的一個。幼時喪父的羅聘雖家境貧寒，但他勤奮好學，對讀過的書，幾乎過目不忘。二十四歲時拜金農為師，學習詩畫，三十歲時便已在揚州畫界嶄露頭角。羅聘擅長畫人物、山水、花卉等，尤以人物畫最為著名，其〈鬼趣圖〉借形形色色的醜陋鬼態，諷刺了當時社會上的醜惡現象，曾轟動一時。而且羅聘的妻子方婉怡和兩個兒子也都擅長畫梅花，因此他們一家又有「羅家梅派」之稱。

「揚州八怪」中尤以汪士慎、鄭燮、金農更為出名。他們之所以會被稱為「八怪」，是因為他們在所謂的正統畫派、宮廷派眼裡，做人不合時宜，我行我素，作畫不循常理，推陳出新，追求真實、自然，把一些生活化、平民化的東西搬到畫作當中去，甚至揭露一些社會的陰暗面。因此，人們稱他們為不入流的「醜八怪」，「揚州八怪」也由此得名。

33 「濃墨宰相」和「淡墨探花」分別指誰？

說到「劉羅鍋」（劉墉），大家一定十分熟悉，因為他為官「忠君、愛民、勤政、廉潔」，深得老百姓的喜愛，其事蹟也廣為流傳。

然而，很少有人知道劉墉除了在政治方面有著出色的表現外，還是著名的書法家。他與同時代的書法家王文治齊名，時有「濃墨宰相、淡墨探花」之說。

劉墉勤奮好學、師古不泥。其書法擅長行書、小楷，初學董其昌和趙孟，因而珠圓玉潤；中年以後受到蘇東坡等人書法的影響，形成了雄健堂皇、鏗鏘挺拔的書法風格；晚年以後，劉墉學習顏真卿，對碑學也多有涉獵，達到了爐火純青的境界，形成了敦厚寬博、貌豐骨勁、味重神藏的藝術特色。或謂劉墉書「精華蘊蓄，勁氣內斂，殆如渾然太極，包羅萬有，人莫測其高深耳」（《清稗類鈔》之九《劉文清書自成一家》）。劉墉官至體仁閣大學士，故人稱之為「濃墨宰相」。

王文治，乾隆三十五年（一七七〇年）探花，以書法稱名於世。與劉墉、翁方綱、梁同書並稱「清四家」。王文治早年受到褚遂良、笪重光、董其昌的影響，再加上其潛心禪理，形成了婉約飄逸、勻淨嫵媚的風格特徵，作字喜用淡墨，以表現其正疏朗秀潤的神韻，故被世人稱為「淡墨探花」。

34 「連環畫」是怎麼來的？

中國早就有連環畫這種形式的繪畫了，只是那時不叫「連環畫」。

在漢代，出現了單幅故事畫，像孟母教子的故事畫《孟母斷機抒》，便是連環畫的雛形。魏晉南北朝時期，寺廟裡出現了許多佛教故事連環畫。舉世聞名的敦煌壁畫，可以說是石壁上的大型彩色連環畫。此外，中國古時還有許多宗教故事畫。到了宋代，隨著印刷術的發展，刻圖連環故事畫便產生了。

中國早期的連環畫，多數是透過石刻才得以完整地保存下來的。現在，在山東曲阜孔廟內的聖跡殿石刻，被認為是中國最早的有完整故事的連環畫石刻。

《聖跡圖》共有一百二十幅，記述了孔子生平的主要活動，刻工精細。畫面上，孔子畫像清晰，故事結構完整，使人可以從頭到尾窺覽孔子一生活動的全貌，堪稱珍貴的藝術珍品。

《三國志》一書於一九二七年六月出版印刷，由著名畫家陳丹旭繪製，該書封面上冠以「連環圖畫」字樣，它即是「連環圖畫」一詞最初的由來。

35 戲曲藝人為何又稱「梨園弟子」？

人們習慣上稱戲班、劇團為「梨園」，稱戲曲演員為「梨園子弟」，把幾代人從事戲曲藝術的家庭稱為「梨園世家」，戲劇界稱為「梨園界」。據說用「梨園」代指戲曲班子，源於唐玄宗李隆基。

據《新唐書．卷二十二》記載：「（唐）玄宗既知音律，又酷愛法曲，選坐部伎子弟三百教於梨園，聲有誤者，帝必覺而正之，號『皇帝梨園弟子』。宮女數百，亦為梨園弟子，居宜春北院。梨園法部，更置小部音聲三十餘人。」《唐會要．卷三十四》記載：「開元二年，上以天下無事，聽政之暇，於梨園自教《法曲》，必盡其妙，謂之『皇帝梨園弟子』。」《資治通鑑．卷二百一十一》記：「舊制，雅俗之樂，皆隸太常。上精曉音律，以太常禮樂之司，不應典倡優雜伎；乃更置左右教坊以教俗樂，命右驍衛將軍范及為之使。又選樂工數百人，自教法曲於梨園，謂之皇帝梨園弟子。又教宮女使習之。又選伎女，置宜春院，給賜其家。（唐）禮部侍郎張廷珪、酸棗尉袁楚客皆上疏，以為：『（皇）上春秋鼎盛，宜崇經術，遠端士，尚樸素，深以悅鄭聲、好遊獵為戒。』（皇）上雖不能用，欲開言路，咸嘉賞之。」由此可見，唐玄宗設梨園戲班大約開始於開元二年（七一四年）。梨園的主要職責是訓練樂器演奏人員，與專司禮樂的太常寺和充任串演歌舞散樂的內外教坊鼎足而三。

梨園原是唐代都城長安的一個地名，因唐玄宗李隆基在此地教演藝人而出名，後來成為唐代訓練戲曲人員機構的代稱。據李尤白的《梨園考論》考證，唐中宗時（七〇五至七一〇年），梨園只不過是皇家禁苑中的果木園之一，與棗園、桑園、桃園、櫻桃園並存。梨園中設有離宮別殿、酒亭球場等，是供帝后、皇戚、貴臣宴飲遊樂的場所。後來因唐玄宗李隆基喜歡戲曲，梨園的性質起了變化，逐漸成為演習戲曲的地方。李隆基自己擔任了梨園的崔公，相當於現在的藝校校長（或院長）。後世遂將戲曲界習稱為「梨園界」或「梨園行」，戲曲演員稱為「梨園弟子」。

但清乾隆時的進士孫星衍另有一說。他在嘉慶九年（一八〇四年）撰寫的《吳郡老郎廟之記》中載：「余往來京師，見有老郎廟之神。相傳唐玄宗時，庚令公之子名光者，雅善，賜姓李氏，恩養宮中教其子弟。光性嗜梨，故遍植梨樹，因名曰梨園。」

從史籍中看，還應以李隆基為梨園界祖師為準。畢竟其功勞最大，影響最大，對梨園行的形成起了很大作用。

36 「票友」的稱呼是怎麼來的？

「票友」是戲曲界的術語，是指偶爾會登臺唱戲，卻不以演戲為職業的戲曲愛好者。那麼，「票友」一詞從何而來呢？

據說，「票友」一詞的出現，與雍正皇帝有關。在雍正還沒有當皇帝時，曾與善歌者來往。登基後的雍正便發給這些人龍票，不再允許他們繼續與其他伶人來往。後來，人們便將會唱戲但不以此為生的人，稱為「票友」。

另一種說法是在清軍入關初年，清政府為了鼓舞士兵鬥志，便編寫太平鼓詞，讓八旗子弟憑藉清政府發的龍票去各地傳唱，類似於現在的義演。由於這些人並沒有報酬，只是義務為清政府宣傳，後人就把非專業演員且不取報酬的人，稱為「票友」。

還有一種說法是，在以前沒有收音機、答錄機等工具時，戲曲愛好者要學習戲曲，只能買票去劇院現場觀看和學習，因此被稱為「票友」。

雖然各種說法不一，但票友是指業餘演唱者這一點，毋庸置疑。值得一提的是，也有從票友發展成為專業演員的，這種情況在清代的戲曲界被稱為「下海」，只是後來「下海」一詞又有了新的含義。

37 做雜活為何叫「跑龍套」？

「跑龍套」原指戲曲中拿著旗子做兵卒的角色，後來常常用來比喻在別人手下做無關緊要的事，或專做雜活的角色。那麼做雜活的何以被稱為「跑龍套」？「龍套」原為傳統戲曲中的角色，因其所穿戴的戲服上常繡有龍紋而得名。「龍套」角色一般四人一組，以示人數眾多，常負責吶喊助威或起烘托聲勢的作用。又因「龍套」角色常跟著主帥跑來跑去，故人們具象地稱他們為「跑龍套」。

由於在戲曲中，跑龍套的主要是起陪襯作用，或做一些不是很重要的動作，因此在日常生活中，人們使用跑龍套來形容那些常圍著別人轉或給他人做雜活的人。

38 「壓軸戲」是最後一場戲嗎？

現在，人們常常稱最後一場戲為「壓軸戲」，其實這是一種錯誤的說法，因為「壓軸戲」是指倒數第二場戲，並非最後一場戲。而且《辭海》中對壓軸戲的解釋是：「舊時一臺折子戲演出中的倒數第二個劇目。由於最末一個劇目稱大軸而得名。」

「壓軸」一詞本為京劇術語，在京劇形成今天的表演形式（一齣戲只有兩、三個小時）演出以前，一場戲通常從下午的一、兩點開始，一直到午夜才散場。考慮到觀眾可能會出現的倦怠情況，常分為五場：開鑼戲、早軸戲、中軸戲、壓軸戲、大軸戲。開鑼戲也即開場戲，於下午一、兩點鐘開始，演出一、兩個小時後，觀眾可能就會有些疲憊了，於是便演出一些「硬整」的劇目，以便引起大家的興趣，這就是早軸戲。中軸戲又叫「叫座戲」，一般是在快吃完晚飯時演出，且演出的都是一些比較重要的「正戲」，以便再次把觀眾的注意力吸引回來。而倒數第二場戲一般由最好的演出陣容來演，以便能「壓」得住場子，否則出現一個接一個觀眾離開的「抽籤兒」，和大量觀眾離開的「起堂」現象，對任何一個劇團來說都是非常失敗的。因此，壓軸戲都是好戲。最後一場大軸戲常常是熱鬧的武戲，一來給整場演出一個完滿的結局，二來給觀眾留下一個好的印象。一般在大軸戲上演的時候，人們就知道戲該散場了，所以大軸戲一般又稱「送客戲」。

事實上，之所以有這五場戲的名稱，是按照相應的劇本所在的位置而定的。過去的劇本常常寫成一長卷，在卷的底部有一個卷軸，因長卷的最後一場戲緊靠卷軸，所以稱為「大軸」，倒數第二場戲稱為「壓軸」，中間的戲稱為「中軸」，前面的就稱為「早軸」，而第一場戲就叫「開鑼戲」，也叫「開場戲」。因此，把壓軸戲理解為「重頭戲」或「好戲」是可以的，但壓軸戲並非是最後一場戲，而是倒數第二場戲。

39 川劇變臉是怎麼回事？

變臉是川劇表演的特技之一，用於揭示劇中人物的內心及思想感情的變化，即把不可見、不可感的抽象情緒和心理狀態，變成可見、可感的具體形象臉譜。

最初的臉譜是紙殼面具，後經改良，發展為草紙繪製的臉譜，表演時以煙火或摺扇掩護，層層揭去臉譜，新中國成立後，隨著變臉絕技的飛速發展，製作臉譜的材料也發展成為現在使用的綢緞面料，大大方便了演員的表演。

變臉臉譜會選用一些不知名人士，包括俠士、鬼怪之類的造型，而人們所熟知的臉譜，如關公、曹操、包公等人物的臉譜，一般不用於變臉。繪製變臉臉譜的筆鋒要銳利、粗獷，顏色對比要強烈，這樣才能形成炫目的禮堂效果。

川劇變臉手法包括：抹臉、吹臉、扯臉、運氣變臉。

・**抹臉**：將化妝油彩塗在臉的某一特定部位上，表演時用手往臉上一抹，即可變成另外一種臉色。如果需要變整張臉，就把油彩塗在額上或眉毛上，如果只變下半張臉，則將油彩塗在臉上或鼻子上。《白蛇傳》中的許仙用的就是「抹臉」。

・**吹臉**：用粉末狀的化妝品，如金粉、銀粉、墨粉等，裝進特定的容器裡，表演時，演員只需將臉貼近容器一吹，粉末就會撲在臉上，吹時必須閉眼、閉口、閉氣。《活捉子都》中的吹臉，化妝粉末是放在酒杯內的，更多時候是在舞臺的地面上擺一個已經裝好粉末的小盒子，演員只需做一個伏地的舞蹈動作，就可以趁機將臉貼近盒子。

・**扯臉**：事前將臉譜畫在一張一張剪好的綢子上，然後按順序貼在臉上，每張臉譜都繫有一把絲線，絲線的另一端繫在衣服的某一個順手而又不引人注目的地方（如腰帶上），依據劇情的需要，在巧妙俐落的舞蹈動作掩護下，再一張一張地將臉譜扯下來。《望娘灘》的聶龍、《白蛇傳》中的缽童使用的都是「扯臉」。

・**運氣變臉**：傳說已故川劇演員彭泗洪曾在扮演《空城計》中的諸葛亮時，運用氣功而使臉由紅變白，再由白轉青，表現諸葛亮在得知司馬懿大軍退去後的心理變化。

40 錦標與獎盃起源於中國嗎？

早在三千多年前的殷周時代，隨著中國射箭運動的盛行，錦標也應運而生。最早的錦旗是一面掛在竹竿頭上，用一種牛尾巴和彩色羽毛製成的旌旗。隋唐時期產生了錦緞做的旗幟，成為獎勵優勝者的名貴紀念品，並且正式出現了「錦標」一詞。唐朝不少描寫龍舟競渡的詩歌都提到了「錦標」。

獎盃在中國出現的也比較早，北魏孝武帝元修，曾讓十多名武士進行射箭比賽，目標為懸在百步之外的一個銀質杯，射中者獲酒杯為獎，結果一個叫王順的軍官獲獎。九世紀唐宣宗時，為圍棋比賽還曾頒發過獎盃——蓋金花碗。當然，中國現代體育競技中的獎盃，可能既源於中國古代獎盃，也可能同時受到外國獎盃的影響。

41 清代也有花式冰上運動嗎？

清代的冰上運動內容豐富，形式多樣。除了有大型的軍事集團的冰上表演外，更多的是側重於個人的技巧表演。其花樣方式之多、技巧水準之高，達到了驚人的程度。

當時較為普及的滑冰項目主要有三種：一種是競賽快慢的速度滑冰，光是競速滑冰的姿勢即有扁彎子式、大彎子式、大外刃式、跪冰式等，有許多姿勢跟現代的競速滑冰姿勢近似；第二種是雜技滑冰和現在所稱的花式滑冰，其中的「雙飛燕」類似於現代雙人花式滑冰的姿勢；第三種是冰上踢球表演，表演過程中，每隊由幾十人組成，按位置站好，然後將皮革製成的球拋起，球快落地時，大家飛快地滑過去爭奪，得到球的隊伍獲勝。這種冰上足球最初是做為一種軍訓手段在軍隊中進行的，後來也流傳到民間。二十世紀二〇年代在什剎海和護城河上，還時常有老百姓在玩這種冰上足球。

清代還有一種「打滑撻」的冰上娛樂運動。其活動方式是在滴水成冰的時節，用水澆地，在地上堆成一個三、四丈高的冰堆，然後讓身子矯健的兵士，穿上帶毛的豬皮鞋，從上面挺身直立滑下，能順利滑下來而不摔跤者為勝。這種活動形式在北方的民間極其常見。「打滑撻」這種滑冰運動，需要有很高的身體平衡能力。

42 圍棋源於何時？

圍棋為中國古代的文化瑰寶之一，起源於中國是無可爭辯的事實，但它究竟起源於何時，學者們歷來觀點不一。

・堯舜說：先秦史官編修的《世本》中有「堯造圍棋」的記載，西晉張華的《博物志》中亦有記載：「堯造圍棋，以之教丹朱，或曰舜以子商均愚，『故作圍棋以教之，堯舜造圍棋』。」指出堯的兒子丹朱十幾歲時不思上進，整日遊手好閒，不務正業，堯帝便發明了圍棋，以其趣味性吸引丹朱，從而達到讓其修身養性的目的，但是，沒堅持多長時間，丹朱便又恢復到以前無所事事的狀態，無奈的堯帝便將其送往南方，將帝位禪讓給了有德有才有智的虞舜。虞舜即位後，也效仿堯帝用石子棋教兒子商均。於是，相關資料中便有「堯造圍棋，以教丹朱」的記載。但質疑者提出堯、舜都只是神話傳說中的人物，並不可靠，且目前也沒有發現能夠支持此說的相關出土文物或其他證據。

・夏人烏曹說：與堯舜說相似的說法是「夏人烏曹說」，因《潛確居類書》中有「夏人烏曹作賭博、圍棋」的記載。烏曹與堯、舜同屬中國原始社會末期時的人物，因此，此說與「堯舜說」一樣，苦於沒有相關證據的支撐，其可信度也受到人們的質疑。

・春秋以前說：迄今發現的關於圍棋的最早文字記載，是春秋末期魯國史官左丘明所作的《左傳》，《左傳・襄公二十五年》中記載：「今寧子視君不如弈棋，其何以免乎？弈者舉棋不定，不勝其耦，而況置君而弗定乎？必不免矣。」據許慎的《說文解字》解釋，這裡的「弈」即是指圍棋。因《左傳》所記述的為春秋時期的史實，因此人們推斷圍棋應起源於春秋以前。但具體起源於春秋以前的何時，目前尚無法考證。

・西周說：這一說認為圍棋和周易一樣，原為用來卜天命禍福的神聖之物。圓形的棋子和方形的棋盤，正是天與地的象徵，黑白二色的棋子也是陰陽對立的絕妙體現。但此說能否成立還需進一步考證研究。

因此，關於圍棋的起源，目前還沒有確切的答案，有待學者們進一步考察研究。但不管其起源於何時，都是古老的中國人民智慧的結晶。圍棋這項益心益智的棋藝活動，也必將發揚光大，繼續傳承下去。

43 百家姓「趙錢孫李」是如何排序的？

《百家姓》是宋代編寫的收集姓氏的一部書籍，它集合姓氏為四言韻語，四字一句，八字一韻，讀來朗朗上口、通俗易懂。《百家姓》並不是只記錄了一百個姓，最常見的版本記有單姓四百四十六個，雙字複姓六十一個，共計五百零七個姓。

《百家姓》首行為「趙錢孫李，周吳鄭王」，這個排列順序是有一定講究的。根據宋朝王明清《玉照新志》中的記載，《百家姓》的順序是依照當時皇權統治者的姓氏排列的，受到了權勢地位的影響。宋代開國皇帝是宋太祖趙匡胤，所以趙姓便成為《百家姓》中的第一位。宋代建國之初，尚有在浙江稱王的吳越王錢俶，以及定都金陵的南唐後主李煜，所以錢、李二姓在姓氏排列上居前位。據說編寫《百家姓》的作者是浙江錢塘人士，所以他就將吳越王錢俶正妃的孫姓，排於南唐皇帝李姓前，於是便形成了「趙錢孫李」的順序。而接下來的「周吳鄭王」均是錢俶其他后妃以及他父親后妃的姓。

依照地位來排列姓氏是古代習尚。古人非常重視姓，它是標誌家族系統的稱號，是人們進行社會交往的先決條件，涉及千家萬戶，關係到每一個社會成員。所以，姓氏排列順序絕不容馬虎。唐朝時期，朝臣編撰《氏族志》時，曾將舊日大族「崔、盧、李、鄭」排列在前，惹得唐太宗很不開心，最後只好以官爵高下重做排列。

44 獨腳戲是一隻腳的人表演的嗎？

獨腳戲又稱「滑稽」，發祥於上海，流行於上海、江蘇、浙江一帶，以方言演出。獨腳戲興起於一九二〇年前後，早期多由一人演出，藝術上受到江、浙、滬一帶流行的小熱昏、唱新聞、隔壁戲等說唱形式的影響。

一九二〇年前後，上海文明戲藝人王無能在堂會客串演出時，由一人說笑話、講故事、唱京戲、學方言，扮演多種角色，自稱「獨腳戲」。民國十六年王無能正式以「獨腳戲」掛牌演出。同年，杭州江笑笑來滬，稱為「社會滑稽」。次年，劉春山相繼而起，稱為「潮流滑稽」。三人為獨腳戲的崛起，獨樹一幟，後人稱為「滑稽三大家」。

他們的表演也吸收了文明戲和相聲的一些表現手法，形成「說唱」與「滑稽」的拼檔演出，在劇場、遊樂場和廣播電臺表演、播音，迅速受到群眾的歡迎，遂使獨腳戲形成獨立的曲種。獨腳戲具有強烈的喜劇色彩和娛樂性，表現形式廣采雜樣，深深植根於人民群眾。獨腳戲表演劇碼甚多，如《哭妙根篤爺》、《寧波空城計》、《七十二家房客》等。

45 中國武術起源於何時？

武術是中華民族在長期的歷史演進過程中，不斷創造、逐漸形成的一個運動項目。

從現有的考古發現中，我們可以看到，在舊石器時代，已出現了尖狀石器、石球、石子斧、骨角加工的矛，而到了新石器時代末期，則出現了大量的石斧、石鏟、石刀和骨製的魚叉、箭鏃，甚至還有銅鉞、銅斧等。這些原始生產工具和武器，後來大部分成了武術器械的前身。

原始社會末期，部落戰爭的頻繁發生，進一步促進了武術的發展。在部落戰爭中，遠則使用弓箭、投擲器，近則使用棍棒、刀斧、長矛，凡是能用於捕鬥搏擊的任何生產工具，都成為戰鬥的武器。據史籍記載，大禹時期三苗部族多次反叛，征伐多次未能使之降服。後來，禹停止進攻，讓士兵持斧和盾進行操練，請三苗部族的人觀看這種「干戚舞」，以顯示武力雄厚，三苗部族從此臣服。這是原始社會一次盛大的武術自衛演練。古代的「武舞」為後來武術套路的形成，奠定了基礎。

46 「太極拳」和張三丰有關嗎？

太極拳以其獨特的剛柔並濟、陰陽互助、內外雙修、以柔克剛的特性，成為中國武術中享譽世界的拳種。提起太極拳，熟悉金庸武俠小說的人可能立馬會想到張三丰。眾所周知，張三丰是橫跨南宋、元、明三代的著名道士，對陰陽太極文化有較深的研究，其對推動道家理論的發展也起了重要作用。那麼，真的是道家的張三丰發明了太極拳，還是訛傳？

二〇一〇年十月十一日，在中國河北省永年太極峰會論壇上，相關專家稱太極拳和張三丰沒有關係。據暨南大學歷史系教授、廣東省武術文化研究會會長馬明達介紹，目前還沒有發現確切的文獻記載，可以證明太極拳和張三丰有關係，而且在正史的文獻記載中，張三丰也從沒有和太極拳一起出現過。

據馬明達考證研究發現，將張三丰和太極拳連結起來的說法，最早出現於晚清時期，「當時楊氏太極拳的一代宗師楊班侯在京城教練太極拳時，為了讓這一拳種有個正統名分，得到主流社會認可，假託太極拳是道家鼻祖張三丰所創，從此這種觀點才傳播開來。楊班侯是出於更廣泛地普及太極拳的目的才有此言論，這在當時無可厚非」。

那麼，「太極拳」究竟起源於何時，又是由誰所創立的呢？

至於這個問題，武術界一直是眾說紛紜，莫衷一是，沒有確切的答案。一般認為是由明末清初河南溫縣的陳王廷所創，但也有人堅持認為是張三丰所創。應當說，太極拳是綜合了歷代各家拳法，同時吸收了中國的古典哲學、周易學說、陰陽學說和傳統中醫理論等，在歷史的長期發展過程中，慢慢形成的一套拳術。

做為中國特有的民族體育項目，一九五六年二十四式「簡化太極拳」的出現，對普及和傳播太極拳起了重要作用，目前，不僅國內有很多太極拳的愛好者，太極拳在國外也很受歡迎。

47「南拳北腿」中的「南拳」出自何處？

明朝中後期，中國東南沿海地區倭寇為患，抗倭名將戚繼光、俞大猷吸取了一種拳法技藝，來訓練他們的隊伍，使得士兵戰鬥力大增，並最終成功掃蕩倭寇。這種拳法就是當時的壯拳。

壯拳的動作彪悍粗獷，形象樸實，功架清晰準確，沉實穩健。在攻擊防守上，壯拳剛勁生猛，出入變化以靈捷為導，發勁與聲氣合一，進退以四門為徑，剛柔結合，難有敵手。壯拳拳剛勢烈，多短打，擅標掌，少跳躍，因而練習壯拳的武士們大都身高體壯。以壯拳為訓練內容的軍隊則更是戰鬥力驚人。

宋朝時期，壯族首領儂智高發動起義反對朝廷的暴動。他精熟壯拳，並將它廣為傳播，使得起義軍常常以少勝多，震驚朝野。南宋丞相王安石評價說：「粵右良兵，天下稱最。」當時的漢人將士吃盡了壯族軍隊的苦頭，把壯拳貶稱為「南蠻拳」。

明朝時期，壯族女英雄瓦氏夫人將古老樸實的壯拳糅進了北長拳功架，用此功夫訓練「狼兵」，使「狼兵」在抗倭前線大顯身手，屢建奇功。於是「南蠻拳」便逐漸演變為「南拳」，與「北腿」遙相呼應。後來戚繼光、俞大猷吸取壯拳技藝，訓練他們的隊伍，使得壯拳技藝得以有了很大的發展，為天下所熟知。如今，壯拳已選編入《中華拳械錄》一書中。

48 少林寺與少林拳有什麼關係？

少林拳是中國最早的武術流派之一，起源年代可以追溯到北魏年間（三八六至五三四年），源於河南省登封市嵩山少林寺，並因寺而得名。南北朝時，天竺僧人菩提達摩來到中國，頗得北魏孝文帝禮遇。太和二十年（四九六年），以少室山為佛陀立寺，供給衣食。因寺處少室山林中，故名「少林寺」。

少林拳本是少林寺眾僧為強身健體，而編制出的武術拳法，後在此基礎上不斷吸收其他武林拳術精華，經世代相傳，長期磨合，推敲而合成一套完整拳法套路。它具有剛健有力、剛柔並濟、樸實無華、擅長技擊等特點，在武術界獨樹一幟，聞名天下。少林拳的動作整體表現為全身上下協調一致。據少林寺相關武術資料記載，少林拳突出的特點就是一個「硬」字，以剛勁有力著稱。用深呼吸法，運用丹田之氣，而四肢發勁，頭、手、身、足更是堅硬如石，故又被稱為「外家拳」。

新中國成立後，在少林寺所在的登封建立了武術學校，並成立了少林拳研究小組，搜集一些民間珍藏的拳譜，挖掘到一些瀕於絕傳的拳術和器械套路。現如今，少林拳主要包括小洪拳、羅漢拳、梅花樁、炮捶等拳種，器械則以少林棍最著名。

49 七巧板是起源於中國嗎？

「七巧板」又稱「智慧板」，是中國古代的一種拼板工具。七巧板中有長方形、平行四邊形和三角形。誰能想到這簡簡單單的七塊板，竟能拼出千變萬化的圖形。據說這種玩具是由一種古代家具演變來的。

宋朝有個叫黃伯思的人，對幾何圖形很有研究，他熱情好客，發明了一種用六張小桌子組成的「宴几」——請客吃飯的小桌子。後來有人把它改進為七張桌組成的宴几，可以根據吃飯人數的不同，把桌子拼成不同的形狀，比如三人拼成三角形，四人拼成四方形，六人拼成六方形……這樣用餐時人人方便，氣氛更好。後來，有人把宴几縮小改變到只有七塊板，用它拼圖，演變成一種玩具。因為它十分巧妙好玩，所以人們叫它「七巧板」。

到了明末清初，皇宮中的人經常用它來慶賀節日和娛樂，拼成各種吉祥的圖案和文字，故宮博物院至今還保存著當時的七巧板。

十八世紀，七巧板傳到國外，立刻引起外國友人的極大興趣，有些外國人通宵達旦地玩它，並叫它「唐圖」，意思是「來自中國的拼圖」。

50 升官圖是圖畫還是遊戲？

升官圖是古代的一種博具（玩具），用木版雕刻刷印而成，也稱「彩選」。據傳為唐代李郃所製，意在諷刺「任官失序，而廉恥路斷」，「言其，具體方法是把京外文武大小官位寫在紙上，另用骰子擲之，依點數彩色以走升降；一為贓，二、三、五為功，四為德，六為才，遇一降罰，遇四超遷，二、三、五、六亦升轉。在不同歷史時代的具體表現形式不同，最流行的升官圖是依照明代官制編寫的，依清代官制編制的也有很多，民國之後，還出現了從小學生到大總統的升官圖遊戲。

51「貴由赤」是古代的馬拉松嗎？

元代時期，出現了一種長跑比賽叫「貴由赤」，「貴由赤」是蒙古語，就是快行者的意思。當時「貴由赤」比賽方式如下：在元大都，就是今北京一個點，元上都，就是內蒙古一個點，兩點之間的距離是一百八十里，賽跑是兩個地點同時進行。大家知道，現代馬拉松是一八九六年第一屆奧運會創始的，它的距離是四十二．一九五公里，實際上「貴由赤」比馬拉松的距離長兩倍多，而且時間上要早六百多年，所以說，中國古代「貴由赤」的長跑賽，在體育史上比馬拉松的意義還重大。

52 盪秋千也是起源於古代嗎？

盪秋千是中國古代女子的重要娛樂方式之一，而非今天兒童用來玩耍的器材。《荊楚歲時記》言：「春節懸長繩於高木，士女袨服坐立其上，推引之，名『秋千』。」漢武帝千秋節日以之戲於後庭。秋千因為使人聯想到千秋萬歲的「千秋」，故被用於慶賀漢武帝生日。《天寶遺事》也有「宮中至寒食節，築秋千嬉笑為樂，帝常呼為半仙之戲」的記載。盪秋千的女子衣袂飄飄於半空中，就像乘風飛舞的仙子，給人一種空靈瀟灑的淋漓之美。秋千之戲盛行於唐宋民間，秋千佳人也成為文人詩詞中常見的美好意象。

第7章

醫藥科技

1 「懸壺濟世」就是古代的公費醫療嗎？

「懸壺濟世」是古代稱頌醫者救人於病痛的稱號，而公費醫療在體制上的支撐點是所謂的「醫在王官」，也就是醫藥行政、醫療組織和醫學教育的主導權，全部都由政府掌握，這種制度最早在西周時期就已經確立。秦漢之後各朝更是對公費醫療逐漸加以完善，唐朝時已經根據不同的對象劃分了公費醫療的對口單位。「懸壺濟世」只是一個表達敬意的稱呼，所以和公費醫療沒有關係，成語出自《後漢書．方術列傳．費長房傳》。

東漢時，有一個叫壺公的老頭，他的醫術非常高明，但是卻沒有人知道他的姓名。這個壺公每天拄著掛著葫蘆的竹杖在街上賣藥，從來都不討價還價，只要是他看過的病就一定能夠治好。有一天，他收了一個叫費長房的弟子，將自己的一身醫術盡數傳給了他。當時因為壺公的名氣非常大，而他的標誌就是懸一葫蘆，所以只要是醫館行醫開業，幾乎都以「懸壺之喜」等類似的詞語為賀，或者在診室外懸葫蘆做為標誌，這個習俗一直沿用到了今天。費長房從壺公處出師後，也懸一個葫蘆做為標誌，到處治病救人，並且用所獲錢財周濟窮人，所以後人就用「懸壺濟世」來形容醫德高尚、醫術高超的醫生。

2 中醫學為什麼又被稱為「岐黃之術」？

「岐黃之術」的「黃」就是軒轅黃帝，「岐」是他的臣子岐伯。傳說黃帝經常和岐伯、雷公等臣子一起坐而論道、探討醫學問題，對各種不同疾病的病因、診斷以及治療等原理提問作答，並且予以說明，其中有非常多的內容被記載在《黃帝內經》這部醫學著作中。黃帝是中華民族的始祖，為了表示對黃帝和岐伯的尊重，於是後人就將中醫稱為「岐黃之術」，並且將《黃帝內經》視為中醫藥學理論的淵源、最權威的中醫經典著作。

至於《黃帝內經》名稱的由來，則是因為古人通常將具有一定法則，又必須學習和掌握的書籍稱為「經」，比如儒家的《五經》、老子的《道德經》；「內」是和「外」相對的，古代也有《黃帝外經》，只不過後來遺失了，所以「外」沒有什麼深意。雖然這部書的名字是《黃帝內經》，但實際上只是一個追本溯源的意思，它既不是黃帝的著作，也不是黃帝時代的醫學著作，具體的成書年代應該是秦漢時期，而且應該是一個集體的智慧結晶。

3 中醫說的「精氣神」是什麼意思？

「精氣神」在中醫理論之中，被視為人體生命活動的根本，經常會被講究養生的人稱為「人身的三寶」，所以中醫認為保養精、氣、神，是健身、抗衰老的主要原則，尤其是當精、氣、神逐漸衰退變化，人已經步入老年的時候，就更加應該珍惜「三寶」。

「精」是構成人體、維持人體生命活動的物質基礎，它通常指人體的真陰，不但具有生殖功能，可促進人體的生長發育，而且還能夠抵抗外界各種不良因素影響，從而免於發生疾病。它是整個生命活動中做為「生命之根」而起作用的，精的來源有先天和後天的區別。

「氣」是生命活動的原動力，氣既是運行於體內微小難見的物質，又是人體各臟腑器官活動的能力，所以說氣既是物質也是功能。

「神」是精神、意志、知覺、運動等一切生命活動的最高統帥，包括魂、魄、意、志、思、慮、智等多種活動。

精、氣、神三者之間的關係是相互滋生、相互助長的，從中醫學的角度來說，人的生命起源是「精」，維持生命的動力是「氣」，而生命的體就是「神」的活動。中醫評定一個人的健康情況或者是疾病的順逆，通常都是從這三方面情況來考慮的。古人甚至有「精脫者死，氣脫者死，失神者死」的說法，所以對於「精、氣、神」應當格外重視。

4 真有「懸絲診脈」這回事嗎？

「懸絲診脈」是指因為男女授受不親，而將絲線的一頭繫在女病人的手腕之上，另一頭由醫生掌握，醫生只能透過懸絲傳來的手感，來猜測及感覺脈象，以診斷疾病。這種情況經常出現在影視劇之中，比如孫悟空就曾經為朱紫國國王懸絲診脈，但《西遊記》畢竟是神話故事，不能當作依據，那麼現實中究竟有沒有「懸絲診脈」這回事呢？

答案是可能有也可能沒有。為什麼呢？傳說唐代名醫孫思邈因為不是御醫，所以就只能隔著簾子為長孫皇后看病，卻先後遭到太監的戲弄，結果他全部都識別出來，最後治好了皇后。但孫思邈的故事屬於民間傳說，所以也不能完全當真。

曾經為清廷皇室內眷看病的舊時京城四大名醫的施今墨先生，曾經說過懸絲診脈確有其事，但實際上只是一種形式，因為太醫在看病之前，必須詢問后妃的貼身太監諸如胃納、舌苔、二便、症狀、病程等病情，實際上懸絲診脈的時候，太醫心中所想的，根本就是如何針對太監所說的情況，開出合適的處方，所以說「懸絲診脈」確有其事，只不過被人給蒙上了神祕的面紗而已。

5 「大夫」、「郎中」的稱呼是怎麼來的？

我們通常稱呼醫生為「大夫」，如張大夫、李大夫，那「大夫」這個稱呼是怎麼來的呢？

古代國君之下有卿、大夫、士三級，後來這些稱呼成為一般任官職者之稱。秦漢以後，中央要職有御史大夫、諫議大夫、中大夫、光祿大夫等。隋唐以後，以大夫為高級官階稱號，自宋代徽宗政和年間改定官階時，醫官是大夫以下的官階。翰林醫官院醫官分為七級，官職有二十二種之多，如和安大夫、成和大夫、成安大夫、成全大夫、保安大夫等。因此，從那時起人們就把醫生統稱為「大夫」，至今北方人仍沿稱醫生為「大夫」。

宋以前，對醫生的稱呼較為複雜，一般根據其專科進行稱呼，如食醫、疾醫、金瘡醫等。宋代始，南方習慣稱醫生為「郎中」，北方則稱醫生為「大夫」。相沿至今。

「郎中」是南方人對醫生的尊稱。郎中本是官名，即帝王侍從官的通稱。其職責原為護衛、陪從，隨時建議，備顧問及差遣。戰國始有，秦漢治置。後世遂以侍郎、郎中、員外郎為各部要職。郎中做為醫生的稱呼始自宋代。

在中國古人的習慣上，不論是在筆記還是小說裡，大夫和郎中其實略有區別。一般設館治病的醫生都稱為「大夫」，至於草藥店或上街高喊包醫奇難雜症的醫生，卻稱為「郎中」。所以後來人們稱呼醫院的醫生，多數叫大夫，而不叫郎中，就是這個緣故。

6 「杏林」為何成為醫藥界的代名詞？

在中國，常用「杏林」一詞來代表醫藥界。人們用杏林春暖、杏林春滿、杏林滿園或譽滿杏林等詞語，來讚揚醫生的高明醫術和高尚醫德。很多醫學者還自居為「杏林中人」。近現代的一些醫藥團體和雜誌刊物，也常以「杏林」命名。那麼，「杏林」為何能成為醫藥界的代名詞呢？

據史學家考證，杏林代稱醫藥界是源於三國時期道醫董奉的故事。董奉，字君異，福建侯官（今福州）人，與當時的張仲景、華佗齊名。此三人合稱「建安三神醫」。董奉的一生有不少傳奇般的事蹟，最有影響的乃是他在廬山行醫濟世。據晉朝葛洪編的《神仙傳》卷十記載：「君異居山間，為人治病，不取錢物，使人重病癒者，使栽杏五株，輕者一株，如此十年，計得十萬餘株，郁然成林……」

等杏熟了，不需拿錢買，只需裝一盆米倒入他的米倉，便可換取一盆杏。米倉中的米又被董奉拿來救濟清貧的民眾。為了感謝董奉的善舉，有人寫了「杏林春暖」的條幅掛在他家門口。董奉去世多年後，人們在董奉隱居處修建了杏壇、真人壇、報仙壇，以紀念他。許多藥店也掛上了「杏林春暖」的匾額，以暗喻其店重視醫德。「杏林」也逐漸成了中醫藥行業的代名詞，醫家常以「杏林中人」自居。

7 《黃帝內經》與黃帝有關係嗎？

《黃帝內經》是中國古典醫籍中現存最早的一部醫學，現分為兩本書，一是《黃帝內經素問》，簡稱《素問》；

二是《靈樞》，簡稱《靈樞》。《黃帝內經素問》中的「素」字，可做「根本」解釋；「問」就是黃帝問岐伯的意思。《靈樞經》中的「靈樞」二字，明代名醫張景岳有這樣的解釋：「神靈之樞要，是謂靈樞。」人身屬於陽的精氣叫「神」，屬於陰的精氣叫「靈」，意即這本書論述了「神」與「靈」的關鍵扼要的內容。

顧名思義，「內經」是講內科方面的疾病，據《隋書·藝文志》記載，除了有《黃帝內經》外，還有一本《黃帝外經》。這兩本書是姊妹篇。看來，《黃帝內經》是針對《黃帝外經》說的。

那麼，在「內經」之前為什麼要冠上「黃帝」呢？

原來，黃帝是古代的帝王，姓公孫氏，又因他生於軒轅之丘，又名「軒轅氏」，再因建國於有熊，又名「有熊氏」。他戰勝了蚩尤以後，成為天子，「因有土德之瑞」，土色黃，所以稱「黃帝」。本書假託黃帝一問，醫學家岐伯一答的形式來論述，因此冠以「黃帝」二字。

8 中醫是如何從五官中看出病情的？

中醫學理論的五官是指耳、目、鼻、唇、舌。《黃帝內經》的《素問》篇記載：「肝主目、心主舌、脾主口、肺主鼻、腎主耳。」

眼睛的功能是主視覺，「肝開竅於目」。肝臟功能正常，雙目就有神；如果肝氣不舒、肝血不足，雙目就會乾澀、視力減退。黑眼球下側有血斑，表示腰下部有外傷；眼球上側有血斑，是腰上部有外傷；上白眼球有藍斑和身上有白點，表示肚裡有蟲；眼睛無神表示精氣不足；眼睛發渾是腎經損傷表現。

舌是人發音的重要器官。心主血脈，心的氣血上通於舌，保持舌頭正常的生理功能。如果心血充盈、心氣健旺，那麼舌體就活動自如、發音正常、語音清晰；如果心血澀滯、心氣不足，那麼就會舌強舌卷，發音困難，語音不清。

口是消化道入口，脾開竅於口。脾氣健運，那麼口就健美；如果脾失健運，那麼就會口唇生瘡或口臭。

鼻是呼吸通道，具有通氣功能，「肺開竅於鼻」。「上診於鼻，下驗於腹」，鼻頭色青腹中痛，鼻頭發紅體內有大熱，鼻頭發紫可能有高血壓。

耳是聽覺器官，「腎開竅於耳」。耳朵的大小代表腎功能大小，耳殼內有小氣節是肝鬱氣滯，耳唇出現「冠脈溝」表示有血壓高或心腦血管疾病，耳朵乾枯表示腎氣不足。

9 中國古代有沒有女醫生？

在韓國勵志電視劇《大長今》中，女主角長今憑藉頑強的奮鬥精神，由一位普通宮女成長為著名女醫生，同時也成了許多青年人的勵志榜樣。那麼，在中國古代是否也有像長今一樣的女醫生呢？答案是肯定的。中國古代的醫生以男性為主。即使在婦科診斷上，男性醫生也占據主導地位，只有在婦女生育時，才會尋找女性為其接生。因而有人認為，中國古代的女醫生就是專事接生的穩婆，其實不然，中國自古就有專門的女醫制度。

早在西漢時期，醫事制度中就專門設立「女醫」一職。「女醫」的職責是為皇后、公主等皇室女性成員，診治產乳之疾。在這個時期出現了中國史書中記載的第一位女醫生——義姁。義姁生活在漢武帝年間，是山西省復縣人。義姁從小就對醫學產生了濃厚的興趣，一開始只是跟隨村中流動的郎中學習治病，後來在不斷地實踐中積累了豐富的經驗。據史書記載，義姁曾為一名已經氣息奄奄的病人治病。經過仔細觀察，義姁發現病人的腹部膨大，於是在其腹部和腿部施針，並佐以中藥。很快的，病人腹部的腫塊消退，身體痊癒。義姁經常身背藥筐到山間採藥回家後，將藥材炮製好後，無償地送給周圍患病的百姓。由於她經常這樣免費救濟百姓，因而受到了民眾的愛戴和歡迎，加上其醫術精湛、醫德高尚，故被譽為「巾幗醫家第一人」。漢武帝獲悉義姁的名望後，將她召入內廷賜以職號，令其專門為皇太后治病。義姁擅長婦科，因自己的醫術和醫德而深得太后的信任。

晉代時，嶺南出現了一位女名醫——鮑姑。鮑姑名潛光，父親是廣東南海太守鮑靚，丈夫是著有《肘後備急方》的名醫葛洪。鮑姑生長於官宦之家，父親鮑靚喜愛修道，因此她自幼深受家庭影響。鮑姑嫁給擅長煉丹的葛洪後，兩人更是志同道合、琴瑟和諧。夫妻二人一起隱居山林，煉丹論醫，據說《肘後備急方》即為夫婦二人合著而成。鮑姑醫術高超，最擅長治療瘤疣之疾，相傳經常用廣東的紅腳艾做艾絨進行灸療，因此紅腳艾又被稱為「鮑姑艾」。鮑姑長期跟隨丈夫在廣東羅浮山行醫，為民治病，在她去世後，嶺南的老百姓在廣州越秀山下修建了鮑姑祠，並將其尊稱為「鮑仙姑」，以示紀念。

在唐代，有關女醫制度的記載更為詳細。據明代天一閣所藏的《天聖令》之《醫疾令・女醫》一條記載曰：「諸女醫，取官戶婢年二十以上三十以下、無夫及無男女、性識慧了者五十人，別所安置，內給事四人，並監門守當。」從中可以看出，當時的女醫生近似於宮女，一般是沒有家室的年輕女子，即使有丈夫也要沒有子女。

之後到了市民經濟迅猛發展的宋代，出現了一位名叫張小娘子的著名女外科醫生，相傳其醫術來歷頗為傳奇。據說，張小娘子年輕時曾遇到一位皓首銀鬚的老醫生向她討水喝，張小娘子觀其氣度不凡，便請其進家中盛情款待。老醫生欣賞張小娘子的聰明賢慧與熱情善良，不僅將自己開刀和製膏的外科祕方傾囊相授，還贈送了她一部祕不外傳的外科醫書——《癰疽異方》。後來，張小娘子經過不斷地學習和實踐，終於成了一名精通外科的女醫生，她在治療瘡瘍臃腫等外科疾病方面頗為精通，在當地頗有名氣。

到了明代，出現了一位理論與實踐兼備的女名醫，名叫談允賢。談允賢是江蘇無錫人，祖父曾任南京刑部郎中，是當地的名醫，祖母也對醫藥學十分精通。生長於醫藥世家的談允賢，從小就在祖父母的指導下學習醫藥知識，長大成人後更是醫術精湛，醫名遠揚。談允賢擅長診治婦科疾病，為當時一些因禮教束縛而羞於診治的大家閨秀，提供了良好的婦科治療。五十歲時，談允賢將祖父母傳授的醫術與自己多年的臨床經驗相融合，著成一部婦科醫學理論專著——《女醫雜言》。書中主要記載了各種婦科病案和診治方法，是中醫史上較早成書的個人醫案之一，為後世留下了寶貴的知識和財富。

清朝咸豐年間也出現了一名叫曾懿的女醫生。曾懿出身官紳家庭，自幼研讀經史，擅長丹青文辭。曾懿天性善良，心懷悲憫。她看到鄉民生病，卻因得不到及時的診治和下藥，以致延誤病情，非常難過，於是自己廢寢忘食地精研家藏醫藥典籍，終成一代女名醫。行醫多年後，曾懿不忘當初學醫的艱難，發憤著述，終於在她五十四歲時寫成《醫學篇》一書，廣泛流傳於民間，造福了無數黎民百姓。

中國封建社會男尊女卑的思想嚴重，尤其是在中醫學界，更有一系列傳男不傳女的規定。就算是為宮廷服務的女醫生，也只是負責一些接生類的工作，並不是專職的醫生，以至於中國古代歷史上關於女醫生的記載少之又少。這些為數不多而青史留名的女醫生，雖然大都出自民間，卻仍然不乏有力度的治癒病案和著作傳世，為中醫學的發展貢獻了自己的一份力量。

10 誰被稱為「外科鼻祖」？

眾所周知，華佗為中國東漢時期的神醫，他不僅精通內、婦，兒、針灸各科，診療手段各式各樣，而且外科尤為擅長，是中國醫學史上第一個施行剖腹手術的外科醫生，被後人譽為「外科鼻祖」。

華佗是東漢末期的醫學家，與董奉、張仲景並稱為「建安三神醫」。東漢末年，頻繁的戰亂，給人民帶來的不只是瘟疫，還有大量的外傷疾病，但鑑於當時有限的醫療條件，病人在手術時十分痛苦。華佗見到這種狀況，立志要想辦法為病人減輕痛苦。他根據《神農本草經》中關於烏頭、莨菪子等功效的記載，加之自己的臨床經驗，又觀察喝醉酒者的狀況，將幾種具有麻醉作用的藥放在一起，研製出了一種具有麻醉作用，且對人沒有傷害的藥，並將其定名為「麻沸散」。華佗又根據平時看到的喝醉酒者的狀況，在實施手術前，讓病人就著酒喝下麻沸散，從而達到麻醉作用，以減輕病人在手術過程中的痛苦。華佗的這種麻醉技術不僅為中國第一，也是世界第一。他是世界上第一位使用麻醉技術進行腹腔手術的人，比外國的麻醉技術早了一千六百多年。《後漢書．華佗傳》中記載：「若疾發結於內，針藥所不能及者，乃令先以酒服麻沸散，既醉無所覺，因刳（剖開）破腹背，抽割積聚（腫塊）。」後來，這種方法在外科手術中廣為應用。

《三國演義》中也有華佗為關公「刮骨療毒」的故事，雖是傳說，且本意是為表明關羽有毅力，能忍耐，但同時也顯示了華佗外科醫術的高明。正是因為華佗首創麻沸散，以及其在外科手術方面的貢獻，從而有了「外科鼻祖」的稱號。

11 到藥店買藥為何稱「抓藥」？

年長一些的人常將去藥店買藥稱為「抓藥」，或是將拿著藥方去藥店取藥稱為「抓藥」，年輕一些的人可能就不是很明白，這藥明明是配出來的，怎麼稱為「抓藥」呢？

相傳，「抓藥」一詞的來歷和唐代的「藥王」孫思邈有關。唐代時，孫思邈為採集到好的藥材，常常不畏艱難險阻，跋山涉水去採藥。由於藥的性狀、功用不同，不可以混放在一起，於是，孫思邈便專門製作了一個圍身，在上面縫了很多個小口袋，以方便藥材的分類放置和取用。孫思邈常常是採藥到了哪裡，就行醫到哪裡。在路上遇到病人時，就從身上的小口袋取出需用的藥給病人服用，由於每次需用的藥量並不多，因此就這樣一小撮一小撮地從口袋中抓出來。孫思邈採藥的足跡遍布大江南北，行醫範圍也很廣，慢慢地人們就將買藥稱為「抓藥」。

後來的藥店為了方便藥材的分類和使用，就製作出一個個的小抽屜，在抽屜外面貼上藥的名稱，並在其中分成若干個小格子，以放置不同的藥材。人們來買藥時，就從這一個個小格子中抓出一些來稱量。一些老藥工的手特別準，常常是需要多少就抓多少，熟能生巧應該就是這個道理吧。

現在有些地方仍將到藥店買藥稱為「抓藥」。

12 中藥店為何多稱「堂」？

中國中醫的治療效果和治療方法，已經被世界各地的許多地方認可，所以在今天，不管是走在中國的大街上，還是遠渡重洋到達海外，都可以看到中藥店的身影。關於中藥店的名字，不管是在中國還是海外，大都會以「某某堂」來命名，比如大家熟知的同仁堂、寶芝堂，就連現在最流行的網上藥店，也會冠上「某某堂」的名字。中藥店之名為什麼要和「堂」字相關呢？這與「醫聖」張仲景息息相關。

張仲景名機，字仲景，東漢南陽郡人，生活在東漢桓帝年間，歿於建安末年。張仲景出身於一個沒落的官僚家庭，受家庭影響，自幼博通群書，尤其熱愛醫藥專業，善於「勤求古訓，博采眾方」。經過多年的刻苦鑽研和臨床實踐，張仲景醫名大振，成為中國偉大的醫學家和世界醫史偉人，被稱為「醫中之聖，方中之祖」。

漢獻帝建安中期，張仲景任長沙太守。當時長沙之地連年瘟疫流行，百姓罹難，死了很多人。為了拯救黎民百姓，張仲景在公務繁忙、日理萬機的情況下，一邊孜孜不倦地鑽研醫學，一邊想盡一切辦法為百姓治病。但因為官府禮儀嚴格，平常百姓想見張仲景比較困難，所以許多病情被延誤。張仲景將這一切看在眼裡，急在心頭，最後他想出了一個大膽的辦法——坐在官府的大堂上為病人診脈開方。這樣一來，既符合了官府的規矩，他又辦公、行醫兩不誤，而且還可以挽救人命，隨後張仲景在開方之時，經常在自己的名字前冠以「坐堂醫生」四個字，一方面表示自己藐視功名，不屑於金錢，另一方面也表達了自己為民治病的決心。

之後，東漢王朝四分五裂，疫情也沒有停止擴散的徵象，張仲景的家鄉最終也未能倖免，出現了「家家有僵屍之痛，室室有號泣之哀」的慘烈景象。在這樣的社會背景下，張仲景有官不能做，有家無法回。兩難之下，張仲景來到嶺南隱居，潛心研究醫學，撰寫醫書。建安十五年（二一〇年），張仲景窮盡畢生精力和心血，著成了具有劃時代意義的臨床醫學名著《傷寒雜病論》。

《傷寒雜病論》全書共十六卷，經後人整理成為《傷寒論》和《金匱要略》兩本書。張仲景在《傷寒雜病論》中表達了自己「感往昔之淪喪，傷橫夭之莫救」的真實心聲，和「上以療君親之疾，下以救貧賤之厄，中以保身長全，以養其生」的宏大理想。《傷寒雜病論》成為中國中醫史上第一部理、法、方、藥全部具備的經典。同時，張仲景本人也因精湛的醫術和高尚的醫德，被尊為「醫聖」，成為後世競相仿效的對象。因而現在中醫在中藥店行醫，為了表示對張仲景的尊敬，仍然沿用「坐堂醫生」的稱呼，中藥店的牌子也多用「堂」字。

張仲景去世後被葬於南陽（今河南省南陽市），墳墓至今仍然保存完好，成為人們拜謁的地方。後人沿襲張仲景的腳步，也創立了如同仁堂、寶芝堂這樣的著名中醫品牌，不斷地造福於中國及世界各地的民眾，也可以說是完成了「醫聖」造福黎民百姓的偉大理想。

13「定心丸」是一種什麼藥？

「定心丸」早在明代軍中就是必備之藥。古代的戰爭異常殘酷，刀光劍影，一場激戰下來，傷患很多。受了戰傷，痛苦自不必言，那生死肉搏式的場景，足以令人膽戰心驚。所以，要治好戰傷有個起碼的條件，就是要恢復心神安定。

於是，民間的醫生就專門配製了用於安定心神的丸藥，取名「定心丸」。明朝末年，茅元儀所輯的《武備志》中，記載有一種定心丸的配方為「木香、硼砂、焰硝、甘草、沉香、雄黃、辰砂各等份，母丁洋減半」，效果奇佳。此後，人們又將藥用的「定心丸」一詞用於日常用語中，意為起安心作用的人或事。

14 蒙汗藥是怎麼製成的？

在一些古典小說中，經常提到利用蒙汗藥來竊取錢財。對這一神奇的藥物，不少人認為純屬無稽之談。其實，古人對蒙汗藥早就有過存疑和研究，並力圖解開蒙汗藥的謎底。檢核古籍，蒙汗藥的藥物構成有以下幾種說法。

．**曼陀羅花**：曼陀羅是一種有毒的一年生草本植物。夏秋季節開花，花冠呈漏斗狀。許多古醫書記載，該花有致人昏睡的功效，是麻醉劑的成分之一，主要用途在於服用後致睡，以阻止針灸疼痛以及緩減傷痛。曼陀羅的葉、花、果、根均可做藥用，各部分都含有東莨菪鹼、莨菪鹼及少許阿托品等生物鹼。這幾種生物鹼都有麻醉作用。其中以花的含量為最高，約占百分之〇．四三，這說明曼陀羅花的麻醉效果比葉、果、根更佳。到南宋時，以曼陀羅花做為麻醉藥，用於針灸治療，已經相當普遍。

・押不盧：周革草《癸辛雜誌》說：「回回國有藥名押不盧者，土人採之，每以少許磨酒飲入，則通身麻痺而死，至三日少以別藥投之即活。」押不盧，李時珍《本草綱目》也曾予以著錄。

・草烏末：顧名思義，草烏末就是用草烏研磨的粉末。草烏是中醫的常用藥物。據現代科學分析，草烏中含有烏頭鹼，烏頭鹼對人體的各種神經末梢及神經中樞具有先興奮後麻醉的作用，某種程度下相當於毒藥。

・醉魚草：又叫鬧魚草，馬錢科落葉灌木。花和葉含有醉魚草甙和醉魚草黃酮甙。其麻醉性能，對魚類尤甚。醉魚草對人類的麻痺性能也很大，人誤食其花，不久便出現口乾舌燥、頭暈、胸悶、呼吸困難、四肢麻木等症狀。雖然主張「醉魚草說」不乏其人，但據蒙汗藥「醉人而不傷人」這一條來說，「醉魚草說」似乎不符。

15 麻沸散是世界上最早的麻醉劑？

東漢華佗的麻沸散是世界上最早的麻醉劑。傳說，華佗曾經試圖利用麻沸散給關羽刮骨療毒，結果被拒絕，關公在沒有接受麻醉的情況下進行了手術。後來，華佗建議曹操利用麻沸散進行開顱手術，結果遭到曹操的猜忌而被處死。麻沸散的配方也被獄卒的妻子燒掉，華佗的麻沸散配方就此失傳。

有猜測說，麻沸散的配方由曼陀羅花一斤，生草烏、香白芷、當歸、川芎各四錢，南天星一錢，共六味藥組成。還有說是由羊躑躅三錢、茉莉花根一錢、當歸三兩、菖蒲三分組成。據後人考證，這些都不是華佗的原始處方。唐代孫思邈曾編集一本《華佗神方》，裡面有麻沸散配方的記載，其組成是羊躑躅一・八錢、茉莉花根〇・六錢、當歸六錢、菖蒲〇・一八錢，水煎服一碗。

16 雲南白藥是怎麼來的？

雲南白藥，原是雲南民間醫生曲煥章首先研製出來的。曲煥章字星階，生於清朝光緒五年（一八七九年）。年輕時代的他拋捨妻兒來到雲南個舊，以販賣土布為生。一次，他突然肚子疼得很厲害，幾乎死去，幸被草藥醫生姚連鈞及時救活。從此，他立志學醫，並拜姚連鈞為師。由於他勤學好問，盡得姚連鈞真傳。之後，曲煥章跋山涉水歷盡艱辛，尋找和品嚐多種民間中草藥，以解除貧困村民的疾病痛苦。

有一天，曲煥章進山採藥，遇見兩條巨蟒在搏鬥，霎時鬥得血雨腥風，毒液四濺。其中一條蟒被咬得遍體鱗傷，奄奄一息，好不容易爬到一塊草地上。只見牠蠕動了一會兒身體，突然好像有一股力量讓這條蟒飛快地在地上滾動了幾下。過了一會兒，蟒身上的鮮血就止住了，傷口也好了。曲煥章看得驚呆了。心想，一定是這草有神奇的止血效力，可以治好蟒的創傷。於是，他綜合民間傳說和自己平時療傷止血的經驗，現場採回了多種草藥，後又經過漫長的篩選、試驗，終於在一九一四年生產出「曲煥章白藥」。他的成功很快在醫學界引起了轟動，並逐步被廣泛用於臨床。經過百餘年的提煉加工，成為今日馳名中外的「雲南白藥」。

17 諸葛行軍散是誰發明的？

中醫有一個著名的方劑叫「諸葛行軍散」。一八三八年編撰的《霍亂論》中，原名「行軍散」，屬於開竅劑中的涼開劑。

諸葛亮在中國是家喻戶曉、婦孺皆知的傳奇人物，他神機妙算、智慧超人，運籌於帷幄之中，決勝於千里之外。當年他率領三軍，挺進巴蜀，既要攀登「難於上青天」的蜀道，又要克服酷暑炎熱、山嵐瘴氣帶來的困難，最後建都成都、創功立業。在七擒孟獲時更是如此，除了道路艱險之外，更有「氣候炎熱、煙瘴四起」的惡劣自然條件。正因為此，才有《三國演義》八十八回的〈蜀中差馬岱〉給諸葛亮和南征大軍送上解暑藥。

因為行軍散是暑季行軍旅遊、野營露宿的必備良藥，所以就自然地和諸葛亮連結起來。這樣不僅增加了本方的神祕色彩，對它的功效也具有畫龍點睛的作用，而且從心理學角度講，對醫生和患者都是一個精神安慰和良性刺激，能促使疾病痊癒。據《中醫大詞典》介紹，「諸葛行軍散」又名「武侯行軍散」，武侯即諸葛亮也。

18 六味地黃丸是誰研製的？

六味地黃丸，是中醫臨床常用的一種中成藥，有滋補肝腎的功能。本方始見於宋代《小兒藥證直訣》一書，是當時著名兒科醫生錢乙首先創製的。

西元一〇七九年，錢乙被召到汴京，治好了太子的病，受到皇帝的重用和賞賜，頓時使他譽滿京城。那時候，宋朝的太醫一般都是名醫的後代，這些人的祖上也許真有點本事，但傳到他們這一代，許多人已經成了靠門第資格吃飯，靠家學淵源嚇人的庸醫。錢乙這個土郎中的兒子，年齡才四十多歲，卻一下子進入了太醫的行列，使得這些官僚味很足的庸醫們張口結舌。有些人固然佩服他，但更多的人卻有些嫉妒，不服氣。他們私下議論：「錢乙治好太子的病，不過是偶然的巧合罷了！」有的說：「錢乙只會用土方，真正的醫經怕懂得不多。」

一天，錢乙和弟子閻孝忠正在為患者治病，有位大夫帶了一個錢乙開的兒科方子來「討教」。他略帶嘲諷地問：

「錢太醫，按張仲景《金匱要略》八味丸，有地黃、山藥、山茱萸、茯苓、澤瀉、丹皮、附子、肉桂。你這方子好像少開了兩味藥，大概是遺忘了吧？」錢乙笑了笑說：「沒有忘。張仲景這個方子，是給大人用的。小孩子陽氣足，我認為可以減去肉桂、附子這兩味益火的藥，製成六味地黃丸，免得孩子吃了過於暴熱而流鼻血，你看對嗎？」這位大夫聽了，連聲道：「錢太醫用藥靈活，酌情變通，佩服佩服！」弟子閻孝忠趕緊把老師的話記載下來，後來又編入《小兒藥證直訣》一書。就這樣，錢乙創製的「六味地黃丸」流傳了下來。

19 大柴胡湯與小柴胡湯是料理嗎？

大柴胡湯是東漢名醫張仲景《傷寒論》中的名方，其姊妹方為小柴胡湯，關於大柴胡湯與小柴胡湯還有一段有趣的故事。

漢代，南陽地區一戶人家生了一對雙胞胎兒子，大的取名「大大」，小的取名「小小」。一日，兄弟倆同時發燒，延請當地名醫張仲景醫治。張仲景診斷後認為，兄弟倆的症狀相同，但病因不完全一樣，根據兄弟倆不同的病因，張仲景分別給小兄弟倆各開了一張處方。這兩張處方的相同之處是，都以柴胡為君藥，並且都有黃芩、半夏、生薑、大棗，不同的是，大大的處方中有大黃、枳實，小小的處方中有人參、甘草。張仲景怕病家吃錯了藥，分別在大大的處方上寫了個大字，在小小的處方上寫了個小字。張仲景的方子果然很靈驗，第二天，大大和小小的病都痊癒了。後來這兩張方子張仲景屢用屢效。

張仲景晚年在編寫《傷寒雜病論》時，決定將這兩個方子都收入書中時，考慮到這兩個方子都由七味藥組成，都以柴胡為君藥，且都有黃芩、半夏、生薑、大棗，只有其餘兩味藥不同，因此都該命名為柴胡湯，但如何區別呢？想到一張首先是大大用過，一張首先是小小用過的，於是張仲景就把大大用過的命名為「大柴胡湯」，把小小用過的命名為「小柴胡湯」。

20 五禽戲中的「五禽」是指哪五種鳥獸？

五禽戲是中國古代體育鍛鍊的一種方法，創始人是東漢末年的名醫華佗。華佗在總結了前人模仿鳥獸動作以鍛鍊身體的傳統作法後，創編了一套保健體操，包括虎、鹿、熊、猿、鳥的動作和姿態，也就是五禽戲。它比瑞典發明的醫療體操要早一千多年。

華佗潛心鑽研五種禽獸的動作特點，然後根據醫書上的穴脈原理，創造了一套醫療體操，稱為「五禽戲」。五禽戲就是要求人們模仿虎、鹿、熊、猿、鳥做出各種動作，以促進血液循環，使全身關節和肌肉都能得到舒展，以達到增強體質、預防疾病的目的。

五禽戲不僅具有強身延年之功，還有祛疾除病之效。正如華佗所說：「體有不快，起作禽之戲，怡而汗出……身體輕便而欲食。」華佗的學生吳晉，依照這個方法堅持鍛鍊，活到九十多歲，卻仍然「耳目聰明，牙齒完堅」。

21 秦王試劍草是秦始皇發現的嗎？

秦王試劍草是秦王李世民發現的。傳說隋朝末年，隋煬帝荒淫無度，民不聊生，天下大亂。山西太原唐王李淵揭竿而起。李淵次子秦王李世民帶領兵馬，所向披靡。一日，他令部隊在西山寺前小憩，忽見西山寺上洞中住著一個千年古猿。那古猿看出李世民乃真命天子，就獻上一口寶劍，秦王接過寶劍一看，果然十分鋒利。忽然，秦王不小心割傷了手，鮮血直流，秦王隨手丟了寶劍，恰好丟在大古猿的腳上，也割了一道口子。古猿不慌不忙地在寺廟牆腳下扯了一把野草，用雙手揉了揉敷在傷口上，血就止住了。秦王也仿效古猿的作法，果然靈驗。後來，秦王在東征西討的戰場上，就是靠這種草藥治好了士兵的傷口，將士們為了感謝秦王的恩德，將這種草藥命名為「秦王試劍草」。又因為草藥的葉子像鹿蹄，亦稱「鹿蹄草」。

22 金寄奴是誰發現的？

南北朝時宋開國皇帝劉裕，小名寄奴。劉裕年幼時家裡很窮，經常靠他去割野草做煮飯燃料。傳說有一天，劉裕在割草時看到一條巨蟒，他用柴刀去砍，蟒蛇受了傷，一閃身就不見了。次日，劉裕又去砍柴，忽聞密林深處有杵臼聲，他尋聲前去，見兩個青衣童子在搗藥。劉裕問他們搗藥做什麼用，那童子道：「我家主人（蟒蛇）昨日被人砍傷，要用這種草藥敷治。」劉裕聽到這裡嚇了一跳，忍不住叫了一聲，嚇得兩個童子急忙逃竄，丟下了草藥。後來，劉裕馳騁疆場，在南征北戰中，他用這種草藥治好了不少受傷戰士。然而人們卻不知道這草藥叫什麼名字，大臣們提議道：「這草藥是皇上發現的，就以劉奇奴做為藥名吧！」因「劉」字由卯金刀組成，故又名為「金寄奴」。江東人又呼為「烏藤菜」。

23 節食療法是誰先提出來的？

朱震亨（一二八一至一三五八），字彥修，享年七十七歲。因他出生的赤岸鎮有一條溪流名叫「丹溪」，所以學者多尊稱朱震亨為「丹溪翁」或「丹溪先生」。朱震亨的弟子眾多，方書廣傳，是元代最著名的醫學家。

朱震亨在《丹溪心法》中記載，他的族叔平時身體健壯，後來患有痢疾，但他自恃強健能食，絕無節制，濫食猛喝。朱震亨為他診脈，勸他說：「這不是普通的痢症，胃熱善消，脾病不化，食積與病勢已經相當嚴重，一定要節制飲食，以養脾胃之氣。」族叔不以為然，說：「世俗無飽死，我今能食，何謂可憂？」於是仍舊大吃大喝，貪圖口福，一個月之後，病症加重，終於不治身亡。

後來，朱震亨遇到同樣的病症，病人若是喜愛暴飲暴食者，朱震亨為他診脈配藥時就指責他說：「病中當調補自養，豈可滋味戕賊？」朱震亨教他僅吃蘿蔔粥，病人聽取勸告，並服藥調理，半月即癒。

食能養人，亦能損人，病中厚味，尤其是腸胃消化系統患病，不節飲食，造成殞斃，前車之鑑，當為後人記取。從現代醫學角度看，饑餓療法可減輕腸胃的消化負擔，給消化系統一定的休息和康復時間，達到調動人體調節功能、促進體內環境趨於穩定的目的。俗話說，腸胃有病，大多饑餓幾天也就好了。

24 「藥王」究竟是誰？

「藥王」，由中國古代歷史上或傳說中的名醫演化而來，人皆恭而敬之。但藥王究竟指何人，典故出於何處，則眾說紛紜。不同時代、不同地區的藥王，其原型亦有所不同。「藥王」一名，最早見於東晉時佛經譯本中的藥王菩薩。藥王菩薩慈悲為懷，救人危難，故民間常把同樣能救人危難的醫生比喻成藥王。藥王被民間奉作醫神，最遲出現在宋代。

有人認為，藥王是神農氏，傳說他嚐百草，「首創醫藥，世稱藥王；後遂以藥王為頌神醫之稱」（《辭海》一九三九年版）。

南宋時，藥王的原型有韋善俊（唐代賣藥神仙）和韋慈藏（唐代御醫），元代則將韋古（唐代疏勒國人）做為藥王原型。此時，藥王的形象均為有黑犬隨行之仙醫。明清各地的藥王廟眾多，廟中的藥王也非指同一神。其中主要的藥王有：河北任丘（古鄚州）藥王廟祭祀的戰國時代名醫扁鵲，河北安國等地的藥王廟祭祀的皮場王；北京等地的藥王廟是由元代三皇廟演變而來的，除祭祀三皇之外，還祭祀歷代名醫；其中藥王韋慈藏、孫思邈列於諸名醫之首。

清代以後，民間所稱的藥王大多為唐代名醫孫思邈。根據民間有關孫思邈的傳說，藥王的塑像大多為孫思邈坐虎診龍之雄姿。古代藥王原型雖各有不同，但在民間，藥王成為人們祈求安康、祛病攘災的精神寄託，同時也反映了民間對歷代名醫的紀念和尊崇。

25 骨碎補真能把碎骨補起來嗎？

五代十國後，唐明宗李嗣源也命名了一種草藥。據說有一天，衛士們圍著狩獵場，爭看李嗣源射鹿。李嗣源果然箭無虛發，射中了鹿的後腳，頓時爆發出陣陣喝采聲。正在得意間，突然從山谷樹林中竄出一隻兇猛的金錢豹，嚇得李嗣源的皇妃從馬上摔下來，把左腳脛骨摔成骨折。李嗣源心裡很著急。正在這時，一名出身民間草醫的衛士跪在李嗣源面前說：「萬歲切勿受驚，奴才還認得點草藥，保娘娘平安無事。」說完，便從山岡上採來草藥，搗爛敷在皇妃的傷口上，很快血住痛止，不幾日，便可行走自如。李嗣源大喜，問衛士此草藥叫什麼名字。衛士說：「啟稟萬歲，此藥尚無名字，請皇上恩賜。」李嗣源捋著鬍鬚，笑著說：「此藥能把碎骨補起來就叫『骨碎補』吧。」後來，李時珍又根據其形狀將其命名為「猴薑」，有些地方也叫「胡孫薑」或稱「石毛薑」。

26 藥鋪櫃檯為何要放石獅子？

一些地方的藥鋪櫃檯上，經常會放一尊很小的石獅子，稱為「花蕊」。民間傳說，花蕊是當年協助神農氏品嚐百草的神獸，後也因品嚐了斷腸草而死去。為了紀念花蕊的功績，後世就將牠的形象做為藥鋪不賣假藥的標誌。還有一種說法認為，花蕊是舊時未婚先孕的女子的家人為其抓藥時，難以啟齒的暗示之物。

傳說在唐太宗時，唐太宗未婚的公主有病，太醫都診斷為懷孕，唐太宗不信，就請當時的名醫孫思邈來診斷。孫思邈診後，認為公主是因為在御花園遊玩時觸動了「靈氣」，是花蕊撲身，所以將來必會生下一尊石頭獅子，並勸唐太宗「不必驚慌，所生石獅子可送與臣，自有妙用」。此後，公主果然生下一石獅子，唐太宗就將其賜給了孫思邈，並封他為「藥王」。而石獅子也因此成了藥王為未婚先孕者治療和保守祕密的信德證物。

過去為未婚先孕者到藥鋪抓藥時，只要將手按一下櫃檯上的石獅子，藥鋪的夥計就明白了其中的意思，不做聲張，暗自取藥，以保護其隱私。

27 中醫看舌頭就能判斷病況嗎？

中醫理論認為，舌頭透過經絡與五臟相連，所以人體臟腑、氣血、津液的虛實，以及疾病的深淺輕重變化，都有可能客觀地反映在舌象之上，透過舌診就能夠診斷各種疾病。舌質的變化主要反映臟腑的虛實和氣血的盛衰；舌苔的變化則主要用來判斷感受外邪的深淺、輕重，以及胃氣的盛衰。

舌頭在中醫理論之中，被劃分為舌尖、舌中、舌根和舌側四部分，並且認為舌尖屬心肺，舌中屬脾胃，舌根屬腎，舌兩側屬肝膽。舌質是指舌的本體，主要是色、形、態三個方面。正常的舌質色澤淡紅，含蓄榮潤，胖瘦老嫩適中，運動靈活自如。舌形主要是觀察舌質的老嫩、胖瘦、芒刺、裂紋等。舌態主要是觀察舌體有無震顫、歪斜、痿軟、強硬等。舌苔是胃的生氣的體現。正常的舌苔為薄白一層，白苔嫩而不厚、乾濕適中、不滑不燥。舌色病變可以分為淡舌、紅舌、絳舌、瘀斑舌、青紫舌等。苔色有白苔、黃苔、灰苔、黑苔等區別；舌苔的厚薄有薄苔、厚苔、少苔、無苔的區分。舌頭的潤燥反映了體內津液的情況。無苔乾燥為體內津液已耗，外感病多為燥熱傷津，內傷病多為陰虛津液不足；舌苔濕潤表明津液未傷，而苔面水分過多伸舌欲下滴，那麼就表示體內有濕停留。

28 中醫所說的「邪不勝正」是什麼意思？

在中醫理論之中，「邪」是指各種像風、寒、暑、濕、火、食積、痰飲等導致人致病的因素，通常也稱為「邪氣」。「正氣」是指人體內的元氣，和邪氣相對，也就是人體的防禦、抵抗和再生的功能，是人體機能的總稱。對於

「邪氣」和「正氣」的關係，《黃帝內經．素問遺篇．刺法論》有這樣的記載：「正氣存內，邪不可干。」

在中醫學家的眼中，邪正的盛衰直接影響著疾病的發生、發展，以及變化和轉歸。疾病會不會發生，從根本上來說就是正氣與邪氣鬥爭的結果。正氣充沛，那麼人體就會有足夠的抗病能力，疾病就會減少，甚至不發生；如果人體正氣不足，或正氣相對虛弱，衛外功能低下，往往抗邪無力，則邪氣可能乘虛而入，導致機體陰陽失調，臟腑經絡功能紊亂，以致引發疾病。中醫主張的「邪不勝正」，意思是疾病只能夠趁著正氣衰弱的時候才會發生，在大多數的情況之下，邪氣是不能入侵人的身體的。

29「藥鍋」為何又稱「急銷」？

由於地域和風俗習慣的不同，對藥具的使用和叫法也不盡相同。北方人習稱「藥鍋」，南方人習稱「藥罐」，而在粵東和閩南地區，人們則把藥罐習稱為「急銷」。為什麼把它叫成「急銷」呢？這裡還有一段傳說。

宋景祐元年，閩南、臺灣一帶瘟疫流行，名醫吳夲帶領徒弟採藥治病，救人無數，被海峽兩岸同胞尊稱為「醫靈真人」。當時患者眾多，所用的藥罐太雜，質料不一，有的還會產生副作用。吳夲聞訊心急如焚，趕到粵東聯繫燒製了陶製藥罐，投放市場以應急需。當時，老百姓聞「藥」色變，不愛稱其為「藥罐」，經銷的商販也擇不出個恰當名稱，吳夲便說：「眼下此物正急用，就姑且叫『急銷』吧！」從此「急銷」做為藥罐的代稱在閩中民間叫開了。

30 脈象是怎麼回事？

脈象是中醫診斷學中的名詞，包括頻率、節律、充盈度、通暢情況、動勢和緩、波動幅度等。脈象的形成和臟腑氣血的關係非常密切，比如心主血脈；「肺朝百脈」即是循行於全身的血脈均匯於肺；「脾統血」指血液的循行有賴於脾氣的統攝；肝藏血、主疏泄，有調節血量的作用；腎藏精，精化氣，是人體陽氣的根本，各臟腑功能活動的動力。脈象和五臟功能有著極大的關係，所以不同的脈象能夠反映出臟腑氣血的生理及病理變化。

一個正常的健康人的脈象，應該是一次呼吸跳四次，寸關尺三部均有脈，脈不浮不沉，和緩有力，尺脈沉取應有力。常見病脈有浮脈、沉脈、遲脈、數脈、虛脈、實脈、滑脈、洪脈、細脈、弦脈等。

31 中醫為什麼認為人的臉上印著五臟六腑？

在中醫理論中，五臟六腑在人臉上的不同區域，存在著對應的反射區。通常來說，中醫可以透過臉部查看五色，觀察五臟六腑的機體功能，比如黃色代表脾胃，消化系統；白色代表肺，呼吸系統；紅色代表心腦血管系統；青色代表肝膽，免疫系統；黑色代表腎臟、膀胱系統。

心臟的反射區域在兩眼角之間的鼻梁處，反射區域出現橫紋或橫紋比較明顯，證明心律不整或心臟狀況不好。

肺部的反射區域在兩眉二分之一之間，額頭三分之一以下的部位，如果兩眉頭部位有痣、痦子或發白，那麼就表示此人有咽喉炎或扁桃腺炎，抑或胸悶氣短、肺部有病。

肝的反射區域在兩眉二分之一處至太陽穴以上，額頭三分之一以下的部位，及鼻梁中段（也就是鼻梁最高處）。如果這兩個部位或其中一個部位有青春痘，證明此人肝火太旺。如果太陽穴處有斑，那就表示肝功能衰弱。

膽的反射區域在鼻梁高處的外側部位。如果這裡有紅血絲狀、青春痘，或早晨起床後嘴裡發苦，表示膽部有了輕微炎症。如果這裡有痣、痦子，那就證明膽功能先天不足。

腎的反射區域在眼外角平線與耳中部垂起直線相交向下至下巴的部位。如果這個部位有紅血絲、青春痘或者有斑，證明此人腎虛。

脾的反射區域在鼻頭。如果鼻頭發紅或者酒糟鼻者，抑或是鼻頭腫大，那就表示脾熱或脾大，一般感覺頭重、臉頰疼、心煩等。

胃的反射區域在鼻翼，如果鼻翼發紅，那麼就是患有胃火，易饑餓，口臭。

32 太醫就是御醫嗎？

太醫和御醫都是古代醫生的職稱，是指封建社會專門為帝王和宮廷官員等上層統治階級服務的醫生。根據《史記．扁鵲倉公列傳》記載，西漢時就已經有了太醫的設置。

御醫院在清代被稱為「太醫院」，所以御醫的確被人們尊稱為「太醫」，但實際上被尊為「太醫」的絕大多數都不是御醫，真正的御醫是非常少的，這個問題我們可以在《清史稿．職官志》中關於太醫院的記載得到答案。

太醫院的醫生可以分為四個級別，第一等就是「御醫」，僅有十三人。在雍正、乾隆時期，是和縣令同等級的七品官。第二等醫生被稱為「吏目」，只有二十六人，八品與九品各有十三人。第三等的被稱為「醫士」，共有二十人，官職為從九品。第四等被稱為「醫生」，有三十人，沒有任何的品級，就和現代醫院裡的助理醫生差不多。所以從嚴格意義上來說，太醫院中能夠被稱為「御醫」的只有第一等醫生十三人，加上院長和兩位副院長，總計十六人。即使是將御醫的範圍放大，將第一、二、三等醫生都算作御醫，也只有總計六十二位醫生可以獨立看病、擁有處方權。而第四等的「醫生」就只能夠當助手，「醫生」的生是「生員」的意思，所以「醫生」，只能算是實習大夫。

33 藥膳有什麼作用？

藥膳是在中醫學、烹飪學和營養學理論指導之下，嚴格藥膳配方，將中藥與某些具有藥用價值的食物相配伍，採用中國獨特的飲食烹調技術和現代科學方法製作而成的，具有一定色、香、味、形的美味食品。簡單說，藥膳就是藥材和食材完美搭配而製作的，具有食療作用的美食。

藥膳發源於中國傳統的飲食和中醫的食療文化，是傳統醫學知識和烹調經驗相結合的產物，更是祖先留下的寶貴文化遺產。藥膳真正做到了「寓醫於食」，既將藥物當作食物，又將食物賦以藥用，藥借食力，食助藥威，二者相輔相成，相得益彰，既具有較高的營養價值，更能夠防病治病、保健強身、延年益壽。藥膳是在中醫學長期的醫療實踐中，所積累的經驗而形成的獨特理論體系，是中醫學的重要組成部分。

34 中藥裡的藥引子究竟有什麼作用？

中藥裡的「藥引子」實際上是引藥歸經的俗稱，是指某些藥物能引導其他藥物的藥力到達病變部位或是某一經脈，具有「嚮導」的作用，同時它還有增強療效、解毒、矯味、保護胃腸道等作用。

一張中藥方是否需要藥引子，通常需要醫生根據具體的病情而定，通常情況下都不需要病人自己去配製。需要病人自己去配製的藥，一般都是醫院或者藥店無法配齊，要病人到其他醫院或藥店去配，或者自己採集的藥品，它可能是藥引子，也可能不是。

有人說藥引子就是「催化劑」，但是實際上它不僅有催化劑的作用，還有許多其他的輔助作用。中藥和中成藥的藥引子，大多是用白開水、酒、淡鹽水、蜂蜜水、米湯、紅糖水、蔥白湯、薑湯等當作藥引子，這些藥引子有引藥歸經、增強療效的功用，有時還兼有調和、顧護、制約、矯味等功效，與中藥、中成藥適當配合，能夠收到相得益彰的效果。

35 「桃養人，杏傷人，李子樹下埋死人」有科學依據嗎？

老一輩的人大都知道「桃養人，杏傷人，李子樹下埋死人」這句諺語，但這句話究竟有沒有道理呢？事實上，桃、杏、李，既是夏季時令鮮果，也是藥食同源的中藥。

「桃養人」是因為桃子具有補中益氣、養陰生津、潤腸通便的功效，對於氣血兩虧、面黃肌瘦、心悸氣短、便祕、閉經、淤血腫痛等症狀的人應該多食用，這也是桃子被稱為「壽桃」的原因。

「杏傷人，李子樹下埋死人」說的是過量食用杏和李子的害處，中醫認為杏肉味酸、性熱，有輕微的毒素，如果過量食用就會傷及筋骨、勾發老病，甚至會落眉脫髮、影響視力，如果是孕婦、產婦及孩童過量食用，還極易長瘡生痛。新鮮的杏肉酸性過強，食用過多會引起胃病，還會誘發齲齒，此外，杏仁中還有一種有毒物質「氫氰酸」，生食過量便會中毒，甚至死亡。李子性溫，食用過多會引起腦漲虛熱，比如心煩發熱、潮熱多汗等症狀，尤其是李子不可以和雀肉、蜂蜜一起食用，如果一同食用，就會損傷人體五臟，甚至會引發死亡。吃杏的最好方法，是使用經過加工的杏脯和杏乾，鮮杏每天以三至五枚為適宜。

36 推拿和按摩有區別嗎？

按摩是在中醫的臟腑學和經絡學的基礎之上，結合西醫的解剖和病理診斷，用手作用於人體體表特點部位，以調節機體的生理、病理狀況，達到理療目的的方法。它是一種非藥物的自然療法、物理療法，古代稱為按蹺、蹺引、案機等。通常就是醫生運用自己的雙手，作用於病患的體表、受傷或不適處、特定的腧穴、疼痛的地方，運用推、拿、按、摩、揉、捏、點、拍等形式多樣的手法，達到疏通經絡、推行氣血、扶傷止痛、祛邪扶正、調和陰陽的療效。現代按摩從治療的角度上來說，可以分為保健按摩、運動按摩和醫療按摩，醫療按摩就是我們一般所說的推拿，其他兩種則不能稱之為推拿。

37 針灸是怎麼回事？

針灸是透過經絡、腧穴的傳導作用，以及應用一定的操作法，來治療全身疾病的一種「內病外治」的醫術。針灸實際上是針法和灸法的合稱，針法是將毫針在特定穴位刺入患者體內，運用撚轉與提插等針刺手法來治療疾病。灸法是將燃燒著的艾絨在特定穴位熏灼皮膚，利用熱度的刺激來治療疾病。針灸療法是中國傳統醫學的重要組成部分，更是中國所特有的民族醫療方法，為保衛百姓的健康做出過重要的貢獻。

針灸的主要作用是疏通經絡、調和陰陽、扶正祛邪。

「疏通經絡」就是能夠使淤阻的經絡通暢而發揮其正常的生理作用，是針灸最基本、最直接的治療作用。經絡不通、氣血運行受阻，臨床的表現就是疼痛、麻木、腫脹、瘀斑等症狀。針灸科選擇相應的腧穴和針刺手法及三棱針點刺出血等，使經絡通暢，氣血運行正常。

「調和陰陽」就是可使機體從陰陽失衡的狀態向平衡狀態轉化，是針灸治療最終要達到的目的。針灸調和陰陽作用的實現，是透過經絡陰陽屬性、經穴配伍和針刺手法完成的。

「扶正祛邪」就是可以扶助機體正氣及驅除病邪，實際上針灸就是因扶正祛邪而能達到治病的效果。

38 拔罐療法起源於何時？

拔罐，亦稱拔火罐，是中國常見的一種民間療法，它的起源很早。唐朝以前，拔火罐又稱為「角法」，或簡稱「角」，因為當時的拔罐工具是用動物的角製成的，即將獸角的中間挖空，開口四周打磨光滑即可使用，這樣的火罐，不僅不易破碎，而且獸角在當時是比較容易得到的材料。長沙馬王堆出土的漢代帛書《五十二病方》中，就有用角法治療的記載。在唐代，醫學分科還比較粗略，只分八個科，角法即為其中之一。

唐宋以後，由於動物不斷被獵殺，獸角的來源逐漸減少。於是，人們把尋求火罐材料的目光轉向了竹子，與獸角相比，竹火罐不僅材質輕巧，加工方便，而且來源更為豐富，成本也低廉，故千百年以來一直沿用，直至近代。隨著時代的發展，又相繼出現了銅火罐、玻璃火罐等，它們與竹火罐相比，都各具優缺點。

39 刮痧療法起源於何時？

刮痧療法，是根據中醫十三經脈及奇經八脈、遵循「急則治其標」的原則，運用手法強刺激經絡，使局部皮膚發紅充血，從而起到醒神救厥、解毒祛邪、清熱解表、行氣止痛、健脾和胃的效用。

刮痧療法歷史悠久，源遠流長。其確切的發明年代及發明人，難以考證。較早記載這一療法的，是元代醫家危亦林在一三三七年撰成的《世醫得效方》。「痧」字從「沙」衍變而來。

最早「沙」是指一種病症。刮痧使體內的痧毒，即體內的病理產物得以外排，從而達到治癒痧症的目的。因很多病症刮拭過的皮膚表面會出現紅色、紫紅色或暗青色的類似「沙」樣的斑點，人們逐漸將這種療法稱為「刮痧療法」。

40 中醫的「免疫」思想從何而來？

在中國醫學歷史上，很早就有「免疫」的思想，這就是「以毒攻毒」的治病方法。中國最古的醫學著作《黃帝內經》中提到，治病要用「毒藥」，藥沒有「毒」性就治不了病。最早把這種免疫思想付諸實踐，並最早從事免疫學研究的先驅，是東晉名醫葛洪。葛洪，字稚川，別號樸子。他從小就喜歡讀醫書和煉丹書，長大後，更在熱衷於煉丹術的同時，潛心研究醫術，並成了東晉有名的醫學家，老百姓有什麼急病重病，常找他來醫治。

一天，有位四十多歲的老農急匆匆地來到葛洪家，焦急地對他說：「我的獨生兒子被瘋狗咬傷了，請您想個辦法，救他一命。」葛洪聽了這話，也很焦急。因為他知道，人若是被瘋狗咬傷，會非常痛苦，受不得半點刺激，哪怕是受到一點光，聽到一點聲音，都能引起抽搐、煩躁，尤其是怕水。聽到水，談到水，見到水，都會立刻咽喉痙攣。發病幾小時內便會迅速死亡。葛洪在腦子裡搜索著各式各樣的藥方，但很遺憾沒有一個藥方能治這種病。忽然，他有了個主意：古人不是提倡用「以毒攻毒」的療法治病嗎？為什麼不能用瘋狗身上的毒物來治這種病呢？想到這兒，他便對老農說：「現在也沒其他什麼好辦法。不過，我想用瘋狗的腦髓塗在你兒子的傷口上，或許能讓他脫離危險。」

老農回到家後，如法行事。沒想到還真管用，他的兒子竟然沒發病。之後，葛洪又用這種方法為許多被瘋狗咬傷的人治病，效果都不錯。近代醫學科學證明，在人被狂犬咬傷後，狂犬病毒便會透過傷口浸入人體。由於它與神經組織有特殊的親和力，所以導致狂犬病的發作。狂犬的腦髓和唾液中，均有大量的狂犬病毒存在。法國著名的生物學家巴斯德便是從狂犬的腦組織中分離出狂犬病毒，並把它加以培養，製成病毒疫苗，來預防和醫治狂犬病毒的。很顯然，巴斯德所用的原理與葛洪使用的方法基本相似，只不過比葛洪更科學些，但從時間上來看，巴斯德的發明晚於葛洪一千多年。

41 「藥方」和「方劑」有何區別？

「藥方」和「方劑」是中國傳統中醫文化的重要組成部分，它們同為中醫智慧的結晶，同時又有所區別。

「藥方」是中醫在長期的理論實踐中總結出來的，是對各種疾病治療經驗的總結，並不針對某個特定的人。而「方劑」則是根據藥方產生的，「方」即為藥方的意思，「劑」古作「齊」，是調配的意思。因此，「方劑」就是參考藥方，再結合病人的具體情況，以若干藥物調配而成的規範化藥方。

「藥方」在中國的發展歷史悠久，為歷代中醫智慧的結晶。長沙馬王堆漢墓中出土的帛書《五十二病方》是中國現存最早、最完整的古醫方專著。其中詳細記載了醫方兩百八十三個，藥名兩百五十四種，涉及內科、外科、婦科、兒科和五官科等一百零三種疾病的治療藥方，比較真實地反映了中國西漢初期以前的方藥學和臨床醫學的發展水準。東漢醫聖張仲景的《傷寒雜病論》載藥方一百一十三個，《金匱要略》載藥方兩百六十二個。唐代藥王孫思邈的《千金藥方》載藥方五千三百個。明代組織編著的《普濟方》共載藥方六萬一千七百三十九個，是迄今為止記錄藥方最多的醫書。

方劑也是一個逐步發展的過程。最早人們是用單味藥來治療疾病，後來在長期的醫療實踐中，逐漸發展成將幾種藥物調配在一起並煎煮製成湯液，即為最早的方劑。方劑一般由君藥、臣藥、佐藥、使藥四部分組成。這種提法最早見於戰國時期的《黃帝內經》，在《素問．至真要大論》中有「主病之為君，佐君之謂臣，應臣之謂使」的文字記載，這為方劑學的發展奠定了基礎。「方劑學」講究辨證施治，主張根據病人的實際病情、身體情況、環境等要素，綜合藥物配伍的規律等，來尋求最有利的治病方法。

「藥方」和「方劑」既有區別，又有關聯，它們相輔相成。「藥方」是「方劑」確立的依據，「方劑」又為「藥方」的形成積累經驗。「藥方」和「方劑」，共同支撐著中醫的繁榮與發展。

42 吐納練息技法如何養生？

吐納即吐故納新，是古代道家的養生之術，即把胸中的濁氣從口中呼出，再由鼻中慢慢吸入清鮮之氣。《莊子．刻意》云：「吹呴、呼吸，吐故納新為壽而已矣。」意即吐出濁氣，納入人體所需清氣，以達到修身養性、延年益壽的目的。具體說來，吐納屬氣功中的練氣技法，吐納即呼吸，吐納練息的要訣是吸氣時氣貫注於腹部，呼氣時氣上引至頭巔，這樣可以吸取生氣，排出死氣和病氣，從而提高人體潛能。吐納的方法很多，分動靜兩類，其中流行的吐納練息法有：六字氣訣、抱樸子胎息法、何仙姑胎息訣。而胎息是吐納練息的最高境界，《抱樸子．釋滯》載：「得胎息者，能不以鼻口噓吸，如在胞胎之中。」練功至深者，就像胎兒在母腹之中，鼻無出入之氣。

43 為何白娘子喝了雄黃酒之後就會現原形？

雄黃是一種礦物藥，人們主要用它來燥濕、祛痰、解毒和殺蟲等。歷代本草典籍中說，雄黃以外用居多，「內服慎用」。現代物理學表明，雄黃的主要成分是二硫化二砷，是有毒礦物質，所以不能隨便服用。而古人有配製雄黃酒的習慣，就是把雄黃研磨成細末狀，然後調和到白酒或黃酒中。但是，雄黃酒是用來驅瘟病、除邪、止惡氣的，一般用於南方地區。南方濕熱，特別是到了端午節前後，「五毒」（蛇、蠍子、蜈蚣、壁虎、蟾蜍）活動頻繁，人們為了辟邪驅惡，於是就發明了雄黃酒。它主要有兩種用法：其一，噴灑在居所的周圍和牆角，用來殺蟲；其二，塗抹在額頭、耳朵、鼻子和手、足等處，主要用於小孩。

《白蛇傳》是中國四大民間傳說之一，故事的主角白娘子是蛇的化身，也就是「五毒」之一。傳說她因為在端午節喝了雄黃酒而現了原形。這到底是什麼原因呢？首先和南方地區的民俗有關，也就是在端午節期間用雄黃酒來驅邪的作法，白娘子恰好是在這天喝了雄黃酒。其次，如果雄黃酒中的雄黃成分較少的話，喝了也不會有什麼事，但白娘子可能是飲用了濃度較高的雄黃酒，所以產生了中毒現象。然而，傳說只能是傳說，白娘子不可能是蛇變化而來的。至於喝雄黃酒中毒，確是生活常識。

44 人體中到底有多少種藥物呢？

明代著名藥物學家李時珍所著《本草綱目》中，收錄了人體中的藥物達三十五種之多，這些藥物應用於臨床已有好幾千年的歷史了。隨著現代科技的發展，其應用範圍不斷拓寬，為人類防病、治病、保健強身做出新的貢獻。

· **胎盤**：藥名「紫河車」。將胎盤洗淨曬乾，研碎成胎盤粉。性味甘、鹹、溫。功能：補氣、益精、養血。用於虛脫、盜汗等。

· **臍帶**：藥名「坎氣」。取新生胎兒的臍帶洗淨，與金銀花、甘草黃酒同煮後，取出烘乾入藥。味甘、鹹而性溫。功能：補腎納氣、斂汗。治氣血不足、腎虛咳嗽等症。

· **指甲**：藥名「人退」，性味甘、鹹、平。主治鼻血、血尿、中耳炎、目翳障和扁桃炎等症。

· **尿液**：以十歲以下童尿為佳。性味鹹、涼，有滋陰降火、止血消瘀的功效。治療肺結核咯血、潰瘍病內出血、崩漏、磷化鋅中毒，另外，用尿液還可預防痲疹等。

·**人中白：**為人尿自然沉結的固體物。味鹹、性寒。有清熱降火消瘀功效。治勞熱、肺瘻、衄血、吐血、喉痺、牙疳、口舌生瘡等症。

·**秋石：**為人中白和食鹽的加工品。功能：滋陰降火，可治骨蒸勞熱、咳嗽、咳血、咽喉腫痛、噎食反胃、遺精、白濁、膏淋、婦女赤白帶下等症。

·**頭髮：**又名「血餘炭」。味甘、性溫。功能：消瘀止血。可治療吐血等諸種血症。

·**人乳汁：**味甘鹹、性平。功能：補血、潤燥。治虛勞、羸瘦、虛風、癱瘓、消渴、大便燥結、血虛經閉、目赤眼昏等，還可治電弧光引起的眼睛紅腫多淚。

·**人中黃：**在竹筒中塞入甘草末，兩端用竹、木封固，冬季投入人糞缸中，立春時取出，陰乾，破竹取甘草末，曬乾備用。這種甘草末，稱為「人中黃」。味甘、性寒。功能：清熱涼血解毒。治寒熱病、大熱煩渴、熱毒斑疹、丹毒、瘡瘍等症。

·**唾液：**唾液的功效是多方面的，它不僅是「藥中之王」，而且還冠以「殺菌之首」。唾液中的溶菌酶能水解革蘭氏陽性菌的細胞壁，使細菌裂解，從而起殺滅細菌的作用；其中的黏蛋白，可中和胃酸，能預防胃炎，胃潰瘍。人們常見貓狗等動物在受傷後自己用舌舔傷口，不日傷口即可痊癒，這就是溶菌酶在起作用。

·**眼淚：**淚水有促進傷口癒合的作用。

45 中藥為何稱「本草」？

眾所周知，中國明代傑出的醫藥學家李時珍著有《本草綱目》，共五十二卷。可見「本草」一詞是中藥的統稱。「本草」最早見於東漢班固編寫的《漢書・平帝紀》。

天然藥物有植物、動物、礦物三大類，但為什麼統稱「本草」呢？這是因為古人的藥物知識主要來源於植物性藥物。如秦、漢時人所著《神農本草經》一書共收載藥物三百六十五種，其中植物藥就有兩百五十二種，而動物藥僅六十七種，礦物藥四十六種，這足以說明植物藥占有絕對優勢。五代時期的韓保升認為，按藥有玉石、草木、蟲獸，而真云「本草」者，為諸藥中草類最多也。所以，記載中藥的書籍，多稱「本草」，如《神農本草經》、《新修本草》、《本草綱目》等。本草，含有「以草藥治病為本」的意思。

46 中藥「六陳」是指藥放越久越好嗎？

〈藥性賦〉云：「枳殼陳皮半夏齊，麻黃狼毒及吳萸，六般之藥宜陳久，入藥方知奏效奇。」這首詩中所寫的「六陳」即六種宜陳久使用的中藥。這六種中藥是枳殼、陳皮、半夏、麻黃、吳萸、狼毒。

陶弘景首先提出陳皮、半夏宜陳久用之，之後《唐本草》又補充了四味。《類證本草》進行總結，並正式提出「六陳」說。與六陳歌不同的是，枳殼和枳實是有區別的。其實枳殼和枳實皆為一物，只不過是前者為未成熟的果實，後者為成熟的果實而已。

這「六陳」是越陳久越好嗎？若將上述六種中藥放置數年或數十年，其氣與味還有多少？如果氣味減少了很多，那功效會不會也隨之減少呢？

醫家張山雷曾說：「新會皮，橘皮也，以陳年者辛辣之氣稍和為佳，故曰陳皮。」中藥的治療作用，主要在氣和味，六陳藥之氣均很強烈，有刺激性，服用時容易產生副作用。為了避免發生這種副作用，故必須將上述六種藥放置一段時間，讓藥氣逐漸揮發，至張氏所言的「稍和」為度，並不是無期限放置，否則藥就會失去功效。

47 武俠小說裡「氣沉丹田」的「丹田」在哪裡？

「氣沉丹田」一詞最早出現於王宗岳的《太極拳論》中，對於丹田的位置，先哲們的說法也不盡相同，道家就有上、中、下三丹田的說法，武學則有以臍中、關元、神闕、石門、氣海為丹田的幾種說法，還有一些則認為丹田並不是一個固定的點，而是一個部位，比如修練太極拳，只需要將把臍下小腹部視為丹田，就可以了。對於丹田的位置，比較普遍的觀點是位於臍下三寸，「氣沉丹田」通常是用意念引導氣並且保持在丹田部位的練功方法，但實際上，人們是不可能將氣固守於一個固定穴位之上的，所以丹田最合適的理解應該是一個範圍。

雖然有三丹田和五丹田的說法，但是一般所說的氣沉丹田說的都是下丹田，因為古人認為下丹田是性命之祖、生氣之源、五臟六腑之本、十二經之根、陰陽之會、呼吸之門、水火交會之鄉，是真氣升降開合的樞紐，是匯集烹煉、儲存真氣的重要部位。從現代醫學的角度來說，下丹田並沒有特殊的形態和功能，所以我們應該將丹田理解成一個部位，從各種醫學典籍和武學教程來分析，丹田應該是位於腹部能調整和穩定人體重心的部位，也就是人體的重心點。

48 行氣是氣功的一種嗎？

行氣，又叫吐納、胎息、練氣。對於行氣的起源，現在文獻記載還不是太明確，但從考古資料來看，在天津歷史博物館存有一件「行氣銘玉杖首」，這是一件玉器，它上面刻有四十餘個字，用「三字訣」的形式，把行氣的要領跟功能做了全面的描述，這可以說是中國歷史上目前發現最早的行氣養生文獻。一九七三年，考古工作者在長沙馬王堆漢墓發現了一件寫在繒帛上的〈卻穀食氣篇〉，也是一件文獻，它的內容更詳細，這說明行氣術有了進一步的發展。與行氣術有關的導引術，是以引伸肢體為主的一種鍛鍊，當然它也配合呼吸。漢代以後，導引養生術長盛不衰，南宋傳下來的《文八段錦》，它以八個形式反映了當時的行氣、導引的功法過程，是很珍貴的資料。

49 勾股定理為何又稱「商高定理」？

勾股定理（畢氏定理），即直角三角形中，夾直角兩邊的平方和，等於直角對邊的平方。這是幾何學中最重要的一條定理，用途很廣。

中國古代稱直角邊為「勾」與「股」，斜邊為「弦」或「徑」，因而將這條定理稱為「勾股定理」。那麼，是誰首次在理論上闡明這條定理的呢？

據《九章算術》記載，勾股定理是在距今三千多年前周朝的商高發現的。據說，周公聽說商高精通數學，就問商高：「古時候伏羲觀測天製曆法，而天無臺階可攀，也難用尺寸度量，請問數從何而來？」商高回答說：「是透過測量計算而得出的。」而測量工具「矩」是將一條木頭按三、四、五比例分為三段做成的直角三角形，「折矩以為勾，廣三，股修四，徑隅五」，「故禹之所以治天下者，此數之所生也」。周公又「請問用矩之道」，商高詳細講解了各種用矩測量的方法。最後周公嘆服地說：「善哉。」

所以在中國，勾股定理又被稱為「商高定理」。

50 古代最精確的圓周率是怎麼發現的？

圓周率是指圓的周長和直徑的比率。它的應用範圍很廣，現在差不多涉及圓的問題都需要用圓周率來推算。中國古代人民從很早以前就已經開始應用圓周率了。最早求得的圓周率值是「3」，這當然是很不精確的。隨著時代的發展，科學越來越進步，西漢末年時，劉歆又得出「3.1547」的圓周率值；東漢張衡算出「3.1622」的圓周率值，但這些仍然不夠精確。

三國末年，數學家劉徽創造了用割圓術求圓周率的方法，求得「3.141024」的圓周率值。這是中國古代關於圓周率研究中的一個光輝成就。

後來，南北朝時期，南朝傑出的數學家祖沖之（四二三至五〇〇），求出圓周率在「3.1415926」和「3.1415927」之間，還保留了兩個用分數表示圓周率的資料，其中較精確的稱密率為「355/113」，還有約率為「22/7」，這與現代求得的圓周率值很相近，是當時最精確的圓周率。

祖沖之算出來的結果有七位小數，科學家們推測，他在運算過程中，至少保留十二位小數。十二位小數的乘方，尤其是開方，運算起來極其麻煩。沒有技巧和毅力，是無法完成這上萬次繁雜複雜的運算的。

在歐洲，到一五七三年，德國的奧托才求得了圓周率的近似值，比祖沖之晚一千年。

51 指南針為何指北卻叫「指南針」？

指南針是中國歷史乃至世界歷史上的一項偉大發明，它原理簡單，結構也不複雜，卻意義重大，被馬克思譽為「預兆資產階級社會到來的三項偉大發明」之一。令人感到疑惑的是，不論是起初的司南、指南車，還是後來的指南針，都是既指南方也指北方，但命名的人卻把方向都放在了「南」字上，這是為什麼呢？

指南針的發明是中華民族勞動人民在長期的實踐中，對物體磁性認識的結果。中國古代人民很早就發現了磁石的吸鐵性，並加以合理利用，許多古代文獻中都有利用磁石的相關記載。西元前七世紀成書的《管子．地數》中寫道：「上有磁石者，下有銅金。」這句話的意思是：如果山上有磁石，山裡就藏有鐵礦。地理名著《山海經》中也記載道：「題灌山中多磁石。」《水經注》裡記載了秦國阿房宮曾用磁石製成大門，以防避有人進宮謀刺暗殺，如果圖謀不軌者暗披盔甲、暗藏兵器入宮，就會被磁門吸住而被發現。後來在長期的生產活動中，中國人民進一步利用磁體的指極性，製成指示方向的機械名為「司南」，也就是最早的指南針。

關於司南，《韓非子．有度篇》和《鬼谷子》兩部書均有記載。在《鬼谷子》中記載道，鄭國人到深山密林中去採集玉石時，為了辨清方向避免迷路，就帶著司南。東漢王充在《論衡》中描述過「司南之構，投之於地，其柢指南」。後人根據這句話考證認為，司南是用天然磁石琢成勺形，它的勺底呈球狀，勺呈橢圓狀，勺柄通體漸漸縮成柱狀。為了確定方向，司南還配有一個「地盤」，為銅質或塗漆木製盤，中央有平滑圓槽，形狀可能是內圓外方，盤框之上刻畫出定向的刻度，用干、支（即甲、乙、丙、丁……和子、丑、寅、卯……）及八卦等，表明二十四方位。將磁勺投於地盤中央時，它的柄部就會大體停止在指南的方位上。這可能就是司南之所以被稱為「南」的最根本原因。

透過以上對司南的敘述中可以發現，古人在發明司南時，只是利用了磁石辨明方向的特點，但是並不通曉其中的原理。十一世紀中葉時，中國大科學家沈括曾在他的《夢溪筆談》中介紹了指南針的人工磁化方法、磁偏角的發現和指南針的架設方法，但當提到指南針為什麼會指南時卻說：「磁石之指南……莫可原其理！」隨後，文人學者們從陰陽五行學說出發，結合當時人們對大地形狀的認識，提出各種指南針理論。成書於宋代的《管氏地理指蒙》中這樣推斷：「磁針是鐵打磨成的。鐵屬金，按五行生剋說，金生水，而北方屬水，因此北方之水是金之子。鐵產生於磁石，磁石是受陽氣的孕育而產生的，陽氣屬火，位於南方，因此南方相當於磁針之母。這樣，磁針既要眷顧母親，又要留戀子女，自然就要指向南北方向。」也就是說，中國古人的指南針理論是建立在陰陽五行學說基礎上的「感應說」。指南針的命名，也和中國古代的五行理論有很大關係。

中國古代人民發明的司南，在之後的歷史發展中逐漸演變成了指南魚、旱針、水針等重要的工具，也是現代指南針（磁羅盤）的雛形。可以說，如果沒有中國人民發明的司南和指南針，歐洲的航海事業就會滯後，哥倫布發現新大陸的時間可能還要延後許多年。因而這樣一項偉大的發明，是叫指南針還是指北針，已經不那麼重要了。

52 古代有沒有消防隊？

一〇二三年，宋仁宗趙楨即位後，即制定了嚴密的防火措施，降旨在京廂軍中挑選精幹軍士，組成隊伍，建制為專事消防機構——軍巡鋪。

據《東京夢華錄》記載，汴京城中，「每坊巷三百步許，有軍巡鋪房一所，鋪兵五人」。這些軍士都經過嚴格訓練，技精、藝高、膽大、責任心強。

他們的主要任務是「夜間巡警」，督促居民按時熄燈，消除火災隱患。鋪兵輪流更替，晝夜值班。發現火警，及時報告，並備有多種滅火器械，「諸如大小桶、麻搭、斧鋸、梯子、火叉、大索、鐵貓兒之類」，一應俱全，一旦發生火災，這些軍士便立即攜帶消防器械，奔赴失火地點進行撲救。

同時，鋪兵還飛馬報告失火地段的軍政長官廂主，開封府尹及負責京都衛戍的馬步軍殿前三衙，「各領軍級撲滅」。在撲救中，各支部隊配合密切，紋絲不亂。故而「每遇火發撲救，須臾便滅」，「不勞百姓」。

由此看來，做為中國專職的消防隊，軍巡鋪創建之早、組織之嚴密、器械之眾多、制度之完善，恐怕在世界消防史上也屬史無前例。

53 古人如何證明自己的身分？

古代的人當然不像現在，人人都有身分證。但是，對於他們的身分證明肯定有的。比如，《西遊記》裡唐僧使用的「度關文蝶」，就類似於今天的護照。而「官憑路引」大概就是今天的身分證了。古代的人口沒有現代多，戶籍管理也很嚴。明朝年間有這樣一項規定：凡人員遠離所居地百里之外，都需由當地政府部門發給一種類似介紹信、通行證之類的公文，叫「路引」，若無「路引」或與之不符者，是要依律治罪的。

事實上，古人以農為生，所以人口很少流動。人們在日常生活中，會持一些信物來證明自己的身分，魚符就是其中之一。

魚符是宋代官員的「身分證」，又稱「符牌」，是用木頭或金屬精製而成，其形為魚，分左右兩片，裡面刻有官員姓名、任職衙門、官職品位等內容。當時，凡親王和三品以上的高官所持魚符，由黃金製成，以顯示品位身分之高貴；次之為銀質；低級官員則為銅質。

古代官員將魚符當作身分的憑證，《新唐書》中云：「符身魚符者，以明貴賤，應召命。」到了明代，「魚符」變成「牙牌」，牙牌是用象牙、獸骨或金屬製成的小片，上刻持牌者的姓名、所事衙門及職務等，有點類似今天盛行的表明身分的名片或工作證。明代陸容《菽園雜記》中記載，「凡在內府出入者貴賤皆懸牌，以別嫌疑」，說明此時擁有「身分證」者已日漸增多。因為它們通常掛在腰間，故又稱「腰牌」，古代小說裡就不乏關於腰牌的描述。

古代還有一種稱為「門券」的東西，也是用來表明持有者的身分的。

隨著社會發展到一定階段，戶籍制度也不斷完善，但身分證明始終只是達官貴人和僧尼等人的專利或憑證，普通老百姓是無緣佩戴的。

54 古人究竟如何刷牙？

刷牙對現代人來說並不陌生，牙膏、牙刷已經成為現代人生活的必需品。刷牙是現代人最為尋常的一種衛生習慣。但是，在沒有牙刷、牙膏的古代，人們又是如何刷牙的呢？

即使沒有現代的刷牙工具，我們的祖先也掌握了許多護齒措施。在《禮記》中就有「雞初鳴，鹹漱」的記載，這就證明中國人民早在兩千年前就知道晨起要洗臉、漱口了。而刷牙是在漱口的基礎上發展起來的一種潔牙方法。

古代漱口普遍採用含漱法，最早使用的漱口劑有酒、醋、鹽水、茶及清水等。

藥物牙膏的雛形，最早出現在宋太宗下令編纂的《太平聖惠方》中：將柳枝、槐枝、桑枝煎水熬膏，入薑汁、細辛等，用來擦牙。後來還在藥膏中加入清熱解毒的中藥，如金銀花、野菊花、蒲公英、藿香、佩蘭等，這樣不僅能去除異味，還有治療口腔疾病的作用。

在刷牙工具沒有發明之前，古代漱口普遍採用含漱法，以鹽水、濃茶、酒為漱口劑，唐代孫思邈著《備急千金要方》：「每旦以一捻鹽內口中，以暖水含……口齒牢密。」《延壽書》有用濃茶漱口的記載，「凡飲食訖，輒以濃茶漱口，煩膩既去，而脾胃自和，凡肉之在齒，得茶漱滌，不覺脫去而不煩挑剔也。蓋齒性便苦，緣此漸堅牢而齒蠹且自去矣。」根據現代藥理分析，茶葉中除有維生素外，還含有單寧和少量的氟化合物，單寧具有抗菌、殺菌作用。關於酒劑漱口，《醫說》記載：「劉幾年七十餘多，精神不衰，每一飲酒輒一漱口，雖醉不忘也，曰此可以無齒疾。」這些都是人們在生活實踐中積累的豐富經驗。

最早的牙刷是隨著佛教由印度傳入中國的。東漢高世安所譯《佛說溫室洗浴眾僧經》中，講到洗浴所需的七種用具，其「六者楊枝」，是將楊枝的一端打造成刷狀蘸藥或香料刷牙。還有直接咀嚼楊柳嫩枝清潔牙齒的，即「晨嚼齒木」。明代李時珍也認為將嫩柳枝「削為牙枝，滌齒甚妙」。到了南宋，民間已經可以買到批量生產的牙刷，即用骨、角、竹、木等材料做握柄，一端鑽毛孔兩行，刷毛為馬尾，幾乎和現在的牙刷外觀一致。

55 走馬燈起源於何時？

走馬燈是中國民間的東西，在燈裡點上蠟燭，熱氣推動燈籠旋轉，速度很快。正月十五元宵節，民間風俗要掛花燈，走馬燈便是其中一種。走馬燈多為六面，頂部有紙製扇葉，蠟燭燃燒時熱空氣上升，鼓動扇葉使燈轉動。因多在燈各個面上繪製古代武將騎馬的圖畫，而燈轉動時看起來好像幾個人你追我趕一樣，故名「走馬燈」。

走馬燈究竟起源於何時，對此眾說紛紜。

科學史研究者大都依據文學家范成大（一一二六至一一九三）的詩文記載，認為南宋時才有走馬燈。范成大的詩集中有首記敘蘇州正月十五上元節的詩，詩中描繪了千姿百態的燈。諸如飄升於天的孔明燈，在地上滾動的大滾燈，以及「轉影騎縱橫的走馬燈」等。當時似無「走馬燈」之名，詩人自注為「馬騎燈」。

走馬燈有兩大特點，一是利用熱氣流做動力；二是以渦輪裝置帶動燈上畫面轉動。若依此兩點追本溯源，它在北宋出現之前，已經歷了至少一千三百年的發展史。

淮南子《萬畢術》記載，西漢時已有類似熱氣球原理的試驗，後人製成孔明燈。考古代已發現，東漢時有類似走馬燈葉輪（俗稱傘）的裝置，紙風車也已成為兒童玩具。

唐代的燈具，有更奇異的「仙音燭」。仙音燭即能夠奏出動聽音樂的燈燭，「其狀如高層露臺，雜寶為之，花鳥皆玲瓏。臺上安燭，既點燃，則玲瓏者皆動，叮噹清妙。燭盡絕響，莫測其理」。

因此，可以說，早在唐代時，中國已具有比走馬燈更為高妙的製燈技藝了。走馬燈倒是因為製作簡易，才得以為民眾所接受並普及開來。

56 中國理髮業的祖師爺是誰？

每一行的手藝人都很尊崇本行的祖師，把他當作神來敬仰。三百六十行，每行都有自己的祖師，例如木匠業的魯班，鐵匠業的老君，製筆業的蒙恬，縫紉業的軒轅，造紙業的蔡倫等。那麼，理髮業的祖師又是誰呢？

據傳，雍正朝代世宗患頭瘡，梳辮或剃髮時都疼痛難忍，為此他非常苦惱，因而移恨於剃頭者，疑為剃工有問題，結果怒殺了剃頭匠和負責剃頭的太監若干人。從此，剃頭匠的地位日漸低下，較有技巧的剃頭匠，生怕被召進宮，因為弄不好會有殺頭危險，於是紛紛逃離，惶惶不可終日。當年有位湖南羅道士（真人），名羅隱，字志今。他可憐剃頭人無辜受害，於是創造出剃刀刮臉、挖耳、清眼等器具，以及梳辮子之刷、通、篦掏、解、順等妙藝，並一一傳授給剃頭匠，使其入宮為世宗剃頭、刮臉、梳辮。從此，雍正剃頭梳辮不僅不感到痛苦，而且頭瘡日漸痊癒，大喜。欽賜剃頭新器具曰「伴朝鑾駕小執事」。當時還流傳著「無讀詩書報天子，全憑手藝見皇帝」的說法。

羅道士（真人）死後，剃頭匠把他視為羅祖，奉為剃頭的祖師爺。每年農曆七月十三日是羅祖的誕辰日，剃工們皆赴羅祖祠前紀念。七月十三（農曆）全國理髮行業都放假，這一風俗一直延續到新中國成立。

57 中國製筆業的祖師爺是誰？

蒙恬是秦朝著名的軍事將領，他為秦統一六國、擊退匈奴、鞏固西北邊疆立下了汗馬功勞。蒙恬的才華不僅表現在軍事上，在修築工程上，也有令人敬佩之處。傳說，就連毛筆也是他發明的。

蒙恬年少時習過刑獄法，曾經擔任獄官，掌文書。他駐守邊疆時，要經常向朝廷奏報軍情。但當時沒有筆，文書只能用刀刻在竹簡上，這樣速度慢，而且很累。有時文書內容十萬火急，這種刀刻的書寫方式難免會貽誤軍情。經過反覆思考，他決定自己動手製作書寫的筆。他嘗試著把戰士頭盔上的紅纓撕成小縷，綁在竹管上，蘸著顏色，在白綾上寫字，這極大地提高了書寫速度。但是這種筆的筆尖易叉開，字跡易模糊，筆畫也粗糙，因此，蒙恬在仔細琢磨後，又利用北方狼、羊等動物的毛針，製作出均勻的筆頭，書寫起來筆跡流暢，筆畫工整，字跡美觀。這種筆就是狼毫筆、羊毫筆的雛形。蒙恬因此被稱為製筆行業的祖師爺。

58 古人是用什麼做清潔劑的？

我們現代人多用肥皂、洗衣液等物來洗滌衣物，那麼古人是用什麼做清潔劑的呢？文康的《兒女英雄傳》第三十七回，在寫長姐兒洗去手上的煙油氣味時，有這樣的描寫：「洗了又洗，搓了陣香肥皂、香豆麵子，又使了些桂花胰子、玫瑰胰子。」可見她把當時有錢人用的清潔劑都用遍了。這部小說成書於清道光年間。那時候就有「香肥皂」，莫不是從西洋傳進來的？這可就難說了，因為「肥皂」在中國已有很長的歷史了。

古人最早用草木灰做清潔劑。《禮記．內則篇》說：「冠帶垢，和灰清漱。」意思是說：繫帽子的帶子髒了，就和著草木灰洗。這是因為草木灰中的碳酸鉀能去除油污。又據《考工記》記載，古人為使絲帛柔軟潔白，將絲帛用草木灰水沾濕後，放人貝殼燒成的灰（古人稱之為「蜃」）中，加水浸泡。這是因為草木灰水和貝殼灰可以發生反應，產生強鹼——氫氧化鉀。漢人已經知道用天然石鹼洗滌衣物了。金人又在石鹼中加入澱粉、香料，製成錠狀出售。明末，北京開設有專門出售人造香鹼的鋪子，其中合香樓、華漢沖等，一直到解放初年還在銷售盒裝桃形、葫蘆形玫瑰香鹼。

除了香鹼，古人更多使用皂莢洗滌衣物。南宋都城臨安（今杭州）街市上有一種橘子大小、用皂莢粉做成的圓團團，周密在《武林舊事》中記載了它的名字：肥皂團。肥皂團放入水中，能發泡去汙。後來，從西方傳入了一種和它功效相似的清潔劑，就是「肥皂」。

那麼「胰子」又是怎麼回事呢？南北朝時，賈思勰已經提到用豬胰去垢。唐代藥聖孫思邈的《千金方》裡有一個配方：用洗淨的豬胰，研磨成粉狀，加豆粉香料做成顆粒。這就是古代的胰子，也叫澡豆。後來，人們又把胰子和香鹼合在一起，做成湯圓大的團，這就是《兒女英雄傳》中所說的桂花胰子、玫瑰胰子了。

59 沈括是中國提出石油概念的第一人？

沈括不僅是北宋的政治家，還是化學家、數學家、地理學家、醫學家、天文學家。據說，他是中國古代最早提出石油概念的人。

沈括在出任延州時發現了石油，並命名為「延州石液」。他還研究過石油的用途，利用石油不易完全燃燒而生成炭黑的特點，首先創造了用石油炭黑代替松木炭黑製造煙墨的工藝。這時候，沈括已經注意到當地石油資源豐富，「生於地中無窮」，還預料到「此物後必大行於世」，沈括的這一遠見已為今天所驗證。

另外，「石油」這個名稱也是沈括首先使用的，比以前的石漆、石脂水、猛火油、火油、石腦油、石燭等名稱都科學、貼切得多。他在晚年所著的《夢溪筆談》中有關「太陰玄精」（石膏晶體）的記載裡，根據形狀、加熱失水等性能的不同，區分出幾種晶體，並指出它們雖然同名，卻不是同一種東西。

60 「王老吉」涼茶最初的創意者是林則徐？

林則徐是大家都熟悉的民族英雄，他在任時做了許多利國利民的大事，如興修水利、禁鴉片等，這些都是大家耳熟能詳的。但是，林則徐還是著名涼茶「王老吉」的最初創意者，這件事恐怕知道的人就為數不多了。

那麼，王老吉涼茶究竟是怎麼與萬人敬仰的清代名臣林則徐有關係的呢？

原來，王老吉原名王澤幫，是廣東一平民草醫。據說，王澤幫一生嗜醫好藥，他從白雲山採藥歸來後，就在自己開的藥材鋪裡賣藥診症，一般病人服下他的三、五味藥，病便會痊癒。王澤幫不但醫術高明，而且醫德高尚，他不分貧富、不擺架子，只求為人醫病。由於他為人和善，於是大家都習慣叫他的乳名——阿吉。等到他年紀大了後，人們又稱他為「王老吉」。

據說，林則徐在廣東禁菸時，由於勞累過度，不幸中暑困熱、咽痛咳嗽。隨從人員請來名醫開方，但服藥後總是不見效果，病況一直沒有好轉。他身邊的人十分焦急，後來聽說王老吉醫術高明，就找到他，果然藥到病除。於是，林則徐登門答謝，並問及姓名與所用之藥。

當林則徐從王老吉那裡知道治好自己病的是幾味不值錢的草藥時，不禁感嘆：「藥無分貴賤，不值錢的草藥，貧苦百姓更能受益。如果能將藥煮成茶，使人隨到隨飲，有病治病，無病防病，那就更是為大眾造福無量啊！」王老吉聽到林則徐的話後，若有所悟。沒過幾天，王老吉就打開鋪子，煲藥賣茶。林則徐得知後，即命人送來一個大銅葫蘆壺，上面還刻上「王老吉」三個大金字。

從那以後，王老吉在賣涼茶的同時，還把草藥配成藥包，方便顧客出門遠行時攜帶。就這樣，王老吉涼茶在民間迅速傳開，直至今天，歷久不衰。

61 中國古代有賀年卡嗎？

賀年卡在中國有千年的歷史。漢朝時稱為「名謁」、「名刺」，唐宋時稱為「門狀」，明清時又稱為「紅單」、「名帖」、「片子」。最早的賀年卡不是用紙製作的，而是用木竹片削成的，因此稱為「名刺」。

趙翼《陔餘叢考》載：「古人通名本用削木書字，漢初謂之謁，漢末謂之刺，漢以後則雖用紙，而仍相沿曰刺。」《事物紀原》說：「漢初未有紙，書名於刺，削木竹為之。」

明朝天順年間的賀年卡，是把一種印有梅花圖樣的箋紙，裁成兩寸寬、三寸長的「片子」，上面寫著姓名和地址。農曆正月初一，在朋友之間互相贈送。到了清朝康熙年間，就改用紅色的硬紙片來製作了，還把賀年卡裝在當時很盛行的一種錦盒裡，送給對方，以示鄭重。

古代的賀年卡並不是一般人都愛用的，主要是一些高官、顯貴、士大夫們在使用。他們自詡清高，每逢新年來臨，不肯自己出門拜年，就派人送賀年卡。南宋周密《癸辛雜識》說：「節席交賀之禮，不能親至者，每以束刺，簽名於上，使一僕遍投之，俗以為常。」明朝文徵明的〈拜年詩〉云：「不求見面惟通謁，名紙朝來滿敝廬。我亦隨人投數紙，世間嫌簡不嫌虛。」

可見，古代的賀年卡與現代的賀年卡是有區別的。

62 伏羲氏是中國最早的發明家？

伏羲氏，又稱為包犧氏、庖犧，是華胥氏踩了雷澤中雷神的足印生出的兒子。他能夠沿著生長在都廣之野的、做為天梯的建木「上下於天」。據說，伏羲氏還是個大發明家，對改善當時人民的生產及生活，做出了很大的貢獻。

那麼，伏羲氏發明了哪些東西呢？

第一，漁網。據說伏羲氏在觀察蜘蛛織網後，發明了「結繩為網以漁」。

第二，發明記事符號。史籍記載，「包犧氏始作八卦，以通神明之德，以類萬物之情」。伏羲氏將他觀察到的一切，用一種數學符號描述了下來，這就是伏羲八卦圖。

第三，音樂。據說伏羲氏製作了瑟，創造了〈駕辯〉的樂曲。

因此，後人把伏羲氏奉為中華民族的人根之祖、人文之祖。

63 為什麼說墨子對數學有貢獻？

墨子是中國先秦墨家學派的創始人，同時還是戰國時期著名的思想家、政治家、軍事家、科學家、人權活動家，並有《墨子》一書傳世。墨子在中國古代思想史上無疑占著極重要的位置，其本人也是一位極傑出的人才。他在創立了自己的墨家學說的同時，還對數學、物理、機械製造等有很大的貢獻。據史籍考證，墨子是中國歷史上第一個從理性高度對待數學問題的科學家，他給出了一系列數學概念的命題和定義，都具有高度的抽象性和嚴密性。

墨子所給出的數學概念主要有以下幾個方面。

第一，關於「倍」的定義。墨子說：「倍，為二也。」（《墨經上》）亦即原數加一次，或原數乘以二稱為「倍」。如二尺為一尺的「倍」。

第二，關於「同長」的定義。墨子說：「同長，以正相盡也。」（《墨經上》）也就是說，兩個物體的長度相互比較，正好一一對應，完全相等，稱為「同長」。

第三，關於「平」的定義。墨子說：「平，同高也。」（《墨經上》）也就是同樣的高度稱為「平」。這與歐幾里得的幾何學定理「平行線間的公垂線相等」意思相同。

第四，關於「中」的定義。墨子說：「中，同長也。」（《墨經上》）這裡的「中」指物體的對稱中心，也就是物體的中心為與物體表面距離都相等的點。

第五，關於「圓」的定義。墨子說：「圜，一中同長也。」（《墨經上》）這裡的「圜」即為圓，墨子指出圓可用圓規畫出，也可用圓規進行檢驗。圓規在墨子之前早已得到廣泛的應用，但給予圓以精確的定義，則是墨子的貢獻。墨子關於圓的定義與歐幾里得幾何學中圓的定義完全一致。

第六，關於正方形的定義。墨子說，四個角都為直角，四條邊長度相等的四邊形即為正方形，正方形可用直角曲尺「矩」來畫圖和檢驗。

第七，關於直線的定義。墨子說，三點共線即為直線。三點共線為直線的定義，在後世測量物體的高度和距離方面，得到廣泛的應用。晉代數學家劉徽在測量學專著《海島算經》中，就是應用三點共線來測量高和遠的。漢以後，弩機上的瞄準器「望山」也是據此發明的。

第八，對十進位值制進行了論述。中國早在商代就已經比較普遍地應用了十進位記數法，墨子則是對位值制概念進行總結和闡述的第一個科學家。

另外，墨子還把點、線、面、體，分別稱為端、尺子、區、體，並給出了它們各自的定義。他還指出，「端」是不占空間的，是物體不可再分的最小單位，與古希臘的原子論相類似。

墨子在數學上做出的貢獻是巨大的，雖然他流傳於世最有名的是他的墨家思想，但我們後人沒有理由不為他對數學界做出的貢獻而讚美他。

64 誰是現代槍炮的「祖先」？

火銃，又稱「火筒」，為現代槍炮的「祖先」。

火銃通常分為：單兵用的手銃、城防和水戰用的大碗口銃、盞口銃和多管銃等。火銃是中國古代第一代金屬管形射擊火器，標誌著火器發展的新階段。火銃是依據南宋火槍，尤其是突火槍的發射原理製成，用火藥發射石彈或鉛彈、鐵彈，在較遠距離內殺傷敵人。

火銃初見於宋元之交，明代大量使用。現存的元文宗至順三年（一三三二年）所製、安放在架上發射的盞口銃，元惠宗至正十一年（一三五一年）研製的手銃，分別是當時所製大型火銃和手銃的代表性製品。它們在構造上基本相同，都由前膛、藥室和尾銎構成，是元時期軍隊的重要裝備。

與火槍相比，火銃的使用壽命長，發射威力大。到明初，除了已形成的、可以視為槍炮雛形的手持銃和大碗口銃外，還開始發展大口徑的銅炮、鐵炮，把火炮製造技術提高到一個新的水準，增加了品種和數量，改進了結構，提高了品質，組建了專用火器的神機營。嘉靖以後，由於中國早期火器的不斷成熟，火銃逐漸被鳥銃和火炮取代。

65 八字橋是中國最早的立體交叉橋？

在浙江紹興城直街東端，有座梁式石條橋。主橋為矩形，東西兩端直接搭入兩側面的立柱上，立柱做成排柱，東西立柱（排柱）立在橋下東西兩端的石條上，用它做為石礎臺基，可以使橋架穩固。然後在兩端立柱之東西各砌橫向石條十層，中間填入碎石，以利做出橋臺，其上部再裝欄杆，名為「八字橋」，它是一座古代立體交叉橋。

主體橋為東西方向，跨過大河而建。主體橋的東岸設南北兩個坡道，主體橋的西岸設有南坡道，而沒有北坡道，在主橋南部東岸有小碼頭，主橋的北部西岸也設小碼頭，東岸北坡道設有踏道，又有車行道，東岸南坡道也有踏道和車行道。南部西岸西坡道的中間有小型水巷，設平橋一座。南部西坡道旁邊設有一踏道，為進出碼頭之用。又在南部東坡道西邊緣設一小型碼頭，北部之四岸也有一小型碼頭。

橋上的欄杆柱叫「望柱」，各柱做方形，望柱柱頭加束腰，並刻出帶俯蓮的柱頭，中間加欄板，為宋式重臺鉤欄。主橋的高度占柱的三分之一。地栿、大華板、盆唇、蜀柱、一斗三升、尋杖均用石雕。欄杆的兩端各做抱鼓石。橋中的各坡道做二十五度，南北方向的坡道都比較長。這樣的坡度十分合適人們行走。主橋高度六．五米（自水面至曲梁底面），在南部西坡道的邊部引橋，有各種形式的平臺，以保護坡度側面橋臺，同時通過橋臺可以行至碼頭。南部西岸坡道至東側也建平臺，用以保護西坡道的基礎。在南部的西坡道下設孔橋，這是從西城通入的水巷流入大河之水，橋臺上部用石條梁鋪砌，水巷寬約二．五米。南部坡道的孔橋（東西方向）也用石梁，把它建在引橋的下端北部東側的邊緣，坡道邊部設有平臺，用它來保護東坡道的引橋。

有這一座立體交叉橋，可使大河與橋水路立體相交，西橋與西水巷立體相交，東橋與東水巷立體相交。各種橋上都有人行道與車行道。大河出入有通水道，東西有通行路，南北有通行路及碼頭。

紹興「八字橋」的建造年代，據刻在主橋下東側立柱上的字樣「昔寶丙辰仲冬」推算，此橋應為南宋寶佑四年（一二五六年）建造的，至今已有七百多年歷史。

66 為什麼票號是清代最重要的信用機構？

票號是清代重要的信用機構，主要從事匯兌業務，又稱「匯票莊」或「匯兌莊」。由於這些票號多由山西人開辦和經營，因此亦稱「山西票莊」、「西號」。

匯兌業務在中國有著悠久的歷史，唐時的飛錢，宋時的便換，明清時的會票（匯票）都是明證。不過在明朝中葉以前，因有便於攜帶的大面額紙幣可以代替匯票的作用，所以尚沒有經營匯兌業務的專門機構。紙幣不行後，才恢復了由政府或商人兼辦的匯兌業務。

清朝中葉，開始出現了專營匯兌業務的山西票號。票號在各地設有聯號，剛開始時只為商人辦理埠際間的匯款，後來又經營政府的公款匯兌和官吏的錢財匯兌。清咸豐、同治年間，由於爆發太平天國革命和捻軍起義，清政府遂以各地動亂，現銀運輸不便為由，下令各省輸送中央的協餉和中央政府下撥給各省的款項，都透過票號來匯兌，這樣就使得票號的匯兌業務量激增。據統計，光緒年間，票號每年匯兌的款項，已達二千萬兩。

票號吸收的存款主要是公款和官吏的私人存款，放款對象主要是官吏和到京參加會試的舉人，或是已考中進士還未授官的士人，以及正在謀求升官、復職的人。

票號的利潤來源：一是經辦匯兌業務所收的匯水（匯費）；二是存、放款利息之間的差額，政府存款不計息，官吏和私人存款只付二至三厘低息，而放款利息率卻高達一分，對錢莊拆放利率有六至七厘；三是各地銀兩的成色、平碼不一，票號從中巧取暗吃，獲利亦豐。

一九〇七年後，新式銀行業興起，票號的地位大受影響。匯兌業務急驟減少，曾盛極一時的票號紛紛倒閉，到辛亥革命後，已不見票號存在於金融界了。

第8章

天文曆法

1「文曲星轉世」中的「文曲星」是指什麼？

在中國古代民俗中，主管功名利祿的神靈，除了祿星及由其演變出來的文昌帝君外，還有所謂的魁星或稱為「文曲星」，它是文昌帝君的重要隨從之一。文曲星即魁星崇拜，同樣來源於遠古星辰崇拜中的奎宿。奎宿屬於二十八宿西方白虎七宿中的首星。

東漢時期，社會上便開始流傳「奎」主文章的說法。所以在科舉考試盛行的時代，魁星崇拜對於參加科考的士子們，具有非凡的意義。

科舉考試中，考取狀元，對一般人來說都是可望不可及的事情。所以民俗認為，能考中狀元的都不是人間的凡人，如歷史上那些有幸考取狀元的，或文采、武功非凡魄人的，比如孔子、范仲淹、包拯、文天祥等，都被民間視為天上的文曲星下凡，在民間中享有極高的地位。這種狀況的形成，與中國封建社會中後期的社會政治生活，有著極為密切的關係。因為在那個時代，只有讀書參加科舉考試，才能夠進入仕途。而且當官不僅可以施展自己的才華，還可以獲得更高的社會地位和相應的財富，從而光宗耀祖。過去社會上曾廣泛流傳的一句話：「書中自有黃金屋，書中自有顏如玉」，就是那時社會生活的真實寫照。

2 歷史上哪些年號取自《易經》？

在中國古代，許多帝王為了確保江山穩固，都會參考《易經》，有時帝王的年號甚至朝代的名稱也取自於《易經》。漢武帝劉徹，把他即位的第一年稱為「建元」之年。西晉司馬炎曾有年號「咸寧」，取自《易經》中「首出庶物，萬國咸寧」。隋煬帝楊廣在六〇五年取年號「大業」，來自《易經・繫辭上》：「盛德大業至矣哉，富有之謂大業，日新之謂盛德。」

唐太宗曾有年號「貞觀」，取自《易經・繫辭下》：「天地之道，貞觀者也」。貞，正也；觀，示也。「貞觀」以正示人也。唐高宗曾取年號「咸亨」，取自《易經》的〈坤・彖〉：「含弘廣大，品物咸亨」。咸，皆、都；亨，美好；咸亨，即一切都平安美好。

元世祖忽必烈，就是採納漢族官僚劉秉忠的建議，改國號為「元」。這是取自《易經》中「大哉乾元」，哉是語氣詞，乾元是天的意思。而明朝的「明」字，則取自《易經》中「大明終始」，大明指太陽，意思是像太陽一樣永放光明，故取朝代名為「大明」。

3 二十四節氣是怎麼來的？

春秋戰國時期，中國人民就有了日南至、日北至的概念。隨後，人們根據月初、月中的日月運行位置，和天氣及動植物生長等自然現象之間的關係，把一年平分為二十四等分，並且給每等分取了個專有名稱，這就是二十四節氣。《呂氏春秋・十二月紀》中，就有了立春、春分、立夏、夏至、立秋、秋分、立冬、冬至，這八個節氣名稱。這八個節氣是二十四個節氣中最重要的節氣，標示出季節的轉換，清楚地劃分出了一年四季。後來到了《淮南子》一書的時候，就有了和現代完全一樣的二十四節氣名稱。

節氣是華夏祖先經歷千百年的實踐，所創造出來的寶貴科學遺產，是反映天氣氣候和物候變化、掌握農事季節的實用工具。

4 二十四節氣在農曆中處於什麼地位？

二十四節氣在農曆中處於主要地位，具有非常重要的作用。推算農曆時，「冬至」是處於首要地位的，確定了冬至也就確定了農曆的年長（是十二個月還是十三個月）。在現今的農曆計算中，「春分」也是非常重要的（回歸年是以它起點定義的）。

另外，二十四節氣都是農曆歷月的標誌，也是農曆置閏的重要依據；其中的「四立」是中國傳統的四季的正式起點。二十四節氣是中國傳統曆法中（中國的十二宮曆，其本身是農曆的一部分，類似西方太陽十二宮）的起點。

在農曆歷月中標注節氣，其本身就體現了節氣的主要作用，這是農曆區別於國外的其他陰陽合曆的標誌。農曆節氣是直接以黃經度數計算的「真節氣」，其精度很高。

5《十二氣曆》是何人於何時所作？

沈括（約一〇三一至一〇九五），字存中，錢塘（今浙江杭州）人，是中國北宋科學技術鼎盛時期最博學的科學家。他在中國的天文學、聲學、光學、地學等領域，都做出了卓越的貢獻。《夢溪筆談》、《長興集》、《蘇沈良方》等名著，都出自他的筆下。

沈括在天文儀器方面也做出了很大的貢獻，他對渾儀進行了大膽的革新，取消了渾儀上不能正確顯示月球公轉軌跡的月道環，放大窺管口徑，同時又改變一些球的位置，這樣一來，透過渾儀能經常看到極星，也使渾儀大大簡化了。

沈括在曆法方面，推行比較合理的「奉元曆」，另外還設計了太陽曆性質的《十二氣曆》。《十二氣曆》雖然在當時傳統的束縛下沒能被採用，但它是一種純太陽曆的曆法，既簡單又便於生產活動。《十二氣曆》完全按照節氣來定曆，以十二個節氣定月，即立春為孟春（正月）初一，驚蟄為仲春（二月）初一等。大月三十一日，小月三十日，一般大小月相間，一年最多有一次兩個小月相連。月亮的圓缺雖與節氣無關，但可在曆中註明「朔」、「望」。

6 何謂帝王年號紀年法？

帝王年號紀年是中國古代比較普遍的一種紀年方法。所謂年號，就是封建帝王為了記其在位之年而立的名號。據清朝趙翼的《二十二史札記》考證，最早的年號是從漢武帝時開始的，年號紀年是在漢武帝十九年（西元前一二二年）首創的。在此之前的君王只有年數，無年號。而年號是皇權的象徵，是「家天下」的具體表現。

《漢書》記載，漢武帝率領群臣狩獵，捕獲一隻稀有的獨腳獸白麟，眾臣一致認為這是吉祥之物，值得紀念，便向漢武帝建議用來紀年。漢武帝應允，因為是在狩獵時捕獲的白麟，所以就立年號為「元狩」，稱當年（西元前一二二年）為元狩元年。以後就稱元狩二年、三年……但由於漢武帝是在即位的第十九年才有元狩的年號，所以為了便於記載他在位的時間，就將之前的十八年，追補了三個紀元年號，分別是建元、元光、元朔，也就是每隔六年換一個年號。把他即位的第一年（西元前一四〇年）稱為「建元元年」。「建元」就是建為元年之意，表示年號紀元開始使用。《漢書．武帝紀》中也有記載。後代的史學家就把建元元年視為中國史上的第一個年號紀年的開始。

年號紀年從漢武帝之後一直使用，到了清宣統三年（一九一一年），清朝末代皇帝愛新覺羅．溥儀宣告退位，長達兩千多年的君主專制至此畫上句號，年號紀年法也隨著封建王朝的結束而廢除。目前仍在使用皇帝年號的國家是日本。西元紀年就是西曆紀年，也叫「基督紀元」，開始於西元六世紀，是以耶穌基督的誕生年為元年。因為流通最廣，世界上大多數國家都採用，所以又稱為「公元」。

7 什麼是十二生肖紀年法？

中國人在詢問別人年齡時，喜歡問對方的生肖屬相。生肖，就是以十二種動物配十二地支來記人的出生年，又叫「屬相」；因為共有十二種，所以總稱十二生肖、十二屬，是中國傳統紀年法之一。十二生肖為子鼠、丑牛、寅虎、卯兔、辰龍、巳蛇、午馬、未羊、申猴、酉雞、戌狗、亥豬，十二年循環一次。

生肖紀年是在採用天干配地支紀年的同時，又用十二地支各配一種相應的動物名稱，以表示這一年的順序和名稱。如果今年是壬申，就是猴年，這一年出生的人便屬猴。如辛酉年又稱雞年，這一年出生的人便屬雞。

這種有趣的十二種動物與十二地支的對應關係，早在春秋時期就有了。這種紀年方法的來源，歷來說法不一，主要有以下三種。

根據陰陽來確定這些動物的名稱。如子寅辰午申戌屬陽，故用身上有奇數特徵的動物表示，如鼠、虎、龍、猴、狗都有五趾，馬為奇蹄；而丑卯巳未酉亥舊說屬陰，故以身上有偶數特徵的牛羊豬（偶蹄）、雞（四爪）、兔（雙唇）、蛇（二舌）來表示。

圖騰說。古代某一氏族因與某種動物關係密切，便奉這種動物為本族的保護者。此後逐漸用幾種常見的動物紀年，於是便產生了十二屬相，以祈保護。

來自西北遊牧民族。中國自古有以干支紀年的辦法，而只有在古代西北的遊牧民族中，才以動物紀年，此後隨著民族間的融合，華夏族的干支紀年法與少數民族的動物紀年法相融合，產生了十二生肖，清人趙翼甚至斷定此俗「起於後漢無疑也」。

8「北斗」的名稱是怎麼來的？

斗宿，是二十八宿之一，是北方玄武七宿中的首宿，由七顆亮星在北天依次排列成斗的形狀，所以被稱為「北斗」。對於北斗七星，中國古代早就有詳細的觀察。《詩經．小雅．大東》中說：「維北有斗，不可以挹酒漿。」古人的解釋是：「箕斗在南方之時，箕在南而斗在北，故言南箕北斗。」《史記．天官書》中記載：「北斗七星，所謂『旋、璣、玉衡以齊七政』。」中國古代天文學史上，也將這七顆星分別稱之為貪狼、巨門、祿存、文曲、廉貞、武曲、破軍。

從現代天文學角度看，北斗七星屬於大熊星座，位於大熊的背部和尾巴，分別是天樞、天璇、天璣、天權、玉衡、開陽、搖光（或作瑤光），天樞、天璇、天璣、天權四星為魁，組成北斗七星的「斗」；柄狀氣星分別是玉衡、開陽、瑤光。

道教形成後，吸收並改造了諸多原始信仰，把北斗視為天神加以崇拜，並對之做出了種種的神學解釋。如一些道書中說，根據人的出生時辰，人們的生命被分屬於天上的七個星君所掌管：貪狼星君，子時生人屬之；巨門星君，丑亥生人屬之；祿存星君，寅戌生人屬之；文曲星君，卯酉生人屬之；廉貞星君，辰申生人屬之；武曲星君，巳未生人屬之；破軍星君，午時生人屬之等。

9「四象」和「二十八宿」是指什麼？

四象，就是指東方蒼龍、西方白虎、南方朱雀、北方玄武。後來，古人又將四象的每一象各分為七段，每一段叫「宿」，共二十八宿。二十八宿在天空中的位置，正好是月球在天上運動軌道經過的地方。月球繞地球運轉一周是二十七天，一天恰好經過一宿。在每一宿之中都有許多星星，古人為它們都取了名字，然後分成眾多星官。古人將其發現的兩千四百四十二顆星，劃分為兩百零七個星官，這些星官又被分別列入二十八宿之中。中國古人最早就是根據這些星宿來制定曆法的。

古人通常將黃道帶上的二十八宿分成四個大天區，並且用四種傳說中的聖獸名稱來命名，這就是四象，每「象」都含有七宿：

東方蒼龍：包括角、亢、氐、房、心、尾、箕七宿。

北方玄武：包括斗、牛、女、虛、危、室、壁七宿。

西方白虎：包括奎、婁、胃、昴、畢、觜、參七宿。

南方朱雀：包括井、鬼、柳、星、張、翼、軫七宿。

二十八宿在中國古天文學上占有非常重要的地位。除了恆星的觀測以它做基礎外，特殊天象的出沒也用它來當作記錄方位的依據。

10「五星」是指什麼？

五星是金、木、水、火、土五大行星，又被稱為「五緯」。

金星，古名為明星、大囂、太白。光色銀白，亮度特別強，是除了太陽和月亮之外，天空中肉眼看起來最亮的天體，最亮的時候甚至比天狼星還要亮。在黎明時分出現於東方的金星，被稱為「啟明星」，而黃昏時出現於西方的金星則被稱為「長庚星」。

木星，古名為歲星或歲。有人認為，甲骨文中的歲字就是指歲星。古人將木星的週期與農事連結起來，可能是因為木星和太陽活動週期相近。木星十二年繞天一周，每年占十二次（即十二等份）中的一次，所以被稱為「歲星」。

水星，古名為辰星，離太陽最近，所以看上去總是在太陽的兩邊擺動，離開太陽最遠不超過三十度。中國古代將一周天分為十三辰，每辰約三十度，所以水星也被稱為「辰星」。

火星，古名為熒惑。因為其紅光熒熒似火而得名。火星在天上的運動，時而由西往東，時而由東往西，很迷惑人，這也是「熒惑」這個名字得來的緣由之一。

土星，古名為鎮星。土星每約二十八年繞天一周，每年進入二十八宿中的一宿，叫「歲鎮一宿」，好像輪流坐著二十八宿一樣，所以被稱為「鎮星」。

11 陰曆是怎麼來的？

陰曆又叫「農曆」，是起源於夏代的一種曆法，所以又叫「夏曆」，也叫「舊曆」。

陰曆是根據月亮的圓缺週期來定曆法的。月相變化的週期是一個朔望月，農曆把朔望月定為一個月，即一個朔望就是一個月。月亮全暗時的日期定為月首，即農曆初一，這一天就是朔日。由於朔望月的週期平均等於29.5306日，所以有些月份是三十天，稱為「大月」；有些月份是二十九天，稱為「小月」。農曆一年有十二個月，共有三百五十四天或三百五十五天。

陰曆要同時考慮朔望月和回歸年這兩個週期，並把這兩個週期協調起來，這樣又產生了閏月。

12 為何會有閏月？

農曆中的閏月，是為了調和農曆年與回歸年的矛盾而設置的。

回歸年是地球繞太陽公轉一周的長度，時間為365.2422日，農曆年是按照陰曆計時的，時間長度為354.3672日，比回歸年少了10.88天。中國古代人為了使月份的變化和季節變化吻合，保證農曆年的正月到三月為春季，四月到六月為夏季，七月到九月為秋季，十月到十二月為冬季，經天文觀察和計算，提出了科學的閏月方法，即每十九個回歸年中加七個閏月，這樣農曆年和回歸年的長度只差0.0892天。至於農曆潤哪一個月，則跟二十四個節氣有關。

農曆置閏的方法，可以使農曆年的平均長度接近回歸年，也保證了西曆和陰曆都能運用，兩全其美。

13 黃曆就是皇曆嗎？

中國在西漢以前，使用過六種古曆法。有皇帝曆、顓頊曆、夏曆、殷曆、周曆和魯曆，傳說其中的皇帝曆最為古老，所以人們習慣把曆書稱為「黃曆」。

後來的黃曆，人們在裡面摻雜了很多宣揚吉凶忌諱的內容，有著濃烈的迷信色彩，「黃曆」成了舊曆書的代名詞。歷代的皇帝都很重視曆法，九世紀初的唐朝皇帝曾經下令，曆書必須經過皇帝親自審定後才能頒布，並且規定只能由官方印，不准私人印，故此，曆書就成了「皇曆」。關於「皇曆」，據說還與宋太宗有關，宋太宗每年到了年底，都會給文武百官每位都送上曆書一本，曆書裡刻有農曆日期節令，還有在耕種方面的普通知識。因為曆書是皇帝所送，所以又把它叫為「皇曆」。

「皇曆」中的曆法，一般都是一年限，第二年變更，如果用去年的皇曆查看今年的曆法，一定是不正確的，平常所說的「老黃曆」因循守舊、不思變革的意思，就是從這裡得來的。

14 曆法中的「三正」是指什麼？

中國古代的「三正」，實際上是中國周代各諸侯國使用的三種曆法。「三正」是指夏正（建寅的農曆月份，就是現行農曆的正月），夏正以正月為歲首；殷正（建丑，即現行農曆的十二月），殷正以十二月為歲首；周正（建子，即現行農曆的十一月），周正以十一月為歲首。

還有一種說法，在曆算上有：天正（農曆十一月，冬至月），是太陽光照量的「最少極點」（冬至點），從這個月起，白天增長；地正（農曆十二月，大寒月），是氣溫的「寒極點」，從這個月起，氣候就要轉暖；人正（農曆的正月，雨水月），太陽光照量達到冬至和春分的一半，是氣溫開始轉暖，代表春天的開始。

15 干支紀年法是怎麼回事？

根據干支紀年法，可以推算中國歷史年代，如「咸豐庚申」即指咸豐皇帝幾年，中國古代只有康熙和乾隆兩帝執政超過一個甲子年，即六十年，然後可按干支法紀年再循環。

干支紀年，一個週期的第一年為「甲子」，第二年為「乙丑」，依此類推，六十年一個週期；一個週期完了重複使用，周而復始，循環下去。如二〇〇七年為農曆丁亥年，六十年後的二〇六七年同為農曆丁亥年。

需要注意的是，干支紀年是以立春做為一年的開始，而非農曆正月初一。

天干地支次序表為：甲子、乙丑、丙寅、丁卯、戊辰、己巳、庚午、辛未、壬申、癸酉、甲戌、乙亥、丙子、丁丑、戊寅、己卯、庚辰、辛巳、壬午、癸未、甲申、乙酉、丙戌、丁亥、戊子、己丑、庚寅、辛卯、壬辰、癸巳、甲午、乙未、丙申、丁酉、戊戌、己亥、庚子、辛丑、壬寅、癸卯、甲辰、乙巳、丙午、丁未、戊申、己酉、庚戌、辛亥、壬子、癸丑、甲寅、己卯、丙辰、丁巳、己未、庚申、辛酉、壬戌、癸亥。

16 常說的「虛歲」和「實歲」有何不同？

我們日常生活中經常會說到「虛歲」和「實歲」。其實，虛歲是中華民族一種重要的民俗，它是以農曆新年為分界點的，而實歲以本人的生日為分界點的。

虛歲換算成實歲：在本人生日到來之前，實歲等於虛歲減二；在本人生日到來及以後，實歲等於虛歲減一。實歲換算成虛歲：在本人生日到來之前，虛歲等於實歲加二；在本人生日到來及以後，虛歲等於實歲加一。

17 為什麼冬至開始「數九」，而不是「數十」呢？

所謂數九，就是從冬至（或其次日）這一天開始，連數九個九日，名為「連冬起九」。九九八十一日之後，時節已是驚蟄、春分之間，寒消暖至，冬盡春來，俗稱「九九豔陽天」，因而數九又名「九九消寒」，古人就是以這種方式捱過冬季的漫長嚴寒的。

數九消寒的方式各異，形態自別，民間流行的是「九九歌」：一九二九，不出手；三九四九，冰上走；五九六九，沿河看柳；七九河開；八九雁來；九九加一九，耕牛遍地走。

另外還有一個版本的九九歌，讀來又是另一番風味：一九二九，相喚不出手；三九二十七，籬頭吹觱篥；四九三十六，夜眠如露宿；五九四十五，窮漢街頭舞；不要舞，不要舞，還有春寒四十五；六九五十四，蒼蠅躲層次；七九六十三，布衲兩肩攤；八九七十二，豬狗尋陰地；九九八十一，窮漢受罪畢；才要伸腳睡，蚊蟲跳蚤出。

窮人的日子一年四季都不好過，而不只是冬天。但歌謠不做過多表述，只讓它結束在一個帶點苦意的玩笑調侃裡，頗具黑色幽默。

18 為什麼有「冬三九，夏三伏」之說？

「三九」是指冬至以後第三個九天，大約在一月十二日到二十日前後。「三伏」是指初伏、中伏和末伏，基本上從夏至後第三個庚日算起。

冬至是一年中北半球白晝最短、黑夜最長的時候，因此這一天地球表面獲得的太陽光照射最少。但冬至不是氣溫最低的一天，冬至後儘管太陽光照射時間增加，但地面熱量支出仍多於收入。所以，地面氣溫接著降低，到了地面吸收的太陽輻射能量相同於地面散發的熱量時，天氣才會是最冷的時候。這時大約在一月中下旬（三九），才會說「冷在三九」。因為同樣的原因，夏至的那天是中國許多地區白晝時間最長、正午太陽高度最高、太陽輻射最強的一天。即使夏至以後，中國得到的太陽輻射逐漸減少，然而地面吸收的熱量仍大於放出的熱量，熱量在繼續緩慢上升，到了七月下旬前後，大氣的熱量吸收與放出處於平等的狀態，中國在部分地區氣溫出現最高，所以有「熱在三伏」之說。

19 萬年曆是誰提出來的？

萬年曆，是記錄一定時間範圍內具體陽曆與陰曆日期的年曆，為方便有需要的人查詢使用。「萬年」只是一種象徵，表示時間跨度大。

相傳，西周時期有位稱為「萬年」的樵夫，非常愛觀察和思考，除了做工之外，就是思索怎樣精確地確定時間。他最開始是根據太陽在一天中的移動變化，設計了一個「日晷儀」，剛開始日晷儀確實能方便計時，但一到陰雨天，日晷儀就失去了作用。經過長期的觀察和研究，後來萬年終於利用滴水的方法來計時。

以後萬年更細心地研究節令變化，經過了數十個寒暑，終於歸納出節令變化的規律並命名為「太陽曆」。當萬年把自己的研究成果呈給皇帝祖乙時，他也已經是白髮蒼蒼的老人了。祖乙深受感動，就把太陽曆改為「萬年曆」，並封萬年為「日月壽星」。這就是「萬年曆」的由來。

20 人的生辰八字是怎麼計算出來的？

要追溯人的生辰八字（也稱「庚帖」）的起源，就得從干支紀年法、干支紀月法、干支紀日法、干支紀時法依次說起。

·**干支紀年法**：如甲子為第一年，乙丑為第二年，丙寅為第三年……六十年為一個週期。一個週期完了，再由甲子年起，周而復始，循環下去。例如，一九二九年是農曆己巳年，一九三〇年是農曆庚午年……到一九八九年又是農曆己巳年。我們在日曆上看到的己巳年、庚午年，就是按干支紀年這種方法排列下來的。陽曆年份除以六十的餘數減三，便得該年農曆干支序號數，再查看干支表，便可得出干支年紀。如果序號數小於、等於零，則干支序號數加六十。例如，求一九九一年干支：「1991÷60＝33」餘十一，年干支序號數為「11－3＝8」。查干支表知該年為「辛未年」。又如求一九八三年干支：「1983÷60＝333」餘三，干支序號為「3－3＝0」，加上六十，查干支表知該年為「癸亥年」。

·**干支紀月法**：干支紀月法並未普遍實行，主要為星相家推算八字用。其方法為：若遇甲或己的年份，正月是丙寅；遇上乙或庚之年，正月為戊寅；丙或辛之年正月為庚寅，丁或壬之年正月為壬寅，戊或癸之年正月為甲寅。正月之干支知道了，其餘月可按六十甲子依序推知。

・干支紀日法：甲子為第一日，乙丑為第二日，丙寅為第三日……六十日為一個週期。一個週期完了，再由甲子日起，周而復始，循環下去。例如，農曆己巳年（一九八九年）正月初一是丁酉日，初二是戊戌日……到三月初一正好是六十天，因此三月初二又是丁酉日。

・干支紀時法：一天中時辰的地支也是確定的，所以二十四小時配十二地支，由夜間十一點至凌晨一點為子時，凌晨一點至三點為丑時，其餘照推。時的天干由該日所對天干推求，其歌訣如下：

「甲乙還生甲，乙庚丙作初，丙辛從戊起，丁壬庚子居，戊癸何方發，壬子是真途。」

即若該日是甲或乙的，在子時上配上甲為甲子；若逢乙或庚的，在子時上配上丙為丙子；丙辛日的子時配上戊為戊子；丁壬日為庚子；戊癸日為壬子。知道了子時的干支，便可推知其餘。

21 陽曆、陰曆和陰陽曆有什麼區別？

陽曆的一年，是以地球繞太陽公轉一周為根據，一年的時間長度大約是365.2422日，即三百六十五天五個多小時，陽曆取整數，平年三百六十五天（大月三十一天、小月三十天、二月二十八天），四年一閏（二月二十九天），閏年為三百六十六天。陽曆與月亮圓缺無關。現在國際上通用的西曆就是陽曆。

陰曆，每月的時間長度是以月亮圓缺交替一次為根據，月亮圓缺變化一次大約是二十九．五天，為形成整數，排列為大月三十天，小月二十九天，平均即為二十九．五天。一年則為三百五十四天，每年的總日數比陽曆少十一天，經過若干年之後，就會出現六月飛雪、十二月酷暑的怪現象。這種日期與季節不對應，不利於農業生產。在歷史上也稱陰曆為「太陰曆」。

陰陽曆，每月日數與陰曆相同，但在年的總日數上，以設閏月來與陽曆中的年日數相接近。中國在春秋時代創造了「十九年七閏法」，即十九年裡面的七年算是閏年，閏年多加出一個月來，為十三個月，這樣安排和調節的結果，就是陰陽曆，既反映了月亮的圓缺，也與隨陽曆而來的氣候冷熱變化相對應。中國現在使用的農曆就是陰陽曆。不少人將農曆理解為陰曆，這是錯誤的。

22 每年春節的西曆日期變化有規律嗎？

由於春節是按農曆來計算的，它與西曆是兩種不同的曆法，故每年春節的西曆日期總是變化不定，當你閱讀完上一條「陽曆、陰曆和陰陽曆有什麼區別」之後，就會發現二者之間有三條規律可循。

第一條，如果上一年沒有閏月，本年春節要比上一年提前十一天到來。如一九九九年沒有閏月，故二〇〇〇年的農曆春節（二月五日），比一九九九年提前十一天（二月十六日），這是因為農曆無閏月時，一年的總日數為三百五十四天，比西曆少十一天。

第二條，如果上一年農曆有閏月，本年春節要比上一年推遲十九天到來。如一九八二年農曆有閏月（閏四月），一九八三年春節在西曆二月十三日，比一九八二年春節（一月二十五日）推遲十九天。這是因為農曆有閏月時，一年的總日數則比西曆多十九天。

第三條，春節所在西曆日期為十九年重複一次。如一九八一年的春節是在二月五日，十九年後的二〇〇〇年，春節也在二月五日。一九八〇年的春節是在西曆二月十六日，十九年後的一九九九年的春節也在西曆二月十六日。

23 古代的元旦和春節是一樣的嗎？

按照現在的說法，元旦和春節並不一樣，但古書上的元旦其實就是今天的春節，即農曆新年的通稱。之所以有如此一說，是由於一九一二年改用現行西曆（格里曆），把格里曆新年稱為「元旦」，而把傳統的元旦稱為「春節」，這是一種移花接木的方法，很容易造成不知真相的人的誤解，認為古書上的元旦就是現今的西曆「元旦」。其實這是不正確的，此「元旦」非彼「元旦」，古元旦即今天的春節，是中國的傳統年節，而西曆元旦（民間俗稱陽曆年）是從西方傳來的，並不是我們的傳統節日。

24 最早的曆書是《夏小正》嗎？

《夏小正》是中國現存最早的文獻之一，也是現存採用夏時最早的曆書。隋代以前，它只是西漢戴德彙編的《大戴禮記》中的一篇，以後出現了單行本，在《隋書．經籍志》中第一次被單獨著錄。

《夏小正》由「經」和「傳」兩部分組成，全文共四百多字。它的內容是按一年十二個月，分別記載每月的物候、氣象、星象和有相關重大政事，特別是生產方面的大事。書中反映當時農業生產的內容，包括穀物、纖維植物、染料、園藝作物的種植，蠶桑，畜牧和採集、漁獵；蠶桑和養馬頗受重視；馬的閹割，染料的藍和園藝作物的芸、桃、杏等的栽培，均為首次見於記載。

《夏小正》出現的時間非常早，《禮記．禮運》載：「孔子曰：『我欲觀夏道，是故至杞，而不足征也；吾得夏時焉。』」鄭玄箋：「得夏四時之書也，其書存者有《小正》。」《史記．夏本紀》也說：「太史公曰：『孔子正夏時，學者多傳《夏小正》云。』」可見，《夏小正》在春秋時代以前就已經出現。

25《大衍曆》是誰所作的？

大衍曆亦稱「開元大衍曆」。唐開元十七年（七二九年）起施行二十九年的曆法。因立法依據《易》象大衍之數而得名。為僧一行編制。僧一行，原名張遂，唐朝魏州昌樂（今河南濮陽市南樂縣）人。張遂自幼天資聰穎、刻苦好學，博覽群書。青年時代到長安拜師求學，研究天文和數學，很有成就，成為著名的學者，之後出家做了和尚。唐玄宗即位後，被召為天文學顧問。

開元年間，唐玄宗下令讓張遂主持修訂曆法。在修訂曆法的過程中，為測量日、月、星辰在其軌道上的位置，和掌握其運動規律，張遂與梁令瓚共同製造了觀測天象的「渾天銅儀」和「黃道遊儀」。渾天銅儀是在漢代張衡的「渾天儀」基礎上製造的，上面畫著星宿，儀器用水力運轉，每晝夜運轉一周，與天象相符。還裝了兩個木人，一個每刻敲鼓，一個每辰敲鐘，其精密程度超過了張衡的渾天儀。黃道遊儀的用處，是觀測天象時可以直接測量出日、月、星辰在軌道的座標位置。張遂使用這兩個儀器，重新測定了一百五十多顆恆星的位置，多次測定了二十八宿距天體北極的度數。而且他發現了恆星是運動的，推翻了前任恆星不動論，張遂成了發現恆星運動的第一個中國人。張遂還測量了子午線的長度，成為世界測量子午線的第一人。

張遂從唐玄宗開元十三年（七二五年）開始編訂曆法，至逝世前完成草稿，即《大衍曆》，唐玄宗開元十六年（七二八年）頒行。《大衍曆》共分七篇，包括平朔望和平氣、七十二候，日月每天的位置與運動，每天見到的星象和晝夜時刻，日食、月食和五大行星的位置。結構嚴謹，演算合乎邏輯，在日食的計算上，首次考慮到全國不同地點的見食情況。《大衍曆》比以往的曆法更為精密，為後世曆法所師。張遂不僅在中國天文學上成就巨大，在世界上也是非常有影響的。《大衍曆》是當時世界上比較先進的曆法。唐玄宗開元二十一年（七三三年），此曆傳入日本。

26 《大明曆》是指明朝的法律嗎？

祖沖之是世界上第一個正確地把圓周率推算到小數點後七位的人。祖沖之在天文曆法方面的成就，大都包含在他所編制的《大明曆》中。

在祖沖之之前，人們使用的曆法是天文學家何承天編制的《元嘉曆》。祖沖之經過多年的觀測和推算，發現《元嘉曆》存在很大的差誤，於是開始著手制定新曆法。宋孝武帝大明六年（四六二年）祖沖之編制成《大明曆》。但大明曆在祖沖之生前始終沒能採用，直到梁武帝天監九年（五一〇年）才正式頒布施行。

《大明曆》採用的朔望月長度為29.5309日，這和利用現代天文手段測得的朔望月長度相差不到一秒。在《大明曆》中，祖沖之提出了在三百九十一年插入一百四十四個閏月的新閏周。根據新的閏周和朔望月長度，我們可以求出《大明曆》的回歸年長度是365.2428日，與現代測得的回歸年長度僅差萬分之六日，也就是說一年只差四十六秒，這是非常精確的資料了。冬至點是制定曆法的起算點，因此測定它在天空中的位置，對於編算曆法的人來說非常重要。可是在祖沖之之前，曆算家們一直認為冬至點的位置是固定不變的，這就使得曆法制定從一開始就產生了誤差。因此，祖沖之把歲差概念引進曆法中之後，大大提高了曆法計算的精確度。

27《授時曆》是誰所作的？

郭守敬（一二三一至一三一六），中國元代的大天文學家、數學家、水利專家和儀器製造家。字若思，順德邢臺（今河北邢臺）人。

郭守敬幼承祖父郭榮家學，攻研天文、算學、水利。元十三年（一二七六年），元世祖忽必烈攻下南宋首都臨安，在統一前夕，下命制定新曆法，由張文謙等主持成立新的治曆機構太史局。太史局由王恂負責，郭守敬輔助。在學術上則王恂主推算，郭主制儀和觀測。郭守敬和其他的天文學家們艱苦奮鬥、精確計算了四年，運用弧矢割圓術來進行黃道座標和赤道座標數值之間的換算，以二次內插法解決了由於太陽運行速度不勻造成的曆法不準確問題，終於在至正十七年（一二八〇年）編成了這部歷史上空前精確、空前先進的曆法。忽必烈根據古書上「授民以時」的命意，定名為《授時曆》。

《授時曆》是中國古代一部很精良的曆法。主要是確定了一回歸年的長度為365.2425日，一朔望月的長度為29.530593日，摒棄了沿用幾百年的上元積年法，以至正十七年（一二八〇年）冬至做為曆元（就是與天文學所列資料、圖表相對應的時刻），它的精確度只與地球繞太陽公轉一周的時間差二十六秒，和現在通用的西曆（格里曆）一年的長度一模一樣，但是它比西曆早了三百年。

郭守敬為修曆而設計和監製的新儀器，有簡儀、高表、候極儀、渾天象、玲瓏儀、仰儀、立運儀、證理儀、景符、窺几、日月食儀，以及星晷定時儀等十二種（史書記載稱十三種，有些研究者認為最後一種的星晷定時儀，可能為星晷與定時儀兩種）。這些儀器在古代中國也是很有成就的發明。

28 朔、望、晦是指什麼？

農曆每月初一是朔日，朔日當天的月亮稱為「朔月」。朔月是新月，農曆每月初一時，月亮位於地球和太陽之間，能被太陽光照到的地方正好位於月亮的背面，加之它和太陽一同升降，因此在地球上都看不見。

農曆每月十五是望日，望日當天的月亮稱為「望月」，望月又稱「滿月」，月影呈圓形。此時月亮運行到太陽的正對面，日、月相距一百八十度，即地球位於太陽和月亮之間，從地球上看去，月亮的整個光亮面正對著地球。《爾雅．釋名．釋天》：「望，月滿之名也。月大十六日、小十五日，日在東，月在西，遙相望也。」滿月階段，黃昏時滿月由東邊升起，黎明時向西邊沉落。

農曆每月最後一天是晦日，這天的月亮稱「晦月」。月終之日。許慎《說文》：「月盡也。」從每，許慎《說文》釋每：「草盛上出也。」每與萌同聲相借，萌芽欲出但未顯，又每與昧字聲同。

人們把每月朔月、望月這樣循環的變化過程，稱為「朔望月」。

29 何謂上弦月，何謂下弦月？

上弦月上半夜出來，在西面出來，月面朝西，在農曆的每月初一，為「新月」或「朔」。

新月過後，月亮漸漸移出地球與太陽之間的區域，這時可以看到月亮被陽光照亮的一小部分，形如彎彎的娥眉，所以這時的月相叫「娥眉月」。這種娥眉月只能在傍晚的西方天空中看到。

到了農曆初八左右，從地球上看月亮已移到太陽以東九十度。這時，我們可以看到月亮西邊明亮的半面，月相叫「上弦」。上弦月只能在前半夜看到，半夜時分便沒入西方。

上弦過後，月亮一天天變得豐滿起來，我們可以看見月亮明亮半球的大部分，這時的月相叫「凸月」。到了農曆十五、十六時，叫「望月」或「滿月」。望月之後，月亮繼續東移，月亮上升的時刻一天比一天遲，同時月亮的明亮部分也一天比一天少，到了望月後七、八天，月亮又以明亮半球和黑暗半球各一半朝向地球，成了半圓的形狀，這稱為「下弦」。它在依次經歷凸月、下弦月和娥眉月幾個階段後，又重新回到新月的位置。中國習慣上把下半月的「娥眉月」稱為「殘月」。

上弦月和下弦月，與娥眉月和殘月，相貌差不多，但它們出現的時間、位置及亮面的朝向是不同的。娥眉月和上弦月分別出現在傍晚和前半夜的西邊天空，它們的「臉」是朝西的，即西半邊亮；殘月和下弦月分別出現在黎明和後半夜的東邊天空，它們的「臉」是朝東的，即東半邊亮。由於中國農曆日期是根據月相排定的，所以中國古代人民有時靠它來判斷農曆日期及夜間的大致時間。

月亮從新月位到再次回到新月位置，所需時間平均為29.53天，也就是說，月相的更替變化週期平均為29.53天，稱為一個「朔望月」。

所謂「一輪明月」是指陰曆的十五、六日前後月圓如輪。「月如弓」指上弦、下弦（弦謂弓弦）。月上缺如弓弦向上，此即上弦。月下缺似弓弦朝下，此為下弦。彎彎、如眉、如鉤、如鐮，或平或堅，為新月、殘月。

30 農曆一月為什麼又被稱為「正月」？

農曆一月通常被人們稱為「正月」，這是因為在中國古代，每年以哪個月為第一個月，各朝代都不相同。夏朝以一月為第一個月，商朝以十二月為第一個月，周朝又以十一月為第一個月。這些朝代每改正一次月份順序，就將改變後的第一個月稱作「正月」。「正」是改正的意思，直到漢武帝時才確定農曆一月為正月，此後一直沿用至今。

許多人發現，正月的「正」字，被讀成「征」的音，其實這裡面也是有典故的。秦始皇名叫嬴政，他統一天下後，嫌「正」字讀音與他名字中的「政」字相同，犯忌諱，於是就下令把「正月」念成「征月」，不然就殺頭。從那時起，正月的「正」字，就讀成了「征」字的音，也一直延續到現在。

31 農曆十二月為什麼又被稱為「臘月」？

在中國遠古時代，「臘」原本是一種祭祀的禮儀。在商代，人們每年都會用獵獲的禽獸舉行春、夏、秋、冬四次大祀，目的是祭祀祖先和天地神靈。其中因為冬天閒置時間較多，所以冬祀的規模是四大祭之中最大的，也是最隆重的。後來，人們就將冬祀稱為「臘祭」。久而久之，人們就將十二月稱為「臘月」，將舉行冬祭這一天稱為「臘日」。

32 「十二時辰」所指的具體時刻是什麼？

古人用地支——子、丑、寅、卯、辰、巳、午、未、申、酉、戌、亥，把一天分為十二個時辰，每個時辰相當於現代的兩個小時。

十二個時辰分別如下：子時，夜半（二十三點至一點）；丑時，雞鳴（一點至三點）；寅時，平旦（三點與五點）；卯時，日出（五點至七點）；辰時，食時（七點至九點）；巳時，隅中（九點至十一點）；午時，日中（十一點至十三點）；未時，日映（十三點至十五點）；申時，晡時（十五點至十七點）；酉時，日入（十七點至十九點）；戌時，黃昏（十九點至二十一點）；亥時，人定（二十一點至二十三點）。

33 中國為什麼把一週叫「一星期」？

光緒三十一年（一九〇五年），清廷宣布停止鄉試、會試，廢除延續了一千多年的科舉制度，成立「學部」，袁嘉穀即奉命調入學部籌建編譯圖書局，後任該局首任局長。編譯圖書局下設編書課、譯書課，任務是研究編寫「統一國之用」的官定教材。各種教科書的編寫中，自然會遇到「新名詞」該怎麼處理的問題。

一九〇九年，編譯圖書局設立了一個新機構，統一規範教科書中的名詞術語。袁嘉穀親自參加了這個館的工作，主持制定了很多統一的名稱。把七日一週制定為中國的「星期」，就是在袁嘉穀主持下制定的。

中國古代曆法把二十八宿按日、月、火、水、木、金、土的次序排列，七日一週，周而復始，稱為「七曜」；西洋曆法中的「七日為一週」，跟中國的七曜暗合；日本的「七曜日」更是與其如出一轍。但袁嘉穀覺得「七曜」不順口，使用起來不方便，便與同僚們商量後，將一週稱一星期，以星期日、星期一……星期六，依次指稱週內各日。

這就是既與國際七日一週制接軌，又具中國特色的「星期」的由來。

34 「小時」是如何來的？

在漢朝以前，「時」是指季節，「一時」相當於現在的一季。一年有四季，當然一年也就有「四時」了。直到現在，有些書中仍有用「四時」來表示一年的。

漢朝以後，「時」不再表示季節，而是被用作計算時間的單位。人們用「銅壺滴漏」的方法計時，把一晝夜分為十二個時辰，古代的一個時辰相當於今天的兩個小時。一更到二更，二更到三更，都是相隔兩個小時的時間。後來，人們又把每天平均分成二十四份，每份仍用「時」來表示。由於這時的「一時」，只相當於漢代以後的「一時」（即一個時辰）的一半，所指的時間縮短了，為了區別於以前的「時」，所以就把現在的「時」改為「小時」。接著，人們又把一小時的時間劃分成六十等份，每份的時間叫一分；每分的時間又分成六十等份，每份叫一秒。時、分、秒就這樣被確定了下來，這就是我們現在所知道的時、分、秒。

另外，古代其實也有「大時」的說法，而「小時」就是從「大時」引申而來的。人們把一晝夜分為十二個時辰後，鐘錶傳入到中國。人們就把一個時辰稱為「大時」，而把新的時間的一個鐘點稱為「小時」。以後，隨著鐘錶的普及，「大時」一詞也就消失了，而「小時」卻沿用至今。

35 古代的計時法主要有幾種？

中國古代計時的四個單位是時、更、點、刻，而計時法主要有兩種。

・**天色計時法：**古人計時，只根據天色把一日劃分為若干時段，如天將亮時為昧旦，日出為晨，太陽正中時為日中，日落之後為黃昏，夜晚叫宵或夕等。後來，又將一晝夜分為十二等份，即十二個時辰。，它們的名稱是：夜半、雞鳴、平旦、日出、食時、隅中、日中、日映、晡時、日入、黃昏、人定。如〈孔雀東南飛〉：「雞鳴入機織，夜夜不得息。奄奄黃昏後，寂寂人定初。」

・**地支計時法：**漢武帝時，以十二地支代表十二時辰，來表示一晝夜十二時辰的變化。每一時辰又分為兩個小時段，如子時為子初、子正，丑時為丑初、丑正……這樣，一晝夜十二時便細分為二十四小時，和現在的用法完全一致。

36 更和點各是指什麼？

古人將夜裡的時間分為更和點。

一夜分為五更，用鼓打更報時，所以稱為五更、五鼓，或稱五夜。每更約等於一個時辰，也就是現在的兩個小時。從晚上七時開始起更，一更指七時至九時，二更指九時至十一時，三更指十一時至次日凌晨一時，四更指一時至三時，五更指三時至五時。因為夜有長有短，所以，「更」做為夜間的計時單位，也就隨之而變化了。但無論怎麼變，做為夜半的三更天，永遠是五更的中段，也就是俗話說的「子夜」、「三更半夜」。「雞鳴五更」就是「五更」天，即拂曉時分。如〈孔雀東南飛〉：「仰頭相向鳴，夜夜達五更。」

古人又將一更分為五點，古代的一點是現代的二十四分鐘。例如，古代人說的「三更二點」，就是指夜間十一時四十八分。往時，北京紫禁城中有更鼓樓，黃昏後鼓樓鳴鐘一百零八聲，然後起更。南京、西安、天津等城市也建有鼓樓，每夜有更夫根據鼓樓上指示的時間打更報時。

37 人們為什麼把十五分鐘稱為「一刻鐘」？

十五分鐘為一刻，這是人所皆知的。一刻鐘的稱法源於中國古代的計時工具——銅壺滴漏。早在漢代，中國人民就發明了最原始的人造鐘「銅壺滴漏」。首先，在漏水壺內豎一標杆，標杆上刻有等距離的刻度，壺內水因漏漸減，杆上的刻度也依次顯露從而知道時間，其單位自然就是「刻」了。明清有了鐘錶後，二十四小時等於一百刻，一刻即十四點四分鐘，因此直接取十五分鐘為一刻，來代表四分之一小時。

滴漏計時器在中國使用的時間很久。近代西方自動機械鐘錶傳入中國後，人們發現自動機械鐘錶計時的十五分鐘，正好相當於滴漏蓄水壺上滴出一刻度水的時間。後來，人們就逐漸把十五分鐘稱作「一刻鐘」了。

38 世界上最早的天文觀測儀器是什麼？

古代中國人很早就開始了天文觀測，隨著觀測技術的不斷提高，前後發明了很多觀測儀器，其中有一些被認為是世界上最早的。除了觀測地震的地動儀是世界上最早的天文觀測儀器以外，比較有代表性的還有「渾儀」和「渾象」兩種儀器。

渾儀和渾象都是世界上最早的天文儀器。渾儀出現在春秋戰國時代，甚至更早。渾儀是用來測量天體的位置，和兩個天體之間角度的天文儀器，它由照準器（即望筒）、轉動裝置、讀數裝置三部分組成。

照準器是渾儀的主要部分，測量天體座標時，只需用照準器對準要觀測的天體，照準器上所設的各種環圈就能將該天體的座標標示出來。照準器上的這些環圈，有的代表著地球自轉的軌跡赤道，有的代表地球公轉的軌跡黃道。

渾象是東漢科學家張衡發明的，它是用來觀測天體位置的一種儀器。渾象是用銅鑄造的，形狀像個圓球。圓球裝在一根傾斜的軸上，軸和球有兩個交點，分別代表南極和北極，類似於今天的地球儀。

球面上刻有二十八星宿和其他星辰，採用齒輪裝置，用漏壺滴出的水的力量推動齒輪，帶動渾象繞軸轉動。銅球轉動一周和地球自轉一周的時間相同。球外面安有一個水平的環，表示地平線。

此球由東往西運動，刻在上面的恆星就從東方升到地平線以上，又向西落到地平線以下，這和天空中星象出沒的實際情況完全相同。坐在屋子裡，便能從渾天儀上看到天體運行的情況。

39 古代的天文觀測源於何時？

中國古代的天文觀測起源很早，但確切時間現已無法考證了。據甲骨文記載，殷商時代已經有了日食、月食的紀錄。並且出現了原始曆法——陰陽曆。

春秋戰國之際，影響後世的二十八宿體系建立起來了。二十八宿是古人在觀測日、月、星辰及五星運動時，沿天球黃、赤道帶所劃分的二十八個區域，分別是：角、亢、氐、房、心、尾、箕、斗、牛、女、虛、危、室、壁、奎、婁、胃、昴、畢、觜、參、井、鬼、柳、星、張、翼、軫。二十八宿的建立，為觀測提供了一個較為準確的量度標準。

此外，對異常天象的觀測，也有了更大的把握。除了多次記錄了日食、月食外，還有關於哈雷彗星的紀錄。《春秋．文公十四年》中記載：「秋七月，有星孛入於北斗。」

戰國時，魏人石申繪製了人類歷史上第一張星象表。在中國曆法中占有重要地位的二十四節氣，經過逐步發展，到戰國時已完備。二十四節氣是把周年平分為：立春、雨水、驚蟄、春分、清明、穀雨、立夏、小滿、芒種、夏至、小暑、大暑、立秋、處暑、白露、秋分、寒露、霜降、立冬、小雪、大雪、冬至、小寒、大寒。它的建立不僅具有天文意義，而且對古代農業生產有指導作用。

秦漢時期對天象的觀測更為精確，《漢書．五行志》中記載：「河平元年三月己未，日出黃，有黑氣，大如錢，居日中央。」這段話對太陽黑子出現的時間、位置、形狀，做出了準確的紀錄。

隨著天文學研究的深入，出現了系統的天文學理論。自此以後，中國的天文觀測經歷了突飛猛進的發展。明清兩代，古天文學開始走向沒落，隨著西方科技的傳播，開始和近代天文學知識相結合。

40 中國第一座「天文館」出現在何時？

中國最早的天文館出現在十八世紀末，但不是現代意義上的天文館，而是一座高五米、周長約四米的「架子」。據《掌故叢編》記載，清朝乾隆五十八年（一七九三年），大臣梁肯堂向乾隆皇帝奏呈英使進貢單上說，英國國王謹進天朝大皇帝貢件清單：「第一件，西洋語布蠟尼大利翕（天文館）大架壹座，乃天上日月星宿及地球全圖。其上地球照依分量是極小的，所載日月星辰同地球之像，俱能行動效法天地之運轉，十分相似。」

當時，這座天文館被安放在北京圓明園的正大光明殿裡。它「依天文地理規矩」而造，「何時應遇日食月食及星辰之愆（差錯），俱顯著於架上，並有年月日時之指引及時辰鐘，歷歷可觀」。

可惜，這座「天文館」建成還不到一百年，就因為英法聯軍在第二次鴉片戰爭期間，火燒了圓明園，而被毀掉了。目前，中國第一座「天文館」只有遺址供遊人憑弔。

41 關於哈雷彗星的最早記載有哪些？

哈雷彗星是中國人最早發現的，它每隔七十六年繞太陽一圈。從歷史典籍中，我們發現早在春秋時期，中國就有了關於哈雷彗星的記載。

《淮南子．兵略訓》記載，武王伐紂時，有「彗星出」，魯文公十四年（西元前六一三年）「七月，有星孛於北斗」。《史記．六國年表》記載，秦厲公十年（西元前四六七年），「彗星見」。其中魯文公十四年的記載，被國人公認為是最早的關於哈雷彗星的記載，但在世界上未得到承認。

被世界公認的最早的一次哈雷彗星觀測紀錄，出現在秦始皇七年（西元前二四〇年）。據《史記．秦始皇本紀》記載：「（始皇七年）彗星光出東方，見北方，五月見西方……彗星復見西方十六日。」這次的紀錄要比西方最早的紀錄早兩百二十八年。此後，中國開始了長期且連續的，有關哈雷彗星的觀測紀錄。從西元前二四〇年到一九一〇年的兩千多年間，哈雷彗星一共出現過二十九次，每一次都有詳細紀錄。這在世界上都是領先的，為很多外國天文學家研究哈雷彗星提供了豐富的資料。

但是，由於中國歷史條件的限制，沒有人從大量資料中研究彗星的運動規律，給歷史留下了一大遺憾。

42 古代對日食的記載有哪些？

中國古代對於日食的最早紀錄是在《書經．胤征篇》中，據考證，這次日食大概發生於夏代仲康元年，距今已有三千多年之久。

在此後的古籍中，有關日食的紀錄越來越多。在出土的商代甲骨卜辭中，被認定的日食紀事就有五次。

在古書《詩經．小雅》中，也有日食紀事：「十月之交，朔日辛卯，日有食之。」據考證，這次日食發生在周幽王六年，即西元前七七六年九月六日。到了漢代，古籍中已不再是簡單地記錄日食發生的時間了，而是對日食時的太陽位置、起止時刻、見食時間、食分（即日面所食部分占整個日面的比例），以及日食初虧所起的方位等，都有詳細的紀錄。

在《漢書．五行志》中，就記載了一次發生在漢征和四年八月辛酉晦（西元前八十九年九月二十九日）的日食：「不盡如鉤，在亢二度，晡時食，從西北，日下晡時復。」我們從中可以看出，這次日食食分很大，光亮的太陽圓面只剩下一個鉤形，食起於西北方向，這時的太陽位於亢宿二度等。

據統計，僅春秋時代記載的日食就有三十七次，其中三十三次已經被證明是完全可靠的。如果從春秋時代起算到清乾隆年間為止，中國對日食的紀錄大約有一千次左右，這可以說是世界上最完整的日食紀錄了。

43 最早關於太陽黑子的紀錄是在哪一年？

清晨或者傍晚，當太陽光不是很強烈時，人們可以在太陽中看到一些暗黑色的、不規則的斑點，科學界把它稱為「太陽黑子」。

西元前兩千年，中國就發現了太陽黑子的存在。在中國古代神話傳說中，太陽裡有隻三腳的烏鴉。二從甲骨文到現代楷書，「日」字中都有那麼短短的一橫，就表示這隻「三足鳥」是存在的。所以，中國古代文學家又把太陽稱為

「金烏」或者「陽烏」。

《漢書．五行志》記載，漢成帝河平元年（西元前二十八年）的一天，「日出黃，有黑氣大如錢，居日中央」。這是舉世公認的關於太陽黑子的最早記載。而歐洲有關太陽黑子的最早記載，在八百年後的八〇七年。

事實上，在這以前，中國還有更早的黑子記載。在約成書於西元前一四〇年的《淮南子》中，就有「日中有跋烏」的敘述。跋烏，也就是黑子現象。

44 中國關於地震的最早記載是在哪一年？

中國是一個地震較多的國家，地震紀錄開始得很早。中國晉代出土的《竹書紀年》記載有，帝舜時期「地坼及泉」、夏桀末年「社坼裂」的現象，有人認為這是中國關於地震的最早記載。可是由於時間、地域等因素較寬泛，使得這個紀錄不被多數人承認。

被人們公認的最早的地震記載，出自西元前一一七七年。據《呂氏春秋》記載：「周文王立國八年，歲六月，文王寢疾五日，而地動東西南北，不出國郊。」這一記載明確指出了地震發生的時間和範圍，是中國地震紀錄中具體可靠的最早記載。

除此之外，流傳後世的先秦古籍中，也保存了不少古老的地震紀錄。比如在《詩經》、《春秋》、《國語》和《左傳》等，都有關於地震的記述。

從漢代開始，官方修訂的斷代史《五行志》中，就已經有了地震災異的記載。宋元以後，地方誌發達起來，地震也被視為災異記入志中，當時許多私人寫的筆記、雜錄、小說和詩文集中，也有地震的記載，而且往往附有生動的描述。歷代的一些「類書」，如宋代編的《太平御覽》、清代編的《古今圖書集成》等，還分類收集了不少地震資料。

此外，碑文中也有地震的記載。

45 地動儀是如何發明的？

地動儀是世界上第一架用來觀測地震的儀器，它是東漢傑出的科學家張衡發明的。張衡是河南南陽人，擔任太史令多年。他學識淵博，掌握了大量的天文知識，每次地方上發生地震都由他負責記錄、整理。

張衡一生中遇到過很多次地震。據統計，西元九二至一三九年間，京師（洛陽）和隴西發生地震二十次，其中大約有六次是破壞性地震。由於當時張衡就在京師（洛陽）任職，對每次發生地震造成的災禍，都目不忍視。為了掌握各地發生的地震情報，張衡潛心鑽研，終於在陽嘉元年（一三二年），創造了世界上第一架地動儀，在人類和地震奮戰的歷史上寫下了光輝的一頁。

關於這架地動儀的形狀，《後漢書》記載：「地動儀以精銅鑄成，圓徑八尺，合蓋隆起，形似酒尊。」地動儀製成以後，被安置在洛陽，並觀測到了永和三年（一三八年）隴西發生的一起六級以上的地震，開創了人類使用科學儀器觀測地震的先河。在世界範圍來看，張衡的地動儀要比西方類似儀器的出現，早了約一千七百年。

46 一日為何從半夜開始？

俗諺說：「一年之計在於春，一日之計在於晨。」在先人的習慣裡，他們認為一天就是從早晨開始。因為他們長期以來都過著「日出而作，日落而息」的生活。一天的開始到底是不是早晨呢，如果不是，那又是什麼時候呢？

古代人們的一天也是二十四小時，他們把太陽經過當地子午圈的兩個瞬間，分別稱為上中天（中午十二點）和下中天（半夜十二點）。下中天人們是無法見到的，因為太陽在地球的背面。古人把上中天的時辰定為「午正」，下中天定為「子正」。由於太陽經過子午圈上中天的瞬間，正是太陽當空，觀測起來簡單易行，如果把這一瞬間當作一日的開始，似乎也合理。

後來，人們認識到把一天從正午分開很不合理，給生產、生活帶來了諸多麻煩。這時，聰明的天文學家們就將子正時辰（半夜十二點，即零點）當作一日的開始。當人們甜甜熟睡之時，新的一天也就悄然誕生了。

47 古老的太極八卦圖是怎麼來的？

在中國古代傳說中，太極八卦是遠古聖人伏羲所創。伏羲觀察天地鳥獸等萬物演變，從中受到啟發，推演出象徵宇宙真理的八卦。起初的八卦比較複雜，為了讓更多人瞭解它，伏羲等人經過長期的修改，把它簡化抽象，形成了今天我們所見的圖像。

太極八卦圖，以同圓內的圓心為界，畫出相等的兩個陰陽表示萬物間的相互關係。圖中的「S」將太極圖清晰地分為兩個關聯部分，一條是陰魚，一條是陽魚。陰魚用黑色，陽魚用白色，這是白天與黑夜的標記法。陽魚的頭部有個陰眼，陰魚的頭部有個陽眼，表示萬物都在相互轉化，互相滲透，陰中有陽，陽中有陰，陰陽相合，相生相剋。

太極八卦圖把圓心分為四份，並定為四象。四象為太陽、太陰、少陽、少陰。四象表述空間的東西南北，時間的春夏秋冬。任何一組矛盾加中心，就構成為三才。古代哲學認為天、地、人為三才，又在四象的學說基礎上，更進一層，增加了陽明、厥陽兩項，與四象組成六合之說。

四象若加圓心就構成五行之說，南方為火，北方為水，東方為木，西方為金，中間為土。六合加圓心稱為「七星」。四象透過「一分為二」的切分，又構成八卦圖。先天八卦方位表示為：乾南、坤北、離東、坎西，震東北，兌東南、巽西南、艮西北。八卦加軸心稱之為「九宮」。配九宮數為：乾九、坤一、巽二、兌四、艮六、震八、離三、坎七，中央為五。

總之，太極八卦圖是由太極和八卦組合而成，它反映了現代哲學中矛盾對立統一的規律。後來它又為道教所利用。道家認為，太極八卦圖神通廣大，可以震懾邪惡。

48 十二生肖是怎麼來的？

生肖是一種民俗現象。它是指人所生年的屬相，一共有十二個，通稱「十二生肖」，分別用十二種動物來代表。這十二種動物都是與中國人民關係最為密切的動物，它們分別是鼠、牛、虎、兔、龍、蛇、馬、羊、猴、雞、狗、豬。「生」就是所生之年；「肖」就是類似、相似的意思。生肖成為中國民間普遍流行的紀生年和紀歲、排輩分的符號體系，兩千多年來早已蔚為大觀，婦市皆知。

那麼，十二生肖究竟是怎麼來的呢？

華夏民族在很久以前就發明了天干地支理論，並用干支來紀年、紀月、紀日、紀時，是中國古代曆法的重大發明。後來，因為人們對動物非常崇拜，就用十二種動物與十二地支相配，形成了更生動的紀年法：子為鼠、丑為牛、寅為虎、卯為兔、辰為龍、巳為蛇、午為馬、未為羊、申為猴、酉為雞、戌為狗、亥為豬。

十二生肖就這樣出現了。它的出現很有意義，包括以下三個方面。

第一，十二生肖的廣泛性是其他任何事物都無可比擬的，它把人與人連接得很近。不僅如此，它還對人的思維方式、信仰追求、倫理道德等方面，產生了深刻影響。在十二生肖中，時常會出現好惡之分與貴賤之別。所以，十二生肖在人們心中的分量不可低估。

第二，十二生肖的出現還廣泛影響著中國古代的民俗。中國古代民間除了流行生肖遊戲、生肖算命外，還有生肖剪紙、生肖卡、生肖圖、生肖燈、生肖麵食等，多不勝舉。古人不光活著時使用生肖屏風、生肖鏡、生肖錢幣等以圖吉利，佩戴生肖護符以圖保佑，即使死後也要用生肖俑陪葬，達官貴人的墓室還要繪上生肖壁畫。

第三，十二生肖的出現也產生了種種禁忌。這些禁忌在民間婚姻方面比較常見。例如，男女將要訂婚時，雙方家長常常用生肖是否相合來決定是否可以結婚。其實，以今天的眼光看來，生肖只是年齡的象徵而已。如果說肖龍的人與肖虎的人不能相配，就等於說龍年出生的人不能與虎年出生的人結婚，也等於說不同年齡的人不能結婚，這是毫無科學根據的。

生肖做為一種文化現象，並不為中國所獨有，而是幾乎遍布世界各地。

在十二生肖方面，與中國最為相似的國家是印度。印度的十二生肖是該國神話中十二個神所駕馭的禽獸，除了獅相當於中國的虎、金翅鳥相當於中國的雞之外，其他的都與中國相同。

古代巴比倫、希臘、埃及的十二生肖，與中國的十二生肖也大體相似，只是沒有豬和鼠。

法國人按十二個月來計算生肖，生肖物是天上的星座。一月份出生的人屬摩羯座，其餘按月依次為寶瓶座、雙魚座、白羊座、金牛座、雙子座、巨蟹座、獅子座、處女座、天秤座、天蠍座、人馬座。這些星座也主要是以動物來命名的。

除此之外，緬甸、越南、柬埔寨等國，也有類似中國的生肖。

49 十二生肖中為何沒有「貓」？

十二生肖常用來紀人的出生年。在古人用以做為十二生肖的動物中，除了龍以外，基本上都是人們生活中比較常見的動物，其中有平時為人們生產或生活立下汗馬功勞而受到敬仰、關注的，如牛、羊、狗、馬、雞、豬等；也有人們當作圖騰來崇拜的，如虎、蛇等。

可是，為什麼沒有貓這種動物呢？

原來，十二生肖的說法起源於夏代出現的天干地支理論。之後，十二生肖與地支的相配體系就固定了下來。而無論是《禮記》中所說的山貓，還是《詩經》中「有熊有羆，有貓有虎」的豹貓，都是生活在野外的野生貓。我們今天飼養的家貓的祖先，據說是印度的沙漠貓。現在見到最早的家貓捕鼠圖，是東漢古石墓中發現的。由此可知，印度貓進入中國的時間大約是在東漢時期，那正是中印透過佛教而交往頻繁的時期。直到唐代，養家貓才較為普及。

因此，家貓來到中國的時間，和十二生肖說法產生的時間，恐怕已相差千年了，所以「姍姍來遲」的貓自然就沒有被列到十二生肖之中。

50 故宮被稱為「紫禁城」，與「紫色」有關嗎？

紫禁城的「紫」其實和顏色無關，而是指紫微垣。紫微垣是星官名，是古代天象中最重要的三垣之一。古人觀測天象和認識星辰的時候，常常把若干顆恆星組成一組，稱為一個星官。紫微垣由十五顆恆星組成，以北極為中樞成屏藩狀，古人認為紫微是天帝居住的地方。封建帝王以天帝之子自居，他們辦理朝政與日常起居的地方，就是天下的中心，因此帝王的皇宮應對應著天上的紫微宮。又因為皇宮是等級森嚴的封建社會中最高級的「禁區」，於是使用「禁」字來強調皇宮的尊嚴。

紫禁城可是名副其實的「禁區」。明清兩代的皇帝，出於維護皇權尊嚴和自身安全的考慮，所修建的皇宮，既富麗堂皇，又壁壘森嚴。在宮殿重重、樓閣櫛比之外，還圍以十米多高的城牆和五十二米寬的護城河，而且崗哨林立，戒備森嚴。明清皇帝及其眷屬居住的皇宮，除了為他們服務的宮女、太監和護衛之外，只有被召見的官員以及被特許的人員才能進入。平民百姓不用說觀賞一下樓臺殿閣，就是看一看門額殿角，也是絕對不允許的。因此，明清兩代的皇宮，既喻為紫宮，又是禁地，「紫禁城」的名稱也得以廣泛流傳。

從古人生活學文化常識——中國語言與文化中500個最有趣的為什麼

作者 謝寒梅
封面設計 呂德芬
責任編輯 洪禎璐、張海靜
行銷業務 郭其彬、王綬晨、邱紹溢
行銷企畫 陳雅雯、張瓊瑜、蔡瑋玲、余一霞、王涵
副總編輯 張海靜
總編輯 王思迅
發行人 蘇拾平
出版 如果出版
發行 大雁出版基地
地址 台北市松山區復興北路333號11樓之4
電話 02-2718-2001
傳真 02-2718-1258
讀者傳真服務 02-2718-1258
讀者服務信箱 E-mail andbooks@andbooks.com.tw
劃撥帳號 19983379
戶名 大雁文化事業股份有限公司

出版日期 2017年1月 初版
定價 380元
ISBN 978-986-94126-1-2（平裝）

歡迎光臨大雁出版基地官網 www.andbooks.com.tw
訂閱電子報並填寫回函卡

國家圖書館出版品預行編目(CIP)資料

從古人生活學文化常識：中國語言與文化中500個最有趣的為什麼 / 謝寒梅著. -- 初版. -- 臺北市：如果出版：大雁出版基地發行, 2017.01
面； 公分
ISBN 978-986-94126-1-2(平裝)
1.文化史 2.中國
630 105023586